GOLDMANN
ARKANA

MYSTIC MEDUSAS STERNENKOMPASS

Was Sie schon immer über sich
und Ihre Freunde wissen wollten

Aus dem Englischen
von Evi Fountoulakis

GOLDMANN
ARKANA

Die australische Originalausgabe erschien 2003
unter dem Titel »Mystic Medusa's Astro Guide«
bei Murdoch Books, Sydney, Australien.

FSC
Mix
Produktgruppe aus vorbildlich
bewirtschafteten Wäldern und
anderen kontrollierten Herkünften
Zert.-Nr. SGS-COC-1940
www.fsc.org
© 1996 Forest Stewardship Council
Verlagsgruppe Random House FSC-DEU-0100
Das für dieses Buch FSC-zertifizierte Papier *Munken Premium Cream*
liefert Arctic Paper Munkedals AB, Schweden

1. Auflage
Deutsche Erstausgabe
© 2008 der deutschsprachigen Ausgabe
Wilhelm Goldmann Verlag, München
in der Verlagsgruppe Random House GmbH
© 2003 der Originalausgabe Abnorm Pty Ltd.
First published by Murdoch Books Pty Ltd.
This edition published by arrangement
with Equinox Management & Communications, Sydney, Australia.
Lektorat: Julia Eisele
Satz: Buch-Werkstatt GmbH, Bad Aibling
Druck und Bindung: GGP Media GmbH, Pößneck
Printed in Germany
ISBN 978-3-442-33783-5
www.arkana-verlag.de

Inhalt

Über den Sternenkompass

Die Frage, die Astrologen am häufigsten gestellt wird, lautet: Funktioniert Astrologie? Es zeugt immer von Charakterstärke, die eigenen Überzeugungen in Frage zu stellen, doch auf diese Frage muss ich einfach zurückfragen: Wie könnte Astrologie nicht funktionieren?

Der Tennisspieler, der während eines Spiels intimen Klatsch übers Netz brüllt, muss zwangsläufig ein Schütze sein. Eine Person, die das bodenständigste Gespräch ununterbrochen zu Sex zurückführt, ist eindeutig ein Skorpion. Menschen, die Schuldzuweisungen als Kommunikationsmittel verwenden? Jungfrauen. Und jemand mit mehr als zwanzig Spiegeln im eigenen Haus? Ein Löwe.

Und die Leute, welche sich unerbittlich und mit beinahe wissenschaftlicher Genauigkeit ihren Weg nach oben bahnen, ohne jemals in eine Identitätskrise zu geraten? Sie müssen Steinböcke sein, genauso, wie die firmeneigenen Eigenbrötler, die schon mit der Durchquerung des Konferenzraumes eine psycho-soziale Störung zu verursachen scheinen, so oft Fische sind.

In meinen Kolumnen und Büchern bin ich dazu gelangt, Sternzeichen und ihre Eigenschaften als Astroklischees zu betrachten. Ich weiß jedoch mit Sicherheit, dass ein Astroklischee seine Richtigkeit hat, wenn es sich nach Jahren des Erkennens und Erratens immer noch als zutreffend erweist.

Wenn ich beispielsweise auf ein paar wunderschöne Mondaugen bei einer Person mit einem Hang zu Sentimentalitäten stoße, bin ich mit ziemlicher Sicherheit einem Krebs begegnet. Und wenn an einem Tisch jemand gerade eine schmerzliche Erinnerung teilt, aber von jemand anderem unterbrochen wird mit einem »Das erinnert mich daran, was mir heute passiert ist«, würde ich darauf wetten, dass es sich bei dem Zwischenrufer um einen Widder handelt.

Wenn Astroklischees nicht so wahr wären, Löwen keinen Haarfimmel hätten, Waagen nicht sehr gutaussehend und Zwillinge nicht stets aufrichtig wären, weil ihr Gewissen sie dazu drängt, dann dürfte man damit beginnen, Astrologie Stück für Stück auseinanderzunehmen.

Doch die Anhänger der Astrologie, obschon durch Sprachen, Geographie und Jahrhunderte getrennt, haben immer wieder dieselben Eigenschaften festgestellt, die bestimmten Sternzeichen eigen sind: Stiere sind dickköpfig und neigen zu Absolutismus, Wassermänner sind gänzlich der Logik verpflichtet und wirken leidenschaftslos, Löwen sind glamourös und Jungfrauen ordentlich … Die Astroklischees beziehen sich aber nicht immer nur auf Charaktereigenschaften: Widder haben selbst beim Flüstern laute, tragende Stimmen; Skorpione hingegen verfügen über die Fähigkeit, beim Reden zu zischen, während Zischlaute das lautliche Merkmal der Fische schlechthin sind. Löwen reden nicht einfach, sie sprechen druckreif. Waagen schnurren, Schützen rufen dazwischen und Jungfrauen sprechen deutlich.

Wie viele andere, die sich für Astrologie interessieren, mag auch ich ihre Systematik und die Tatsache, dass man sich der Astrologie entweder sehr ernsthaft widmen kann oder aber mit dem Ziel, die Dinge ein wenig aufzumischen. Wir sind Menschen – wir können uns der Sterne je nach Laune, Bedürfnis oder Fragestellung verschieden bedienen.

Anders als Religionen mit totalem Wahrheitsanspruch oder strikte politische Systeme, die uns vorschreiben wollen, wie wir uns zu verhalten haben, erlaubt uns die Astrologie, uns das älteste aller dem Menschen bekannten Systeme zunutze zu machen, nämlich die Bewegung der Sterne durch den Kosmos. Gleichzeitig können wir uns auf Kosten unserer Freunde, Familien und geliebten Menschen amüsieren.

Ich hoffe, Sie haben beim Lesen meines Astro-Kompasses ebenso viel Spaß, wie ich beim Schreiben hatte.

Mystic Medusa

Widder

(21. März – 20. April)

Der größte Schafbock

Wenn Sie mich fragen, wozu ich auf dieser Welt bin,
werde ich, ein Künstler, Ihnen antworten:
Ich bin hier, um mich lautstark auszuleben.
Emile Zola (1840–1902),
französischer Schriftsteller und Kritiker mit sozialem Gewissen

Frage: Wie viele Widder benötigt man, um eine Glühbirne auszuwechseln?
Antwort: Keinen. Widder haben keine Angst im Dunkeln.

Widder fürchten nichts … Einzig die Befürchtung, von jemandem veralbert zu werden, treibt ihnen den Angstschweiß auf die Stirn. Sie lieben es, das erste Zeichen des Tierkreises zu sein. Krankhaft konkurrenzorientiert, müssen Widder in allem die Ersten sein. Sie sind die Ersten unter Gleichaltrigen, die Sex haben; die Ersten, die neue Modetrends aufnehmen; die Ersten, die Pilates machen, dann die Ersten, die es wieder aufgeben, da ihre Bauchmuskeln schon von Natur aus phänomenal sind; und sie sind die Ersten, die eine neue Generation von Politikern wählen, um sie im Handumdrehen auch als Erste wieder zu denunzieren. Eigentlich sind sie die Ersten in Egalwas, solange sie nur die Ersten sind.

Dieser Fetisch des Erserseins wird beredt in die Tat umgesetzt. So ist beispielsweise die erste weibliche Richterin des Obersten Gerichtshofs von Amerika, Sandra Day O'Connor, ein Widder. Oder man denke an die schwarzen Sängerinnen Aretha Franklin, Sarah Vaughn, Billie Holiday, Diana Ross und Bessie Smith – alles Widder. Vielleicht ist die Macht des widderlichen

Schwungs nötig, um gegen das üble Geschwisterpaar Rassismus und Sexismus anzukämpfen – Widder sind aus Prinzip gegen jegliche »Ismen«.

Wie Schütze und Löwe ist auch der Widder ein Feuerzeichen. Gib den Widdern genug Sauerstoff, und weg sind sie. Sie stürzen sich in alle ihre Aktivitäten und haben nichts für Spielverderber übrig. Im Grunde genommen heißt das, wie jeder von ihnen bereitwillig ausführen würde, dass sie *sooo* heiß sind.

Die Flammen ihrer Selbstsicherheit schlagen dementsprechend hoch. Ein Widder, der um eine Erklärung für deren Ursache gebeten wurde, meinte vertraulich: »Wir Widder sind zu gerissen, um keinen Ärger zu erregen, und sowieso zu schön, um uns deswegen Gedanken zu machen.« Sie mögen es, wenn Dinge nach ihnen benannt werden – der Pulitzer-Preis für Kunst und der Bunsen-Brenner sind beide nach ihren widderlichen Schöpfern, Joseph Pulitzer und Robert Wilhelm Bunsen, benannt.

Der Widder ist so optimistisch und dynamisch wie sein Cousin Löwe, aber weniger pompös und obsessiv. Seine Eitelkeit ist handlungsorientiert. Er ist idealistisch wie sein anderer Cousin, der Schütze, aber taktvoller und sicherlich ehrgeiziger.

Der Widder wird symbolisiert durch den Schafbock, wobei der Begriff Rammbock fast treffender wäre, denn dieses Zeichen ist mehr als nur ein männliches Schaf. Das Wort »Schaf« ist mehr und mehr zum Synonym für Zahmheit und leichte Lenkbarkeit geworden, doch ist das nicht viel eher eine Reaktion auf Jahrhunderte von Hirtenhunden, Scheren und Schlachtmessern?

Rammböcke sind eigenwillig, halsstarrig und penetrant. Sie neigen dazu, ihre Dickköpfe aneinanderzulegen und gegen alle Ärgernisse zu feuern, unabhängig von der Richtung. Alle Widder haben an einem entscheidenden Punkt ihres Lebens gelobt: »Von nun an kein ›Jawohl‹ mehr!«. Das ist das Grundprinzip der Widder-Bruderschaft.

Wie alle anderen Zeichen des Sternkreises haben auch Widder ein Astromotto. Ihres lautet: »Ich bin«. Der französische Philosoph René Descartes, ein genialer Widder, prägte den Spruch: »Ich denke, also bin ich«. Aber die meisten Schafböcke stehen nicht so auf den denkenden Teil. Sie sind einfach. Einfach ein Widder zu sein ist schon marktfähig genug.

In der antiken Astrologie wurden die Widder vom aktiven Planeten Mars regiert, aber heutzutage bevorzugen sie den Ausdruck »Sponsorplanet«, da nichts und niemand über die Rammböcke herrscht. Im Pantheon der römischen Götter ist Mars hauptsächlich der Kriegsverantwortliche, der auch plötzliche Sinnenlust und über Nacht entstehende Stadtstaaten zu verantworten hat. Vom Planeten Mars wird gesagt, dass er von heißen, Blasen bildenden Winden heimgesucht wird, die dem Besucher in Millisekunden die Haut abstreifen können. Auf sozialer Ebene kann das durchaus auch während der Unterhaltung mit einem Widder geschehen.

Es gibt nur zwei Rassen auf diesem Planeten –
die Intelligenten und die Dummen.
John Fowles (*1926),
britischer Schriftsteller. Seine bekanntesten Werke,
Der Sammler, Der Magus und *Die Geliebte des*
französischen Leutnants, wurden auch verfilmt.

Widder in Hochform sind …

Verweile nicht bei der Vergangenheit,
träume nicht von der Zukunft, konzentriere den Geist
auf den gegenwärtigen Moment.
Buddha, fröhlicher indischer Religionsführer und
Begründer des Buddhismus (6. Jh. v. Chr.)

SELBSTVERWIRKLICHEND. Lange bevor es modern wurde – vielleicht sogar schon im Mittelalter –, wachten Widder viel zu früh auf und kreischten, während sie ihr Spiegelbild in einem See, Teich oder Spiegel betrachteten: »Jeden Tag, in jeder Hinsicht, werde ich besser und noch besser!« Diese Bande besteht aus echten Machern. Sie glauben an die Macht der Darstellung, nicht an die der Worte.

SIMPEL. Der archetypische Widder ist stolz darauf, oberflächlich zu sein. Er glaubt, tiefgründig zu sein sei ein Verteidigungsmechanismus für träge Hirne oder für die Unattraktiveren der Spezies Mensch. Im Prinzip lauten die Lebensgrundsätze des Widders wie folgt: Sie denken, dass nur langweilige Leute sich jemals langweilen und dass niemand wissen will, ob man bedrückt ist. Man sollte auch keine Märchen erzählen. Außerdem kann man sich selbst aufmuntern, indem man etwas für jemand anderen tut. Aus Nächstenliebe irgendwo einzuspringen, so ihre Devise, wird jeden von Langeweile, Depression oder – wie die Widder es nennen – Nörgelei kurieren. Überdies sind sie meritokratisch – es gehört zum Ethos der Schafböcke, die Leistungen anderer zu bewundern, frei von Neid und ganz unabhängig von

Rasse, Geschlecht, Religion oder vom sozialen Hintergrund der Erfolgreichen.

EHRLICH. Widder sind geradeheraus und ritterlich und ärgern sich über schurkisches Verhalten. Für sie sind alle Lügen schwarz. Wenn Ihr Widder nicht verspricht, Sie anzurufen, sagt er: »Ich werde nicht anrufen, außer ich bin wieder einmal sturzbetrunken« oder »Ich wünsche dir ein schönes Leben«. Selbst eine klitzekleine soziale Unwahrheit wie »Ich würde liebend gern zum Essen bleiben, aber …« kommt ihm nicht leicht über die Lippen. Widder fühlen sich beim kleinsten Flunkern böse und verräterisch, darum lassen sie es gleich. Doch Vorsicht: Widder sind versiert im Erspähen von Lügnern. Es gibt nur eine Ausnahme im automatischen Lügenerkennungsmechanismus der Widder: Sie akzeptieren die ungeheuerlichste Unwahrheit, solange sie schmeichelhaft ist – für sie!

KOMPETENT. Ergebnisse sind des Schafbocks Raison d'être. Widder sind, was Widder tun. So sehr ein Widder auch praktisch veranlagt sein mag, es wird ihn nicht daran hindern, vor sich selbst in Ehrfurcht zu versinken. Und doch neigen die Widder dazu, ihre wirklichen Errungenschaften zu schmälern. Ein Widder mag verstimmt aus dem Zimmer stürzen, wenn Sie seinen neuen Haarschnitt oder seinen letzten Sieg über einen Nietnagel nicht ausführlich genug gewürdigt haben. Auf der anderen Seite ist er aber zu verlegen, um über seine letzte Aktion als Nachbar im Rahmen sozialer Gerechtigkeit oder den Gewinn des Nobelpreises zu sprechen. »Das war doch nichts Besonderes«, sagt er schulterzuckend und zieht sich in sein Haus zurück, nachdem er den Mount Everest rückwärts bestiegen (oder irgendetwas Vergleichbares getan) hat. Wie der berühmte deutsche Komponist Johann Sebastian Bach schon erklärte: »Alles, was man tun muss, ist, die richtigen Tasten zur richtigen Zeit treffen, und das Instrument spielt von selbst.«

POSITIV. Der Schafbock rockt. Selbst Leute, die es buchstäblich nicht im selben Raum mit einem Widder aushalten, werden dessen anregenden Optimismus bezeugen. Sein Glas ist immer halb voll, und er wünscht sich dasselbe für dich. Widder mögen es, wenn ihr Tratsch das Leben der anderen bereichert. Sie nehmen aber niemals daran teil, wenn jemand sich schadenfreudig die Hände reibt. Denn einerseits sind sie abergläubisch und wollen nicht vom Übel erfasst werden, andererseits sind sie schnell gelangweilt, wenn die Neuigkeiten jemand anderen betreffen; doch hauptsächlich liegt es einfach an ihrem munteren Wohlwollen gegenüber der Menschheit.

MUTIG. Widder sind robuste Idealisten. Stress stresst sie nicht. Sie akzeptieren keine Art von Trägheit, sei es in der Form von Bestechungsversuchen, schlechter Bedienung oder einem Ehegatten, der die nötige Ehrerbietung verweigert. Der Schafbock gefällt sich im Gedanken, dass er den Ton angibt, die Ehe ein Abenteuer ist und das Leben zu wertvoll, um es in Zurückhaltung zu verbringen. Widder sind diejenigen Menschen, die sich, nachdem sie ein Jahr lang keinen Sport getrieben haben, plötzlich für einen Triathlon anmelden. Wenn Widder die Nase voll haben von ihrem Job oder einem Kunden, feuern sie sich kurzerhand selbst, bevor sie es zu irgendwelchen Respektlosigkeiten kommen lassen.

Widder in Tiefform sind …

Ich war unnachgiebig, scharfzüngig,
widerspenstig, egoman, taktlos,
wankelmütig und gelegentlich unangenehm.
Bette Davis (1908–1989),
First Lady der amerikanischen Leinwand

STREITSÜCHTIG. Wenn Widder streiten, phantasieren sie, dass sie in einem Gerichtssaal sind, wo die Zuhörer fasziniert ihrer Redekunst erliegen. Sie mögen davon ausgehen, dass es sich um einen simplen Streit handelt, doch in der Wahrnehmung des größenwahnsinnigen Widders treten Sie beide gerade vor einer unsichtbaren Jury auf, die im Gegensatz zu Ihnen aus vernünftigen Männern und Frauen besteht. Ein Widder würde in einer Debatte frohgemut die These vertreten, dass die Erde flach sei, und dennoch gewinnen. Es ist davon abzuraten, mit einem Schafbock in Streit zu geraten, da er den Klang seines eigenen Wortschwalls genießt – er ist Musik in seinen Öhrchen.

SELBSTHERRLICH. Selbstverwirklichung? Widder haben sich schon bei der Geburt verwirklicht. Es ist nur an den anderen, dies anzuerkennen. Sie leben in fließendem Wechsel zwischen der Ahnung ihrer außergewöhnlichen Brillanz und der Angst, niemals ihr gesamtes Potenzial auszuschöpfen. Wenn Sie »Selbsthilfe« sagen, versteht der Widder darunter »meine Überlegenheit akzeptieren lernen«. Sie sagen etwas in der Art von »aufgeblasenem Selbstwertgefühl«. Der Schafbock sagt dazu: »Ach was!« Angenommen, Sie diskutieren mit einem Widder über Ihr Problem mit dem Tennisarm. Der Widder unterbricht Sie: »Ich kriege keinen Tennisarm. So etwas kriege ich nicht – nie. Obwohl ich ein hervorragender Spieler bin.«

HYPER-KONKURRENZBETONT. Widder bestreiten diesen Wesenszug heftig, denn nach ihrem Verständnis gibt es keine Konkurrenz. Aber ein Schafbock ist in derselben Weise auf Wettbewerb ausgerichtet wie ein Fisch aufs Schwimmen. Jeder Widder ist durchaus in der Lage, sich vor Michelangelos David-Statue zu stellen und zu verkünden, dass sein Körperbau besser sei. Tatsächlich kann ein Ausflug in eine Kunsthandlung mit einem Widder zu einer echten Herausforderung werden, da er ausgeprägtes Vertrauen in sein eigenes künstlerisches Talent hegt. Während alle anderen sich umschauen und leise murmelnd die Ausstellungsstücke kommentieren, schallt plötzlich ein dröhnender Widder durch den Raum: »Meine Güte! Die spinnen doch! Schon mit etwas Wandfarbe und einem Farbroller könnte ich auf die Schnelle etwas Besseres hinkriegen.«

VERRÜCKT. Widder sind Verrückte – sei es bei der Arbeit oder im Bett – und obendrein selbstversessen. Welch ein Glück, dass geistige Gesundheit relativ ist. Denn hier handelt es sich weder um die skorpionische Anfälligkeit für Verschwörungstheorien noch die fischige *stream-of-consciousness*-Schwärmerei à la »Ich bin Künstler(in), also stell meine Sexualität nicht in Frage«. Leute, die dazu gezwungen sind, mehr als zwanzig Minuten mit einem Widder zu verbringen, beginnen sich zu fragen, ob vielleicht eine Beruhigungsspritze in dessen Oberschenkel helfen würde, den Wortschwall zum Versiegen zu bringen. Der Widder versteht das nicht. Wenn er während eines Gesprächs einen Blick auf sein die Zähne zusammenbeißendes Gegenüber wirft, so glaubt er, dass dieses gerade heftig gegen das Aufkeimen zärtlicher Gefühle ankämpft. Widder finden, Feinsinnigkeit sei etwas für Trottel. Und der Begriff Überreaktion ist für den Widder ein Femdwort. Eine Widder-Reaktion ist immer angemessen, Sie verstehen.

> *Verhandeln bedeutet,*
> *das Beste aus seinem Gegner herauszuholen.*
> Marvin Gaye (1939 – 1984),
> amerikanischer *Sexual-Healing*-Soulsänger

Wie man Widder motiviert und manipuliert

Jede wirklich neue Idee scheint anfänglich verrückt.
Abraham Maslow (1908 – 1970),
selbstverwirklichender amerikanischer Psychologe

1 Widder glauben, das Geheimnis ihrer Bescheidenheit liege darin, dass sie ihre Genialität so leicht nehmen. Schmeicheleien funktionieren spitzenmäßig. Liefern Sie sie. Kein Kompliment ist zu ungeheuerlich, um nicht vom Widder widerspruchslos angenommen zu werden.

2 Lassen Sie Ihre Marotten zielorientiert aussehen. Wenn der eifrige Widder sich aufmacht, speziellen biodynamischen Limettensaft für Ihren Gin Tonic ausfindig zu machen, fühlt er sich großartig.

3 Sie möchten einen Widder beschenken? Machen Sie einen Gutschein daraus. Oder einfach Bargeld in einem schicken

Umschlag. Rammböcke vertrauen ihrem eigenen Geschmack mehr als allen anderen und schätzen es, wenn Sie das einsehen.

4 Soll ein Widder sich in Sie verlieben, bieten Sie ihm eine Herausforderung. Fordern Sie ihn heraus, Sie zu verführen. Oder erzählen Sie ihm, dass Sie sich niemals mit jemandem wie ihm/ihr einlassen würden – das Widder-Ego übernimmt den Rest.

5 Mangelnder Respekt ist ein Anlass zu großem Widdergroll. Wenn Sie wollen, dass der Widder jemanden seltener trifft, erwähnen Sie, dass besagte Person Respektlosigkeit gegenüber der widderlichen Großartigkeit an den Tag gelegt hat.

6 Zitieren Sie ihn ihm selbst gegenüber, auch wenn er das Geniale nicht wirklich ausgesprochen hat. Ein Widder kann ein brillantes Zitat von, sagen wir, Albert Einstein hören und der Überzeugung sein, es stamme von ihm selbst.

7 Widder mögen »Noch-zu-erledigen«-Listen. Schreiben Sie »zwischenmenschliche Intimitätsfähigkeiten verbessern« auf die Liste, und Ihr Widder wird sich sofort daranmachen.

8 Akzeptieren Sie, dass Widder niemanden ablehnen. Widder mögen vielleicht feststellen, dass jemand sich von ihrer Schönheit, Würde oder Genialität bedroht fühlt, aber sie pflegen keine persönlichen Feindschaften. Versuchen Sie also nicht, so etwas heraufzubeschwören.

9 Es ist sinnlos, aus einem Widder einen klassischen Mitspieler machen zu wollen. Selbst wenn sein bester Freund zum

Anführer des Universums gewählt werden sollte, würde der Widder keinen Auftrag von ihm annehmen.

Leute, die mir Ratschläge geben, liegen oft falsch.
Warren Beatty (* 1937),
Hollywood-Schauspieler und Playboy a. D.

Schafbock-Vorbilder

Hege immer große Hoffnungen.
Robert Frost (1874–1963),
amerikanischer Dichter und viermaliger Pulitzer-Preisträger

Reba McEntire – die amerikanische Königin der Country-Musik. Die mehrfach preisgekrönte Sängerin und Schauspielerin »singt Lieder über gewöhnliche Frauen und die außergewöhnlichen Anforderungen, die das Leben an sie stellt«.

David Suzuki – kanadischer Umweltschützer und »kämpferischer Genetiker« mit einer lebensbejahenden Vision für eine nachhaltige Entwicklung. »Er ist leidenschaftlich, angetrieben, respektlos, brillant, charismatisch und umstritten, und das meistens in ein und demselben Satz.«

Diana Vreeland – Moderedakteurin von *Harper's Bazaar* in den dreißiger, vierziger und fünfziger Jahren sowie Chefredakteurin der amerikanischen *Vogue* von 1963 bis 1971. Sie war berühmt für ihre Stilsicherheit, Eleganz, ihren Charme und Verstand. »Leute, die Weißbrot essen, haben keine Träume.«

Hans Christian Andersen – dänischer Schauspieler, der Märchenautor wurde. Einige seiner bekanntesten Geschichten sind *Das hässliche Entlein*, *Der brave Zinnsoldat* und *Des Kaisers neue Kleider*. Der kleine Junge in Letzterer verkörpert den archetypischen Widder. Hans Christian Andersen hatte bei seinen Hotelaufenthalten immer ein Seil dabei, für den Fall, dass ein Feuer ausbrechen sollte.

Maya Angelou – afroamerikanische Dichterin und Menschenrechtsaktivistin. Sie schrieb:»Die Liebe ist diejenige tiefgründige Gegebenheit des Menschen, die es mir erlaubt zu überleben, und besser noch, mich mit Leidenschaft, Mitgefühl und Stil zu entfalten.«

Abraham Maslow – innovativer amerikanischer Psychologe, der die»humanistische« Psychologie begründete, in welcher er sich den positiven Aspekten des menschlichen Verhaltens widmete. Er schuf den Begriff »Selbstverwirklichung« und erstellte eine umfassende Liste dessen, was einen Selbstverwirklicher ausmacht. Zeigen Sie sie einem Widder, und sehen Sie dabei zu, wie er vor Anerkennung nach Luft schnappt.

Jedes Hindernis weicht strikter Entschlossenheit.
Leonardo da Vinci (1452 – 1519),
vielseitig begabtes italienisches Genie – Maler,
Bildhauer, Architekt, Ingenieur, Musiker,
Mathematiker und Wissenschaftler

Widder *en vogue*

Ich möchte nicht gesagt bekommen, was ich tun soll.
Bette Davis (1908–1989),
First Lady der amerikanischen Leinwand

Widder sind für Beeinflussungsversuche nicht empfänglich. Da sie sich zudem für natürliche Schönheiten halten, sind sie geradezu immun gegen die Launen der Modewelt und das, was gerade in ist oder nicht. Widder sind niemandes Opfer, geschweige denn Opfer der Mode.

Unverwechselbare Merkmale sind: Muttermale im Gesicht; oft haben Widder eine Narbe als Folge einer aberwitzigen mutigen Kindheitsheldentat – Sie werden alles darüber erfahren, im Detail. Dann wäre da die Angewohnheit der Widder, den Kopf dreißig Zentimeter vor ihren restlichen Körper vorzurecken, als würden sie sich gegen einen Sturm lehnen, und nicht zuletzt ihre dröhnende Stimme.

Männliche Widder bevorzugen es, ungezähmt auszusehen, und vertrauen darauf, dass ihr angeberischer Machismo sie in jeder Situation rettet. Sie glauben an die magische Potenz ihres Körpergeruchs. Der Widder-Mann versteht es gekonnt, rohe Männlichkeit zu demonstrieren; ein exzellentes Beispiel hierfür ist die ultimative Widder-Stilikone Warren Beatty in dem Siebziger-Jahre-Film *Shampoo*.

Selbstredend ist es unvorstellbar, dass ein Widder-Mann den Namen eines anderen Mannes auf seiner Kleidung trägt – weder eines Calvin Klein, noch eines Pierre Cardin oder Yves Saint Laurent. Einen Schneider herumzukommandieren stellt für den Widder eine viel vergnüglichere Vorstellung dar.

Weibliche Widderschönheit ist keck, unbeschwert und wird oft ergänzt durch ein kleines, trotzig vorgeschobenes Kinn als Zeichen ihrer Bereitschaft, es mit der Welt aufzunehmen.

Unabhängig von aktuellen Modetrends wird die Widderfrau Sie gerne daran erinnern, dass sie Caprihosen, weinrotes Wangenpuder, Korkenzieherlocken und dergleichen schon im Alter von zwölf Jahren getragen hat. Genau: Sie war die Erste.

Widder wählen körperbetonte Gewänder einer beliebigen Marke. Sie machen sich nicht die Mühe, nach vorteilhaften Klamotten zu suchen, denn schließlich schmeicheln sie der Kleidung, indem sie sie tragen. Alles klar?

WIDDER-PRACHTEXEMPLARE: Alec Baldwin, Warren Beatty, Marlon Brando, Jackie Chan, Joan Crawford, Russell Crowe, Bette Davis, Céline Dion, Shannen Doherty, Sarah Michelle Gellar, Ashley Judd, Lucy Lawless, Heath Ledger, Elle Macpherson, Ewan McGregor, Steve McQueen, Eddie Murphy, Sarah Jessica Parker, Julia Stiles, Emma Thompson, Reese Witherspoon.

Wenn du das Mädchen von nebenan
kennenlernen willst, dann geh nach nebenan.
Joan Crawford (1904–1977),
Leindwandlegende

Glänzende Karriere

Folge deinem Glück.
Joseph Campbell (1904–1987),
amerikanischer Akademiker, der alten Legenden
zu neuer Popularität verhalf.

Lass etwas passieren vor dem Mittagessen.
Swifty Lazar (1907–1993),
legendärer amerikanischer Literaturagent

Wer schon einmal mit einem jähzornigen Widder in einer Warteschlange vor dem Bankschalter stand, weiß: Sie hassen es zu warten. Sie warten nicht einmal am Telefon. Man sollte sich darüber bewusst sein, dass es nur eine Gelegenheit gibt, einen Widder zurückzurufen oder ihm auf eine E-Mail zu antworten. Tun Sie dies zu spät, wird der Widder Sie anbellen: »Wer sind Sie? Warum rufen Sie mich an?«

Und wie macht sich unser Widder bei der Arbeit? Am besten als freier Mitarbeiter. Außerdem können ihre brillanten Eigenschaften sich nicht in einer Umgebung entfalten, die die Widder für unter ihrer Würde halten. Widder sind mit Leib und Seele antiautoritär – es sei denn, sie selbst sind die betreffende Autorität. Und jeder, der sie nicht sklavisch verehrt, ist ein echter Hohlkopf. Wer wundert sich da noch, dass sich die Widder als geschickte Akteure in der Welt der Arbeitspolitik wähnen?

Ihr berufliches Glück zu finden kann vor allem für jüngere Widder ein schwieriger Prozess sein. Es ist schließlich nicht so, dass sie auf irgendjemandes Ratschläge hören würden. Sie sind zudem überzeugt, dass ihnen als interessantester Person im Raum keine beruflichen Grenzen gesetzt sind. Warum sollten nicht gerade sie der erste Astronaut sein, der raucht und trinkt? Warum können nicht sie ein großer Filmstar werden, und zwar ohne das bisschen läppischen Schauspielunterricht? Warum muss der Papst katholisch sein und obendrein ein Mann?

Vor Unmut kochend wie ein Vulkan wird der junge Widder irgendwann einsehen müssen, dass ihm nicht dieselbe maßlose Anerkennung widerfährt, wie sie in seiner Fantasie herrscht.

Der tätige Widder arbeitet am besten unter dem Druck eines Abgabetermins. Ein Widder mit einer nicht zu bewältigenden Herausforderung ist ein glücklicher Widder. Das hält ihn zwar nicht davon ab, zu meckern und zu murren, aber innerlich glüht er vor Zufriedenheit. Wegen seines hohen Energieniveaus ist der Widder hervorragend geeignet für Auftragsarbeiten, den Verkauf, die Problemlösung, Firmenneugründungen, als anregender Untergeordneter, und um berühmt zu sein.

Als weniger geeignet erweist sich der Widder für alle Tätigkeiten, die persönliche Gespräche, das Einhalten von Dresscodes oder eines Protokolls voraussetzen. Sie könnten nicht davon ablassen, das vorherrschende Denkmuster zu untergraben. Ihre unterschwellige Angst besteht darin, dass Charles Darwins naturalistische Theorie vom Überleben des Stärkeren falsch sein könnte – schließlich war Darwin kein Widder –, womit das Überleben des Gesündesten nicht gesichert wäre. Was, wenn nun die Allermittelmäßigsten blühten und gediehen? Wenn ein *unnatürlicher* Selektionsvorgang das offensichtliche Genie des Widders ausmerzte und den bescheuerten Erdzeichen die Leitung übergäbe? Ein solches Szenario zu verhindern ist die treibende Kraft hinter dem Ehrgeiz aller Widder.

Finanzielle Realität

Es ist gut, Dinge zu sammeln,
aber es ist besser, spazieren zu gehen.
Anatole France (1844–1924),
französischer Schriftsteller, Kritiker und Nobelpreisträger

Widder schulden niemandem etwas – außer Geld. Unter dem Druck Gleichaltriger erliegen Widder in ihren frühen Jahren oft der Versuchung, eine Welle von Gelegenheitskäufen zu tätigen oder Flohmärkte auf der Suche nach Secondhand-Schnäppchen zu besuchen. Was unseren Widder betrifft, so ist diese Phase glücklicherweise von kurzer Lebensdauer. Widder mögen zwar ältere Leute respektieren, aber sie verabscheuen alte Sachen. Ein Widder ist einfach nicht die Art von Person, die in einen Gebrauchtwarenladen schlendert und mit einem wundervollen Vintage-Designerfund heraustritt. Er hat den Dreh nicht raus, und ohnehin könnte ja jemand in diesem Fummel gestorben sein.

Was also kümmert es den Widder, wenn es billig ist? Er hasst den Geruch genauso wie die Vibes, die davon ausgehen. Er kann die abscheuliche Bedienung in so einem Laden nicht ausstehen. »Ich musste zwei volle Minuten warten.« Wenn sein CD-Spieler einen Takt auslässt, wandert er in den Müll, und der Schafbock ist schon unterwegs ins nächste Kaufhaus, erregt durch die Aussicht auf eine neue Konsumhandlung.

Neue Kleider, neue Autos, neue Gadgets – der Widder muss nun einmal der erste Mensch sein, der's hat. Widder verabscheuen den Euphemismus »altes Schätzchen«. Sie weisen – nicht ganz ungerechtfertigt – darauf hin, dass das betreffende Objekt gar nicht so besonders geschätzt worden sein kann.

Widder sind die Traumklienten jedes Feng-Shui-Beraters: Sie fügen sich vollumfänglich der asiatischen Philosophie, dass in ihrem Haus nur neue Möbel stehen dürfen. Wenn jemand dem Widder ein erlesenes, seltenes und wertvolles antikes Möbelstück schenkt, so stehen die Chancen nicht schlecht, dass das gute Stück bald auf dem Sperrmüll landet. »Wer weiß, wer das schon alles berührt hat«, brüllt er dann angewidert.

Selbst wenn es um brandneue Sachen geht, machen sich die Widder kaum die Mühe, nach Schnäppchen zu jagen. Hallo? Wer hat denn Zeit für so was? Wen schert's, ob das Toilettenpapier im anderen Supermarkt zehn Cent weniger kostet? Es ist bloß Klopapier! Die Widder bewahren sich solche Emotionen für diejenigen Fälle auf, in denen sie sich wirklich übers Ohr gehauen fühlen. Sie müssen schon ein Vergehen am Konsumenten und einen großen Mangel an Respekt vor dem Kunden feststellen, damit sie sich emotional engagieren.

Die widderliche Interpretation von Einkaufen unter der Berücksichtigung von Preisvergleichen beinhaltet, dass sie mental den eleganten Füller in der Vitrine mit dem Plastikkugelschreiber bei sich zu Hause vergleichen, bevor sie ihn kaufen.

Finanzieller Konservatismus ist keine natürliche Widdereigenschaft. Tatsächlich ist ein Widder in Geizlaune ein Widder am Rande des Zusammenbruchs.

Das Geräusch von Lachen ist das
zivilisierteste Geräusch im Universum.
Sir Peter Ustinov (1921 – 2004), britischer Schauspieler,
Regisseur, Schriftsteller und Dramatiker

Beim Widder zu Hause

Übertreibung ist die einzige Realität.
Diana Vreeland (1906–1986),
Stildiva und Chefredakteurin der amerikanischen *Vogue*

Zu Hause ist nicht da, wo das Herz ist, sondern dort, wo das Ego sitzt. Das Heim des Widders ist dazu da, die Herrlichkeit seines wichtigsten Bewohners zu illustrieren. Kein gewöhnliches Bild darf von der Brillanz des Besitzers ablenken. Als authentischer Minimalist verabscheut der Widder jegliche Art von Schnick-schnack, Schäbigkeit und alles, was auch nur entfernt nach Secondhand aussieht. Dieser Schlag Mensch besäße lieber nur ein einziges absolut spektakuläres Sofa als eine ganze Reihe billiger Möbel. Sie fühlen sich durch Werbeanzeigen inspiriert, auf denen bis auf eine fantastische Stereoanlage nur leerer Raum zu sehen ist.

Trotz ihrer Verachtung für »hippe« Kultur folgen die Widder der Feng-Shui-Devise in Sachen neue Einrichtungsgegenstände. Sie halten Antiquitäten für protzige Betrügerei. »Neu, neu, neu«, lautet ihr Mantra, und da keine Zeit bleibt, um auf Schnäppchenjagd zu gehen, ziehen sie los in Richtung Designermarken. Erwähnen Sie aber nie die Kosten. Der widderliche Geldverbrauch ist legendär.

Wie es sich für das am stärksten selbstbezogene Zeichen des Sternkreises geziemt, gleicht die Behausung ihrer Träume – egal, wie glücklich der Widder mit seinem/seiner Seelenverwandten lebt – der Bude eines wohlhabenden Junggesellen: Primärfarben im Legostil, Dimmer mit Fernbedienung, ein aus Granit gehauener Couchtisch und rundum verteilte zottige Teppiche.

Beunruhigenderweise halten sie sich auch stets für geborene Architekten.

Ich schätze, ich bin zu selbstbesessen,
um an irgendetwas Unpersönliches zu denken.
Quentin Tarantino (*1963),
amerikanischer Filmregisseur – *Reservoir Dogs, Pulp Fiction*

Der verliebte Widder

Immer versucht. Immer gescheitert. Einerlei.
Wieder versuchen. Wieder scheitern. Besser scheitern.
Samuel Beckett (1906–1989),
irischer Dramatiker – *Warten auf Godot*

Widder führen keine Beziehung im eigentlichen Sinne. Widder verhängen die Widderarchie. Die Laune ihres Partners oder ihrer Partnerin ist ein »Angriff auf die persönliche Würde« des Widders. Da Widder so maßlos stolz auf ihre Redekünste sind, schätzen sie es, diese mit der gelegentlichen Stand-der-Dinge-Phrasendrescherei zu üben: Sollten Sie vergessen haben, den Müll rauszustellen, so haben Sie nicht einfach den Müll vergessen. Es handelt sich um das Symptom einer tiefer liegenden Malaise. Etwas ist faul im Staate. Der größte Anmacher für einen Widder? Gehorsam.

Falls Ihr/e Partner/in ein Widder ist, sollten Sie idealerweise folgende Voraussetzungen mitbringen: finanzielle Unabhängigkeit und ökonomische Naivität; unglaubliche Intelligenz und doch Ehrfurcht vor dem widderlichen Intellekt; aufregendes

Dominanzstreben und gleichzeitig erstaunliche Fügsamkeit sowie fantastische sexuelle Geschicklichkeit gepaart mit jungfräulicher Ausstrahlung.

Ja, es kann eine Weile dauern, bis ein Widder eine/n passende/n Lebenspartner/in findet, aber er wird im Laufe der Zeit weniger unausstehlich.

Nach der Auffassung der Widder erobert nicht die Liebe alles, sondern die Eroberung erobert alles. Die gute Nachricht ist: Einmal gefangene Widder tun alles, um eine spannende, erfüllende und anhaltende Liebesbeziehung zu gestalten. Sie sind in ihrem Innersten echte Romantiker.

Jeder, der schon einmal mit einem Widder unter einem Dach gelebt hat, weiß, dass der Widder Wege kennt, sich verständlich zu machen, und dass jeder, dem die Widder-Realität nicht gänzlich sympathisch ist, entweder illoyal oder stumpfsinnig ist.

Widder sind so stolz auf ihre Debattierkünste, dass sie gerne bereit sind, für ein Streitgespräch die Nacht durchzumachen, sollte der Sieg das erfordern. Dies hilft ihren Beziehungen allerdings wenig: Sie tendieren dazu, sich Partner/innen zu wählen, die sowohl Logik als auch Streitereien verabscheuen, und versuchen dann, diese in die ultimativen Sparringspartner zu verwandeln.

Versuchen Sie nicht, Ihre/n Widder-Partner/in dazu zu bringen, ein Selbsthilfebuch zu lesen oder einen Psychiater aufzusuchen. Wie jeder Widder weiß, ist es eine grobe Verschwendung wertvoller Zeit, herumzusitzen und irgendwelche Sachen zu analysieren. Sie sind gänzlich in der Lage, sich selbst zum Gesprächsthema einer ganzen Konversation zu machen, ohne irgendjemandem einen Cent zu zahlen. Sie fühlen schon die Furcht und machen die Sache trotzdem. Widder bevorzugen es, ihre eigenen Eckdaten zu benutzen, um sich ihren Weg im Leben zu bahnen. Sollten sie sich geirrt haben, rammen sie sich einfach den Weg frei und sorgen sich erst später um die Auswirkungen.

WIDDER – WIDDER: Vergessen Sie Yin und Yang. Dieses Duo ist Yang und Yang. Gemeinsam haben sie eine hohe Verbrauchsrate, sei es an Geld, Langweilern, Karrieren, die nicht aufregend genug sind, zweiten Chancen und Teppichen (wegen des vielen wahnsinnigen Auf- und Abgehens). Beide Widder fühlen sich wohl mit einem energetisch aufgeladenen Lebensstil. Widder findet Widder extrem anregend und unterhaltend. Sie verstehen sich nur zu gut, sind fähig, das Genie des Anderen zu erkennen und können dennoch mit der plötzlich nicht mehr so geheimen Unsicherheit des Liebhabers mitfühlen. Jeder kann den anderen auf neue Höhen der Positivität, der Leistung und/oder Dummheit führen. Keinem ist ganz wohl, wenn der andere seine Verletzlichkeit offenbart. Da die Widder dazu neigen, schnell einmal ob angeblicher Schwäche auszuflippen, kann eine Beziehung zwischen zwei Widdern zu einer Show des Kräftemessens ausarten, da Widder Eins mit Widder Zwei um den Spitzenplatz wetteifert. Die Liebe bleibt länger erhalten, wenn beide Parteien ihre Superegos zügeln und als Tandem agieren. Ein unaufhörlicher Schwall salbungsvoller Schmeicheleien ölt die Verbindung und lässt die Wahrscheinlichkeit abnehmen, dass die Beziehung unter dem Scheinwerferlicht der beiden Widder welkt. Abwechselnd muss jeder Widder einmal den anderen kumpelhaft anfeuern.

Angesagte Duos: Matthew Broderick & Sarah Jessica Parker, Steve McQueen & Ali McGraw, Ric Ocasek & Paulina Porizkova, Berry Berenson & Anthony Hopkins.

WIDDER – STIER: Der Stier liebt das megahohe Energieniveau und die charismatische Ausstrahlung des Widders. Und die sexy Bodenständigkeit der Stier-Aura zieht den Widder ziemlich an. Stier und Widder sind sich einig darüber, was kultivierter Luxus und Erfüllung sind, auch wenn der Widder seinen genialen

Ideenfluss ungern von so etwas Ödem wie gesundem Menschenverstand drosseln lässt. Der Widder sagt: »Ich habe eine Schreibblockade, lass uns an einen großartigen Strand fliegen, damit ich wieder klar denken kann.« In dieser Beziehung ist der Stier das ernüchternde Zaumzeug an einem enthusiastischen Pferd. Der Stier sagt: »Warte«, der Widder: »Jetzt gleich«. Manchmal, wenn der Stier eine halbe Stunde braucht, um ein langweiliges Konzept zu erläutern, geht der Widder die Wände hoch. Die Kuh wird dann wütend auf den Schafbock und stiert ihn an, wortkarg und innerlich vor Wut kochend, weil sie die Klappe halten muss. Der Widder findet, dass der Stier prägnanter kommunizieren lernen sollte, so wie's der Widder tut. Der Stier kann die ungemilderte Frechheit des Widders nicht fassen. Bettarbeit bringt die beiden zusammen, sobald der Stier sich damit abgefunden hat, dass der Widder es schnell, dafür aber oft mag. Die extreme Anpassungsfähigkeit des Stiers hilft, die geheime Unsicherheit des Widders zu bewältigen, während der muhende Wiederkäuer durch die häufigen Explosionen der widderlichen Begeisterung und seine überschwängliche Lebenslust in andere Höhen aufsteigt.

Angesagte Duos: David E. Kelley & Michelle Pfeiffer, Ashley Judd & Dario Franchitti, Karen Blixen & Denys Finch Hatton, Spencer Tracy & Katharine Hepburn.

WIDDER – ZWILLINGE: Schön, lustig und befähigt, das Widder-Genie zu erkennen, ist der Zwilling als Partner eine anregende Trophäe für den Widder. Der Widder denkt: »Wow, endlich mal jemand, der fast so großartig ist wie ich!« Das Ausweichen des Zwillings feuert den Eroberungstrieb des Widders an, der Zwilling liebt das himmelhohe Vitalitätslevel des Widders, und alles ist gut. Na ja, teilweise. Jeder regt den anderen an, und beide ziehen sie haufenweise Freunde an, obwohl sie insgeheim die Gesellschaft des Partners vorziehen. Dem Widder macht die Neigung des Zwillings zu den für sein Sternzeichen typischen Liebesaffären nichts aus. Der Zwilling liebt es, die halbstündlich ausgestoßenen verrückten Ideen des Widders zu erforschen. Doch der Widder ist auch ein totaler Kontrollfreak und glaubt, dass Besitz neun Zehntel einer Beziehung ausmacht. Zwillinge hingegen haben, gelinde gesagt, einen Freiheitsfetisch. Ein klitzekleines Flunkern seitens des Zwillings versetzt den Widder sofort in eine »Ich bin betrogen worden«-Angstspirale. Zwillinge wollen ihre Freiheit, und ich-getriebene Widder erwidern: »Schön, dann mach nur, und verlass mich.« Doch wenn diese Themen einmal erledigt sind, handelt es sich um eine niedliche Verbindung ganz ohne das, wovor sich die beiden am meisten fürchten: Langeweile.

Angesagte Duos: Warren Beatty & Annette Bening, Mary Pickford & Douglas Fairbanks Senior, Charlie Chaplin & Paulette Goddard, Chris Henchy & Brooke Shields.

WIDDER – KREBS: Der Widder ist ein gutgläubiger Hier-und-Jetzt-Typ. Krebse ehren Traditionen, Herkunft und Vergangenheit zutiefst. Widder verabscheuen Nostalgie und halten die Empfindungen des Krebses für rührselig. Der Krebs weint. Oder, schlimmer noch: Er verfällt in extremen Schmollmodus. Der Widder sortiert seine Freunde aus, wenn die Verbindungen nicht mehr befriedigen. Der Krebs hält die alten Kameraden und alle Arten von Erinnerungsstücken in Ehren. Der Widder tobt, und der Krebs beschuldigt. Krank? Vielleicht nicht. Insgeheim beneidet der Widder den Krebs um seine emotionale Intelligenz und die Fähigkeit, sich mit anderen zu verbinden. Der Krebs liebt es, wie die Widder-Euphorie seiner Tendenz zu

Miesmacherei abhilft. Sobald die Krabbe bereit ist, sich von ihrem alten geerbten, muffigen Bett zu trennen, können viele Probleme in der Kiste bereinigt werden. Der Widder muss die Empfindlichkeiten des Schalentiers annehmen. Zum Beispiel muss der Widder akzeptieren, dass ihr/e Liebste/r Beratung braucht, nur um eine alte Busfahrkarte wegzuwerfen. Und er sollte den Krebs das Fotoalbum führen lassen. Bestenfalls zügelt der Krebs seine Gefühlsschwankungen und lernt, die auffällige Widder-Natur zu lieben, welche voll und ganz im Stande ist, jegliche Krebs-Zweifel auszulöschen.

Angesagte Duos: Ewan McGregor & Eve Mavrakis, Mary Walsh Hemingway & Ernest Hemingway, Jackie Chan & Feng-Jiao Lin.

WIDDER – LÖWE: Freunde werden Schlange stehen, um das große Aufeinandertreffen der gigantischen Superegos mitzuerleben. Widder und Löwe fühlen sich sofort von der gegenseitigen Brillanz, Schönheit und dem jeweiligen Erfolgspotenzial angezogen. Doch beide können die Eitelkeit des anderen nicht fassen. Die Egos übernehmen die Kontrolle und haben ihre eigene heiße Minibeziehung innerhalb der Liebesbeziehung. »Können wir jetzt mal über mich sprechen?«, kann schnell einmal das dominante Konversationsthema lauten. Spaß, Arbeit, Geschäft, Vergnügen und Bettaktivitäten verbinden sich zu einer Power-Paarung, wenn die beiden Egos sich in freundschaftlicher Übereinkunft gefunden haben. Der Widder versteht, dass der Löwe zugegebenermaßen das prunkvollere Wesen als der Schafbock ist, und sieht davon ab, auf den gelegentlich »entblößten Kaiser« aufmerksam zu machen. Oder auf den sich lichtenden Haarkranz des Löwen. Oder die gelegentlich zu jugendliche, wenig schmeichelhafte Kleidung des Löwen. Der Löwe lässt den Widder beim Streit, Schach und Tennis gewinnen. Das Duo entscheidet, ob es sich durch Anfälle von wettkämpferischem Flirten mit Dritten erregen lässt, um zu beweisen, welcher der Partner der Attraktivere ist, oder ob es das Spiel gänzlich sein lässt. Die beiden sind sich einig in grundlegenden Lifestyle-Fragen. Das sie zusammenhaltende Motto lautet: »Mehr ist mehr.«

Angesagte Duos: Al & Tipper Gore, Debbie Reynolds & Eddie Fisher, Robin Wright Penn & Sean Penn, Brenda & Norman Schwarzkopf.

WIDDER – JUNGFRAU: Der Widder verehrt die ganzheitliche Coolness der Jungfrau. Die Jungfrau bereichert im Gegenzug die Denkweise des Widders um Dimensionen. Die Jungfrau liebt die Art des Widders, Zweifel und Einwände zu zerstreuen und dabei das Jungfrauen-Leben so viel offener und perspektivenreicher zu gestalten. Der Widder lässt die Dinge geschehen. Die Jungfrau hingegen erklärt, warum genau die Dinge noch nicht geschehen können. Der Widder handelt, und die Jungfrau klagt. Die Liebe blüht, wenn die Jungfrau lernt, dass sie die widderliche Brillanz nicht bis ins Letzte analysieren darf. Und dann muss der Widder das Martyrium der Heiligen Jungfrau bewältigen. Das Widder-Temperament ist wie ein Sommersturm; wenn die Jungfrau den Widder mit Anschuldigungen volltextet, funktioniert es nicht. Das Genie jedes Partners wird durch das des anderen derart gefördert, dass ein Rollentausch durchaus sinnvoll sein kann. Lassen Sie die Jungfrau von ihrem unmöglichen Traum schwärmen und den Widder sich um die Buchhaltung und den Preisvergleich von Mobiltelefonen kümmern. Diese Beziehung verlangt ständige Anpassungen und Feinabstimmungen, um sicherzustellen, dass sie auf dem Kurs der wahren Vereinbarkeit bleibt.

Angesagte Duos: Jill Goodacre & Harry Connick Junior, Billie Piper & Chris Evans, Max Ernst & Dorothea Tanning, J. S. Bach & Anna Magdalena Bach.

WIDDER – WAAGE: Widder liebt Waage, und Waage liebt Widder oftmals auf den ersten Blick – und manchmal für immer. Beide sehen im anderen etwas, das sie begehren. Die Waage sehnt sich nach der Selbstsicherheit und dem Vertrauen des Schafbocks. Der Widder wäre gerne so freundlich, charmant und gesellschaftlich gefragt wie die Waage. Jeder hat auch die einzigartige Fähigkeit, den anderen zu nerven. Der Widder glaubt, er sei die offizielle Vorlage für Perfektion und alles andere bizarre Abweichung davon. Die Waage hat ein ausgeprägtes Bewusstsein für die Standpunkte anderer; der Widder denkt: »Na und?« Die Waage spielt den Advocatus Diaboli; der Widder wird sauer über den Mangel an Loyalität. Libra ist passiv-aggressiv. Widder ist aggressiv-aggressiv. In der Widder-Waage-Utopie lernt der Widder, die Fairness der Waage zu bewundern und sie als Bereicherung seines Lebens zu schätzen. Die Waage willigt ein, das gigantische Widder-Ego zu akzeptieren, solange sie dafür unterdurchschnittliche T-Shirts, Möbel, Freunde und Ambitionen des Widders wegschmeißen darf. Dann wendet sich alles zum Guten: *Reich und Schön,* ohne die kitschigen Seifenoper-Psychodramen.

Angesagte Duos: Russell Crowe & Danielle Spencer, Bonnie & Clyde, Heath Ledger & Naomi Watts, Kofi Annan & Nane Annan.

WIDDER – SKORPION. Sex führt diese beiden zusammen, und Sex kann sie trennen. Der Skorpion sagt »Nee« zu des Widders Ruck-zuck-Sexualität. Der Widder traut dem skorpionischen Interesse an längeren sinnlichen »Erkundungen« nicht. Der Widder findet den Skorpion äußerst faszinierend, wie eine Figur in einem Experimentalfilm ohne hilfreiche Untertitel. Die seltsamen Hobbys, Verschwörungstheorien und endlosen Listen des Skorpions bilden einen spannenden Kontrast zur Einfachheit des Widders. Doch der Widder ist unfähig, nachtragend zu sein. Er vergisst, bevor er überhaupt die Gelegenheit hat, über Vergebung nachzudenken. Der Skorpion führt über Kränkungen und Verletzungen detailgetreu Buch. Der Widder kann nicht verstehen, dass der Skorpion Geheimnisse haben will – der Skorpion könnte zumindest vorgeben, alles gesagt zu haben. Und dann ist da noch der skorpionische Stachel: Der Widder sitzt beim Mittagessen, die Finger trommeln ungeduldig auf dem Tisch, er knurrt: »Komm zur Sache.« Der Skorpion zögert den Moment hinaus wie eine mit der Fliege spielende Spinne, bis der Widder genug hat und wütend davonrauscht. Die Liebe bleibt am längsten erhalten, wenn jeder aufrichtig das Genie des anderen bewundert.

Angesagte Duos: Rhea Perlman & Danny DeVito, Mili Avital & David Schwimmer.

WIDDER – SCHÜTZE: Gemeinsam glücklich? Darauf können Sie Gift nehmen. Sieht man einmal davon ab, dass der Widder wirklich ohne die Aufrichtigkeit des Schützen auskommen könnte. Der Schütze ist angeblich Widders Liebhaber und nicht jemand, der es wagt, ihn auf Nichtigkeiten wie Zellulitis aufmerksam zu machen (nicht, dass der Widder welche hätte). Doch der Schütze flippt wegen des Widders hochtouriger Vitalität, seines Optimismus' und Genies nicht aus. Irgendwie mag der Schütze all das. Diese beiden inspirieren sich gegenseitig zu stets besseren Leistungen, Fitness, Kreativität – worin auch immer sie diese Woche gerade konkurrieren. Andere Sternzeichen zeigen sich ob des Konkurrenzdenkens des Widders eingeschüchtert – sie wollen eine Beziehung, in der sie sich niederlassen können wie in einen alten, eingesessenen Ohrensessel. Der sportliche Schütze ist für Wettkämpfe wie geschaffen und zufrieden, die ganze Nacht aufzubleiben und bis in die frühen Morgenstunden zu diskutieren. Der Schütze neigt zu Eskapismus und denkt, dass alles gut wird, wenn er nur die Möglichkeit hat, die Frequent-Flyer-Meilen einzulösen und an einen schönen Strand zu flitzen. Der die Konfrontation nicht scheuende Widder muss dem Schützen klarmachen, dass Yoga die Rechnungen nicht zum Verschwinden bringen wird. Jeder hält den anderen für einen glückbringenden Talisman.

Angesagte Duos: Elton John & David Furnish, Lady Clementine & Sir Winston Churchill, Peter O'Brien & Miranda Otto, Talisa Soto & Benjamin Bratt, Serge Gainsbourg & Jane Birkin.

WIDDER – STEINBOCK: Der Widder sagt: »Zeig mir deine Liebe.« Der Steinbock sagt. »Zeig mir dein Geld.« Der Widder wird im Laufe einer Beziehung gefühlvoller. Der Steinbock kann kalt und verschlossen sein. Der Widder ist risikofreudig, die offizielle Wild Card jeder Organisation oder – besser noch – ein freier Mitarbeiter. Der Steinbock als Firmentier hält das für buchstäblichen Wahnsinn. Er ist ein Trophäen-Partner mit der unheimlichen Gabe, mit zunehmendem Alter jünger auszusehen. Der eitle Widder ist von der Idee, neben ihm altersschwach auszusehen, nicht gerade angetan. Der Sex bringt's – keiner von beiden will sich mit tantrischem Unfug oder langem Vorspiel herumschlagen, obschon der Widder vielleicht zu einfach gestrickt ist für die Gelüste des Steinbocks. Der Widder betreibt kultische Heldenverehrung für Eigenschaften wie Ehrgeiz und Tüchtigkeit, die Hauptcharakteristika des Steinbocks. Der Schafbock tobt, der Steinbock ist umsichtiger. Sollte der Widder ein unberechenbares Genie mit Bedarf an straffer Führung sein, dann ist diese Beziehung ein Knaller. Es erregt den Widder, den Steinbock in Schale geschmissen zu sehen, bereit, einen Handel abzuschließen. Der Steinbock ist angetan, Chef der Beziehung zu sein.

Angesagte Duos: Céline Dion & René Angélil.

WIDDER – WASSERMANN: Widder haben eine ultra-niedrige Langeweile-Schwelle – und wenige fühlen sich je in Anwesenheit eines Wassermanns gelangweilt. Dann schon eher wütend. Der Wassermann liebt die widderliche Energie, den Elan und die Originalität. Den Widder machen die Distanziertheit des Wassermanns – eine dauernde Herausforderung für die eroberungsorientierte romantische Ader der Widders – sowie sein Intellekt an. Beide verabscheuen Nostalgie; der Widder lebt in der Gegenwart, und der Wassermann übertrifft ihn, indem er in der Zukunft lebt. Diese beiden regen sich gegenseitig an. Der Wassermann ist von der Widder-Liebe zum Debattieren begeistert – beide mögen es, wenn der andere mit ihm uneinig ist. Den Widder, der großartige Zuneigungsbekundungen benötigt, um sein unersättliches Ego zu schüren, kann der wassermännische Mangel an Gefühl ermüden. Der Wassermann ist es leid, Dinge sagen zu müssen wie: »Ja, deine Oberarme sehen heute besonders toll aus, du bist ein unglaubliches Wesen«. Der Widder argwöhnt, dass der Wassermann sich heimlich für das wahre Genie des Paares hält. Das wurmt ihn. Beide sind Idealisten, die sich danach sehnen, eine strahlendere, glänzendere Welt zu schaffen. Wenn diese Utopie zu Hause beginnt und der Wassermann schwärmen lernt, dann sind diese beiden das Neo-Duo.

Angesagte Duos: Fanny Ardant & François Truffaut, Harry Houdini & Bess Houdini, Nora Barnacle & James Joyce.

WIDDER – FISCHE: Widder ist Yang und Fische ist Yin. Der Widder glaubt, der Fisch sei glücklich, im Strahl des Widder-Genies in die Höhe katapultiert zu werden. Doch der Fisch täuscht seine Schwäche nur vor. Die fischige Verletzbarkeit liegt offen, was den Beschützerinstinkt des Widders hervorruft. Der Fisch verfeinert oft die allzu umfassende grobe Empfindlichkeit des Schafbocks. Der Fisch heilt die Wunden, befriedigt die Bettbedürfnisse des Widders und würde nie die Träume des Widders zunichte machen. Es kann eine Beziehung im Stil von Ritter-ohne-Furcht-und-Tadel-mit-schöner-Prinzessin sein, solange die Führungsposition des Widders unangetastet bleibt. Zumindest muss es danach aussehen. Niemand darf argwöhnen, dass der Fisch den Widder in vielerlei Hinsicht lenkt. Doch der Fisch wetteifert mit dem Zwilling darum, das heimtückischste und gerissenste Sternzeichen zu sein, zwei Eigenschaften, die der Schafbock zutiefst missbilligt. Der Fisch tischt eine mit der Wahrheit nicht ganz übereinstimmende Aussage auf, einfach so, bloß um eine Erzählung zum Spannenderen hin aufzupolieren – der Widder wird wütend und stürzt sich in eine zweistündige Belehrung. Der Fisch schaltet in den »körperlich anwesend, aber geistig nicht da«-Modus – er findet den Respekt predigenden Widder öde. Idealerweise sollte der Widder lernen, sich die harsche Krittelei zunutze zu machen. Sobald der Fisch versteht, dass der Widder Wahrheit buchstäblich für Schönheit hält, steht der Weg frei für eine wundervolle Verbindung.

Angesagte Duos: Henry Luce & Claire Boot Luce, Sarah Michelle Gellar & Freddie Prinze Jr., Königin Isabella I. & König Ferdinand II.

Sind Sie wirklich ein Widder?

1 Ihre Firma verlangt von Ihnen, einer Klausurtagung inklusive fünftägiger Reit-Trekkingtour durch die Berge in der Wildnis beizuwohnen. Sie haben kaum je ein Pferd geritten. Sie …

(a) lehnen ab. Ihre Leistung in der Firma ist über jeden Zweifel erhaben. Sie haben keinen Grund, an einer für Ihren gegenwärtigen Job derart irrelevanten Unternehmung teilzunehmen.

(b) nehmen teil, buchen aber im Voraus, um sicherzustellen, dass Ihnen ein sicheres Reittier gegeben wird, und planen so bald wie möglich eine Reihe von Reitstunden in Ihren Kalender ein.

(c) nehmen teil und entscheiden sich für einen Hengst namens Sauron (nur für erfahrene Reiter); schließlich sind Sie kein Feigling.

2 Ihr/e Partner/in scheint offensichtlich vor Ihren Augen ein Model in einem Heft zu bewundern. Sie …

(a) fühlen sich naturgemäß verunsichert und werden sauer. Dies wirft Fragen im Zusammenhang mit Ihrer eigenen Körperwahrnehmung und Sexualität auf.

(b) machen Ihre/n Partner/in darauf aufmerksam, dass dieses Foto nicht nur das Ergebnis von Manipulationen aus der Sprühdose und genetischen Wahnsinns ist, sondern zugleich der Beweis einer niedergehenden Kultur, die ästhetische Merkmale höher bewertet als Leistungen.

(c) ziehen sich aus bis auf die Unterwäsche und rufen: »Hey, Baby, hier sind die echten Dinger!«

3 Sie sind eingeladen, in einer Kunstgalerie eine Ausstellung mit elektrischen Toastern, Neonröhren und nackten Affen zu besuchen. Nach Ihrem Kommentar gefragt,

(a) sind Sie zugegebenermaßen der Sache nicht gewachsen, aber Sie beteuern, dass echte Kunst viele Ausdrucksmöglichkeiten kennt.

(b) sind Sie eine Weile lang beschäftigt, sich über performative Architektur und die Installationskunst aus der Schule der Alltagsobjekte zu ereifern, ohne etwas darüber zu wissen, dafür aber fantastisch zu klingen.

(c) schnauben Sie lautstark: »Was für ein Schrott. Ich könnte das machen – wie ist denn der Verdienst?«

4 Bei einer geselligen Veranstaltung vernehmen Sie, dass ein/e ehemalige/r Geliebte/r himmelschreiende, widerwärtige Lügen über Sie und Ihre Beziehung erzählt. Sie …

(a) zahlen es sofort mit gleicher Münze heim, indem Sie eine Reihe noch brisanterer Enthüllungen, egal ob wahr oder falsch, mit größtem Effekt zum Besten geben.

(b) erklären, dass Sie sich entwickelt haben und nun in einer wirklich tollen Umgebung sind, wo Sie das Schuldspiel nicht mehr mitmachen, und dass es Ihnen leidtut zu hören, dass Ihr/e Ex so viel Bitterkeit mit sich herumträgt.

(c) sagen: »Wer ist das?« Sie haben tatsächlich alles über Wie-heißt-er/sie-nochmal vergessen.

5 Sie stehen kurz davor, einen Riesenvertrag mit wichtigen Kunden abzuschließen. Im letzten Moment setzt der Drucker aus, Ihr Hauptargument stellt sich als unbrauchbar heraus, und Ihr/e Geschäftspartner/in wird wegen Veruntreuung hochgenommen. Sie…

(a) sagen das Treffen ab zwecks innerer Beratungen, da man

nichts tun kann, bevor nicht das eigentliche Problem gelöst ist.

(b) bringen Ihre Haare in Ordnung, schenken sich einen sehr großen Screwdriver ein und schlagen den Kunden vor, Sie und die Einstellung Ihrer Firma während des Mittagessens besser kennenzulernen.

(c) sagen: »Immer her damit!« Dies ist eine Riesensache, und Sie werden nicht dafür bezahlt, in Panik zu geraten oder auszusteigen. Sie sind wild entschlossen, das Ganze (irgendwie) in Ihren persönlichen Erfolg umzuwandeln.

6 Ihre Lieblingspromis sind diejenigen, die …

(a) ihre Bekanntheit und ihr Vermögen für die Schaffung einer besseren Welt einsetzen.

(b) Sie mit ihrem Kampf gegen widrige Umstände und deren Überwindung inspirieren.

(c) Sie an Sie selbst erinnern.

Antworten: Wenn Sie mehrheitlich (c) angekreuzt haben, dann sind Sie offiziell ein Widder – ein verrückter Schafbock und, genau, ein überragendes Genie auf Ihrem Gebiet. Sollten Sie (a) und (b) angekreuzt haben, dann haben Sie noch andere Astro-Einflüsse, die mit Ihrer Widder-Sonne konkurrieren.

Stier

(21. April – 21. Mai)

Der Stil des Stiers

Ich bin eher zäh als süß.

Penélope Cruz (*1974),
spanische Schauspielerin, die mit Tom cruiste

Frage: Wie viele Stiere benötigt man, um eine Glühbirne auszuwechseln?
Antwort: Keinen. Stiere mögen es nicht, irgendetwas zu verändern.

Der Stier ist ein »fixes« Erdzeichen: dickköpfig, sinnlich und konservativ. Seine Behaglichkeitszone ist so bemessen, dass er darin praktisch Platzangst verspürt.

Das astrologische Zeichen des Stiers ist, wenn man so will, die Kuh. Wer je eine Kuh oder einen Bullen hat durchdrehen sehen, weiß, dass bovin nicht bloß ein Synonym für gelassen ist. Obwohl sie nur langsam erzürnen, sind Stiere unerbittlich, wenn ihr Zorn denn einmal geweckt wurde.

Der Stier ist eines der schönsten Sternzeichen überhaupt. Gemeinsam mit Cousin Waage führt er die Liste der weltweit meistgefeierten Schönheiten an. Beide Zeichen werden von Venus bzw. Aphrodite regiert, der Göttin der Liebe, der Schönheit und des leichten Geldes. Kuhmenschen haben einen ausgeprägten Sinn für ästhetische Dinge, gutes Aussehen und sinnliche Schlemmereien. Kurz, sie sind wahrhaftige Genießer, die wissen, wie man eine schöne Zeit verbringt. Sie arbeiten hart fürs Geschäft und fürs Vergnügen.

Der typische Stier hat ein Gespür für Musik, Design und dekorative Künste. Im Gegensatz zu anderen Zeichen, die unaufhörlich Experten um Rat fragen, was die Farbe der Wände angeht, oder staubige Stapel irgendwelcher »zu rahmender« Objekte sammeln, schaffen Kuhleute ohne sichtbare Anstrengung ein harmonisches und ansprechendes Interieur.

Jedes Zeichen hat ein astrologisches Motto, im Grunde genommen eine Zusammenfassung oder ein Leitspruch der Gesinnung des betreffenden Zeichens. Beim Stier lautet es: »Ich habe« (wie in: Ich habe das alles). Die materielle Realität ist dem Stier sehr wichtig. Er ist besessen von finanzieller Sicherheit, verzückt von den Objekten seiner Begierde und geht in seinen Gesprächen gerne ausführlich darauf ein, was er hat, was er zu erwerben trachtet, und den jeweiligen Wert dieser Dinge. Für manche Zeichen kann es schwierig sein einzusehen, dass die Plauderei über Hedgefonds, Uhrensammlungen oder Steuerklassen tiefschürfend sein kann – für den Stier sind sie es jedenfalls.

Als eifrige Verfechter korrekter Methodik können Stiere die anderen Zeichen schon einmal in den Wahnsinn treiben. Ein Widder zum Beispiel, der sich ein Buch von der Kuh leiht, wird erstaunt sein, am nächsten Tag einen zehnseitigen Kommentar per Fax dazu zu erhalten. Fische, die eifrig die schlüpfrigen Einzelheiten von jemandes völlig desaströser Affäre berichten, können es hingegen kaum fassen, wenn der Stier das Gespräch dahin zurücksteuert, wie viel das dysfunktionale Paar für sein Haus ausgegeben hat.

In ihrer Jugend scheinen die Stiermenschen oft viel erwachsener als ihre Gefährten. Während alle anderen noch herumrennen, um aus losen Brettern ein Bücherregal zu basteln, überblickt der Stier bereits seine komplette Einrichtung. Einige Stiere riskieren eindeutig eine verfrühte Gesetztheit, indem sie uncoole Jobs annehmen, um ein eigenes Haus oder die Ausrüstung eines erwachsenen Lifestyles zu finanzieren. Aber wer lacht wohl zuletzt, wenn die anderen sich erst entschließen, sich niederzulassen, während der Stier sich schon ein schickes kleines Nest gebaut hat? Plötzlich erscheint Sicherheit gar nicht mehr so unattraktiv ...

Ein anderes passendes Astro-Credo für den Stier mit seinem unkeuschen Humor und seiner munteren Libido lautet: »Ich kriege es.«

Ohne Disziplin gibt es überhaupt kein Leben.
Katharine Hepburn (1907-2003),
Hollywood-Legende – *African Queen*,
Die Nacht vor der Hochzeit, Leoparden küsst man nicht.

Stiere in Hochform sind ...

Das Erhabene hat Bestand.
Aristoteles (384 – 322 v. Chr.),
griechischer Philosoph und
Lehrer Alexanders des Großen

SINNLICH. Ob es nun darum geht, unter sonnengetrocknete, nach Lavendel riechende Bettwäsche höchster Fadenzahl zu schlüpfen, die frisch pedikürten Füße zu strecken oder eine neue Sextechnik auszuprobieren – Stiermenschen stecken wahrhaftig in ihren Körpern. Denken Sie nur an den glamourösen Pianisten Liberace, wie er sich in einem Schaumbad aalt. Zu allem Musischen neigend, sind Stiere mit schönen Singstimmen gesegnet.

VERLÄSSLICH. Stiere sind für Sie da. Nicht unbedingt, um sich an Ihrer Stelle durch die Situation zu kämpfen, sondern auf

pragmatische Weise: Sie bereiten Ihnen eine nahrhafte Trost-
mahlzeit, zahlen die Kaution oder passen auf Ihre Kinder auf.
Manchmal fühlen Stiere sich in dieser Eigenschaft gefangen.
Niemand anderes – und das weiß der Ochse selbst am besten –
kann Tante Sowieso nach dem dritten Gin beruhigen. Die Bullen und Kühe sind würdevolle Leute. Sie wären alle Pfeiler der
Gesellschaft – wenn sie nur eine Gesellschaft fänden, die anständig genug ist. In der Zwischenzeit geben sie sich mit jeder Organisation zufrieden, die sie die Rolle des Schatzmeisters übernehmen lässt. Versehen mit einem Sinn für das Angemessene,
fühlen die Wiederkäuer sich in der Welt zu Hause und heißen
auch Sie dort willkommen.

GELASSEN. Stiere sind die Entspannungs-Gurus des Tierkreises. Sich selbst überlassen, verbringen sie gerne Zeit mit ihrem
Nachwuchs, mit Kochen, Gartenarbeit und/oder auf der Couch
mit einem kuscheligen Gefährten, einer Flasche Wein und einem guten Stück Brot. Das Sofa übt eine ähnliche Anziehungskraft auf den Stier aus wie Jupiter auf seine Trabanten. Der einzige Unterschied besteht darin, dass der Stier der Anziehungskraft
der Couch so lange widersteht, wie er Zeit benötigt, um zum
Kühlschrank und wieder zurück zu gelangen. Stiere wissen,
dass die sogenannte hirnlose Unterhaltung alle Bedingungen
des Zen erfüllt – das heißt, reine Erleuchtung ist. Der Stier hat
keinen Bedarf an den zahllosen Büchern, die jährlich erscheinen
und Ratschläge zur Kunst des Nichtstuns, des Loslassens, Zu-
rücklehnens und bloßen Seins geben … er beherrscht das alles
bereits.

ENGELHAFT IRDISCH. Im Gegensatz zu den Feuerzeichen,
die eine Bambuspflanze durch einen bösen Blick zum Wel-
ken bringen können, haben die Stiere den grünen Daumen. Ihr

Traumhaus ist eine Luxushütte im Grünen, wo der Stier durch die üppigsten Felder tollen kann, wie man es aus der skandinavischen Shampoo-Werbung kennt. Er ist auch der geborene Heilpraktiker – jedoch nicht wie in der Heilungs-Schule der Jungfrauen, in der das Heilige Frollein die Sünder darin berät, welche Vitamine sie nehmen sollen; der Stier strahlt eine beruhigende Wirkung aus, die selbst die hysterischste Person zu beruhigen vermag und sogar sogenannte Wunderheilung bewirken kann. Eine überproportionale Anzahl genialer Körperarbeiter, Ärzte und Heiler gehören also diesem Wiederkäuerzeichen an.

KULTIVIERT. Stiere wissen, wie sie die Freuden des Lebens genießen können, ohne schlampig oder verschlagen zu sein. Als großartige Gesellschafter sind sie zugleich phantastische Begleitung, die besten Gastgeber und offiziell »gute« Gäste. Ihnen fehlt jegliches Talent zur Neurose, so dass sie keine nervigen Streiche spielen, wie sie von anderen Sternzeichen wohlbekannt sind. Ihr natürliches, gesellschaftlich angemessenes Verhalten erlaubt den Stieren, alle so zu behandeln, dass sie sich wohl fühlen. Auch kann man sich bei den Stieren darauf verlassen, dass sie sich zu benehmen wissen. So würden sie beispielsweise nie eine Szene wie die folgende in Gang setzen: »Wie, du bist Gynäkologe? Wunderbar! Ich habe seit einiger Zeit diesen juckenden Ausfluss …« Stiere lieben es, die besten Buchhalter, Nagelkünstler zu empfehlen und ihre eigenen zahllosen Ratschläge für eine bessere Lebensführung an den Mann zu bringen.

BESTÄNDIG. Stiere mögen vielleicht nicht wissen, was Status quo bedeutet, aber sie wissen, dass sie ihn mögen. Stiere sind unabhängig von Trends im Reich ihrer eigenen Geschmacksvorstellungen geerdet. Sie geben freimütig zu, dass sie einen großen Teil der Musik, der nach einem bestimmten Zeitpunkt veröffentlicht wurde, verabscheuen – ohne sich darum zu sorgen, dass dieser Zeitpunkt mit ihrem 25. Geburtstag zusammenfiel. Wenn man von Stieren umgeben ist, wird man unausweichlich in Kontakt mit seinem eigenen unverfälschten Inneren gebracht. Es ist nichts Falsches daran, das schöne, komfortable Leben und eine tolle Einrichtung dem Stress und Wahnsinn vorzuziehen. Geradlinigkeit könnte zur neuen Avantgarde führen.

Stiere in Tiefform sind …

Es bedeutet Arbeit, wenn man versucht,
kein Arsch zu sein.
George Clooney (*1961),
betörender Hollywood-Schauspieler und
gegenwärtiges Matinee-Idol

GIERIG. Stiere glauben, Gier sei etwas Positives – bloß haben sie es in ein New-Age-Konzept integriert und nennen es nun »offenbarte Fülle«. Sie begehren Dinge und glauben, nicht unähnlich manchen alten Objektkulten, dass Gegenstände über eine Seele verfügen, mit der die Stiere in Verbindung treten. William Shakespeare hinterließ Mrs. Shakespeare sein »zweitbestes Bett«. Der Stier kehrt zurück von einer exotischen Ferienreise, nur um deren Höhepunkt im lästerlichen Feilschen mit einem unglückseligen Straßenverkäufer zu sehen. Selbst vermögende Kühe können häufig nicht widerstehen, auf den Preis oder die vermeintliche Auserwähltheit ihrer letzten Akquisition hinzuweisen. Sie sind besonders ermüdend bei der Sicherstellung, dass die korrekten Beträge bei einem Gruppen-Dinner verrechnet werden. Warum sollte ein Stier schließlich für eine kaum angeknabberte Bruschetta bezahlen?

TYRANNISCH. Stiere glauben, dass »richtig« auch »mächtig« bedeutet, und natürlich liegen sie damit richtig. Sie wollen zwar keine Champions im Hervorrufen von Schuldgefühlen sein wie ihre Kusine, die Jungfrau, aber sie versuchen sich immer wieder an Gesprächen, die über einen deutlichen Beigeschmack an moralischem Urteil verfügen. Sie können nicht anders, als sich selbst als die respektablen Verfechter und Förderer des allgemeinen Anstands zu betrachten. Allerlei Irritationsfaktoren des täglichen Lebens, wie z. B. ein mürrischer Verkäufer, werden zu Kennzeichen des gesellschaftlichen Untergangs. Die Kehrseite der Stier-Loyalität demonstrieren sie schlimmstenfalls, indem sie zu sozialen Stalkern werden: Manche Freunde sind fürs Leben … ansonsten … Ein weiterer Grund, warum Stiere so gut darin sind, alte Bekanntschaften am Leben zu erhalten, liegt darin, dass diese als sichtbarer Beweis dafür dienen, dass sich in Wirklichkeit gar nichts geändert hat. Man benötigt schon einen Anwalt, um einen Stier zu beleidigen, denn das ist praktisch die einzige Beleidigung, die sie bemerken.

KONTROLLBESESSEN. Die Götter mögen demjenigen beistehen, der nicht tut, was der Stier will … wie z. B. das Essen essen, das gemäß dem Stier nach Ihrem Geschmack sei, eine Kunstausstellung besuchen, von welcher der Stier weiß, dass Sie davon profitieren würden, oder mit dem Stier ausgehen, weil er glaubt, dass Sie eine geordnete Struktur in Ihrem Leben benötigen. Ein »Nein« von einem Stier bedeutet »Hau ab«, aber Ihr Nein ist eine bloße Formalität, blödes Geblöke, weil Sie zu schwach sind, um wirklich einzusehen, dass der Stier seine Entscheidung schon gefällt hat. Dem Stier zu widerstehen ist nicht ganz zwecklos, aber es lässt Sie Gefahr laufen, sich einen langwierigen, wichtigtuerischen Vortrag voller moraltriefender Faselei anhören zu müssen. Der Stier weiß, dass Sie am Ende bis zur Unterwerfung gelangweilt sein werden.

STUR. Der Stier gleicht einem großen Schiff, das unendlich langsam auf die Bewegung des Steuerrads reagiert, dann aber mit voller Kraft und beinahe unaufhaltsam vorausfährt. Seine kultivierte Respektabilität verdeckt dabei die Trägheit des Stiers. Manche Stiere sind so sehr alter Schule, dass sie ihre kontrollfreakigen Memos am liebsten mit Feder und Tusche schreiben und von einer Brieftaube übermitteln lassen würden. Ein eigenes Zimmer? Stiere sehnen sich nach einem eigenen Territorium. Selbst wenn der Stier völlig danebenliegt, wird er etwas durchboxen, keiner anderen Sache als seiner eigenen Macht gewahr. Während dies offensichtlich perfekt ist beim Aufgeben des Rauchens, beim eigenhändigen Erbauen einer neuen Garage an einem Tag usw., ist es eher störend, wenn der Stier in falscher Richtung über die Autobahn rast, unbeeinflusst von jeglicher Zurede, weil er es ja am besten weiß.

Wahrheit ist immer konkret.
Wladimir Iljitsch Uljanow,
genannt Lenin (1870 – 1924),
russischer Revolutionsführer
und Schriftsteller

Wie man Stiere motiviert und manipuliert

Manchmal ist die weniger befahrene Straße
aus guten Gründen weniger befahren.
Jerry Seinfeld (*1954),
amerikanischer Komiker mit eigener TV-Serie

1 Bedenken Sie, dass Stiere sich von weniger geerdeten Leuten benutzt fühlen. Schmeicheln Sie ihnen, indem Sie ihnen weismachen, dass sie in Wirklichkeit selbst ziemlich verrückt sind.

2 Finden Sie etwas, worüber Sie murren können, dass es nicht mehr dasselbe sei. Beispielsweise die glorreiche Zeit der Luxusreisen oder wie wunderbar es war, als man noch den örtlichen Bankdirektor kennenlernen konnte.

3 Nerven Sie den Bullen niemals mit irgendetwas, das mit Grundwerten zu tun hat – er ändert seine Meinung einmal pro Jahrzehnt, wenn überhaupt.

4 Sie möchten eine Kuh beschenken? Denken Sie sinnlich. Selbst der gehässigste Bulle kann mit flauschigen Badetüchern oder den feinsten Baumwollkissenbezügen gezähmt werden.

5 Simulieren Sie Übereinstimmung. Die Strategie des Stiers besteht darin, dass er sich in völliger Einstimmigkeit mit Ihnen zeigt, sobald Sie seinen Standpunkt akzeptiert haben.

6 Denken Sie daran, dass Stiere sehr empfindlich sind, was die Position ihrer Besitztümer betrifft. Bewegen Sie nicht einmal die Zahnbürste des Stiers von ihrer angestammten Stelle.

7 Würdigen Sie, dass Stiere kitschige Verführungsfallen genießen. Sie mögen altehrwürdige Techniken wie Verdunkelungsschalter, Martinis, stimmungsvolle Musik und samtene, bordeauxfarbene Stoffbezüge.

8 Wiederholen Sie Ihre Bewunderung für die ethischen Werte des Stiers. Erregen Sie ihn, indem Sie ihm eine Geschichte über irgendeinen unzuverlässigen Typen erzählen und wie kompliziert er war – so ganz anders als der Stier.

9 Stiere reagieren sehr positiv auf Klischees und hauchen ihnen neues Leben ein. Also keine Hemmungen vor Redensarten wie »Der frühe Vogel fängt den Wurm« oder »Hochmut kommt vor dem Fall«.

Heilige Kühe

Der Anfang ist immer heute.
Mary Wollstonecraft (1759 – 1797),
radikale britische Denkerin
und frühe Feministin

Burt Bacharach – zeitloser Songwriter und Komponist, die Verkörperung stierischer Lieblichkeit und Sinnlichkeit. Er ist ein Vertreter des musikalischen Lieblingsgenres der Stiere – der

Lounge-Musik. Er schrieb Songs wie *Raindrops Keep Falling On My Head, Close to You* und *I Say A Little Prayer*.

Joanna Lumley – entzückende, geistreiche und bewunderte Schauspielerin, Komödiantin, Schriftstellerin und vegetarische Genießerin. Bekannt insbesondere durch ihre Rolle als Patsy Stone in *Absolutely Fabulous*. »Wenn ich nach Hause komme, werden die Kuschelsocken und der löchrige Pulli über- und das Blech mit dem überbackenen Toast aus dem Ofen gezogen – während ich *Blind Date* schaue.«

Dwayne Johnson alias The Rock – der auch unter dem Spitznamen Brahma Bulle bekannte The Rock ist Sänger, Tänzer, Wrestling-Champion und ein zukünftiger großer Action-Filmstar. Er strahlt typischen Stier-Machismo aus. Eines seiner Lieblingszitate ist »Immer her damit«.

Tamara de Lempicka – sinnliche polnische Aristokratin, die nach ihrer Flucht nach Paris eine berühmte Art-déco-Künstlerin wurde. »Tamara hatte eine ungeheure Fähigkeit zur Selbsterkenntnis und einen Sinn dafür, wer sie in dieser Welt war.«

David O. Selznick – Filmproduzent von erfolgreichen Klassikern wie *Vom Winde verweht, Rebecca* und *Der dünne Mann*. Er entdeckte den Meister der Spannung, den Regisseur Alfred Hitchcock. Selznick war bekannt für seine Memos, in denen er seinen Drehbuchautoren Anweisungen gab wie: »Schreib, was immer du willst, solange eine Liebesszene vorkommt und das Mädchen am Ende in den Vulkan springt.«

Donatella Versace – diamantenbehängte, dauergebräunte und kettenrauchende internationale Modeschöpferin. Sie verkörpert den totalen Stier-Geschmack: ein Faible für Weinreben und Blumen in ihrem ballsaalgroßen Schlafzimmer und die zentrale bovine Eigenschaft, eine brillante Geschäftsfrau und zugleich Liebhaberin des zwielichtigen Lebensstils zu sein.

Wenn du am Morgen aufwachst, denke daran,
welch unschätzbares Privileg es ist zu leben, zu atmen,
zu denken, zu genießen, zu lieben.
Marcus Aurelius (121–180 n. Chr.),
philosophierender römischer Kaiser

Stylische Kühe

Ich habe nie gedacht, dass ich auf Männer
anziehend wirken könnte.
Michelle Pfeiffer (*1958),
zum Superstar gewordene ehemalige Kassiererin

Die vom Planeten Venus regierten Kuhmenschen sind absolut atemberaubend. Sie sind von Natur aus mit blendendem Aussehen, schmeichelnder Stimme und symmetrischen Gesichtszügen gesegnet. Die Männer entsprechen oft dem Klischee des gut gebauten Typen, der durchaus traditionelle Kleidung mit einzigartigem Flair zu tragen versteht. Man will sich sogleich bei ihnen anlehnen. Wie ihre ebenfalls von Venus regierte Kusine, die Waage, mögen Stiere Kleidung mit sinnlicher Gewebestruktur. Werfen Sie einmal einen Blick auf die Stierhände, wenn sie ruhig über einen Stoff streichen – Seide, Kaschmir, Samt, welche Textur auch immer ihnen am meisten behagt.

Ihr Sinn für das Angemessene wird oft auch jugendlich gebliebene Kühe dazu veranlassen, einen Zweiteiler, dessen Rocksaum über die Knie reicht, eine Tweedjacke oder was auch immer ihnen für ihr fortschreitendes Alter angemessen erscheinen mag, zu wählen.

Aber die Pointe liegt darin, dass das Älterwerden der Kuh gut zu Gesicht steht. Ihre kleidungstechnische Investitionsstrategie zahlt sich aus, und ihre wahre Schönheit beginnt diejenigen mit weniger anhaltender Anziehungskraft zu überstrahlen. Behaglichkeit ist eine zentrale Priorität für das Kuhvolk. Wenn Stiere jemanden auf der Straße sehen, der das Wetter in seiner Kleiderwahl nicht berücksichtigt hat, reagieren sie grimmig: »Die Beine dieses Mädchens müssen ja starr vor Kälte sein! Ich wäre überhaupt nicht erstaunt, wenn sie Frostbeulen davontrüge.« Und Königin Elizabeth II. scheint sich in ihrem Chintz-Kostüm viel weniger wohlzufühlen, als wenn sie glücklich in Gummistiefeln und mit einem um den Kopf gewickelten Schal herumstapft.

Stiere sind besessen, wenn es um »richtigen« Schmuck geht. Sie interessieren sich in aller Regel nicht für das Design, denn sie verabscheuen modernen Schmuck beinahe so sehr wie abstrakte Kunst – sie interessieren sich nur für die Steine. Dank ihrer Voodoo-ähnlichen Fähigkeit, mit der Seele materieller Objekte zu kommunizieren, können Stiere Kopien von Originalen unterscheiden, und, jawohl, sie lehnen Kopien ab … es sei denn, der Stier würde allzu gesunden Menschenverstand walten lassen, indem er dadurch einige tausend Euro einzusparen glaubt. Und niemand würde jemals einen Stier verdächtigen, denn Stiere sehen immer *sooo* teuer angezogen aus.

STIERISCHE SCHÖNHEITEN. Anouk Aimée, Candice Bergen, Cate Blanchett, Pierce Brosnan, George Clooney, Penélope Cruz,

Daniel Day-Lewis, Kirsten Dunst, Linda Evangelista, Chow-Yun Fat, Dame Margot Fonteyn, Audrey Hepburn, Katharine Hepburn, Enrique Iglesias, Grace Jones, Jessica Lange, Jay Leno, Joanna Lumley, Andie MacDowell, Michelle Pfeiffer, Uma Thurman, Renée Zellweger.

Glänzende Karriere

Wenn du die Hitze ertragen kannst und tatsächlich in die Küche gehst, rechne mit Napalm in der Pfanne.
Joanna Lumley (*1946),
britische Schauspielerin (*Absolutely Fabulous*)

Schneidig und mental robust, suchen Stiere im Beruf nicht nach Schwierigkeiten. Sie wissen zudem, dass es keinen Sinn hat, eine Sache auf Bösartigkeit zurückzuführen, wenn sie adäquat durch Dummheit erklärt werden kann. Sie sind zufrieden mit einem harten Regime, solange es ihnen den gewünschten Ertrag liefert. In der Folge sind Stiere erfolgreich, in welcher Berufsgattung auch immer sie sich mit ihrer schrecklich ausgeprägten Beständigkeit niederlassen. Das Arbeitsethos des Stiers in Kombination mit seiner kontrollierenden Natur und seiner Fähigkeit, Stabilität auszustrahlen, lässt ihn insbesondere in Großkonzernen und politischen Gefilden begehrenswert erscheinen.

Selbst in einem ungeliebten Job geben Stiere nie vor, beschäftigt zu sein – sie *sind* beschäftigt. Nicht, dass sie Märtyrer wären. Wenn sie keine Zeit haben, dann stellen sie jemanden ein, der welche hat. Sie delegieren ohne Schuldgefühle. Obschon habgierig, arbeitsam und ehrgeizig, sind Stiere in der Regel keine

Karrieremenschen. Dafür schätzen sie ihr Zuhause zu sehr … und vor allem ihr Sofa.

Meist machen sie sich nicht die Mühe zu jammern – »Warum schimpft diese Person unaufhörlich über eine Glasdecke? Es handelt sich um eine Gipsdecke!« –, und sie sind mit Sicherheit nicht die ultragestressten Alpha-Typen. Die einzige berufliche Fehlleitung einer Kuhkarriere droht dann, wenn der eigene Sicherheitsfetisch den Stier in einer langweiligen Position gefangen hält. Im schlimmsten Fall wird der Stier dann zum bürokratischen Despoten, der Anrufer endlos in der Warteschlaufe zappeln lässt und das Beste daraus macht, ein Neinsager zu sein, der Projekte aufgrund angeblicher Undurchführbarkeit im Keim erstickt. Diese Art Kuhperson muss daran denken, dass gelegentlich die nächste Weide viel grüner zu sein verspricht.

Ethik ist die Schlüsselkompetenz der Stiere. Der Stier-Anwalt wird nicht versuchen, den Richter zu bestechen. Der Stier-Taxifahrer wird Ihnen das, was Sie auf dem Rücksitz liegengelassen haben, zustellen. Und Showbiz-Stiere werden Sie nicht dazu zwingen, sich im Castingstudio hochzuschlafen; sie werden Sie in ein schickes Hotel schleppen und Ihnen offen die Möglichkeit des Nach-oben-Schlafens erläutern.

Wenn in einem Stier-Lebenslauf steht, der oder die Betreffende sei Kommandant einer militärischen Eliteeinheit gewesen, habe einen Ehrentitel erhalten oder sei die Titelschlagzeile in einer Zeitschrift über geschäftliche Spitzenleistung gewesen, dann ist es wahr.

Macht ohne Prinzipien ist öde,
aber Prinzipien ohne Macht sind zwecklos.
Tony Blair (*1954), britischer Premierminister,
wurde im Alter von 43 Jahren jüngster Premierminister
seit Lord Liverpool (1812)

Finanzielle Realität

Ich kann es nicht ausstehen, in meiner Gewinn-
und Verlustrechnung Rot zu sehen. Ich bin ein Stier,
ein Bulle, und ich reagiere auf Rot.
Barbra Streisand (*1942),
Sängerin, Regisseurin und Schauspielerin – *Funny Girl, Yentl*

Was die finanziellen Aspekte betrifft, so gibt es bei den Stieren zwei Strategien: Die eine ist schlicht Sparsamkeit: Bewahre Schnüre auf; schneide und sammle Coupons, selbst wenn du durch die ganze Stadt fahren musst, um sie einzulösen, denn damit kannst du 4,50 € sparen; leihe Bücher aus der Bibliothek, und vergiss, sie zurückzubringen; benutze ein No-Name-Petroleumprodukt als Feuchtigkeitscrème; züchte deine eigenen Sojasprossen mittels wiederaufbereitetem Leitungswasser; benutze Desinfektionsmittel als Aftershave; sammle Reichtum durch Sparsamkeit an und mache Knappheit zu deinem Mantra.

Die andere Strategie ist erfolgsorientiert. Ihre Verfechter lieben die Idee, ein Sugar Daddy (oder eine Sugar Mommy) zu sein. Diese Strategie besagt: Verschwende, um es zu etwas zu bringen; nutze das für die elektrische Heizung vorgesehene Geld für inspirierende Bildbände; man muss immer frische Blumen im Haus haben; ein privater Pilates-Trainer ist notwendig, wenn man klar denken muss; das Universum besitzt Überfluss an allem, ebenso wie Kreditinstitute; das Leben ist zu wertvoll, um zurückhaltend zu sein, und das Wort »Luxus« stammt von dem lateinischen Wort für »Licht« ab. Sie sehen, es handelt sich hier um ein Dilemma.

Zu unterscheiden zwischen dem, was der Stier wirklich braucht, und dem, was er zu wollen glaubt, ist für den Stier eine

63

kosmische, zutiefst spirituelle Angelegenheit. Ja, schöne Besitztümer können innere Schönheit und Harmonie fördern. Nein,
um zwei Uhr morgens aufzuwachen und wegen einer Kreditkar-
tenrechnung auszuflippen ist dem Gemüt nicht förderlich.

Die bovinen Zeichen suchen nach Sicherheit, aber der weit
entwickelte Stier ist sich bewusst, dass Objektbegierde nicht
ausreicht. Es ist großartig, dass der Stier an Dingen hängt
und sich diese zunutze macht. Zwillinge hingegen können einen Gameboy verschenken, weil er sie »attackiert« hat; Fische
sind fähig, eine Standuhr wegzuschmeißen, weil sie »negative
Schwingungen« verbreitet hat; und Waagen können plötzlich
aus der Mode gekommene Möbelstücke wegwerfen, um »neu
anzufangen«.

Aber wahrhafte Stier-Beständigkeit muss aus der Sicherheit
innerer Ressourcen entstehen. Die Einstellung des Stiers gegenüber dem Geld ist so wichtig, weil sie seine Gefühle gegenüber
allem anderen im Leben bestimmt.

Für weniger als 10 000 Dollar
am Tag stehe ich nicht auf.
Linda Evangelista (*1965),
kanadisches Supermodel

Beim Stier zu Hause

Wo auch immer ich hingehe, stelle ich fest,
dass ein Dichter vor mir da gewesen ist.
Sigmund Freud (1856–1939),
Begründer der modernen Psychoanalyse,
der Traumdeutung und Erfinder
des Freud'schen Versprechers

So wie Ferdinand, der sympathische Bulle, der nicht am Stierkampf teilnehmen wollte, finden Stiere häufig keinen Ort so schön wie ihre heimatliche Weide. Das typische Stier-Heim strahlt Frieden und Überfluss aus. Selbst der hyperaktivste Besucher wird einen Moment die Zen-artige Ruhe spüren. Das bovine Zuhause dient als Erinnerung daran, dass Stiere die taktilen Stoff-Besessenen des Tierkreiszeichens sind. Sie werden erregt von der sinnlichen Empfindung, die Samt, ägyptische Baumwolle oder ein Sisal-Wolle-Gemisch auf ihren pedikürten Füßen auslösen.

Die Kühe definieren Sinnlichkeit neu. Ihre liebsten Haushaltsgegenstände sind Kaschmir-Überwürfe in knalligen Farben, große, weiche Kissen und Tuben mit französischer Lavendel-Handcrème neben jedem Waschbecken. (Dieser Menschenschlag hält trockene Haut für eine Krankheit.) Für die Gurus der Entspannung stellt das Sofa das Gravitationszentrum des Stier-Universums dar. Es ist immer stark, unterstützend und versöhnlich. Die restliche Einrichtung sieht möglichst traditionell aus, selbst wenn Stiere gelegentlich von mittelalterlicher Inneneinrichtung phantasieren – mit einem Banketttisch und dem Schemel, auf dem der Harfe spielende Page sitzen würde.

65

Im Herzen rustikal, mögen Stiere Landschaftsbilder unbeschreiblich gerne und nehmen sich Zeit, über die grünen Felder zu sinnieren. In jedem Stier steckt ein inneres Blumenmädchen, und ihre großartigen Gärten tendieren dazu, sich langsam in das Innere ihres Hauses vorzuarbeiten – ein Büschelchen Glyzinien hier, Tulpen dort, und vielleicht eine perfekte Osterlilie im Badezimmer.

> *Es gibt nur einen Unterschied zwischen einem*
> *Verrückten und mir. Ich bin nicht verrückt.*
> Salvador Dalí (1904–1989),
> spanischer surrealistischer Künstler,
> der gerne schockierte

Der verliebte Stier

> *Irre Leute sind sich immer sicher,*
> *dass sie bei bester Gesundheit sind.*
> *Nur die Zurechnungsfähigen sind*
> *willens zuzugeben, dass sie spinnen.*
> Nora Ephron (*1941),
> geistreiche Drehbuchautorin des
> Films *Schlaflos in Seattle*

Stiere haben fantastisches Potenzial als Langzeit-Liebhaber: Das Alter zehrt sie nicht aus, und Vertrautheit macht sie an. Mit einer gesunden Libido und einem großen Herzen ausgestattet, halten sie Ausschau nach einer andauernden Liebesbeziehung zwischen Gleichgestellten.

Warum also, wenn die wichtigsten Erwartungen der Stiere an andere soziale Akzeptabilität und geistige Gesundheit sind, ziehen Stiere oft solche Idioten an? Wie kann jemand, der das gelassene Leben wertschätzt, sich immer wieder auf sexy Hysteriker einlassen?

Liegt es daran, dass sie unbewusst jemanden benötigen, der ihr unterdrücktes inneres Chaos auslebt? Bedenken Sie, dass Stiere wirklich der Überzeugung sind, dass Chaos nur eine Theorie ist.

Idealerweise wachsen sie aus der Abhängigkeit dysfunktionaler Beziehungen heraus und enden in einem schönen Liebesverhältnis, in dem es genug Ängste gibt, um die bovine Libido anzuheizen, aber auch ausreichend Harmonie, um Mußestunden mit ihrem/ihrer Liebhaber/in auf der Couch zu verbringen.

Das Albtraumszenario besteht in einer unaufhörlichen Dynamik, in welcher der Stier die Rolle der ordentlichen Elternfigur übernimmt und die zerbrochenen Absinthflaschen aufliest, ein beschädigtes Diven-Ego betreut und in Erwartung einer weiteren Szene im Vororts-Parkhaus zusammenzuckt.

Störrisch hoch zehn und mit selektivem Gehör ausgestattet, können Stiere den inkompatibelsten Partnern nachjagen, in der Hoffnung, eine vom richtigen Wege abgekommene Waage mittels Geschäftsberichten in Versuchung zu führen oder das Herz überspannter Zwillinge mit einem hausgemachten Abendessen zu erobern.

Stiere können selbst die Schwächen ihrer Liebhaber/innen herablassend behandeln und deren Träume zu ersticken versuchen bis hin zum Bruch. Dann meckert die Stierkuh darüber, dass es keine richtigen Männer mehr gäbe, und der Stierbulle beschwert sich, dass es keine richtigen Frauen mehr gibt, die dem Ganzen gewachsen sind. So weit darf es nicht kommen. Tief im Inneren sehen Stiere sich als die letzten großen

Liebhaber und evozieren bewusst den legendären Standard von Reinheit und Hingabe.

Weine jetzt – lache später.
Grace Jones (*1952), flamboyante Entertainerin,
Liedermacherin und Ikone

STIER – WIDDER: Das Kuhvolk wird sich schlagartig bewusst, dass ihre versteckte Angst, langweilig zu sein, sich nicht realisieren wird, wenn sie sich nur an dieses Wesen halten. Der visionäre Charakter des Widders und sein Wagemut betäuben den pragmatischeren Stier. Der Widder liebt die Direktheit und den Gleichmut des Stiers, vielleicht aus dem Gefühl heraus, dass diese Eigenschaften seiner eigenen Unausgeglichenheit Würde und Stabilität verleihen. Der Stier bejubelt den widderlichen Sieg über die Mittelmäßigkeit, das zu einem Viertel geschriebene Drehbuch oder was auch immer das Thema du jour des Widders sein mag. Es ist nichts Falsches am Energielevel des Stiers, wenn er einmal aktiviert wurde. Doch der Stier fürchtet, dass der Widder den Triumph der Übertreibung über die Realität verkörpert. Der Widder definiert sich über einen Geh-und-hol's-dir-Zugang zu Missionen jeglichen Formats; der sinnliche Stier wundert sich, warum der Widder alles so schnell machen muss. Der Widder denkt bloß: »Mach einfach weiter.« Nach einer Besprechung mit dem wilden Widder schlägt der Stier seinen festen Kurs ein, dem gemäß er die langfristigen Pläne des Paars mit Leichtigkeit und Anmut zu erfüllen gedenkt. Bis der Widder hereinplatzt und verkündet, dass sich nach einer fünfminütigen Unterhaltung mit einem Fremden »alles geändert hat«. In der Stier-Widder-Utopie wird der Stier wilder und optimistischer, während der Widder lernt, dem Stier die Buchhaltung und die gelegentliche Durchführung von – langen und detaillierten (gähn) – Gesundheits-Checks zu überlassen.

Angesagte Duos: Michelle Pfeiffer & David E. Kelley, Dario Franchitti & Ashley Judd, David Beckham & Posh Spice (Victoria Beckham), Denys Finch Hutton & Karen Blixen, Katharine Hepburn & Spencer Tracy.

STIER – STIER: Sehr verehrte Damen und Herren, die Libidos sind gelandet. Der Stier orientiert sich von allen Zeichen des Tierkreises am stärksten am Tastsinn, und wenn zwei davon sich zusammentun, können sie kaum ihre sinnlichen Hufe voneinander lassen. Eine Stier-Stier-Kombination ist die Art von physisch extrem demonstrativem Paar, das andere, weniger sinnliche Typen anwidert. Nicht, dass die Kühe sich darum scheren würden. Gemeinsam funktionieren sie als gegenseitige Förderer ihres Ansehens, ein Rezept für Erfolg und Langlebigkeit. Was trübt die Freude? Der Stier ist stur entschieden, dass er und seine Meinung am Ende triumphieren werden – und genauso ist auch der andere Stier. Im Fall Stier vs. Stier können die beiden Parteien einander ein Jahr lang anschweigen, aber zusammenbleiben, jeder von ihnen in der Erwartung, der andere möge nachgeben. Aber keiner rührt sich, und der Beziehungshimmel mutiert zur Hölle. Idealerweise macht sich dieses Paar seine Neigung zu Verhaltenskodizes zunutze und einigt sich bereits in einem frühen Stadium darüber, was tolerierbar ist und was nicht. Der Traum bleibt nur so lange real, wie beide Kühe bereit sind, ihre diktatorischen Launen beiseitezulegen und die Weltsicht des anderen anzuerkennen. Wenn dies geschieht, sind Harmonie, Wohlstand und anhaltende Zufriedenheit garantiert.

Angesagte Duos: Lord Waldorf & Lady Nancy Astor.

STIER – ZWILLINGE: Der Stier erblickt den Zwilling und denkt erst einmal: »Stopp«! Der Stier überlegt es sich zweimal und dann noch einmal, bevor er die Zwillingszone betritt. Die Zwillinge, obschon lustvoll, erlauben sich den Spaß, den Bullen zu plagen. Doch anständige, zuverlässige Liebhaber/innen treffen nicht immer ganz den Geschmack der nach Nervenkitzel lechzenden Zwillinge. Es muss einen »Haken« geben, und dieser ist oft dann vorhanden, wenn der Stier Planeten im nahen Zwilling hat oder umgekehrt. Zwillinge wollen Liebhaber, die da sind, aber auch nicht da sind, wenn die Zwillinge urplötzlich den Drang nach einem Solo-Dasein verspüren. Zwillinge mögen Abwechslung; der Stier hält das ununterbrochene Bedürfnis nach Neuerungen für das Anzeichen einer Neurose, doch der Zwilling meint dazu: »Dann bin ich eben neurotisch, na und?« Zwillinge haben eine hohe, musikalische – manchmal auch zum Staccato neigende – Sprechart. Die akustischen Schwingungen der Stiere sind tief, wie aus einer Hängematte oder einem Sofa gesprochen, und sie scheinen keine Eile zu kennen, selbst in panischen Momenten. Stiere haben offiziell eine Libido, Zwillinge bevorzugen es, einen beachtlichen Teil ihrer Lust reine Theorie sein zu lassen. Zwillinge flirten hobbymäßig und zum Selbstzweck. Stiere hingegen machen sich nicht die Mühe, außer wenn sie Chancen sehen, das Geschäft »zu einem Abschluss zu bringen«. Zwillinge lieben das Gefühl der Gelassenheit, das der Stier ihnen vermittelt, doch dann werden sie unruhig. Es fühlt sich *zu* entspannt an.

Die Kühe hingegen sind schnell gelangweilt von der Sprunghaftigkeit der Zwillinge. Doch eigentlich findet sich eine ganze Menge an Wohlwollen in dieser Beziehung. Zwillinge müssen ihre berühmt-berüchtigte Flexibilität sinnvoll einsetzen. Stiere müssen tolerant sein.

Angesagte Duos: André Agassi & Steffi Graf, Königin Elizabeth II. & Prinz Philip, Enrique Iglesias & Anna Kournikova, Natasha Richardson & Liam Neeson, Steve Berra & Juliette Lewis.

STIER – KREBS: Haben und Behalten – keinen von beiden kümmert's, wer was davon tut: Die Anziehungskraft ist gigantisch und potenziell von Dauer. Gemeinsame Werte versprechen ein glückliches, häusliches Leben. Diese beiden stellen ein ganz besonnenes Paar dar, beide sind zufrieden, das jeweils Nötige beizutragen. Der Krebs schwärmt von Familie, Tradition und davon, die Dinge richtig zu machen – der Stier stimmt zu. Krebs-Ängste werden durch die innige und beständige Liebe des Stiers aufgehoben. Hier herrschen gegenseitige Bewunderung und gegenseitige Ermächtigung durch die Liebe. Belastende Themen tauchen auf, wenn der Krebs mehr will als die bloße Versicherung des Stiers, dass alles bestens laufe. Krabben wollen ihre Gefühle zur Sprache bringen, doch der Stier sagt: »Nimm dich zusammen!« Das Schalentier zieht ab, um einen Ex zur Selbstbestätigung anzurufen. Die Krabben-Libido zerknittert ohne einfühlsame Zweisamkeit. Der Sex-Trieb des Stiers kann Rückschläge des Egos verkraften. Seine Libido kann in einem intellektuellen Vakuum operieren. Die Krabbe kreischt: »Wie konntest du nur?« Damit diese wunderbare Verbindung andauern kann, muss der Stier sich mit der bekenntnishaften Art der Krabbe anfreunden, und der Krebs muss ein bisschen Vernunft simulieren. Zusammen werden diese beiden gesund, reich und furchtbar weise.

Angesagte Duos: Barbra Streisand & James Brolin, Homer & Marge Simpson, Royston Langdon & Liv Tyler, Joanna Lumley & Stephen Barlow.

STIER – LÖWE: Der Löwe ist eifersüchtig auf den Stier. Die Kühe sind natürliche Schönheiten. Der Löwe arbeitet dafür. Image bedeutet für den Löwen Showtime und bedingt ein spartanisches Regime betreffend Haarbesessenheit, konstante Pflege und aufwendige Veränderungen des Erscheinungsbildes. Der Stier schlüpft aus dem Haus, des Verführens fähig mit nur einem Hauch von Lipgloss und ansatzweise gekämmtem Haar. Der Löwe fängt an, über splissiges Haar, Prinzipien und Dinge, welche die Katze möglicherweise anschleppen mag (oder auch nicht), herzuziehen. Gehässigkeiten ergeben sich. Obschon die Löwen-Libido so ausgeprägt ist wie die der Kuh, kann das Lechzen des Löwen nach Anerkennung den Stier in der Masse neuer Verehrer/innen untergehen lassen. Niemand liebt den Löwen so sehr wie der Löwe, so dass das große Herz des Stiers unsicher wird. Beim Löwen fühlt es sich immer so an, als ob ständig ein unsichtbares Publikum zuschaute, wodurch für den Stier das spontane Ausleben seiner Lust vereitelt wird. Der Löwe macht es sich für den Abend bequem in einer Designer-Trainerhose und mit einem von Lifestyle-Zeitschriften empfohlenen Wein zur Begleitung des Menüs à la carte. Damit ist die Kuh, die sich lieber einen Gemüseeintopf wünscht, nicht glücklich. Doch gemeinsam mit der Bewunderung häuft der Stier dank seiner beständigen Strategie Geld an. Das ist großartig, denn der Löwe weiß ein nach oben unbeschränktes Budget immer zu schätzen. Es gibt viele Dinge, die diese beiden zusammenhalten: Beide sind unglaublich sexy und interessiert an Bettaktivitäten. Während der Löwe sich diesen von der glamourösen Seite her nähert und der Stier stärker sexuell geprägt ist, hat keiner der beiden Zeit für sexuelle Lockvogelspiele, wie andere Zeichen sie kennen. Wenn es läuft, läuft es.

Angesagte Duos: Bianca & Mick Jagger, Siân Phillips & Peter O'Toole.

STIER – JUNGFRAU: Der Dornröschenstier wird von Prinz oder Prinzessin Jungfrau geweckt, und alle profitieren davon. Sobald der Stier die Energie der handlungsorientierten Jungfrau überwunden hat, verliebt er sich heftig. Die Jungfrau war vom ersten Augenblick an verknallt. Korrigierende Nörgeleien der Jungfrau ärgern den Stier weniger, als wenn sie von sonst jemandem kommen. Der Stier weiß, dass die Jungfrau recht hat, und sie liebt es, dass der Stier ihre angeborene Schönheit und Brillanz erkennt. Werte, Sexualität und kultivierte Lebensideale verbinden sich meist mit Liebe und Produktivität. Spannungen können sich aus der Stiervorliebe, Dinge anzuhäufen, und dem jungfräulichen Hobby, Dinge wegzuwerfen, ergeben. Die Jungfrau schätzt die Weltsicht des Stiers, weil sie realistisch ist. Die Verbindung ist nahezu übersinnlich, weil jeder die Gefühle und Gedanken des anderen unmittelbar versteht. Den Stier kümmern die jungfräulichen Schuldzuweisungen nicht, und die Jungfrau liebt die moralischen Urteilsspiele des Stiers. Die Angemessenheit des Bullen gleicht die Jungfrauennerven, ihren Detail-Fetisch sowie ihre hypochondrischen Neigungen aus. Die Liebe blüht inmitten endloser Gespräche und sich stetig erneuernder Anziehung.

Angesagte Duos: Audrey Hepburn & Mel Ferrer, Roberto Rossellini & Ingrid Bergman, Tim McGraw & Faith Hill, Don Bacardy & Christopher Isherwood, Tony Blair & Cherie Booth Blair, Daniel Day Lewis & Rebecca Miller.

STIER – WAAGE: Der Schöne und die Schöne: Diese Verbindung kann man kaum fassen, weil sie so passend scheint. Aber ist sie es auch? Beide Zeichen werden von Venus, der Göttin der Liebe, regiert. Sinnliche Kompatibilität und anhaltende Faszination sind nicht das Problem. Aber im Vergleich zur Waage ist selbst ein unberechenbarer Stier der direkteste Mensch auf Erden. Die

Waage neigt zuerst zu Yin, dann zu Yang, bevor sie sich für etwas entscheidet, das dem Stier wie ein feiger Kompromiss vorkommt. Diese Dynamik kann sich auch auf niedrigstem Niveau abspielen, unterhalb der Würde des Einzelnen, ist aber offenbar unvermeidlich. Die Waage gibt vor, sich den pingeligen Marotten des Stiers anzuschließen, aber irgendwann kommt alles raus, und die Waage gibt zu, dass »vielleicht« manchmal eben nur »vielleicht« bedeutet – die Waage tendiert nie eindeutig in nur eine Richtung. Der Stier kann buchstäblich nicht glauben, dass jemand ein derartiges Leben führt. Doch der Stier sollte sich lieber Mühe geben, daran zu glauben, denn das Herz einer Waage lässt sich durch Willenskraft nicht erobern. Die Waage will gequält und alle paar Stunden aufs Neue erobert werden. Doch wenn all dies beseitigt ist, bilden diese beiden ein auf der Sonnenseite des Lebens stehendes Paar mit Glück und Stil.

Angesagte Duos: Lady Emma Hamilton & Lord (Horatio) Nelson, Eva (Evita) Perón & Juan Perón, Pierce Brosnan & Keely Shaye Smith, Janet Jackson & Jermaine Dupri.

STIER – SKORPION: Dies ist *niemals* eine kurze Begegnung. Stier und Skorpion gehen entweder unbemerkt aneinander vorüber oder finden für (mehr oder weniger) immer zusammen. Beide sehnen sich nach einer zweckmäßigen Liebesaffäre, deren Summe mehr bedeutet als ihre Einzelteile, und diese Beziehung liefert das Gewünschte. Einmal verbunden, wechselt dieses Duo in einen Ausschlussmodus. Keine indiskreten Vertraulichkeiten oder allzu vertrauten Ex-Liebhaber/innen sind in der Stier-Skorpion-Festung mehr erlaubt. Beide Zeichen messen der Loyalität größte Bedeutung bei. Freunde, die nicht hundertprozentig begeistert sind von dieser Liaison, werden schnell ausgesondert. Dasselbe gilt für ausgefallene Ideen, die nur einem von beiden zusagen. Der Sex ist wahnsinnig befriedigend, ebenso die gemeinsamen Werte und der gemeinsame Sinn für Grenzen. Der Skorpion weiß einfach, wann er dem Bullen nicht auf den Wecker fallen darf, und dieser revanchiert sich, indem er die Gesetze der skorpionischen Privatsphäre wahrhaftig respektiert. Technisch gesehen sind diese beiden Zeichen einander im Tierkreis entgegengesetzt; die Verschwörungstheorien des Skorpions überfordern die Glaubensfähigkeit des Stiers – der Stier geht gerne aus, um ein paar Drinks und eine Mahlzeit zu genießen, ohne sich den ganzen Abend Geschichten über Mondlandungen und Fluoridierungs-Geheimnisse anhören zu müssen. Der Stier nervt den Skorpion dafür mit seinem »Konsens-Realitätsverständnis«. Vorsichtige Bullen merken früh, dass Skorpione Individualität sehr ernst nehmen – was für den Stier nur ein kleines Logo auf einem T-Shirt ist, stellt für den Skorpion den Beweis der persönlichen Preisgabe und die Begünstigung fremdbestimmter, globaler Hirnsteuerung dar. Doch wenn diese beiden seelenverwandt sind, kümmert das keinen von ihnen.

Angesagte Duos: Jessica Lange & Sam Shepard, Pierre Curie & Marie Curie, Candice Bergen & Louis Malle, June Browne (aka Alice Springs) & Helmut Newton.

STIER – SCHÜTZE: Der Stier ist ein krasser Realist, und der Schütze hasst jegliche Art von »Negativität« bzw. das, was er darunter versteht. Der Stier steht auf materielle Dinge und Beständigkeit. Der Schütze hingegen hat mehr für Erfahrungen übrig und würde, wenn man ihm die Gelegenheit böte, in null Komma nichts das Sofa gegen ein Flugticket zu einer großen Party an einem richtig coolen Ort eintauschen. Der Schütze erschreckt den Stier und dessen Denkweise zunächst. Während die Anziehung zwischen den beiden ziemlich offensichtlich ist, ist der

Weg, der zu einer dauerhaften Beziehung führt, es weniger. Die Aufrichtigkeit bringt sie zusammen, da der Stier die Fähigkeit des Schützen, seine Meinung zu sagen, verehrt. Dem Schützen gefällt die Stabilität, die der Stier verspricht, aber sobald der Stier verkündet: »Dieses Geld ist für die Versicherungssteuer reserviert«, ist er verstimmt. Der Stier stimmt in die Verstimmung ein und fragt sich: »Wo habe ich mich selbst verloren?« Ob es ihnen gefällt oder nicht, was aus diesen beiden werden kann, hängt davon ab, wie sie mit gemeinsamem Vermögen, Ehrgeiz und Werten umgehen. Sex ist ein Gegengift, aber nicht auf ewig. In der Stier-Schütze-Utopie wird der Schütze durch die weltliche Anmut des Stiers geerdet und der Stier durch den Schützen unglaublich angeregt.

Angesagte Duos: Graham Payn & Noël Coward, Bing Crosby & Kathryn Crosby, Francesca Annis & Ralph Fiennes.

STIER – STEINBOCK: Während des ersten Treffens spüren diese beiden schon, dass der/die andere gut für sie/ihn sein wird. Dann werden sie, da sie beide pervers sind, ihr Bestes geben, um es zu vermasseln. Stier und Steinbock verstehen sich blendend, was Außenstehende nicht unbedingt nachvollziehen können, aber für diese beiden äußerst befriedigend ist. Die sinnliche Übereinstimmung wächst zu einer unschlagbaren Bester-Freund-und-Bettgefährte-Kombination heran, so dass beide sich fragen, warum sie sich jemals zuvor mit anderen Leuten die Mühe gemacht haben. Beide wollen Spaß und Erfolg im selben Ausmaß. Der Stier hat gelegentlich genug von der negativen Einstellung des Steinbocks, aber er sieht im Folgenden seine Mission fürs Leben darin, den Steinbock aufzuheitern. Der Steinbock verausgabt sich, um den Stier in jeder erdenklichen Hinsicht zu beeindrucken, und gelobt, sich nicht über Krümel im Bett, unerfreulich lockere Bekleidungsgewohnheiten oder andere typische Stein-bock-Themen zu beschweren. Oder entscheidet er sich etwa doch für die Beschwerde? Dann ist dieses Duo verloren. Die Mühe bedeutet dem Steinbock viel. Der Stier muss sich voll und ganz akzeptiert fühlen, versteht aber, dass der Steinbock für sei-ne Bemühungen ein paar Punkte gutgeschrieben haben sollte. Nur dann können Liebe und Großzügigkeit sich entfalten.

Angesagte Duos: Carl Dean & Dolly Parton, Coretta Scott King & Dr. Martin Luther King, Richard Wagner & Cosima von Bülow.

STIER – WASSERMANN: Der Stier sieht den Wassermann und denkt sich: »Dieser Mensch braucht Ordnung in seinem Leben, dieser Mensch braucht … mich.« Der Wassermann kriegt das mit und glaubt, endlich habe jemand ihn durchschaut. Und tat-sächlich ist das auch so. Die Stier-Wassermann-Beziehung wi-dersetzt sich der Vernunft, da beide die Vernunft verehren. Bei-de sind »fixe« Zeichen, dickköpfig, bestimmt und sich gänzlich darüber im Klaren, wer sie sind. Eine große gegenseitige Bewun-derung für früher erbrachte Leistungen hilft diesem Paar immer. Der Wassermann ist es gewohnt, als Exzentriker/in zu gelten – der Stier durchschaut das und erkennt die wahre Wassermann-Beständigkeit. Der Wassermann neigt dazu, eine geheime Seite des Stiers hervorzulocken, die der Stier sonst nur unbefriedi-gend – wenn überhaupt – ausdrücken zu können glaubt. Der Stier vertritt einen eigenartigen Standpunkt in Dingen, deren Existenz der Wassermann niemals hinterfragen würde, so bei-spielsweise in Bezug auf den gesellschaftlichen Wandel und die Evolution. Der Wassermann schnappt über beim Gedanken, ei-nem vorherbestimmten Anlass beizuwohnen, da er alles Offizi-elle und Organisierte verabscheut. Jeder hilft dem anderen in tiefschürfenden persönlichen Fragen. Wenn der Aufwand nicht zu beschwerlich ist, kann dieses Duo aus Seelenverwandten bestehen, die immerzu einfühlsam und liebevoll mit ihren Unterschieden umgehen.

Angesagte Duos: Cate Blanchett & Andrew Upton, Alice B. Toklas & Gertrude Stein, Daniel Johns & Natalie Imbruglia, Helene Weigel & Bertolt Brecht.

STIER – FISCHE: Die Fische verzaubern und verärgern die Stiere in jeweils gleichem Maße. Durch diese Angriffe auf ihr Gefühlsleben fluktuiert dieses bis zu dem Punkt, an dem die geistige Gesundheit des Stiers in Gefahr schwebt. Die Fische oszillieren zwischen einer großen Zuneigung zur bovinen Beständigkeit und Hass gegenüber der räumlichen Einengung. Der Stier will die Kontrolle nicht aufgeben, aber die Fische wollen nicht kontrolliert werden. Der Stier glaubt, der Fisch könnte als Muse dienen. Der Fisch fragt sich, ob der Stier sein Genie in Banknoten umwandeln wird. Während der ganzen Zeit, in der sich diese eigenartige Begegnung abspielt, kämpfen beide mit der sinnlichen Anziehung. Der Stier trifft den Fisch und gelobt sogleich, sich nicht von der Verrücktheit des Fisches vereinnahmen zu lassen. Der Fisch entdeckt den Stier, findet Gefallen an ihm und ist entschlossen, sich nicht erobern zu lassen. Die Bettaktivitäten sind abwechselnd bukolisch und brillant. Keiner hat irgendwelche Klagen, obwohl der Stier das feudale Fantasieleben der Fische womöglich nicht teilen möchte. Auf der positiven Seite aber hilft die Stärke des Stiers, die fischige Tendenz zur Dramaqueen zu kurieren. Nichts kann den Fischgewohnheiten wie der Selbstverleugnung und dem mittäglichen Trinken so sehr abhelfen wie die Unerschütterlichkeit des Stiers. Umgekehrt ist die Fische-Intuition nicht selten eine Quelle großer Qual für den

Stier, dafür aber eine wohltuende Bereicherung für die Vernunft und den Anstand des Stiers. Der Stier würde sagen, dass der Joint-Venture-Vertrag erfüllt ist; der Fisch hingegen sieht nur das schweifende Auge und die lügnerische Ausstrahlung seines neuen Partners. Dieses Paar kann sich darauf einigen, sich auf gemeinsame Fortschritte zu einigen. Der Fisch gewinnt an Realität, der Stier an Surrealität.

Angesagte Duos: Robert Browning & Elizabeth Barrett Browning, Eugen Boissevain & Edna St Vincent Millay, Ken & Barbie, Benoît Magimel & Juliette Binoche, Rande Gerber & Cindy Crawford.

Sind Sie wirklich ein Stier?

1 Ein Besucher Ihres Hauses macht eine unhöfliche Bemerkung über Ihr Sofa. Sie …

   (a) erklären dem Spießer ganz genau, warum dieses Sofa die Verkörperung von Stil und zeitgenössischer, eleganter Inneneinrichtung darstellt.

   (b) bleiben davon unberührt – es handelt sich bloß um eine Sitzgelegenheit.

   (c) stehen den Abend durch, schwören aber, diese Person nie wieder in Ihren vier Wänden zu empfangen.

2 Im Büro, in dem Sie angestellt sind, stellen Sie fest, dass jemand Ihren Lieblingshefter geklaut hat. Sie …

   (a) bleiben gelassen – Sie können sich jederzeit einen neuen Hefter besorgen.

(b) sehen dies als Hinweis darauf, dass dieser Job Ihnen nicht wirklich entspricht.

(c) geben keine Ruhe, bis der/die Schuldige gefunden worden ist.

3 Bei einer ansonsten hervorragenden Fete sitzen Sie mit einer beeindruckend langweiligen und zugleich unheimlichen Person in der Küche fest. Sie …

(a) fliehen so schnell wie möglich mit der nächstbesten Entschuldigung.

(b) lassen schlafende Sozialarbeiter-Fähigkeiten wieder auferstehen. Diese Person benötigt Ihre Hilfe!

(c) flirten sich um Kopf und Kragen – es ist schließlich Ihre Pflicht, denn: Schönheit verpflichtet.

4 Leute, die in öffentliche Sexskandale verwickelt sind, sollten …

(a) das Mitleid der anderen genießen. Niemand verdient eine solch minutiöse Überprüfung seines Privatlebens, geschweige denn die Belagerung der Paparazzi vor dem eigenen Haus.

(b) Wen interessiert's. Sie stehen über solchen korrupten Dingen.

(c) sich überlegen, wie SIE in einer solchen Situation vorgehen würden.

5 Während des Einkaufens in einer hektischen Straße in der Innenstadt erleiden Sie plötzlich eine massive Angstattacke mit Hyperventilation. Sie …

(a) flippen völlig aus und buchen eine Sitzung mit dem/der erstbesten verfügbaren Berater/in oder Psycho-Person. Geistige Gesundheit bedeutet Ihnen *sooo* viel.

(b) schieben die Schuld auf den billigen Duft des Verkäufers, der Sie soeben bedient hat, und buchen gleich vom Handy aus eine Aromatherapie-Massage.

(c) reißen sich zusammen und gehen weiter, als ob nichts geschehen wäre.

6 In einer Beziehung mit einer innig geliebten, aber lustlosen Person wird deutlich, dass Sie nicht den Level an Bettaktivität erreichen werden, den Sie benötigen. Sie …

(a) stellen auf ein happiges Trainingsprogramm um, so dass der andere Ihrer bloßen Attraktivität nicht widerstehen kann, und lesen Sex-Ratschläge nach.

(b) führen die geliebte Person zum romantischen Abendessen aus und erklären sachte Ihre Bedürfnisse usw.

(c) stellen ein Ultimatum. Entweder, er/sie liefert – oder er/sie ist geliefert. Und wenn Sie schon dabei sind … es ist ja nicht gerade so, als ob Sie keine anderen Angebote hätten. Alles klar?

Antworten: Wenn Sie mehrheitlich (c) angekreuzt haben, dann sind Sie offiziell ein Stier – ein mutiger Kuhmensch und, genau, ein Symbol der Kraft und der Beständigkeit. Sollten Sie (a) und (b) angekreuzt haben, dann haben Sie noch andere Astro-Einflüsse, die mit Ihrer Stier-Sonne konkurrieren.

Zwillinge

(22. Mai – 21. Juni)

Zwillinge aller Zeiten

Alles hat man herausgefunden,
außer, wie man leben soll.
Jean-Paul Sartre (1905 – 1980),
französischer Philosoph, der 1964
den Nobelpreis für Literatur ablehnte

Frage: Wie viele Zwillinge benötigt man, um eine Glühbirne auszuwechseln?

Antwort: Zwei, dazu ein Mobiltelefon, eine Internetverbindung und eine Ausgabe von *Glühbirnenauswechseln für Bluffer*.

Die Zwillings-Meute wird vom Planeten Merkur, dem schnellsten Planeten und Übermittler von Träumen, regiert. In der Mythologie ist Merkur aufgrund seines Mangels an Moral, seiner Tratscherei und seiner Skandalmacherei als der Schwindler unter den Göttern bekannt.

Der Legende nach stiehlt er die Ochsen seines Halbbruders Apollo, und als er nach ihrem Aufenthaltsort gefragt wird, antwortet er ruhig: »Was sind Ochsen? Ich habe das Wort bis zum heutigen Tag noch nie gehört.«

Hallo? Klingelt's bei Ihnen? Der amerikanische Dichter Walt Whitman, ursprünglich Journalist, trieb seine Karriere damit voran, dass er im Eigenverlag einen Gedichtband herausbrachte, über den er dann unter verschiedenen Pseudonymen glühende Kritiken verfasste. Merkur ist also der Grund dafür, dass Zwillinge am besten als wechselhaft beschrieben werden.

Jedes Sternzeichen hat eine astrologische Devise, eine Mini-Zusammenfassung seiner Grundüberzeugungen. Das der Zwillinge lautet: »Ich denke«, und das tun sie mit Sicherheit. Zwillinge haben überhaupt keine Schwierigkeiten damit, Verstand und Gefühle zu trennen, denn sie haben keine Gefühle, zumindest keine, wie normale Leute sie kennen. Auf ihre eigene, seltsame Art sind sie ziemliche Selbstverwirklicher. Wenn das kleinste Anzeichen einer unerwünschten Emotion in ihnen hochkommt, denken sie »langweilig« und verjagen es.

Sie glauben fest an die Macht ihrer eigenen Gedanken. Wie der Hollywood-Hüne Clint Eastwood einmal sagte: »Wenn du glaubst, dass es regnen wird, dann wird es regnen.« Der amerikanische Milliardär Donald Trump formulierte es so: »Was auch immer du denkst, denke in großen Dimensionen.« Zwillinge sind der lebende Beweis dafür, dass das unbeschwerte Leben lebenswert ist. Falls die Zwillinge eine kurze Aufmerksamkeitsspanne an den Tag legen sollten, liegt das daran, dass Sie so langweilig sind. Als Kommunikatoren und Beobachter sind die Zwillinge dazu gezwungen, die menschlichen Eigenheiten zu analysieren und zu verbreiten.

Zwillinge sind oft bi-alles, mit einer Neigung zu Doppelmoral und abwechselnd linker und rechter Hirnaktivität. Sie sind gleichzeitig Himmel und Hölle, Jekyll und Hyde, Yin und Yang. Und sie sehen sich selbst gerne als »Straßenengel und Hausteufel«.

Wie die Kusinen Waage und Wassermann ist auch der Zwilling ein Luftzeichen von sanguinischem Temperament und von Natur aus unbekümmert. Luftzeichen sind kopflastig, intellektuell, anpassungsfähig und kommunikativ. Niemals wird ein Zwilling stumpfsinniges Zeug über »das Wetter« reden. Aber das liegt teilweise daran, dass sie selbst ihr eigenes, kompliziertes inneres Wettersystem haben, mit atmosphärischen Tiefs und plötzlichen Kaltfronten.

Ein Zwilling kann sich so verhalten, als ob er sich plötzlich in Sie verliebt hätte, wenn er an Ihren Lippen hängt und hingerissen

Ihre Schönheit betrachtet. Dann tritt Zwilling Zwei eiskalt dazu, und das Benehmen der Zwillinge wechselt zu: »Kenne ich Sie?« Falls es Sie tröstet: Sie können einfach nicht anders. Nicht nur sind sie ein Luftzeichen, darüber hinaus sind sie auch, wie der astrologische Begriff lautet, »beweglich«. Das heißt, zusammen mit Schützen, Jungfrauen und Fischen sind sie kleine, unberechenbare Dreckskerle.

Es fällt mir leicht, mich zu verleugnen. Ich vergesse meine Probleme. Ich bin eine Aufschieberin. Ich kann mich beschäftigen. Ich kann die schlechtesten Nachrichten der Welt erhalten und noch nicht einmal darüber nachdenken.
Courtney Cox (*1964),
Reinheitsfreak Monica in der
amerikanischen TV-Erfolgsserie *Friends*

Zwilling Eins ist …

Verbreite Freude.
Ralph Waldo Emerson (1803 – 1882),
einer der beliebtesten Dichter Amerikas

VERLOCKEND. Charme, Witz und Sex-Appeal machen Zwillinge attraktiv für alle. Der Zwilling schwirrt herum wie eine Honigbiene, macht Komplimente, flirtet und ist ein Meister der versteckten Anspielungen. Sie sind das Zeichen mit der höchsten Wahrscheinlichkeit, bei ihrer Totenwache eine Schar verwirrter Herzen zu hinterlassen.

ERHEBEND. Ihre fröhliche Amoralität wirkt beruhigend auf diejenigen, die zu schwülstigeren Gefühlen neigen. Schuldgefühle sind den Zwillingen unbekannt. Gestehen Sie etwas, und die Reaktion der Zwillinge wird überrascht sein: »Na und? Du hast getan, was du tun musstest. Mach dir deswegen keine Sorgen. Ich würde mir jedenfalls keine machen ...« Sie sind spezialisiert auf Ablenkungsmanöver. Ein Zwilling, der vom Steueramt verhört werden soll, von einem Exmann verklagt wird und kurz davorsteht, von seinem Traumjob gefeuert zu werden, ist damit beschäftigt, einen Gruppenausflug ins Theater zu organisieren. Ein/e Freund/in in Not ist, in der Zwillings-Vorstellung, ein/e Freund/in, der/die zu einer Katzenshow, in eine Cocktail-Bar, Yogastunde und Filmpremiere mitgenommen werden muss – alles an einem Tag.

> *Es ist so schön, aufzustehen und zu wissen,*
> *dass man die Ballkönigin ist ...*
> Diana Mitford (1910 – 2003),
> strahlende Schönheit, deren Ehegatten
> vom Erben des Guinness-Vermögens
> bis zum britischen faschistischen
> Politiker Sir Oswald Mosley reichten

ANPASSUNGSFÄHIG. Dank seiner Fähigkeit, alles in zwei Sekunden geistig zu verarbeiten, ist der Zwilling ultra-flexibel. Der hyper-schnelle Verstand der Zwillinge verhindert, dass sie in irgendeiner Form festfahren, und sie sind in der Lage, sich mit jedem in Beziehung zu setzen. Die Zwillingsmeute wird sich mit allen gut verstehen und kann überallhin mitgenommen werden. Gerade, wenn man den Zwilling zu kennen glaubt, versieht er sein bereits vielseitiges Wesen mit einer neuen Facette. Für langsamere Bekanntschaften kann es schwierig werden, mit den Zwillingen mitzuhalten – sie buchen einen Kurs in Stammestänzen, damit sie sich besser auf den Zwilling einstellen können, den sie lieben. Dann sagen die Zwillinge, dass sie aus dieser Phase heraus seien und nun ein Interesse am frühen Mittelalter entwickelt haben.

HEITER. Manche nennen es oberflächlich, aber diejenigen, die es besser wissen, sehen das leichte Herz der Zwillinge als eine Gabe. Immer anregend, ähnlich tickend wie ein reisender Spielmann aus früheren Zeiten, ist der Zwilling andauernde Poesie in Bewegung.

UNTERHALTSAM. Zwillinge sind in der Lage, selbst die düsterste Situation durch ihre bloße Anwesenheit und einige geistreiche Bemerkungen zu erhellen, so dass sie eine Bereicherung jedes gesellschaftlichen Anlasses darstellen. Sie verstehen es, sich ihr Mahl zu verdienen, und man kann darauf vertrauen, dass sie die Leute auch nicht einen Moment langweilen. Niemand fürchtet sich davor, auf einer Party mit einem Zwilling in der Küche festzusitzen – bloß im Schlafzimmer …

AUF DEM LAUFENDEN. Fokusdiskussionen sollten ausschließlich aus Zwillingen bestehen. Sie sind das, was die Werbe-Doktoren Schlüsselfiguren in Sachen Trends nennen. Technischer Krimskrams, Jargon, Haltung, Genre, Neuigkeiten … Zwillinge sind der laufende Zeitgeist dessen, was angesagt ist und was nicht. Sie kennen die neuesten Nachrichten, Infos, den letzten Klatsch und die aktuellsten Witze. Zwillinge können über alles reden. Was auch immer der Gegenstand sein mag, der Zwilling wird etwas darüber wissen – selbst wenn er es erfinden muss. Zwillinge hassen Klischees, es sei denn, sie beraten ihn in seinem Liebesleben. Sobald etwas mit Gefühlen zu tun hat, kann der Zwilling oft nur eine Reihe von »Die Zeit heilt alle Wunden«-Plattitüden von sich geben.

> *Hab ich gesehen, hab ich gemacht …*
> Brian Eno (*1948),
> genialer Musikproduzent der
> irischen Band U2 und anderer Bands

> *Lass nicht zu, dass sie dich zähmen.*
> Isadora Duncan (1878–1927),
> charismatische Tänzerin, die Pionierarbeit für den modernen
> Tanz leistete. Ihre Inspiration entnahm sie der klassischen
> griechischen Kunst, um einen freien, barfüßigen
> Ausdruck zu gewinnen.

Zwilling Zwei ist …

> *Herrisch, cholerisch, in allem extrem, mit einer*
> *ausschweifenden Phantasie, wie Vergleichbares noch nie*
> *zuvor gesehen wurde, atheistisch bis zum Fanatismus,*
> *da haben Sie mich in einem Satz zusammengefasst, und*
> *Sie können mich noch einmal töten oder mich so nehmen,*
> *wie ich bin, denn ich werde mich nicht ändern.*
> Marquis de Sade (1740–1814),
> berüchtigter Verfasser exotischer Geschichten, deren Themen
> Sex und Grausamkeit beinhalten. Das Wort »Sadismus«
> ist von seinem Namen abgeleitet.

UNMORALISCH. Zwillinge verspüren selten Gewissensbisse. Sie sind der lebende Beweis dafür, dass man vor einer Sache davonrennen *und* sich zugleich verstecken kann. Der Öko-

Meeres-Guru Jacques Cousteau provozierte angeblich Kämpfe zwischen Tintenfischen, indem er schwarze Tinte ins Meer kippte. Zwillinge sind super darin, den aufmerksamen Zuhörer zu mimen, ohne wirklich zuzuhören. Falls nötig, füttern sie Sie mit Ihren eigenen Worten in Papageien-Manier, ohne auch nur das Geringste verstanden zu haben. Sie vertrauen auf die Macht ihrer Gewandtheit. Eine passende Beschreibung dieses Zeichens findet sich in Françoise Sagans Roman *Die wunderbaren Wolken:* »Zwillingsthemen wie Anziehung und Entwirrung … Die Figuren bewegen sich alle ohne Schatten, wissen nicht, was sie vom Leben wollen, und verkörpern das Paradox von Ziellosigkeit und gleichzeitiger Sehnsucht nach Beständigkeit.«

UNAUFRICHTIG. »Erwarten Sie keine Geständnisse, Enthüllungen … nicht einmal die Wahrheit«, schreibt die Schauspielerin Isabella Rossellini in ihrer Autobiographie *Some of Me.* »Es ist eine geistige Gewohnheit, Ereignisse auszuschmücken und schönzufärben, bis ich die wahren Begebenheiten aus den Augen verloren habe … Ich lüge, ich habe es immer schon getan.« Es ist, als wäre Flunkern ein Teil des Atemvorgangs der Zwillinge. Sie erzählen harmlose Notlügen oder bauen gigantische Lügengebilde auf – und decken auch die ganze Lügenskala dazwischen ab. Selbst wenn der Zwilling die Fähigkeit besäße, Schuldgefühle zu empfinden, Lügen wären kein Anlass, sie hervorzurufen. Viele Vertreter der Schauspielergilde sind Zwillinge. Das könnte mit der doppelten Natur der Zwillinge zusammenhängen und die Schauspielerei– oder: fürs Lügen bezahlt zu werden – ihnen einfach im Blut liegt.

Niemand interessiert sich für Süße und Leichtigkeit.
Hedda Hopper (1890–1966),
Hollywood-Klatsch-Kolumnistin mit einer Vorliebe für Hüte

UNZUVERLÄSSIG. In der Befürchtung, dass Mittelmäßigkeit eine Art ansteckendes Leiden darstellt, sucht der Zwilling sich dagegen zu impfen, indem er ein Gaga-Verhalten an den Tag legt. Ein Zwilling in unbekümmertem Unzuverlässigkeits-Modus ist furchterregend. Keine Idee ist zu bescheuert, um nicht aufrechterhalten zu werden, und keine Beziehung ist so jenseitig oder unangemessen, dass der Zwilling sich nicht mit Begeisterung hineinwerfen würde. Tabus machen ihn an – als Soziopath ist er immun gegenüber Schuldgefühlen. Zwillinge halten Schlaflosigkeit für konstruktive Extra-Zeit, und Stimmungsstörungen sind relativ normal. Sie können wie ein alterndes Baby wirken. Sie suchen Nähe, der Zwilling sucht den Notausgang. Wenn gebeten, mit ihren Gefühlen in Kontakt zu treten, wechseln sie in den »Das Leben ist ein Experiment«-Modus mit dem Zwilling als verrücktem Doktor und Ihnen als Laborratte. Für den Zwilling bedeutet Verstand ein Auswahlmenü von ihm plausibel erscheinenden Ausreden.

HERZLOS. Zwillinge sind grausam zu völlig netten Menschen, die sie gerade zufällig langweilen. Sie sagen etwas Bösartiges, um einen raschen Ausweg aus einem Gespräch zu finden. Wenn die Zwillinge nicht gerade ein psychosexuelles Motiv haben, nett zu Ihnen zu sein, dann fehlt ihnen beinahe jegliches Mitgefühl. Seien Sie gewarnt, dass Zwillinge aus allem eine amüsante Anekdote machen können. Während Sie damit beschäftigt sind, über die furchtbare Affäre mit einem Zwilling hinwegzukommen, ist dieser damit beschäftigt, das Fiasko in eine Sitcom umzuwandeln. Ehegatten von Zwillingen können an Dinnerpartys beobachtet werden, wie sie innerlich die Wände hochgehen, weil ihr glucksender Zwilling die Menge mit lustigen Geschichten über deren Vasektomie, Diät oder schrägen Eltern unterhält. Zwillinge haben kein Mitgefühl mit der Naivität von Leuten über zwölf. Ihr

Lieblingskommentar im Gespräch lautet: »Lass uns das Thema wechseln.« Sie nehmen nichts persönlich – selbst wenn es persönlich sein sollte.

Lache über dich selbst, bevor es jemand anderes tut.
Elsa Maxwell (1883–1963),
Gastgeberin der Allergrößten und Vertraute der Stars

Wie man Zwillinge motiviert und manipuliert

Mittelmäßigkeit kennt nichts Größeres als sich selbst,
aber das Talent erkennt das Genie sofort.
Sir Arthur Conan Doyle (1859–1930),
Schriftsteller, Dramatiker und Dichter. Bekanntheit
erlangte er vor allem für seine Detektivromane
um Spürnase Sherlock Holmes

1 Wechseln Sie das Thema, bevor die Zwillinge dazu Gelegenheit haben – es lässt die Zwillinge glauben, sie befänden sich in der Gegenwart einer höheren Daseinsform.

2 Sollte ein schweres »Wir«-Thema aufkommen, lächeln Sie und wechseln Sie das Thema.

3 Geben Sie den Versuch auf, ihnen Schuldgefühle einzuimpfen. Zwillinge mögen es nicht, wenn Sie ihren fein abgestimmten Verstand mit Dingen wie der empfohlenen täglichen Menge an Chablis oder Schokolade belasten.

4 Damit ein Zwilling sich in Sie verlieben soll, müssen Sie unerreichbar sein. Zwillinge mögen Liebe, die erwidert wird, aber ohne Verantwortung oder toxische Vertrautheit.

5 Akzeptieren Sie, dass Zwillinge analytisch sind, aber nur in Bezug auf Ihre Eigenheiten. Fordern Sie die Zwillinge dazu auf, ihre eigenen zu untersuchen, erleiden sie einen Kurzschluss.

6 Sollten Sie über Informationen verfügen, die Sie innerhalb kürzester Zeit in der Gesellschaft verbreitet haben wollen, erzählen Sie sie einem Zwilling.

7 Wühlen Sie mit den Zwillingen im Schmutz, so viel Sie wollen. Sie mögen es, aufgezogen zu werden. Aber versuchen Sie nicht zu moralisieren oder zu predigen. Zwillinge wissen nicht einmal, was das Wort moralisch bedeutet.

8 Sie möchten einen Zwilling beschenken? Nehmen Sie technischen Krimskrams oder das neueste computerisierte Spielzeug. Aber ehrlich gesagt, alles, was der Zwilling wirklich will, ist zweimal täglich ein neues und spannendes Häppchen Information.

9 Lassen Sie den Zwilling sich an seiner vorübergehenden Marotte versuchen, ohne zu nörgeln.

Wirklich großartig zu sein in kleinen Dingen,
wahrhaft edel und heroisch zu sein in den faden
Einzelheiten des alltäglichen Lebens, ist eine
so seltene Tugend, dass sie Kanonisierung verdient.
Harriet Beecher Stowe (1811–1896),
Autorin von *Onkel Toms Hütte* (1852).

Zwillings-Vorbilder

Weniger ist nur dann mehr,
wenn mehr nichts mehr nützt.
Frank Lloyd Wright (1867–1959),
rebellischer amerikanischer Architekt,
der seinen Kollegen neue Wege
aufzeigte, Häuser zu bauen und
die Umgebung zu sehen

Donald Duck – dauerhafter Fernseh- und Comic-Held mit gespaltener Persönlichkeit: Er ist ein knurriger Onkel, aber ein schüchterner Verehrer; und eine Ente, die keine Stelle behalten kann und in unternehmerischen Tätigkeiten eine Katastrophe ist. Die Zwillings-Spur? Sie liegt in der schnellen Redeweise und der Unfähigkeit, Langeweile zu ertragen.

Rupert Everett – frohgemuter Schauspieler, Sänger, Model und Schriftsteller. Er sandte einmal eine Probe seines Schamhaars an unzufriedene Theaterbesucher, die sich über seinen Auftritt in Noël Cowards Stück *The Vortex* beklagt hatten. Er hätte Konzertpianist werden können, doch er gab im Alter von dreizehn auf, weil es »sehr langweilig war«.

Rachel Carson – Ökologin, Biologin, wissenschaftliche Autorin. Sie kämpfte gegen die Verwendung von Pestiziden und ist die Mitbegründerin der Umweltschutzbewegung in den USA. Ihr Kultbuch *Der stumme Frühling* (1962) machte den Präsidenten John F. Kennedy zu einem Fan. »Je klarer wir unsere Aufmerksamkeit auf die Wunder und Welten des Universums um uns richten können, desto weniger Geschmack werden wir an Zerstörung finden.«

Marilyn Monroe – wunderschöner Filmstar, der »Massentauglichkeit« neu definierte. Sie war klüger, als sie zu sein vorgab, und pendelte in Liebesdingen zwischen Extremen: vom Baseballspieler Joe DiMaggio bis zum alternden Dramatiker Arthur Miller. Sie war ein Zwilling, der an gute Lügen glaubte: »Man sollte allen kleinen Mädchen sagen, dass sie hübsch sind, selbst wenn es nicht stimmt.«

Christo – der Künstler, der dafür bekannt ist, kleine Inseln oder große Gebäude in kilometerlange Ballen von Stoff oder Plastik einzuwickeln. Ein richtiger Aufwiegler, der seine Arbeiten als »sanfte Störungen« der Denkmuster seiner Betrachter bezeichnet. Einmal schuf er einen »Eisernen Vorhang« aus Ölfässern im Zentrum von Paris.

Konfuzius – geistreicher chinesischer Philosoph und Lehrer, der sein Leben mit Reisen verbrachte, um genervten Bürokraten, Politikern und Edelleuten, die er mit seinem Witz verärgert hatte, stets voraus zu sein. Sein Einfluss lebt weiter in seinen Zwillings-Gesängen: »Gutmenschen sind die Diebe der Tugend.«

Jede Reaktion ist akzeptabel,
solange es sich um eine Überreaktion handelt.
Kylie Minogue (*1968),
australische Pop-Diva und Schauspielerin

Zwillinge *en vogue*

Nennst du das wirklich einen Mantel?
Beau Brummell (1778–1840),
britischer Dandy, geistreicher Mensch
und Trendsetter der Männermode
in England zur Zeit Georgs IV.

Zwillings-Schick ist gepflegt, aber niedlich und jugendlich. Okay, manchmal ein bisschen zu jugendlich. Zusammen mit dem Löwen ist der Zwilling das Zeichen, das am meisten mit seinem inneren Heranwachsenden verbunden ist und gelegentlich zu lange am vorgestrigen Stil festhalten kann. Menopause und Miniröcke sind kein Problem für einen Zwilling, der sein Alter verleugnet.

Zappelig, wie sie sind, mögen Zwillinge Dinge, mit denen sie herumspielen können, statt ihre Fingernägel bis aufs Fleisch abzukauen. Zwillingsmänner sind oft Uhren-Typen, spezialisiert auf Retro-Raritäten oder solche Zeitmesser, die die Windgeschwindigkeit auf dem Merkur berechnen können. Die Frauen bevorzugen baumelnde Ohrringe und ausgefallenen Schmuck. Ohne Angst vor Lärm und Farbe mögen Zwillinge es, wenn sie glänzen, klappern und klimpern, während sie sich durch die Welt bewegen.

Mit Liebe zur Mode sowie zum neuesten Spleen und der großen Masse immer einen Schritt voraus, kümmert es diese Trendsetter nicht, ob sie vorübergehend zum Gespött gesetzterer Leute werden. Billiger Schick ist ebenfalls eine Zwillings-Spezialität. Sie haben das Talent, alles cool aussehen zu lassen. Beachten Sie, dass ihr Geschmack weltlich und urban ist. Was manchem

Zwilling an klassisch schönen Zügen mangelt, wird leicht wettgemacht durch frechen Schwung, Energie und Witz.

Zwillings-Schick wird symbolisiert durch die Künstlerin Josephine Baker, deren kaum existierende Kleider, Alles-ist-erlaubt-Tanznummern und exotische Schönheit in den USA und Frankreich eine Sensation darstellten. Als Schwarze Venus bekannt, erhielt sie mindestens 1500 Heiratsanträge und adoptierte zwölf Kinder aller Hautfarben, um einen »menschlichen Regenbogen« zu schaffen. Sie erhielt eine Medaille für ihren Einsatz in der französischen Résistance-Bewegung während des Zweiten Weltkriegs, schmückte sich mit schönen Kleidern, Schmuck und wilden Haustieren. Ihr berühmtestes Kostüm ist *très* zwillingshaft: sechzehn zu einem Röckchen gebundene Bananen.

HINREISSENDE ZWILLINGE: Naomi Campbell, Joan Collins, Johnny Depp, Melissa Etheridge, Rupert Everett, Joseph Fiennes, Michael J. Fox, Lauryn Hill, Elizabeth Hurley, Angelina Jolie, Nicole Kidman, Anna Kournikova, Marilyn Monroe, Liam Neeson, Stevie Nicks, Michelle Phillips, Natalie Portman, Priscilla Presley, Prince, Jane Russell, Brooke Shields, Leelee Sobieski, Mark Wahlberg, Venus Williams.

> *Das Geheimnis der Quelle*
> *ewiger Jugend liegt darin,*
> *jugendliche Gedanken zu hegen.*
> Josephine Baker (1906–1975),
> afro-amerikanische Tänzerin,
> die vor allem im Paris der zwanziger
> und dreißiger Jahre gewagte
> Nummern aufführte

Glänzende Karriere

Verlange das Deinige wider jede Gefahr.
Walt Whitman (1819–1892),
immerwährend populärer
amerikanischer Dichter

Zwillinge glauben nicht an die Propaganda der äsopischen Fabeln. Sie wissen, dass der Hase immer über die Schildkröte siegt. Sie sind voller brillanter, aber irrsinniger Ideen, Informationen, die sie praktisch über Osmose aufzunehmen scheinen, und Dinge, die sie hastig lesend überfliegen können.

Manchmal kann allein die Tatsache, dass man ein Zwilling ist, ein karrierebegrenzendes Manöver darstellen; die Macht der Wortgewandtheit wird nicht immer in der Weise geschätzt, wie der Zwilling das möchte, und viele Jobs bremsen den schnellen Gedankenfluss des Zwillings aus. Selbst in der Schule waren die Zwillinge diejenigen, die fröhlich zur Prüfung eilten und darauf vertrauten, dass die rasche Durchsicht ihrer Unterlagen ausreichen würde. Sie kriegen einen Kicheranfall bei allem, was einer Autoritätsperson gleicht, oder sitzen mit zappelnden Beinen in Besprechungen. Zwillinge mögen es nicht, dazu gebracht zu werden, den Blödsinn anderer Leute zu unterschreiben.

Klassische Instrumente der Geschäftskontrolle wie ein Key-Performance-Indikator funktionieren beim Zwilling nicht allzu gut. Der einzige KPI, den man bei diesen Wesen anwenden kann, ist der, ob sie sich noch im Gebäude befinden oder nicht. Ein Zwillingsarbeiter wird sich nicht mit den üblichen schwachsinnigen Versuchen abgeben, seine Arbeitsbedingungen zu verbessern oder darüber zu verhandeln. Sie werden anfangen, das

Büro als fantastische Basis zur Maximierung ihres Potenzials zu nutzen: als ein Ort, wo man sein eigener Herr ist, mit großzügiger Verursachung von Taxikosten und Massen-E-Mail-Sendungen. An irgendeinem schönen Morgen verschlafen sie, wachen befreit auf und bringen jemanden dazu, sie im Büro mit einem Hirngespinst von einer Unwahrheit zu entschuldigen. Obschon begabt und kreativ, sind die Zwillinge nicht unbedingt ein unternehmerisches Zeichen. Sie bevorzugen es, wenn eine andere Wesenheit sich um die Aufgaben des Backoffice kümmert. Sie sind hervorragend als Schauspieler, Verkäufer, im Marketing, Journalismus, in der PR, der Werbebranche und in jedem Job, der Kommunikationsfähigkeiten voraussetzt. Ein Bereich, in dem kompetentes Lügen von Vorteil ist, wäre eindeutig ideal.

Zwillingen macht es nichts aus, die Firmenflittchen zu sein – solange dabei für sie etwas herausspringt. Ihr Interesse gilt eher dem Ein- als dem Verkauf. Sie werden extrem erfolgreich, sobald sie gelernt haben, ihre brillanten Ideen durchzuziehen und etwas Stabilität in ihrer Persönlichkeit vorzutäuschen.

> *Nur die Weisesten und die Dümmsten*
> *verändern sich nie.*
> Konfuzius (551–479 v. Chr.),
> chinesischer Philosoph und Lehrer
> von Verhaltensprinzipien

Finanzielle Realität

Wirf den Honigtopf nicht um,
wenn du Honig haben willst.
Norman Vincent Peale (1898–1993),
amerikanischer Autor von
Die Macht des positiven Denkens

Preis auf Anfrage? Der Zwilling ist dabei. Zwillingsleute mögen es nicht, sich selbst Grenzen zu setzen. Weil sie so vollendete Lügen-Künstler sind, sind Zwillinge ohne Geld nicht zwingend pleite. Stattdessen lehnen sie kapitalistische Werte ab, betreiben eine Kauf-nichts-Politik oder schließen sich einfach der freiwilligen Einfachheits-Bewegung an.

Ihr Verständnis von Geld-Management kann darin bestehen, jedem irgendetwas zu versprechen, um sich später daraus herauszuwinden. Ein Zwilling kann in einem absoluten finanziellen Chaos aufwachen, einen neuen Plan schmieden und bei Dämmerung nach Champagner rufen. Das kann in einer anderen Stadt sein, in die er soeben geflogen ist, oder auch nicht, aber es wird sich auf jeden Fall um rückforderbare Geschäftskosten handeln. Als echte Mogler neigen Zwillinge dazu, Abkürzungen zu nehmen. Aber idealerweise lernen sie, Zugang zu ihrer inneren Ordnung zu finden, wenn es um Geld geht, da das Zwillingsbedürfnis nach Freiheit und Wahlmöglichkeit nur mit reichlich vorhandenem Cashflow gestillt werden kann.

Impulsive Geschöpfe wie die Zwillinge sehen die Befriedigung ihrer Wünsche ungern aufgeschoben. Wenn sie es nämlich tun, so könnten sie durchaus vergessen, was sie zu haben wollen glaubten.

Nicht im Geringsten versnobt, sind Zwillinge nicht an so genannten Statussymbolen interessiert. Sie mögen Objekte, die sie in ihrem bevorzugten Gefühl bestärken, vom Strom des Lebens getragen zu werden, in dem alles eine Lernerfahrung darstellt.

Sicherheit hat bei diesen Leuten keine Priorität. Sollen doch andere Zeichen paranoid werden wegen Versicherungsschutz oder sich übergründlich informieren, bevor sie beim Versandhandel etwas bestellen. Dem Zwilling ist am wohlsten, wenn Geld im Spiel ist und es eine Chance auf Gewinn gibt. Selbst wenn die Zwillinge reifen und aufhören, jeder Gelegenheit im Schneeballsystem nachzujagen, sind sie noch immer daran interessiert, darüber zu reden, wer wie Geld macht. Sie wollen die Fakten, nicht das moralische Urteil. Der wesentliche Vorzug der Zwillinge besteht darin, dass sie immer innerhalb der Möglichkeiten ihres Einkommens bleiben, selbst wenn sie sich verschulden müssen, damit ihnen das gelingt.

> *Stil ist, wenn sie dich aus der Stadt jagen*
> *und du es wie eine Parade aussehen lässt.*
> William Battie (1704 – 1776),
> amerikanischer Autor, der eines
> der ersten Bücher über
> Psychiatrie schrieb

Beim Zwilling zu Hause

Wenn nichts sicher ist, ist alles möglich.
Margaret Drabble (*1939),
vielfach preisgekrönte britische Schriftstellerin

Die Bleibe des Zwillings kann der *Mary Celeste* gleichen, jenem mysteriösen Schiff, das 1872 ohne Besatzung im Meer treibend gefunden wurde. Wohin ging die Crew? Aus, um noch mehr technische Geräte zu kaufen? Es gibt ausreichende Indizien für ehemalige Marotten, die rücksichtslos aufgegeben wurden – indische Bio-Kochzutaten im Wert von 500,– €, Stapel mit Pilates-Videos zum Heimgebrauch, ein zu einem Zehntel geschriebener Groschenroman. Niemand ist schneller gelangweilt als der Zwilling, und sein Basislager spiegelt dies wider.

Der Geschmack *des* Multitasking-Zeichens des Tierkreises tendiert zu ergonomischen Stühlen zur Haltungsverbesserung, die zugleich der Entspannung dienen; zu Denkmaschinen, um die Hirnwellen des Zwillings zu stimulieren; und zu MP3-Playern, damit er das Geschwätz eines Lieblingsautors herunterladen kann, dem er zuhört, während er eine Notfall-Gesichtsmaske appliziert und durchs Kabelfernsehen zappt. Und was wäre des Zwillings Heimverbesserungs-Fantasie? Natürlich ein Kühlschrank mit Glastüren, damit er keine Zeit mehr mit Türöffnen verschwenden muss, um zu sehen, was sich darin befindet. Zwillinge wissen gerne Bescheid, seien Sie also nicht überrascht, einen Nachrichtensender der Äußeren Mongolei aus der riesigen deutschen TV-Anlage, die den gesamten Wohnraum dominiert, plärren zu hören – das würde zumindest die riesige Satellitenschüssel auf der Garage erklären.

Die Zeit ist nie ganz auf der Seite der Zwillinge, daher schätzen sie Uhren auf dem neuesten Stand der Technik, mit mehreren Zeitzonen und außerirdisch anmutenden Laserschwert-Wecktönen. In ästhetischer Hinsicht haben sie eine Vorliebe für einen leichten, fragilen, Hightech-artigen Möbelstil, und sie sind dazu in der Lage, Dinge ohne vorherige Ansicht zu kaufen – selbstverständlich per Bestellung über das Satellitentelefon.

> *Wenn du in einer Seifenoper mitspielen musst, versuche,*
> *nicht die schlechteste Rolle zu bekommen.*
> Boy George (*1961),
> berüchtigte extravagante britische Pop-Ikone
> und Homofürst der achtziger Jahre

Der verliebte Zwilling

> *But I am always true to you, darling, in my fashion.*
> *Yes, I'm always true to you, darling, in my way.*
> Cole Porter (1891–1964),
> einer der größten amerikanischen Klangschmiede,
> der Klassiker wie *Anything Goes, I Get a Kick Out of You*
> und *Begin the Beguine* schrieb

Die wahnsinnig machenden und schwer zu fassenden Zwillinge stehen hoch im Kurs bei jenen Leuten, die Herausforderungen etwas abzugewinnen wissen. Zwillinge schwanken zwischen Gereiztheit und Anhänglichkeit. Sie rufen ihre Exlover oder ihren Osteopathen, der auf sie steht, unter irgendeinem Vorwand an, und hauchen dann ins Telefon wie Marilyn Monroe, wenn sie wieder einmal zu spät auf dem Set erschien.

Sie wollen jemanden, der sie sie selbst sein lässt – obschon sie keine Ahnung haben, wer dieses Selbst ist, wie sie es erkennen können und ob es ihnen überhaupt gefällt. Heimlich bevorzugen sie heiße Gespräche, ohne den Druck, etwas leisten zu müssen, geschweige denn sich zu irgendetwas zu verpflichten. Zwillinge können Intrigen, heimliche Schwärmereien und/oder unmögliche Liebesaffären genießen – so unmögliche, dass sie sich niemals ereignen.

Obwohl sie nicht die beständigsten Liebhaber der Welt sind, tragen Zwillinge keine Altlasten mit sich in Bezug auf die Frage, ob ihnen jemand treu ist oder nicht. Sie machen eine zynische Zwillings-Geste, um den armen Kontrollfreak zu beruhigen, und gehen weiter.

Weil Zwillinge so hervorragend darin sind, mit witzigen Bemerkungen das zu maskieren, was sie für ihre »echten Gefühle« halten, gehen sie davon aus, dass alle anderen mehr oder weniger auch so sind. Das ist der Grund, warum Zwillinge so oft Lehrbücher über Dinge wie Körpersprache kaufen. Sie denken, dass es irgendeine komplizierte Technik geben muss, für die sie noch büffeln müssen.

Ein Zwilling kann seine/n von Emotionen gequälte/n Partner/in mit einem Ausdruck ansehen, der suggeriert, dass er eine wirklich schlechte Fernsehsendung zu schauen glaubt, aber zu müde ist, um aufzustehen und ins Bett zu gehen.

Wenn ein Zwilling einmal entschieden hat, dass eine bestimmte Person sie/ihn langweilt, wird er/sie gelegentlich rücksichtslos. Die Leute glauben oft, dass die Zwillinge sich absichtlich grausam und unmöglich benehmen, aber die Zwillinge können einfach nicht anders. Einige von ihnen wenden spektakulär schlechte Methoden an, um Beziehungen zu beenden:

per Fax, E-Mail oder indem sie ihren Assistenten instruieren, die Nachricht per Telefon zu übermitteln.

Die Welt ist voller halb-verbitterter, halb-noch-immer-vernarrter ehemaliger Zwillingsliebhaber/innen; die Ironie liegt darin, dass der Zwilling aufblüht, sobald er/sie seine/n Seelenverwandte/n gefunden hat.

> *Es gibt zwei Arten von Leuten; auslaugende und*
> *aufbauende. Manche Leute ziehen dich runter,*
> *und manche bauen dich auf. Wenn die Leute allzu*
> *belastend werden, war's das für mich – Zeit,*
> *auf Wiedersehen zu sagen.*
>
> Joan Collins (*1933),
> britische Schauspielerin, Bestsellerautorin
> und Produzentin, die bekannt wurde in ihrer Rolle als
> Alexis Carrington in der Fernsehserie *Denver-Clan*

ZWILLINGE – WIDDER: Wenige Liebhaber/innen finden das Zwillingswesen, seinen Witz und seine Schnelligkeit so reizvoll wie ein Widder. Diese beiden vergrößern jeweils die Kerneigenschaften des anderen, was Spaß garantiert, sowohl im Berufsleben als auch bei privaten Vergnügungen. Widder und Zwillinge wissen das Leben zu genießen. Keiner von beiden langweilt sich. Okay, der Zwilling ist in sinnlichen Fragen erfinderischer als der kernige und energische, aber phantasielose Schafbock. Der Widder wird den Vorschlag des Zwillings zu irgendwelchen »lustigen Dingen« nicht gut aufnehmen. Und die Auffassung des Zwillings von einer annehmbaren Liebesaffäre besteht darin, dass der Zwilling übers Wochenende abrauscht, vielleicht mit einem kleinen Flirt und einer anrüchigen Andeutung, um bei seiner Rückkehr vom verzückten Widder empfangen zu werden. Tja, ha ha. Der Widder mag es, wenn sein/e Partner/in sich

105

an die Gesetze der Widderarchie hält, und diese sehen kaum Bedarf an Raumfreiheit vor. Wer würde nicht beschienen sein wollen von dem gleißenden Licht, das der Widder ausstrahlt? Der Zwilling möglicherweise – nach ein paar donnernden Tiraden des Widders. Der Zwilling, im Inneren eine harte Nuss, ist vielleicht nicht dazu aufgelegt, die volle Ego-Instandhaltung zu leisten, die der Widder verlangt. Wenn diese Probleme aus dem Weg geräumt sind, verbinden Widder und Zwilling sich glücklich und für immer.

Angesagte Duos: Annette Bening & Warren Beatty, Douglas Fairbanks Sr. & Mary Pickford, Paulette Goddard & Charlie Chaplin, Brooke Shields & Chris Henchy.

ZWILLINGE – STIER: Welchen weisen Rat kann man einem Zwilling geben, der einen Stier von sich fernzuhalten hofft? Seien Sie einfach Sie selbst! Die Verdrehtheit des Zwillings versetzt den Stier in einen maßlosen Wirbel – der Zwilling zuckt die Schultern. Der Stier sagt: »Werte«, der Zwilling: »Reich mir mal die Fernbedienung.« Diese Romanze hat Aspekte einer Screwball-Komödie, in der beide gleich, aber verschieden sind. Der Stier wird extrem korrekt, um sein Qi vor der Leichtfertigkeit des Zwillings zu schützen. Der Zwilling provoziert den Stier. Der Zwilling flirtet sich verrückt. Der Stier baut in vernünftiger Manier eine liebende, stabile Beziehung auf. Nichtsdestotrotz können diese beiden zusammenfinden: Die Stiere lassen sich geistig stimulieren, während die Zwillinge Frieden finden in den sanften Gefilden des Bullen. Der Zwilling fühlt sich geerdet und in die Lage versetzt, auch die langsameren, sinnlicheren Freuden des Lebens zu genießen. Jeder bietet dem anderen etwas, das diesem fehlt, und beide können voneinander zutiefst fasziniert sein. Grundregeln sollten vermutlich früh formuliert werden. Zum Beispiel, dass der Zwilling die Sachen des Stiers nicht verrücken sollte. Der Stier sollte dem Zwilling den geistigen, emotionalen und physischen Raum gönnen, den dieser immer wieder benötigt.

Angesagte Duos: Steffi Graf & André Agassi, Prinz Philip & Königin Elizabeth II., Anna Kurnikova & Enrique Iglesias, Liam Neeson & Natasha Richardson, Juliette Lewis & Steve Berra.

ZWILLINGE – ZWILLINGE: Ein verliebter Zwilling ist ein die Augen vor den Tatsachen verschließender Zwilling. Jeder Zwilling ist es so gewohnt, alles zu meiden, was einem echten Gefühl nahe kommt, dass es ein Wunder wäre, sollte diese Beziehung tatsächlich zustande kommen. Beide würden die Sache verleugnen und vorgeben, dass nichts laufe. »Bloß gute Freunde« sind Zwilling und Zwilling und weigern sich, die Romanze zu würdigen. Wenn diese beiden aber einmal zusammengefunden haben, ist dies eine Verbindung voller Lust, gegenseitiger Anregung und ununterbrochener Vergnügen. Nur ein Zwilling kann einen anderen Zwilling wirklich verstehen. Keiner ist gelangweilt, obgleich Bekannte leicht genervt sind von der Macht der Zwillingsschwingungen, die diese beiden in Bewegung setzen können. Jeder kann dem anderen Schmerz zufügen durch die zwillingshafte Neigung zu Spielereien, Flirts und variierendem Bedarf an Bewegungsfreiheit. Keiner wird auch nur die geringste Gefühlsregung angesichts des Treibens des anderen zeigen. Eine beschäftigungslose Zwi-Zwi-Kombination könnte ein Desaster sein – ein Merkurkind alleine bedeutet Ärger, aber zwei davon bringen verletzende Machtspiele zum Ausbruch. Ein Zwilling-Zwilling-Team in aufregender, kreativer Zusammenarbeit ist meist die beste Variante dieses Duos. Ein Szenario, in dem sich beide einig sind, wie persönliche Freiheit und liebevolle Nähe aufrechterhalten werden können.

Angesagte Duos: Dashiell Hammett & Lillian Hellman, Donald & Daisy Duck, The Notorious BIG & Faith Evans, Waylon Jennings & Jessie Colter, Barbara Bush & George Bush Sr., Christo & Jeanne-Claude, Erich Maria Remarque & Paulette Goddard, Ian Fleming & Anne Geraldine Charteris.

ZWILLINGE – KREBS: Krebs-Leute schätzen Tradition, Komfort und Sicherheit. Der Zwilling schätzt Wechsel, Aufregung und Herausforderungen in Liebesdingen. Der Zwilling mag das Leben im Fluss. Er stört sich nicht am Gedanken an Gefühle, sieht sich auch nicht dazu verpflichtet, alles genau darzulegen oder riesige Gefühlserklärungen abzugeben. Der Zwilling ist unbeteiligt. Die Krabbe hängt an allem. Wenn sich eine Möglichkeit ergibt, ein schwülstiges Szenario mittels eines witzigen Kommentars aufzulockern, wird der Zwilling die Chance nutzen. Wenn die Krabbe eine emotionale Situation zum Eskalieren bringen kann, wird die Krabbe das tun. Die Neigung des Krebses zu emotionalen Szenen langweilt den Zwilling zu Tode, und einmal gelangweilt, ist der Zwilling schon verschwunden, gleichgültig, welche Art von Schuldzuweisungen die andere Hälfte anbringt. Die Krabbe findet, dass der Zwilling nicht in Kontakt mit seinen Gefühlen steht. Dieses Duo funktioniert am besten, wenn die eine Partei einen persönlichen Planeten im Zeichen des anderen hat, so zum Beispiel, wenn der Zwilling Venus im Krebs hat, was ihm Zugang zum Krebs verschafft, oder wenn die Krabbe Merkur im Zwilling hat, was sie auf die Zwillingsweltsicht und dessen Bedarf an Aufregung einstimmt. Wenn diese Bedingungen erfüllt sind, ist jeder dieser beiden eine ständige Lichtquelle im Leben des anderen.

Angesagte Duos: Tony Curtis & Janet Leigh, Wallis Simpson & der Herzog von Windsor, Michael J. Fox & Tracy Pollan, Jessica Tandy & Hume Cronyn.

ZWILLINGE – LÖWE: In dieser Beziehung finden sich vier Leute wieder: zwei Zwillinge (weil das astrologische Symbol aus einem Zwillingspaar besteht), der Löwe und das Ego des Löwen. Der Zwilling muss lernen, auch mit dem Ego des Löwen klarzukommen, und das Einzige, was das Ego respektiert, ist ununterbrochenes Entzücken, Schmeicheleien und Respekt. Schwierig? Jede Wette, aber es kann auch erstaunlich praktisch sein. Während eines Streits mit dem Löwen muss der Zwilling nur dem Ego huldigen, indem er ein Kompliment über das »heute Abend besonders schöne Haar« des Löwen macht, und das Ego instruiert den Löwen, die Klappe zu halten und Liebe zu machen. Das ist ziemlich cool.

Der Löwe liebt die modische Art des Zwillings (seien wir ehrlich: Der Löwe wird die modische Art des Zwillings imitieren) und sein gesellschaftliches Talent. Zwilling und Löwe geben ein gutes Paar ab. Beide finden unbegrenztes Amüsement in der Gegenwart des anderen, vor allem, wenn der Zwilling dem Löwen die Huldigung zukommen lässt, welche dieser begehrt, und der Löwe dem Zwilling seine wertvolle Bewegungsfreiheit zugesteht. Das Löwen-Ego mag es nicht sehr schätzen, wenn der Zwilling ohne den Löwen unter irgendeinem schwachen Vorwand aus dem Haus schleicht, aber das ist der einzige Weg, damit sich dieses heiße Szenario entwickeln kann.

Angesagte Duos: John F. Kennedy & Jacqueline Kennedy, King George VI. & Queen Mum, Irving Thalberg & Norma Shearer, Emmanuelle Seigner & Roman Polanski.

109

ZWILLINGE – JUNGFRAU: Der Zwilling fragt sich, ob ihm die Jungfrau als eine Art karmische Prüfung geschickt worden ist. Die Jungfrau vermutet etwas Ähnliches. Die Jungfrau fühlt sich schuldig. Der Zwilling sagt nichts. Die Jungfrau nörgelt, und der Zwilling verstärkt das zur Debatte stehende anstößige Verhalten.

Die intellektuelle Kompatibilität ist enorm – beide bewundern den raschen und analytischen Verstand des anderen. Beide fühlen sich wohl mit den Neurosen des anderen. Die Jungfrau liebt es, dem Zwilling durch die Perioden des Ausflippens um drei Uhr nachts zu helfen, ist hingegen nicht so begeistert, wenn der Zwilling sich weigert aufzustehen, damit die Jungfrau nach dem Sex die Bettwäsche waschen kann. Beide sind ein bisschen verdreht, anpassungsfähig und schwer zu fassen. Geselligkeit und eine niedrige Toleranzgrenze in Bezug auf Langeweile kann diese beiden im Liebesglück schweben lassen. Die Jungfrau lernt, spontaner zu werden, wie es der Zwilling ist. Den Zwilling macht die jungfräuliche Besessenheit, ein funktionstüchtiges Lebenssystem zu entwickeln, an. Glücklicherweise lieben beide Diskussionen, bei denen der Gefühlsfaktor nicht allzu sehr in die Höhe getrieben wird. Wenn aber die Dynamik aus der Bahn gerät und diese beiden sich mit ihren übelsten Exzessen zu übergießen beginnen, riskieren sie, dass der Zwilling seinem Hang zur Provokation und die Jungfrau ihrem Instinkt, die Polizei zu rufen, nachgibt. Die Jungfrau wird den Zwilling selten in Verlegenheit bringen, zumindest nicht in der Öffentlichkeit. Wenn die Jungfrau einsieht, dass ihre besserwisserische Nörgelei kaum das Herz des Zwillings zu erobern im Stande sein wird, kann die Liebe erblühen.

Angesagte Duos: Christiane Vulpius & J. W. Goethe, Robert Schumann & Clara Schumann, Königin Victoria & Prinz Albert,

Sarah O'Hare & Lachlan Murdoch, Lady Sheila & Sir Richard Attenborough, Courtney Cox & David Arquette.

ZWILLINGE – WAAGE: Nach traditioneller astrologischer Auffassung ist dies eine der glücklichsten Paarungen des Tierkreises. Die Herausforderung ahnend, verliebt sich die Waage unmittelbar in den schnellen Geist und das eisige Herz des Zwillings. Waage und Zwilling sind mental und physisch so kompatibel, dass die Gesellschaft des anderen völlig ausreicht, solange alles andere in dieser Beziehung irgendwie funktioniert. Beide regen das Wesen des anderen an und inspirieren alle um sie herum. Falls doch einmal Probleme auftauchen, haben sie mit Eifersucht zu tun. Der Zwilling ist es gewohnt, die interessanteste Person in jedem Raum zu sein, und könnte das scheinbar mühelose Charisma der Waage schlecht aufnehmen. Nur der Himmel kann dieser Beziehung beistehen, sollte der Zwilling dazu übergehen, den Erfolg der Waage zu untergraben, indem er darauf hinweist, dass sich hinter jedem Waage-Schmetterling eine vertrackte und chaotische Puppe verbirgt. Die Waage wird sich revanchieren, indem sie sich noch charmanter und formvollendeter verhält, was den Zwilling in den Wahnsinn treibt. Beide müssen akzeptieren, dass dies eine Verbindung zwischen zwei offiziellen Herzensbrechern ist, die gerne flirten. Die Waage verehrt einfach das Wesen des Zwillings, sein gutes Aussehen und selbst die mysteriöse Zwillings-Seele.

Angesagte Duos: Paul McCartney & Linda McCartney, Marilyn Monroe & Arthur Miller, Ethel Wodehouse & P. G. Wodehouse.

ZWILLINGE – SKORPION: Einmal begonnen, wird diese Verbindung superstark. Sex und Arbeit halten diese beiden zusammen.

Süchtig nacheinander im Bett, reißen sie sich außerhalb zusammen, um ihre seltsame Version vom schönen Leben umzusetzen. Der wortgewandte Charme und lebhafte Verstand des Zwillings werden ergänzt durch das tiefere Bewusstsein des Skorpions für Machtspiele. Der Zwilling vergöttert die Stärke, Willenskraft und Fähigkeit des Skorpions, in anderen Angst hervorzurufen. Der Skorpion liebt die lakonische Gelassenheit, das gute Aussehen und die Fähigkeit des Zwillings, die düsteren Stimmungen seines Gegenübers aufzuhellen. Beide sind selbstsicher. Der Zwilling ist spontaner als der Skorpion, wenn der Zwilling aber einmal den Skorpion mit Hilfe seines Charmes zu einem Projekt überredet hat, verhält sich der Skorpion treu und hilfreich. Sie sind ein faszinierendes Paar, das tief im Inneren niemand anderen benötigt. Sollte der Zwilling der skorpionischen Besitzansprüche überdrüssig werden und rebellieren, könnte der Skorpion dazu verleitet werden, sich in eisige Missbilligung zurückzuziehen. Den Skorpion könnten ein paar fast-legale Geldanlagen des Zwillings und ständige Anrufe des Buchhalters verärgern. Der Skorpion ist der Ansicht, dass man in einigen Punkten korrekt sein muss. Sind aber einmal die »Regeln« etabliert, kann diese Beziehung Ewigkeiten überdauern. Was verbindet diese beiden wirklich? Keinen von ihnen kümmert es einen Deut, was irgendjemand anderer von ihnen denkt.

Angesagte Duos: Sir Laurence Olivier & Vivien Leigh, Lady Diana & Sir Oswald Mosley, Ann Druyan & Carl Sagan, Prinz Rainier & Grace Kelly, Nicole Kidman & Keith Urban.

ZWILLINGE – SCHÜTZE: Zwilling und Schütze sind beide strahlende, attraktive, begehrte Typen. Gemeinsam ist ihnen Abenteuerlust und Lebensfreude. Der Unterschied? Der Schütze ist geistig langweiliger als der Zwilling. Beide denken viel. Aber der

Schütze kann endlos über ein und dieselbe Sache herziehen. Es macht ihm nicht einmal etwas aus, wenn ihm niemand zuhört. Der Zwilling hingegen wird sich seine Einladung zum Abendessen immer verdienen. Glücklicherweise kennt der Zwilling genügend Anekdoten und besitzt ausreichend geistreichen Witz für beide zusammen. Der Schütze predigt darüber, wie er die Welt regieren würde. Der Zwilling steuert den Humor bei. Privat sind diese beiden herrlich kompatibel und verspüren eine mehr oder weniger konstante und beinahe magnetische Anziehung. Der Schütze gehört zu den wenigen Zeichen, die in der Lage sind, dem Zwilling die geistige (und physische) Raumfreiheit zu gewähren, die er in einer Beziehung braucht. Der Schütze wird nicht »Wo warst du?« brüllen, wenn der Zwilling zwei Stunden zu spät vom Fitnesstraining zurückkommt. Warum? Weil der Schütze gerade an irgendeinen fantastischen Strand geflogen ist, von dem er gehört hat. Der Zwilling liebt die Freude und Spontaneität des Schützen. Wenn er nicht die Nerven verliert, fühlt sich der Schütze für immer vom Charisma des Zwillings angezogen.

Angesagte Duos: Marilyn Monroe & Joe DiMaggio, Charles Eames & Ray Eames, Gena Rowlands & John Cassavetes, Margaret Bourke-White & Erskine Caldwell, Paul Bettany & Jennifer Connelly, Angelina Jolie & Brad Pitt.

ZWILLINGE – STEINBOCK: Der Gogo-Zwilling trifft auf den vermeintlich kaltherzigen Steinbock und beschließt, dass dieser eine spannende Herausforderung darstellt. Der Zwilling ist begeistert, dass es den Steinbock nicht kümmert, ob jener die ganze Nacht durch die Stadt getänzelt ist, solange bestimmte Prinzipien eingehalten werden. Den Steinbock interessiert die Amoralität des Zwillings nicht. Er liebt dessen Witz und Charme.

113

Sie einigen sich auf eine *Laissez-faire*-Politik in Bezug auf einige Aspekte des Intimlebens. Aber der Steinbock verabscheut Trägheit und Faulenzer. Steinböcke bewundern Leute, die in einer Unternehmenskultur funktionieren, zielgerichtete Mechanismen schaffen und ihr Leben auf die Reihe kriegen. Der Zwilling denkt, der Steinbock sollte ein eigenes Leben leben. Dem Zwilling werden also klammernde, emotionale Szenen erspart, er wird aber dazu gezwungen, sich rasch zu entwickeln, um den Bedürfnissen des Steinbocks nach Sicherheit und Status nachzukommen. Der Steinbock liebt Ordnung. Der Zwilling liebt es, Ordnung in Frage zu stellen, ausführlich und in einem langen Klatschgespräch. Der Steinbock sagt: »Wovon redest du eigentlich?« Der Zwilling schleicht sich davon, um verwandtere Seelen zu finden. Nichtsdestotrotz: Ambitionierte Zwillinge (vielleicht mit Planeten im Stier), denen die Recht-und-billig-Philosophie des Steinbocks nichts ausmacht, sind hier richtig.

Angesagte Duos: Jean-Paul Sartre & Simone de Beauvoir, Priscilla Presley & Elvis Presley, Charles Saatchi & Nigella Lawson, Johnny Depp & Vanessa Paradis, Elizabeth Hurley & Arun Nayar.

ZWILLINGE – WASSERMANN: Reden ist das Motiv dieser Verbindung. Diese beiden sind Sucher, Philosophen und Kritiker. Sie finden über gemeinsame Ansichten und Einsichten zusammen. Der Zwilling ist es gewohnt, sein Tempo verlangsamen zu müssen – der Wassermann verhilft seinem Spiel schnell zu neuen Höhen. Der Zwilling ist es gewohnt, als eigenwillig oder tückisch abgetan zu werden. Der Wassermann fragt sich, ob der Zwilling nicht zu geradlinig für seinen Geschmack ist. Der Zwilling mag schwer zu erobernde Liebhaber/innen, und der Wassermann ist diesbezüglich praktisch unmöglich. Beide sind fasziniert voneinander. Den Zwilling – ein echter Vertreter des Volks – kann der heimliche Snobismus des Wassermanns ärgern. Den Wassermann nervt der Wesenszug des Zwillings, seine Meinung über alles zu ändern und stets den Teufelsadvokaten zu spielen, nur, weil er es kann. Aber Bettaktivitäten, Geselligkeit, die hervorragende Karriere und Werte kommen bei diesen beiden in herrlicher Synergie zusammen. Beide mögen es, den anderen zu ködern. Der Zwilling sollte wissen, dass der treue Wassermann durch Geflirte, und sei es auch noch so beiläufig, leicht verletzt werden kann, trotz der offiziellen wassermännischen Zustimmung zu »freier Liebe«. Wenn das Vertrauen gegeben ist, bietet der Wassermann dem Zwilling die benötigte Raumfreiheit und wahre geistige Befreiung.

Angesagte Duos: Gia Carides & Anthony LaPaglia, Isabella Rossellini & David Lynch, Kim Novak & Prinz Aly Khan, Heidi Klum & Seal, Prinz Frederik von Dänemark & Prinzessin Mary.

ZWILLINGE – FISCHE: Zwillinge und Fische fühlen sich sofort voneinander angezogen. Die Luft zwischen ihnen scheint zu vibrieren. Der Zwilling liebt, dass den Fisch nichts kümmert, genauso wenig wie ihn selbst. Die Fische schätzen es, dass die Zwillinge das fischige Doppelwesen teilen. Beide glauben, sie könnten ihr Gegenstück in Sachen Verrücktheit und Brillanz gefunden haben. Sie wissen, wie sie dem anderen zu einer schönen Zeit verhelfen können – in jeder Hinsicht. Aber der Fisch benötigt ununterbrochen romantische Synergie, und diese Beziehung hat das Potenzial, zu einem seifenopernähnlichen Psychodrama zu verkommen. Der Zwilling wird zeternd und schimpfend durch den Raum stapfen. Der Fisch wird leidend über emotionale Verantwortung quengeln. Beide sind fähig, das

Blaue vom Himmel herunterzulügen, um ihre jeweilige persönliche Freiheit zu schützen. Beide sind charismatisch und neigen zu Amoralität. Der Garten der Liebe verwandelt sich in ein verworrenes Netz aus Intrigen. Aber beide sind einander so ähnlich, insbesondere im Falle geistiger Verbindung und gemeinsamer Interessen, dass dies eine wunderschöne und andauernde Partnerschaft sein kann. In der Zwillinge-Fische-Utopie gibt der Zwilling dem Fisch die Bestätigung, die dieser braucht. Der Fisch bleibt eine Spur mysteriös und verhindert damit, dass die fischige Unsicherheit für die Zwillings-Seele ihren Reiz verliert.

Angesagte Duos: Violet Trefusis & Vita Sackville-West, Laurie Anderson & Lou Reed.

Sind Sie wirklich ein Zwilling?

1 Die sozialen Umstände verlangen, dass Sie jemandem, den Sie bewundern, eine Notlüge auftischen. Sie fühlen sich …
   (a) schuldig – lügen, aus welchen Gründen auch immer, geht Ihnen gegen den Strich.
   (b) beunruhigt, dass man dahinterkommen könnte.
   (c) ausgezeichnet.

2 Während eines heißen dritten Rendezvous verrät Ihr neuer Schwarm, dass er/sie einen Traum hatte, in dem Sie beide glücklich verheiratet waren. Sie sind …
   (a) gerührt und entzückt darüber. Vielleicht kann er/sie Gedanken lesen?

(b) aufgeregt, aber auf der Hut. In Liebesdingen sind Sie lieber vorsichtig.

(c) weg. Bestrebt, möglichst schnell nach Hause zu gelangen und Ihre Telefonnummer zu ändern. Was für ein Blödmann.

3 Das Projekt unter Ihrer Leitung hat das Budget bei weitem überschritten, und Ihr Vorgesetzter sucht nach einem Sündenbock. Sie …

(a) stehen kurz vor dem Ausflippen; offiziell ist dies allein Ihre Verantwortung.

(b) fühlen sich zuversichtlich. Diese Dinge passieren schließlich, und Sie haben sorgfältig gearbeitet.

(c) sind unberührt – als ob Sie das Budget eines anderen interessieren würde!

4 *People who need people,* wie der Song es besagt …

(a) … *are the luckiest people in the world.*

(b) folgen einem Klischee.

(c) benötigen Hilfe. Vermutlich leiden sie unter einem Abhängigkeitsproblem.

5 Eine Ihrer engsten Freundinnen, eine verheiratete Frau, gesteht Ihnen, dass sie ziemlich verknallt ist in ihren Privattrainer. Sie …

(a) haben Mitleid mit ihr. Sie muss wohl unglücklich in ihrem Privatleben sein.

(b) sind empört über ihr schäbiges Verhalten; warum wechselt sie nicht den Trainer?

(c) finden, dass das wunderbare Neuigkeiten sind, um sie heute Abend auf Ihrer Party zu verbreiten.

6 Unschuld und/oder Naivität neigen dazu, Sie …

    (a) anzuziehen. Sie lieben die Gelegenheit, jemand anderen aufzuklären.

    (b) nostalgisch zu stimmen und Sie an Ihre eigene vergleichbare Zeit zurückdenken zu lassen.

    (c) tödlich zu langweilen.

Antworten: Wenn Sie mehrheitlich (c) angekreuzt haben, dann sind Sie offiziell ein Zwilling – ein hinreißendes Wesen und, genau, schrecklich begehrt und bewundert. Sollten Sie (a) und (b) angekreuzt haben, dann haben Sie noch andere Astro-Einflüsse, die mit Ihrer Zwillings-Sonne konkurrieren.

Krebs

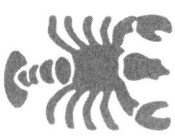

(22. Juni – 23. Juli)

Krabben-Menschen

Wenn ich nicht tanzen kann,
ist es nicht meine Revolution.
Emma Goldmann (1869–1940),
in Russland geborene Anarchistin,
die für bessere Arbeitsbedingungen in den
USA, Russland und Europa kämpfte

Frage: Wie viele Krebse benötigt man, um eine Glühbirne zu wechseln?
Antwort: Einen plus einen Therapeuten, der ihm hilft, seine dabei auftretenden Gefühle zu verarbeiten.

Wie der in der Natur vorkommende Krebs neigt auch der astrologische zum Zwicken, wenn er sich in seiner Sicherheit bedroht sieht. Wenn er sich einmal in einer Sache festgebissen hat, lässt er nie mehr los. Krebs-Leute verbergen ihre Gefühle unter einer harten Schale, nur ihr Schlafzimmerblick enthüllt die darunter liegende Sensitivität. Lebenslustig und auf drollige Art unberechenbar, können sie jedem das Gefühl geben, umsorgt und zu Hause zu sein.

Krebse werden vom Mond regiert. Das englische Wort »lunatic« für »wahnsinnig« stammt vom lateinischen »luna«, also »Mond«, ab. Obschon die meisten Leute vom Vollmond beeinflusst werden – fragen Sie mal einen Feuerwehrmann oder eine Krankenschwester –, sind Krabben dagegen immun, da sie vom Mond regiert werden und ohnehin die meiste Zeit etwas bekloppt sind. Der Mond wechselt das Zeichen alle zweieinhalb Tage, aber das ist gar nichts im Vergleich zum extremen Fluss der Krebs-Gefühle. Diese Leute durchlaufen extreme Stimmungsschwankungen.

Jedes Sternzeichen hat ein Astro-Motto, das die Zusammenfassung der wesentlichen Überzeugungen dieses Zeichens darstellt. Das des Krebses lautet: »Ich fühle«, und das tun sie wirklich. Niemand braucht dem Krebs zu erklären, wie man seine Gefühle zum Ausdruck bringt. Krebse reden nicht in einem künstlichen Therapiestil über ihre Gefühle, sondern mit einer Aufrichtigkeit, um die sie die schwieriger zu fassenden Leute insgeheim beneiden.

Krebse können mitten in einem normalen Gespräch etwas im Sinne von »Ich bin so verbittert« sagen. Oder sogar zittern, während sie »Halt mich« sagen. Krebse fühlen Ihren Schmerz. Sie fühlen ihren eigenen Schmerz. Sie fühlen allen Schmerz. Sie können noch immer den Schmerz von damals fühlen, als sie fünf Jahre alt waren und eine Schnecke überfuhren. Sie könnten Sie mitnehmen und Ihnen die genaue Stelle auf dem Gehsteig zeigen, wo sie die arme Kreatur mit ihrem Dreirad zerquetschten. Sie haben ihre persönliche Jammergeschichten-Sammlung, in der sie schwelgen, wenn ihre Verletzlichkeit aufkommt.

In einer Gesellschaft, in der Logik die höchste Wertschätzung genießt, brauchen wir alle die Krebse. Krebse sollten nicht zulassen, dass weniger verletzliche Seelen sich über ihre überlegene emotionale Natur lustig machen.

Krebse sind, zusammen mit den Fischen und dem Skorpion, sogenannte Wasserzeichen. Sie bewerten Gefühle automatisch höher als Gedanken, Kunst höher als Wissenschaft, Musik höher als Fakten, und Liebe höher als alles andere. Zugleich sind Krebse aber auch ein »kardinales« Zeichen, so wie der Widder, der Steinbock und die Waage. Sie setzen Dinge in Gang, sie sind von Natur aus unternehmerisch veranlagt und spielen gerne den Boss.

121

Weil so viele Krabben-Menschen ihre Psyche auf der Zunge tragen, begehen andere Leute den Fehler zu glauben, Krebse seien totale Schwächlinge. Es stimmt, dass einem Krebs, den man dabei beobachtet, wie er sich ob eines toten Vogels im Garten in etwas hineinsteigert oder ob einer Unstimmigkeit seiner Kreditkarten-Abrechnung zusammenbricht, eine gewisse Kontrolle zu fehlen scheint.

Aber es ist ein furchtbarer Fehler, die Krabbe zu unterschätzen. Sie ist kleinlich, wird aber tiefstes Mitgefühl zeigen, wenn es darauf ankommt. Ein belangloses Ärgernis kann einen Nervenzusammenbruch verursachen – in einer Krise strahlen Krebse freundliche Stärke aus und spenden den Bedürftigen Trost. Sie sind die ultimativen Gefühlsstrategen, brillante Geschäftsleute, und sobald sie ihre Stimmungsschwankungen unter Kontrolle haben, sind sie das am besten organisierte Zeichen von allen.

Krebse in Hochform sind …

Indem wir unser eigenes Licht strahlen lassen, geben wir anderen Leuten die Erlaubnis, dasselbe zu tun.
Nelson Mandela (*1918),
südafrikanischer Führer, Freiheitskämpfer, Visionär;
1993 mit dem Nobelpreis ausgezeichnet für sein Bemühen,
der Apartheid ein Ende zu setzen

MITFÜHLEND. Krebse strömen Mitgefühl aus, ähnlich wie andere Leute Schweiß absondern. Sie können sich in jeden hineinversetzen: in die Berühmtheit, die eine hässliche Scheidung durchmacht, oder den Junkie, der die Stereoanlage des Krebses geklaut hat. Allein dadurch, dass man sich einem von ihnen anvertraut, setzt eine beruhigende Wirkung ein. Sie sind exzellent darin, einem zu versichern, dass »alles gut werden wird«, guten Rat auszuteilen und die Dinge ins richtige Licht zu rücken. Es ist, als ob sie tatsächlich die schlechte Laune anderer Leute absorbieren und sie in Lebensfreude umwandeln könnten.

KÜNSTLERISCH ANGEHAUCHT. Krebse sind von allen Zeichen das mit der höchsten Wahrscheinlichkeit, einmal ein/e bekannte/r Künstler/in zu werden. Denken Sie an Modigliani, Gustav Klimt, Rembrandt, Frida Kahlo, Marc Chagall, David Hockney. Ihre künstlerische Art ist nie ein Zufallsprodukt, sondern einfach Teil ihres Wesens. Mit der Seele eines Poeten gesegnet, sind sie in der Lage, die Schönheit der Welt zu sehen und zu vermitteln, in die Herzen von uns allen zu blicken und zu ehren, was vergessen ist. Alle Krebse, egal wie weltlich und pragmatisch, sollten einen Weg finden, diese Kreativität auszuschöpfen.

VERFÜHRERISCH. Krebs-Menschen sind gefährlich anziehend und buchstäblich bezaubernd. Ihre normale Vorgehensweise besteht darin, extrem willfährig zu erscheinen. Später, wenn sie ihr Liebesobjekt an der Angel haben, entfesseln sie den Wahnsinn ihrer launischen Seite. Verehrer/innen verfolgen die Krabbe, sehnsüchtig danach, jedes Detail ihrer neuesten Haarprobleme, ungelösten Jugendängste oder kreativen Blockaden anzuhören. Die geistig gesunden Freunde des Krebses sind wütend: Wie kann jemand so offensichtlich gestört und doch so begehrt sein? Die Krabbe zuckt die Schultern, damit beschäftigt, einen tiefschürfenden und sinnhaltigen Hermann-Hesse-Roman zu lesen, um Einsicht in ihre eigene, faszinierend komplexe Persönlichkeit zu erlangen.

NÄHREND. Freundlich, lieb und großzügig geben die Krabben sich immerzu selbst. Sie sind immer dazu bereit, eine Auswahl von Leuten zu beraten. Sie haben größtes Verständnis für die Eigenheiten von Kindern, alten Menschen, Benachteiligten und Liebeskranken. Das Heim des Krebses ist oftmals ein Zentrum von Trost und Liebe, ein Zuhause für Obdachlose, ein Zufluchtsort für psychisch Deplatzierte. Krebse bieten Schutz und Liebe und ziehen sich mit ihren auserwählten Liebsten in ihre Höhle zurück.

HELLSICHTIG. Ohne großes Brimborium registrieren die Krebse viele Signale. Ihr Wahrnehmungsvermögen ist geradezu unheimlich, und sie sind besonders begabt im Gebiet der Psychometrie, also darin, Schwingungen von Objekten und Orten aufzunehmen. Sie tun gut daran, Haus-Hexenkünste wie Feng Shui, Geomantie (Harmonie mit der Umwelt) oder Raum-Säuberung auszuüben. Aber ihre gespenstischen Fähigkeiten sind genauso nützlich in jedem brillanten Beruf, den sie wählen.

TRADITIONELL. Krebse stellen sicher, dass sie Ereignisse wie Hochzeiten oder Weihnachten richtig feiern. Sie werden den größten Baum, das erlesenste Bankett, den besten Willen haben. Sie sind absolute Genies darin, Fotoalben zu führen und über jede einzelne Nichte und jeden einzelnen Neffen auf dem Laufenden zu sein. Sie sind hervorragende Familienhistoriker; auch Steinböcke sind so, aber bei Letzteren handelt es sich um den Versuch, einflussreiche Vorfahren ausfindig zu machen. Zwillinge machen sich nicht die Mühe, weil sie einfach etwas erfinden können. Fische schauen in den Familienstammbaum, um eine Entschuldigung für ihr eigenes Verhalten zu finden. Krebse tun es, weil sie ihre Familiengeschichte wahrhaftig ehren.

Zu leben bedeutet wach zu sein in freudigem,
trunkenem, heiterem, göttlichem Bewusstsein.
Henry Miller (1891–1980),
amerikanischer Schriftsteller. Seine emotionale,
sexuelle Offenheit schockierte die Leser, aber seine Bücher
wurden Klassiker der Literatur.

Krebse in Tiefform sind ...

Die Schuld ist immer zweifellos.
Franz Kafka (1883–1924),
von Ängsten geplagter, jüdisch-tschechischer
Schriftsteller, der über die Entfremdung
des modernen Menschen in einer feindlichen
und gleichgültigen Welt schrieb

SCHMOLLEND. Okay, Krebs-Menschen fahren wirklich auf Gefühle ab, aber wissen Sie was? Manchmal geht's nur um *ihre* Gefühle. Krebse haben das Power-Schmollen erfunden, das jedermann in Stein verwandelt angesichts der momentanen Laune des Krebses. Eine tintenschwarze Nebelwolke der Enttäuschung ausstoßend, benutzen sie ihre psychischen Fähigkeiten, um Ihnen eine »Du hast es vermasselt«-Nachricht zu senden. Fragen Sie, was nicht stimmt, so antworten jene »Nichts«, bevor sie abziehen, um heimlich einen Exliebhaber anzurufen. Krebse verzeihen nie, geben aber vor zu vergessen, nur damit sie ihren Schmerz als eine unerwartete Schock-Taktik hervorbringen können. Sie glauben, niemand verstehe sie, und tatsächlich tut das auch keiner.

SUBJEKTIV. Krabben sind dazu in der Lage, jedermann mit subjektiven Berichten über ihre Gefühle unermesslich zu langweilen. Sie glauben an moderne Mythen, sind aber verletzt und schmollen, wenn sich jemand darüber lustig macht. Warum sollte ein Gespräch interessant oder unterhaltsam sein, wenn die Krabbe in der Stimmung ist, in Gefühlen zu schwelgen? Krebse glauben wahrhaftig, dass andere Leute sich heiter benehmen, weil es ihnen im Gegensatz zum Krebs an Begabung mangelt zu sehen, dass die Welt vor die Hunde geht. Es ist, als ob niemand die Situation erfasst hätte, weil niemand anderes sich ausführlich mit Quatsch beschäftigt. Die Krabbe fühlt also, dass sie noch und noch weitermachen muss. »Wäre es nicht furchtbar, zu ertrinken? Ja, wirklich, das wäre es.« Alles muss sich darum drehen, wie die Krabbe fühlt, dass die Menschheit sich fühlt. Sie gehen, ohne zu stocken vom Quengeln über ihren Nachbar, der angeblich die Katze nicht ausreichend füttert, zu einer Tirade über Abzocker auf dem Aktienmarkt über. Wenn, sagen wir mal, der Fernseher kaputtginge, würden der Widder und der Skorpion in Kampflaune versetzt; die Fische und die Waage sähen es als einen Wink des Universums, ein Schaumbad zu nehmen oder einen Gin im Garten zu trinken. Die Krabben hingegen sehen es als Möglichkeit, eine alte Angst wieder aufleben zu lassen: »Oh, nein! Das ruft in mir die Erinnerung an die Probleme mit meinem Körperbild hervor!« Vom Autor George Orwell sagte man, dass er seine Nase nicht schnäuzen konnte, ohne über die Bedingungen in der Taschentuchfabrik zu moralisieren.

Schwermut, ein wucherndes und robustes Unkraut, tragen
wir immer mit uns herum, aber Freude erfordert Pflege.
Barbara Holland (1925–1988),
geistreiche amerikanische Autorin,
die das Publikum mit ihren Lesungen fesselte

ÜBERNOSTALGISCH. Der Krebs ist das einzige Zeichen, das zu glauben scheint, dass die Dinge früher besser waren. Seuchen, Hexenverbrennungen oder das Fehlen jeglicher Kanalisation tun nichts zur Sache, waren denn die Kleider nicht herrlich? Stellte man damals nicht wunderbare Möbel her? Denken Sie an den französischen Schriftsteller Marcel Proust, den die Sehnsucht an ewig Zurückliegendes ob des Geschmacks eines kleinen Gebäcks packte. Krebse sind problemlos in der Lage, jemanden mit einer aufkeimenden Erinnerung zu nerven: »Sicherlich weißt du das noch?« Sie können heimgesucht werden von wenigen Takten eines Lieds und wochenlang versuchen, alle anderen dazu zu bringen, das Lied zu erkennen: »Du musst dich daran erinnern, es geht ›dum di dum di da‹. Es ist noch irgendwo in meinem Hinterkopf.« Aber viele Dinge lauern im Hinterkopf des Krebses, und nicht alle davon benötigen eine tägliche Wiederausgrabung zwecks Neubewertung.

ANKLAGEND. Welches Sternzeichen ist der größte Beschuldiger von allen? Es läuft immer auf ein Kopf-an-Kopf-Rennen zwischen Jungfrau und Krabbe hinaus. Die Jungfrau ist definitiv besser im Verbalisieren. Wenn Sie markige Worte hören wollen, die sich einen Weg direkt in Ihren eigenen Schuldkomplex bohren, müssen Sie nur mal eine Jungfrau enttäuschen. Aber die Krabben-Methode der Schuldzuweisung ist viel diffuser. Krabben können den Schuldigen nur ansehen und ihn in einem Sumpf von Reue versinken lassen. Sie klagen erbarmungslos an und schaffen die »Woche der Schande« im Krabbenland. Die Jungfrau tut das als Hobby, aber der Krebs ist der Guru des Beschuldigens. Krebse planen Beschuldigungs-Expeditionen. Sie gehen mit einer beschuldigungsschwangeren Stimme ans Telefon. Sie rufen betrunken eine/n frühere/n Liebhaber/in an, aber nicht, um »Komm sofort vorbei« zu sagen, sondern um ihnen

Schuldgefühle dafür einzuimpfen, dass sie das Leben der Krabbe zerstört haben. Krebse können auf einer Dinnerparty Aussagen mit Opferwirkung von sich geben, noch Jahre nachdem Sie ein Buch verloren haben, das die Krabbe Ihnen geliehen hatte. Aber ihre Lieblingstechnik liegt darin, ein kleines häusliches Missgeschick mit dem schrecklichsten Schmerz zu verbinden. Dann nehmen sie das Thema später im Bett wieder auf. Sie schätzen ebenfalls den »Warum machst du immer …?«-Zugang.

> *Wir schmeicheln denen, die wir kaum kennen*
> *Wir erfreuen den flüchtigen Gast.*
> *Und versetzen manch gedankenlosen Schlag*
> *Denen, die uns am meisten lieben.*
>
> Ella Wheeler Wilcox (1850–1919),
> amerikanische Verfasserin von 40 Gedichtbänden

Wie man Krabben motiviert und manipuliert

> *Bekenne dich zu deiner Entscheidung.*
> Julius Cäsar (100–44 v. Chr.),
> römischer Kaiser – »der edelste aller Römer«

1 Trauen Sie diesem Grinsen nicht; Krebse sind darauf spezialisiert, liebliche Willfährigkeit auszustrahlen, um dann das zu tun, was sie für richtig halten.

2 Versuchen Sie, ihre Fähigkeit mitzufühlen nicht auszunutzen. Krebse müssen Grenzen setzen, indem sie zum Beispiel

einem weinerlichen Freund sagen, er solle zum Psychiater gehen.

3 Finden Sie sich damit ab, dass Murren für die Gesundheit der Krebs-Psyche lebensnotwendig ist.

4 Sparen Sie sich die Mühe, den Krebs dazu zu bringen, seine Geschmacksvorlieben zu modernisieren. Wenn er glücklich damit ist, sich die goldenen Oldies anzuhören, lassen Sie ihn.

5 Dem Krebs zu sagen, er solle sich zusammenreißen, wird nichts nützen. Ihn hingegen mit anregenden alten Zitaten zu überhäufen schon, wie zum Beispiel mit diesem ehrwürdigen chinesischen Sprichwort: »Es ist besser, eine Kerze anzuzünden, als die Dunkelheit zu verfluchen.«

6 Werfen Sie niemals etwas weg, das dem Krebs gehört – auch keine Chipstüte oder Busfahrkarte –, ohne vorher das Thema mit dem Krebs besprochen zu haben.

7 Akzeptieren Sie, dass die Krabbe, auch wenn sie keine so ausgereifte Künstlerin in Sachen Unsinn wie die Zwillinge oder die Fische ist, zur Beschönigung neigt. Ihre Ausrede? Dass sie eine emotionale Wahrheit ausdrückt. Die bloße Tatsache, dass etwas nicht wirklich geschehen ist, bedeutet nicht, dass es für die Krabbe nicht real war.

8 Dem Krebs zu sagen, er solle öfter ausgehen, wird ihn nur in größere Platzangst stürzen und dazu führen, dass er sich zu Hause einkuschelt und beim Gedanken an die wilden Straßen die Nerven verliert.

9 Zeigen Sie sich nie geringschätzig gegenüber jemandem aus dem Krabben-Clan, egal, wie entfremdet die Krabbe von besagter Person sein mag, auch wenn Sie nur erwähnen, dass der Familienhund ein bisschen räudig aussieht.

Jeder Ausgang ist ein Eingang
zu einem anderen Ort.
Tom Stoppard (*1937),
englischer Dramatiker, der für den Film
Shakespeare in Love einen Oscar für
das beste Drehbuch erhielt

Krabben-Vorbilder

Man sieht nur mit dem Herzen gut;
das Wesentliche ist für das Auge unsichtbar.
Antoine de Saint-Exupéry (1900–1944),
französischer Schriftsteller. Sein berühmtestes Werk,
Der kleine Prinz, wurde in über fünfzig Sprachen übersetzt.

Prinzessin Diana – kultsymbolisches Mitglied der Königsfamilie, das ein oberflächliches Leben voller Privilegien hätte führen können, wenn sie nicht so mitfühlend gewesen wäre. Ob sie nun Aids-Patienten umarmte, gestand, von einem Schurken verletzt worden zu sein, oder gegen Landminen protestierte, ihre großen, liebevollen Augen wurden zu einer Waffe für das Gute: »Ich habe ihn vergöttert«, gestand sie vor Millionen von Fernsehzuschauern in Bezug auf ihren ehemaligen Liebhaber James Hewitt.

Pamela Anderson – dralle, blonde Strandnixe aus der Fernsehserie *Baywatch* mit einer Vorliebe für Hardrocker. Die kanadische Schauspielerin entwickelte sich vom Playmate über die Mutterrolle zur Kolumnistin einer feministischen Zeitschrift. Sie ist auch eine Tierschutzaktivistin. »Das Schlimmste, was man tun kann, ist, mir zu sagen, etwas *nicht* zu tun.«

Dalai Lama – lächelndes Oberhaupt der tibetischen Buddhisten und Verfechter eines unabhängigen Tibet. Der aus einer Bauernfamilie stammende Träger des Friedensnobelpreises wurde als Zweijähriger als geistiger Führer erkannt und im Alter von fünf Jahren zum 14. Dalai Lama erklärt. Er strahlt die klassische Gutherzigkeit der Krebse aus: »Liebe und Mitgefühl sind Notwendigkeiten, keine Luxusgüter.«

Buckminster Fuller – brillanter amerikanischer Architekt und Ingenieur ohne fachliche Ausbildung. Er erfand viele Dinge, darunter die geodätische Kuppel, und meldete fünfundzwanzig amerikanische Patente an. Er hatte einen stark idealistischen Zug und war besorgt um den Zustand der Welt: »Entweder sind Kriege überholt, oder die Menschen sind es.«

Jean-Jacques Rousseau – paranoider Angeber und Philosoph. Seine frühen Versuche als Operettenschreiber und Kunstkritiker wichen schließlich ernsten Pamphleten wie *Vom Gesellschaftsvertrag*, in dem er alle Menschen für ebenbürtig erklärte – eine Idee, die heute noch Grundgedanke linksorientierter Politik ist.

Meryl Streep – hinreißende Hollywood-Hauptdarstellerin, die noch immer über Glaubwürdigkeit als Theaterschauspielerin verfügt. In ihren Rollen in *Sophies Entscheidung, Die Geliebte des französischen Leutnants* und *Jenseits von Afrika* verband sie

Stärke und Verletzlichkeit in einer Figur. Wie bei den meisten Krebsen ist ihr »Augen-Schauspiel« vernichtend.

> *Sobald die Dinge verrückt zu spielen beginnen,*
> *werden die Verrückten zu Profis.*
> Hunter S. Thompson (*1937),
> Autor von *Angst und Schrecken in Las Vegas*

Krebse *en vogue*

> *Meine Haare hatten schon immer verrückte Farben –*
> *ich wechsle sie oft. Eine Farbe funktioniert nur,*
> *wenn ich sie fühle.*
> Vitamin C (*1972),
> amerikanischer Popstar mit hohem Energielevel

Krebsmenschen neigen dazu, die extremsten Eigenschaften ihres jeweiligen Geschlechts zum Ausdruck zu bringen. Krebsmänner sind die süßesten: stattlich, aber empfindsam aussehend, mit großen, staunenden Augen. Krebsfrauen rufen oft Erinnerungen an vergangene Glamour-Ikonen hervor – glänzende Augen, geschürzte Lippen und weiblich-wogender Busen.

Sie sind keine Fans von betont streng wirkender Kleidung, sondern bevorzugen bequeme Kleidung, und selbst vermögende Krebse streben ein Aussehen an, das verstecktes Vermögen ausstrahlt. Sie beurteilen andere nicht nach ihrer Tracht und erwarten im Gegenzug auch keine solche Prüfung. Sie lieben Vintage, wenn sie es sich erlauben können, und umgeben sich gerne mit einer geheimnisvollen Aura. Sie verfügen über die Fähigkeit, in irgendeinem heruntergekommenen Secondhandladen zu verschwinden und mit einem noch nie getragenen, antiken Ballkleid wieder aufzutauchen. Krebse hegen sehr emotionale Beziehungen zu ihren Kleidern, können einzelnen Stücken sogar Namen geben und finden es völlig unvorstellbar, irgendetwas von sentimentalem Wert wegzuwerfen. Nur, dass alles von sentimentalem Wert für sie ist. In der Folge können sie Mode-Fetische entwickeln. »Ich hatte nicht 3000 Paar Schuhe«, erklärte die verschwenderische frühere First Lady der Philippinen, Imelda Marcos. »Ich hatte nur 1060 Paare.« Sie können Kleider ewig horten, in der Illusion, dass das genau das Richtige sein wird, wenn eine Mode wieder zurückkehrt.

Krebse sind von Revivals stärker betroffen als andere Zeichen. Sie sehen ein pinkfarbenes Netztrikot mit einem Madonna-circa-1983-Kruzifix und brechen zu einem sehnsüchtigen, schniefenden Nostalgie-Trip auf. Manchmal verschwinden sie in ihrem Schrank, um über Kleidern und den Erinnerungen, die sie in ihnen hervorrufen, zu schmachten. Sie lieben es aufrichtig, wenn jemand ihnen ein bemerkenswertes Stück wie zum Beispiel ein Hochzeitskleid vermacht.

KLASSE-KREBSE: Isabelle Adjani, Pamela Anderson, Selma Blair, John Cusack, Vin Diesel, Corey Feldman, Travis Fimmell, Jerry Hall, Tom Hanks, Josh Hartnett, Anjelica Huston, Cheryl Ladd, Cyndi Lauper, Juliette Lewis, Gina Lollobrigida, Courtney Love, Tobey Maguire, George Michael, Chris O'Donnell, Sylvester Stallone, Liv Tyler, Meryl Streep, Prinz William.

Die Mode ist tot.
Giorgio Armani (*1934),
Modedesigner, bekannt für seinen minimalistischen
Look des Understatements. .

Glänzende Karriere

Geduld ist bitter, aber ihre Früchte sind süß.
Jean-Jacques Rousseau (1712–1778),
französischer Philosoph des 18. Jahrhunderts.
Sein berühmtestes Werk ist der Essay *Vom Gesellschaftsvertrag.*

John und Nelson Rockefeller, John Astor, Conrad Hilton, Estée Lauder, E. I. DuPont, Stavros Niarchos und der Sultan von Brunei ... So viele vermögende Mogule sind Krebse, wie ist das möglich?

Nun, Krebsleute sind dazu in der Lage, Langeweile als Grund anzuführen, warum sie eines Tages nicht bei der Arbeit aufkreuzen. Aber das ist der Krebs, bevor er sich zusammenreißt. Auf der Suche nach einer Umgebung, die zu ihm passt, zieht er gequält umher, bevor er seine Nische findet. Hinter den großen Augen und der mitfühlenden Art lauert der Geschäftshai. Sobald er sich mit etwas beschäftigt, peilt er die profitabelste Beute in Geschäft, Karriere und Kapitalanlage an.

Da sie mit Ambiguität gut klarkommen, können Krebse in der Kunst, im Rechtswesen, im Unternehmen und in der Politik erfolgreich sein. Sie können leicht die Wahrheit, den kleinsten Hauch von Unsicherheit und den schnellsten Weg nach oben ausfindig machen.

Sie benutzen ihre entrückte Art zu ihrem Vorteil, indem sie sich fröhlich unterschätzen lassen, wenn es sie zum gewünschten Ziel bringt. Ihr Sicherheitsfetisch ist praktisch, wenn es darum geht, schnelles Geld zu verdienen, ihre Intuition lässt sie jede Art von Verhandlung gewinnen. Sie sind clever, vorsichtig und unternehmerisch veranlagt.

Ohne es zu bemerken, können Krebse bei der Arbeit eine Familienatmosphäre schaffen. Das ist fantastisch, wenn der Krebs das Unternehmen leitet oder sich beim Chef einschleimt, aber nicht so ideal, wenn die Dynamik giftig zu werden droht.

Wenn ich aus dem Herzen heraus schaffe, funktioniert beinahe alles. Wenn ich aus dem Kopf heraus schaffe, funktioniert beinahe gar nichts.
Marc Chagall (1887–1985),
in Russland geborener französischer Maler
und Glasmaler, dessen Werke sich durch ihre
surreale Erfindungsgabe
auszeichnen

Finanzielle Realität

Meine Mutter gab mir in der siebten Klasse hundert Dollar, damit ich die Schauspielklasse besuche und nicht den Hauswirtschaftsunterricht.
Tobey Maguire (*1975),
glanzäugiges, Gefühle ausstrahlendes
Hollywood-Idol

Obschon sie sparen, weil das Sicherheit verspricht, und sie weise Investitionsentscheidungen treffen können, sind Krebsmenschen zu sinnlich, um durch puren Geiz ein Vermögen anzusammeln. Aber sie sind sparsam. Sie sind nicht sparsam im rabattmarkensammelnden Sinn, obwohl: ein paar vielleicht doch. Sie sind eher insofern sparsam, als sie zu einem Garagenverkauf gehen und mit den Originalradierungen des Schauspielers Richard Burton oder einem makellosen Art-déco-Teeset aus den Tiefen eines alten Koffers zurückkehren können.

Wie ihr Cousin, der Stier, mag auch die Krabbe die Dinge eher aus sentimentalen Gründen als aufgrund ihres wirklichen Wertes. Krebse lieben es zu horten: Erbstücke, Karten für ein Konzert, bei dem sie 1994 waren, ein Stück Schnur, was auch immer. Weibliche Krebse sind in diesem Punkt schlimm. Ob sie wirklich glauben, dass jemand aus ihrem Bekanntenkreis einmal ein Lippenstiftmuseum gründen wird?

Es ist sehr schwierig, einen Krebs dazu zu bringen, etwas wegzuwerfen. Sie sind der Ansicht, dass sich alles irgendwann einmal als nützlich erweisen wird, und sie haben oft recht damit. Ihre Version des Aussortierens besteht darin, sich von einer verfaulten Stange Sellerie zu trennen – traurig, weil sie planten, sie im Rahmen eines Salatschemas glücklich »sterben« zu lassen. Sie trauern der verpassten Gelegenheit nach.

Gestresste Krebse können sich gelegentlich in einer Orgie finanzieller Unsicherheit und Paranoia »abreagieren«, indem sie sich für – imaginierte oder reale – Beleidigungen rächen, wobei sie sich in einen Kaufexzess stürzen, in dem die Kreditkarte und die Kreditwürdigkeit im selben Maße ausgeschöpft werden.

Misstraue jeder Unternehmung,
die neue Kleider erfordert.
Henry Thoreau (1817–1862),
amerikanischer Essayist,
Humorist und Gesellschaftskritiker

Beim Krebs zu Hause

Jeder Künstler sollte dankbar sein für die Gnade
der Naivität, die ihn über die Notwendigkeit
tiefgründiger Diskussionen erhebt.
Saul Bellow (1915 – 2005),
amerikanischer Schriftsteller.
Er erhielt 1976 den Nobelpreis
und den Pulitzer-Preis.

Krebse sind mit einem angeborenen Nist-Instinkt gesegnet. Dank irgendeiner mysteriösen Alchemie können sie selbst die bescheidenste Hütte in einen gemütlichen Ort verwandeln. Das Zuhause des Krebses ist ein bereichernder Zufluchtsort, eine stressfreie Zone ohne den in der äußeren Welt herrschenden Leistungsdruck.

Im Winter schüttelt der Kleidertrockner den Morgenmantel auf, während eine das Immunsystem stärkende Zwiebelsuppe in einem Tontopf vor sich hin köchelt. Im Sommer baumelt die Hängematte verlockend auf der Terrasse. Wer behauptet, dass Krebse nostalgisch sind, unterschätzt ihre tiefe Verehrung für die Vergangenheit. Als erschreckende Horter sind sie nicht in der Lage, irgendetwas von emotionaler Bedeutung loszulassen. Memorabilien, wie zum Beispiel auffällige Sachen aus neuviktorianischer Zeit, sind ihr dekoratives Hauptmotiv. Aber die klassische Krabbe weiß alles zu vereinen. Besucher verlassen das Krabbenhaus mit der Absicht, ihr eigenes Zuhause ebenso geschickt ihr Inneres, ihre Familie und ihre Liebe reflektieren zu lassen. Kein anderes Sternzeichen kann einen Wirrwarr aus alten Sporttrophäen, Familienfotos und wertvoller antiker

137

Spitze in ein spirituell stärkendes und zugleich stilvolles Bild verwandeln.

Ich bin kein Schauspieler vom Typ Stanislavskis. Ich will einfach mit den normalen Leuten kommunizieren.
Tom Cruise (*1962),
Hollywood-Superstar – *Der letzte Samurai*

Alles Glück ist ein Geschenk der Götter, und man gewinnt die Gunst der antiken Götter nicht, indem man gut ist, sondern indem man mutig ist.
Anita Brookner (*1928),
britische Schriftstellerin, die auf
ultra-emotionale Themen spezialisiert ist

Die verliebte Krabbe

*Man sollte nicht darauf drängen,
dass Sex die Aufgabe der Liebe übernimmt
oder Liebe die Aufgabe von Sex.*
Mary McCarthy (1912–1989),
amerikanische Theaterkritikerin und
Schriftstellerin mit Witz und einem Sinn für Satire.
Ihr bekanntester Roman ist *Die Clique*.

Wenn sie einmal gelernt haben, ihre Kindheits-, Eltern- und Armutsangstprobleme nicht vor dem dritten Date – oder der dritten Margarita – anzusprechen, glauben Krebse, dass sie sich in Beziehungen wirklich gut schlagen werden.

Sie finden es sehr schwierig, den Geist vom Körper zu trennen. Oft wollen sie gar nicht berührt werden, außer wenn sie sich geliebt und geschätzt fühlen. Sex öffnet ihr drittes Auge, und die Krebse brauchen jemanden, der willens ist, dazusitzen und der Krabbenstory zuzuhören.

Selbst wenn sie nur ihrem gesunden Appetit nachgeben, werden Krebse versuchen, das Szenario zu rechtfertigen, indem sie vorgeben, sehr verliebt zu sein. Das kann natürlich zu Schwierigkeiten führen.

Krabben sind zutiefst romantische Wesen. Der Herzog von Windsor – für kurze Zeit König Edward VIII. – verzichtete auf den Thron aus Liebe zu Wallis Simpson, einer geschiedenen Amerikanerin (und ein Zwilling!).

Viele Krebse sind so sentimental, dass sie in einer Story vom Typ »Ich habe meine Ersparnisse einer Nachtklubtänzerin gegeben« in der Boulevardpresse enden. Die Frauen überzeugen sich selbst davon, dass der starke, schweigsame Mann, in den sie unerwidert verliebt sind, eher dem Helden einer Schnulze gleicht als dem inartikulierten Kontrollfreak, der er in Wirklichkeit ist. Das Worst-Case-Szenario: Die Krabbe manövriert sich in eine furchtbare Beziehung, weil ihr/e Angetraute/r sie braucht.

Krebsfrauen haben auch eine »Ich bin ein ganz normales Mädchen«-Sache laufen. Krebsmänner mögen das Gefühl, nicht so zu sein wie die anderen. Sie demonstrieren das dann durch die Bereitwilligkeit, jahrzehntelangen Oralsex oder eine endlose Analyse über die Eigenheiten ihres Exliebhabers zu praktizieren … was auch immer nötig ist. Sie möchten das Gefühl haben, dass sie eine echte Verbindung zu Frauen haben. Sobald sie ihre/n Seelenverwandte/n getroffen haben, lieben die Krebse abgöttisch, sind immer faszinierende Partner/innen und sehr gefragt bei unglücklich verheirateten Freunden.

Das Glück ist ein Schmetterling, der, wenn man ihn
verfolgt, immer außerhalb unserer Reichweite bleibt,
der sich aber, wenn man sich still hinsetzt,
vielleicht auf einem niederlässt.

Nathaniel Hawthorne (1804 –1864),
amerikanischer Schriftsteller, bekannt vor allem für seinen
Roman *Der scharlachrote Buchstabe* – die sensationelle
Demaskierung einer puritanischen Gesellschaft und ihres
Kampfes mit Sünde, Schuld und Stolz.

KREBS – WIDDER: Die Krabbe ist überempfindlich. Der Widder
ist unterempfindlich. Aber keinen von ihnen kümmert's … zunächst. Diese Paarung beginnt oft mit einer »Nach der Party gemeinsam abziehen«-Dynamik. Niemand kann das unverhohlene Begehren und Begrapschen fassen, das diese beiden an den Tag legen. Die sinnliche Bindung ist da und stimmt. Zum Eklat kommt es, sobald die Krabbe verlangt, dass ihren Gefühlen größere Reverenz erwiesen wird. Der Widder ist der Urtyp des einminütigen Nabelschauers: »Ich bin mit dir zusammen, oder etwa nicht? Was ist dein Problem?« Die Krabbe hat vielerlei Probleme mit diesem Zugang. Das Geschwafel des Widders über möglicherweise verrückte Karrierestrategien erzürnt die langsame und beständige Krabbe. Die Krabbe hat eine ganzheitliche Sicht der Anforderungen an das schöne Leben, wie zum Beispiel Behaglichkeit, unauffälligen Luxus und Ehrfurcht vor der Vergangenheit. Der Widder verabscheut jegliche Art von Nostalgie und träumt von einem perfekten Ferrari, auch wenn er ihn vor seinem Mauseloch parken müsste. Was tun? Die Krabbe ist einverstanden, dem Widderego Auftrieb zu verleihen – idealerweise in einem halbstündigen Rhythmus. Der Widder erkennt, dass die Krabbe in allen Dingen, die emotionale Intelligenz voraussetzen, mehrheitlich die Führung übernehmen sollte.

Angesagte Duos: Eva Mavrakis & Ewan McGregor, Ernest Hemingway & Mary Walsh Hemingway, Feng-Jiao Lin & Jackie Chan, Angela Merkel & Joachim Sauer, Kermit the Frog & Miss Piggy.

KREBS – STIER: Die Krabbe trifft auf die Kuh und fühlt sich sofort entspannt. Die Kuh verliebt sich heftig und mehr oder weniger auf den ersten Blick in die Krabbe. Diese Verbindung erhält eine Eins plus in Sachen Kompatibilität. Diese beiden sind sich in beinahe allen Punkten einig und entzücken sich gegenseitig mit ihrer Gesellschaft. Bettaktivitäten sind höchst befriedigend, Werte werden gänzlich geteilt, und gemeinsam schaffen diese beiden ihre eigene kleine, kuschelige, tröstende Kaschmir-Welt. Ja, der Stier kann bissig werden, wenn die Krabbe nörgelt. Der Stier ist ein Macher und will keine Zeit damit verschwenden, über irgendetwas zu greinen, das er am Morgen in der Zeitung gelesen hat. Die Krabbe wundert sich, wie viele subtile Hinweise zu Charakter und Gefühlen anderer Leute der Stier unbemerkt vorbeiziehen lassen kann. Der Stier greift die Reize der Krabbe und ihre Neigung dazu an, Leute bezirzen zu wollen, obwohl sie in festen Stierhänden ist. Der Stier wird sich definitiv darüber ärgern, wenn er dazu gezwungen wird, gegenüber der sich im Grunde ihres Herzens wild und als Enfant terrible fühlenden Krabbe den geradlinigen Kontrollfreak zu mimen. Das sind aber nur kleine Hindernisse, die von diesem beständigen Duo leicht überwunden werden können. Während sie ihr Leben still und erfolgreich meistern, lernt jeder, den anderen zu bewundern, zu begehren und zu verehren.

Angesagte Duos: James Brolin & Barbra Streisand, Marge & Homer Simpson, Liv Tyler & Royston Langdon, Stephen Barlow & Joanna Lumley.

KREBS – ZWILLINGE: Die Krabbe will vom Zwilling angerufen werden. Der Zwilling wirft sein Telefon weg. Es gibt Leute, die mit Zwillingen verheiratet sind und deren Telefonnummer nicht kennen. Die Krabbe sagt: »Zeit, über uns zu reden«. Der Zwilling sagt: »Lass uns das Thema wechseln.« Die Krabbe schätzt Beständigkeit und eine Umgebung, in der Gefühle sicher verarbeitet werden können. Zwillinge verarbeiten Gefühle in wenigen Sekunden. Aber in anderer Hinsicht sind sich diese beiden sehr ähnlich. Jede/r ist exzentrisch, intuitiv und extrem vom anderen angezogen. Ob das Verhältnis anhält, hängt davon ab, wie viel Unabhängigkeit die Krabbe vortäuschen und ob der Zwilling mit ein paar seiner Gefühle in Kontakt treten kann. Der Zwilling muss lernen, Rücksicht zu nehmen und nicht mitten in einem langatmigen Krebs-Redeschwall das Thema zu wechseln, und die Krabbe könnte etwas schneller auf den Punkt kommen. Die Zwillings-Romanze muss nonstop fesselnd sein. Krebse müssen sich sicher fühlen und lernen, wie man Zwillinge ohne kontraproduktives Beschuldigen manipuliert. Diese beiden passen gut zusammen, weil sie sehr gut andere Leute einschätzen können. Diese Liebesaffäre kann sehr besonders sein, aber sie verläuft so viel einfacher, wenn jeder auch Planeten im Zeichen des anderen hat.

Angesagte Duos: Janet Leigh & Tony Curtis, der Herzog von Windsor (Edward VIII.) & Wallis Simpson, Tracey Pollan & Michael J. Fox, Hume Cronyn & Jessica Tandy.

KREBS – KREBS: Zum Glück sind diese beiden emotional artikuliert und in enger Verbindung zu ihren Gefühlen, denn diese Beziehung ruft viele davon hervor. Krabbe und Krabbe sind ultra-kompatibel, da sie offensichtlich ähnlich sind und keine Schwierigkeiten damit haben zu verstehen, wovon der andere spricht. Jeder fühlt den Schmerz und das Glück des anderen. Jeder ist gut ausgestattet, um damit umgehen zu können. Beide sind nostalgisch und mummen sich gerne im Krebs-Zuhause ein. Probleme entstehen jedoch, wenn beide eine bevormundende Rolle in der Beziehung übernehmen wollen oder wenn einer von ihnen mit Beschuldigungen beginnt. Krebs Eins steht wehmütig und mit einer kleinen Träne, die eine Spur auf seinem strahlenden Teint hinterlässt, vor dem Spiegel. »Nein, es ist alles in Ordnung«, sagt die Krabbe zitternd und mit künstlichem Lächeln. »Alles bestens, wirklich.« Diese Art von Theater kann bei einem Skorpion oder auch einem hingebungsvollen Widder Wunder wirken. Aber versuchen Sie es bei Krebs Zwei, und die unsichtbaren Beschuldigungs-Strahlen werden unmittelbar zurückgeschleudert. Dieses Duo ist äußerst dynamisch: sinnlich kompatibel und höchst charismatisch, fürsorglich und mitfühlend. Anschuldigungen und Beschuldigungs-Expeditionen dürfen nicht die Möglichkeit bekommen, die in dieser Beziehung herrschende Anziehungskraft zu unterlaufen.

Angesagte Duos: Gerald Ford & Betty Ford, Selma Blair & Jason Schwartzman, Lionel Trilling & Diana Trilling.

KREBS – LÖWE: Willkommen im Land des Mondscheins und der Posen. Mit den mondregierten Krebsen und den sonnenregierten Löwen besteht das Potenzial einer herrlichen Paarung. Die Krabbe ist eins der romantischsten Zeichen überhaupt, und Löwen lieben romantische Klischees: Blumen, Pralinen, Parfüm und ausgefallene Erklärungen ewiger Liebe. Das fürsorgliche Herz der Krabbe wird freudig erregt durch die großen, wunderbaren Vergötterungsbekundungen des Löwen. Die intuitive Wahrnehmung des Krebses informiert und erfreut den nicht immer so perzeptiven Löwen. Da der Löwe ein Zeichen ist, das begeistert nach außen projiziert, ist er sich der Nuancen nicht immer bewusst. Tatsächlich sind Löwen sich manchmal keiner Sache außerhalb ihrer selbst bewusst. Die Krabbe ist erschöpft, wenn sie die gesamte sozio-emotionale Arbeit in dieser Beziehung leisten muss. Falls die Krabbe einen feigen oder unzulänglichen Löwen unterhalb des flamboyanten Getues wahrnimmt, wird sie grausam sein in ihrem Urteil. Niemand kann so enttäuscht werden wie eine Krabbe, und niemand ist empfindlicher gegenüber Kritik als ein Löwe. Die Krabbe muss verständnisvoll sein, und der Löwe muss sein Potenzial ausschöpfen.

Angesagte Duos: Jerry Hall & Mick Jagger, Josephine de Beauharnais & Napoleon Bonaparte, Kevin Bacon & Kyra Sedgwick, Neil Michael Murray & J. K. Rowling, Gustav Mahler & Alma Mahler.

KREBS – JUNGFRAU: Sich verlieben? Das ist etwas ganz Natürliches. Selbst die erregbarste, miesepetrigste Jungfrau kann zum Objekt des Krebs-Begehrens werden. Diese beiden können in vielerlei Hinsicht wie füreinander geschaffen sein. Sie verlieben sich zutiefst und erschaffen in diesem Prozess eine neue Version des Lebens. Die Krabbe liebt es, dass die Jungfrau so klug und witzig ist. Die Jungfrau liebt die fein abgestimmten Gefühle der Krabbe. Beide sind hoffnungslos vom anderen angetan, und gemeinsam erreichen sie eine unglaubliche sinnliche Erfüllung. Die Krabbe muss lernen, angesichts der Jungfrauen-Angst ihre geistige Gesundheit zu wahren. Die Jungfrau sollte einsehen, dass die Krabbe Trost und Heiterkeit und keine Jungfrauentiraden über den Zustand der Fußleisten oder eine Meckersitzung um drei Uhr nachts über irgendein kleineres Psychodrama bei der Arbeit braucht. Idealerweise versteht die Krabbe, dass die Jungfrau (a) eher ein analytisches denn ein emotional basiertes

Zeichen und (b) immer für einen Spaß zu haben ist. Die beiden müssen sich zusammentun, um gegenseitige Hypochondrie, Anschuldigungen und besserwisserisches Quengeln zu bekämpfen. Die Krabbe und die Jungfrau können eine andauernde Erfolgsmaschine sein, in der beide zufrieden sind, das zu leisten, was für die private Utopie nötig ist.

Angesagte Duos: Ringo Starr & Barbara Bach, Imelda Marcos & Ferdinand Marcos, Isabelle Adjani & Jean-Michel Jarré, Sally Quinn & Ben Bradlee, Thandie Newton & Oliver Parker.

KREBS – WAAGE: Die Krabbe muss ihre Gefühle in einer aufgeschlossenen und unterstützenden Umgebung ausdrücken können. Niemand darf mit der Waage-Vorstellung, dass die Welt elegant und harmonisch sei, Schindluder treiben. Gefühle können ungelegen kommen, und der Himmel bewahre, dass jemand einen Tränenfleck auf den Polstermöbeln der Waage hinterlässt! Zu schwierig? Tatsächlich kann diese Beziehung wunderbar funktionieren. Die leicht unterschiedlichen Temperamente bieten einige aufregende Herausforderungen, aber es gibt auch Ähnlichkeiten. Beide sind herrische, unternehmerische Wesen, die es in ihrem Leben zu etwas bringen. Sobald die Machtspiele nachlassen, lernen hoffentlich beide die Empfindlichkeit des anderen zu respektieren. Waagen mögen es nicht, wenn die Dinge zu gefühlsduselig werden – sie bevorzugen Interaktionen, die leicht und von perlendem Gelächter durchzogen sind, im Gegensatz zur Angewohnheit der Krabbe, gesellige Anlässe zu Episoden der Selbsttherapie werden zu lassen. Natürlich haben Waagen Gefühle, die ernst zu nehmen die Krabbe zumindest vorgeben sollte. Die Krabbe ist freundlich, wenn die Waage noch hin und her schwankt, und die Waage ist geduldiger, wenn die Krabbe ein wenig angespannt und in sozialem Rahmen nicht besonders unterhaltsam ist. Die Krabbe entwickelt eine härtere Schale, so dass sie vom automatisch einsetzenden Flirtmodus der Waage nicht verletzt wird. Die Krabbe nimmt hin, dass die Waage möglicherweise ihre Zuneigung nicht körperlich ausdrücken kann, wenn die Krabbe gerade nicht umwerfend aussehen sollte. Wenn diese beiden ihre Yin/Yang-Situation akzeptieren, kann die Liebe triumphieren.

Angesagte Duos: Mel Brooks & Anne Bancroft, Babe & William Paley.

KREBS – SKORPION: Dies ist eine der mysteriösesten und beständigsten Verbindungen des Tierkreises. Beide sind Wasserzeichen – bestens vertraut mit Gedanken und Gefühlen, die andere noch nicht einmal bemerken. Die Astro-Symbole des Krebses und des Skorpions sind beide Amphibien, die auf trockenem Land wie auch in düsteren Ozeantiefen zu Hause sind. Beide sind es gewöhnt, von weniger empfänglichen Liebhaber/innen missverstanden zu werden. Irgendetwas passiert in dem Augenblick, in dem die Krabbe den Skorpion trifft. Es ist, als ob sie nur noch einige praktische Angelegenheiten regeln müssten. Die Versuchung, psycho-sexuelle Spiele zu spielen, ist groß. Persönliche Grenzen scheinen sich aufzulösen. Diese beiden haben das Potenzial zu sehr tiefer Liebe, aber auch die Fähigkeit, den anderen wirklich zu verletzen. Im Idealfall ist jede der Diven offen im Umgang mit ihren Gefühlen. Die Krabbe besänftigt die extremeren Verschwörungsängste des Skorpions. Der Skorpion lässt die Krabbe hinter sein eisiges Äußeres blicken. Körperlich passen sie perfekt zueinander. Der Krabbe und dem Skorpion haftet etwas an, das einem Paar wunderschöner Seeungeheuer gleicht, deren Scheren für immer aneinandergeklammert sind und die in Synchronie schwimmen.

Angesagte Duos: George W. Bush & Laura Bush, Prinzessin Diana & Prinz Charles, Camilla Parker Bowles & Prinz Charles, Harrison Ford & Calista Flockhart, Leisha Hailey & kd lang, Phoebe Cates & Kevin Kline.

KREBS – SCHÜTZE: Der dreiste Stil des Schützen in sogenannter Konversation befremdet den Krebs im ersten Moment. Der Schütze benimmt sich wie der Klassenclown beim Versuch, die melancholischen Stimmungen des Krebses zu heben. Die Krabbe seufzt. Der Schütze braucht Freiraum – viel davon. Die Krabbe steht eher auf gemütliches Zusammensein. Für einen Krebs ist es keine echte Beziehung, wenn ihr/e Liebste/r nicht in greifbarer Nähe ist – im Bett, beim Einkaufen, als Begleitung der Krabbe zu einem traumatischen Zahnarztbesuch. Der Schütze spielt sich auf, um Aufmerksamkeit zu erregen, und verfällt in Schmollen, weil die Krabbe, still und sexy, mehr Interesse hervorruft als er. Beiden ist gemeinsam, dass sie Bonvivants sind, die jederzeit zum Feiern aufgelegt sind. Jeder bewundert den Sinn für Humor des anderen, der so anders ist als der eigene, aber zugleich so kompatibel. Der Schütze ist von der sinnlichen Anziehungskraft und Kompliziertheit der Krabbe hingerissen. Der Optimismus des Schützen heilt die Mond-Verstimmungen des Krebses, und wenn der Schütze für die Begabungen des Krebses empfänglich ist – das bedeutet, sich körperlich sehr stark angezogen fühlt –, dann findet die Krabbe im Schützen einen ergebenen Schüler. Und die Krabbe bläst seltener Trübsal. Der Schütze ist eher geneigt, Zärtlichkeit zum Ausdruck zu bringen, und es herrscht Glückseligkeit.

Angesagte Duos: Tom Hanks & Rita Wilson, Frances McDormand & Joel Coen, Frida Kahlo & Diego Rivera, Meryl Streep & Don Gummer, Michael Williams & Dame Judi Dench, Ingmar Bergman & Liv Ullmann.

KREBS – STEINBOCK: Sich an die Fersen des Steinbocks zu heften, wenn er davonzulaufen versucht, ist keine gute Idee. Offenheit, Flehen und traurige Anschuldigungen vermögen das Steinbockherz nicht zu erweichen. Was der Steinbock (insgeheim) möchte, ist Fürsorglichkeit, und die Krabbe ist eine Expertin in solchem Verhalten. Ziegenleute streichen kompetent durch die Welt, erobern Unternehmen, erfinden neue Geschäftsmodelle und tun all die Dinge, die Steinböcke eben normalerweise tun. Aber in Wirklichkeit, tief in ihrem Inneren, wollen sie jemanden, der sie fragt, ob sie genug Vitamin C zu sich nehmen. Und das auch wirklich so meint. In dieser Beziehung hat jeder etwas, das der andere will. Wenn der Steinbock einmal genug aus sich herausgegangen ist, um eine gegenseitige Beziehung zu beginnen, profitiert die Krabbe von seiner Selbstsicherheit, Erfahrung und vielleicht sogar seinem Vermögen. Ganze Lebensbereiche gewinnen an Klarheit, wenn sie durch die Brille der Ziege gesehen werden. Die Krabbe führt die Ziege sanft zu größerem Verständnis für ihre gefühlvolle Seite. Wenn der Steinbock einmal die Krabben-Gefühle akzeptiert hat, profitieren auch die Bettaktivitäten davon. Wenn diese beiden sich tatsächlich verbinden können, halten sie einander für immer jung und verliebt. Sie sind Gegensätze, die eine magnetische Anziehung erfahren.

Angesagte Duos: Charlotte Gainsbourg & Yvan Attal, Prinz Egon & Diane von Fürstenberg, Prinz William & Kate Middleton.

KREBS – WASSERMANN: Die Krabbe lebt von Gefühlen, der Wassermann von Logik. Im Vergleich mit der Krabbe stellt der Wassermann eine andere Lebensform dar. Aber beiden sind starke übernatürliche Fähigkeiten und der Glaube an alternative Wirklichkeiten gemeinsam. Schlaue Krebse tun gut daran, die trendsetterischen Fähigkeiten des Wassermanns geschäftlich zu nutzen. Der Wassermann benötigt dringend die emotionale Intelligenz der Krabbe, um ihren übertriebenen Verlass auf »Logik« auszugleichen. Die Krabbe profitiert von der Objektivität des Wassermanns. Der Wassermann wird allein durch die Anwesenheit der Krabbe unglaublich inspiriert. Die Krebs-Sinnlichkeit hilft dem Wassermann, Sex als etwas zu schätzen, das mehr ist als eine Art politisches Konstrukt. Der Wassermann kann gegen den oftmals geradlinigen Zugang zum Leben des Krebses aufbegehren, insbesondere in Bezug auf Karriere und Feiern, die gemäß dem Krebs traditionell vonstatten zu gehen haben. Wassermänner laufen vor allem davon, was obligatorisch ist oder »vorfabrizierte Gefühle« beinhaltet. Die Krabbe organisiert diese Dinge normalerweise. Jegliche Feier, die die bloße Existenz eines Menschen begeht, wird zu einer gewaltigen, tränenreichen Zauberposse, wenn sie in die Hände des Krebses gelegt wird. Die Fotosammlungen dieser rührseligen Veranstaltungen haben eigene Alben. Die Krabbe sagt: »Ich fühle.« Der Wassermann sagt: »Ich weiß«, wie in: »Halt die Klappe.« Geteilte Interessen – insbesondere politische Überzeugungen oder kreative Projekte – binden diese beiden aneinander und überbrücken alle Unterschiede.

Angesagte Duos: Jennifer Saunders & Adrian Edmondson, Nancy Reagan & Ronald Reagan.

KREBS – FISCHE: Krabbe und Fisch finden sofort zueinander. Die Krabbe spürt, dass der Fisch ihren Horizont erweitern könnte, und sie hat recht. Fische lieben, dass Krabben ihre Witze wirklich verstehen. Dies kann eins der kompatibelsten und beständigsten Paare des Tierkreises sein. Die beiden sind offiziell eine Einheit, teilen Grundwerte, Humor und eine Neigung dazu, gemeinsam im Bett zu bleiben, wann auch immer die Möglichkeit besteht. Der Fisch setzt sich für die Brillanz der Krabbe ein, da er problemlos erkennt, was weniger begabte Seelen nicht sehen können. Die Krabbe heilt die Unsicherheiten der Fische. Beide sind empfindsam, exzentrisch und begehrt. Beide fühlen, dass dies die wahre Liebe ist, dass die andere Person vielleicht die einzige auf der Welt ist, mit der sie sich wirklich entspannen können. Aber der Fisch ist in seinem Inneren ein Wildfang, und Teile seines dysfunktionalen Verhaltens können die Krabbe wahnsinnig machen. Kein anderes Paar außer diesem kann sich auf derartige Extreme von heilig-sündigem Verhalten spezialisieren. Ein Hinweis: Nur wenn die Krabbe sich zu klammern weigert oder mit Beschuldigen beginnt, verfällt der Fisch in geradliniges Benehmen; und nur wenn die Fische ihre Machtspiele und ihr hobbymäßiges Flunkern aufgeben, kann die Krabbe vollständig in diese Liebesbeziehung gelockt werden. Wenn dies geschieht, können ihre bezaubernden und übernatürlichen Fähigkeiten zum maximalen Vorteil in Beruf und Privatleben genutzt werden.

Angesagte Duos: Courtney Love & Kurt Cobain, Anna Friel & David Thewlis, Cameron Crowe & Nancy Wilson, George Sand & Frédéric Chopin, June Carter & Johnny Cash.

Sind Sie wirklich ein Krebs?

1 Während Sie einen Schrank ausmisten, finden Sie einen versteckten Stapel heißer Liebesbriefe von Ihrem Ex. Sie denken …

(a) gar nichts. Die Briefe wandern direkt in den Müll.

(b) darüber nach, ob man die Briefe vielleicht verkaufen könnte.

(c) dass Sie sie laminieren lassen und als Andenken in einen speziellen Präsentationsordner legen werden.

2 Ein Missionar klingelt an Ihrer Tür, der nicht nur predigen, sondern auch jede Menge langweiliger Fragen an Sie stellen möchte. Sie tun …

(a) nichts, weil Sie diesem Typen nicht einmal die Tür geöffnet haben.

(b) was auch immer in Ihrer Macht liegt, um ihn zum Ausflippen zu bringen und sicherzustellen, dass er sich nie wieder vor Ihr Haus verirrt.

(c) Ihr Bestes, damit er sich wohl und geschätzt fühlt, selbst wenn Sie keinem seiner Worte zustimmen.

3 Auf Geschäftsreise wohnen Sie mehrere Tage in einem luxuriösen, aber unpersönlichen Hotel. Um sich mehr wie zu Hause zu fühlen …

(a) lungern Sie ständig in der Bar herum mit einem Haufen Leute, mit denen Sie sich anfreunden.

(b) nehmen Sie ein Bad, um sich zu entspannen und Ihr Gleichgewicht zu finden. Sie schätzen es, Zeit für sich alleine zu haben.

(c) packen Sie Ihre verschiedenen Mitbringsel aus: den Raumduft, das Potpourri, Teddybären, bestickte Kissen, Fotografien Ihrer Familie und Ihrer Haustiere, wichtige Selbsthilfebücher und Ihre besondere Sicherheitsdecke.

4 Nach einer durchzechten Nacht kommen Sie nach Hause und rufen aus einer Laune heraus Ihre/n Exgeliebte/n an. Sie sagen …

(a) Ich werde nie, nie wieder jemanden so sehr lieben, wie ich dich geliebt habe.

(b) Warum bewegst du deinen dysfunktionalen Hintern nicht für ein bisschen Amore hierher?

(c) Ich kann noch immer nicht vergessen, wie grob und geschmacklos du damals warst, als meine Eltern zum Abendessen gekommen sind …

5 Fantastisch aussehend, da Sie zu einem wichtigen Geschäftstreffen gehen, wollen Sie gerade das Haus verlassen, als es plötzlich heftig zu regnen beginnt. Sie …

(a) sehen das als ein wunderbares Omen – die Dürre ist zu Ende! Regen steht für Überfluss und Nahrung.

(b) bestellen ein Taxi bis vor die Tür: Nichts wird Ihr tolles Aussehen und Ihre Fassung heute ruinieren.

(c) spüren, wie das Echo des Regens in Form von Tränen einzusetzen beginnt. Das erinnert Sie an den Tag, an dem Ihre Maus starb, an die Rhododendren im Garten Ihrer Großmutter, an Ihre erste – furchtbar unerwiderte – Liebe.

6 Ihre Launen …

(a) sind etwas, über dem Sie stehen. Sie kontrollieren, wie Sie auf Situationen reagieren, und Sie gehören in diesem Leben zu den Gewinner/innen.

(b) hängen von Ihren Nerven, Hormonen und Ihrem momentanen Ernährungszustand ab.

(c) gehen niemanden etwas an. Wie kann es irgendjemand auch nur wagen, Ihr Recht, sich so zu fühlen, wie Sie sich fühlen, in Frage zu stellen, wenn es ohnehin nicht Ihre Schuld ist, dass Sie sich mit derart gefühllosen, grauenhaften … abgeben müssen.

Antworten: Wenn Sie mehrheitlich (c) angekreuzt haben, dann sind Sie offiziell eine Krabbe – charismatisch-süß, aber in Verbindung mit Ihrer inneren Verrücktheit und der des Universums. Sollten Sie (a) oder (b) angekreuzt haben, dann haben Sie noch andere Astro-Einflüsse, die mit Ihrer Krebs-Sonne konkurrieren.

Löwe

(24. Juli – 23. August)

Der König / die Königin der Löwen

Wie viele Sorgen man doch ablegt, wenn man sich
entscheidet, nicht etwas, sondern jemand zu sein.
Coco Chanel (1883–1971),
Gründerin des französischen Modehauses Chanel,
globale Style-Setterin und Schöpferin zahlreicher
gleichnamiger Düfte

Frage: Wie viele Löwen benötigt man, um eine Glühbirne zu wechseln?
Antwort: Einen, um sie zu halten, während die Welt sich um ihn dreht.

Das Astro-Symbol des Löwen ist der Löwe. Aber wenn Sie den Löwen verstehen wollen, nützt es nichts, Natursendungen im Fernsehen zu schauen, in denen ein bunter Haufen Löwen herumstolziert, Gazellen davonkommen lässt und versucht, den peinlichen Sprecher zu ignorieren. Dasselbe gilt logischerweise auch für die im Zoo dahinvegetierenden Löwen.

Nein, Sie müssen an die Metro-Goldwyn-Mayer-Version denken. Der Löwe erscheint brüllend vor dem Beginn der Filme. Ihn umgeben die Worte »Ars Gratia Artis« (Kunst um der Kunst willen). Das, meine Damen und Herren, ist unser Löwe bzw. unsere Löwin. Das astrologische Motto, im Grunde genommen eine Art Leitmotiv der Gesinnung eines jeden Sternzeichens, lautet im Falle des Löwen: »Ich regiere.« Und das tut er auch.

Viele Löwen von heute scheinen sich von dem vielleicht einzigen Ort angezogen zu fühlen, der wirklich einer altmodischen Hofsituation gleicht – dem Filmset. Viele von ihnen schauspielern, aber es ist auch wahrscheinlich, dass Film-Regisseure aus ihnen werden. Denken Sie an Stanley Kubrick, Roman Polanski, John Huston, Peter Bogdanovich, Blake Edwards, Peter Weir, Bruce Beresford, Leni Riefenstahl, James Cameron, Alfred Hitchcock, Cecil B. DeMille.

Für den Löwen gleicht das Leben einer epischen Inszenierung. Und diese mag Tausende Besetzungsmitglieder zählen, aber der Löwe ist immer der Produzent, Regisseur und Star. Während der Widder jegliche Kritik als Verleumdung und der Schütze sie als vages Hintergrundgeräusch betrachtet, verwirft der Löwe negativen Kommentar als eine Art schlechter Besprechung.

In der theatralischen Denkart spielen Kritiker keine Rolle. Nur der Applaus zählt. Löwen betreten einen Raum nicht einfach. Sie haben einen Auftritt. Ihr Badezimmer gleicht eher einer Garderobe. Löwen befinden sich immer auf der Bühne.

Ein schwieriges Privatleben? Der Löwe ruft: »Schnitt!« Könnte ihnen jemand bitte eine andere Rolle zuschreiben? Oder vielleicht muss das ganze Drehbuch neu geschrieben werden?

Ja, diese Leute sind Dramaqueens, affektierte Schickeriatypen auf freiem Fuß und Primadonnen. Aber in der Astrologie unterscheidet man zwischen »feigen« Löwen und ultra-glamourösen, Folge-deinem-Glück-Löwen. Es gibt Neo-Löwen, die jeden Raum erhellen, den sie mit ihrer Anwesenheit ehren, und es gibt überhebliche, miese alte Löwen, die einfach annehmen, dass sie die interessanteste Person in jedem Raum sind.

Wie Widder und Schütze ist auch der Löwe ein Feuerzeichen. Löwen teilen viele Eigenschaften mit den anderen Feuerzeichen, Ausstrahlung, Mut und ein Faible für große Auftritte eingeschlossen. Aber um der Wahrheit die Ehre zu geben, mangelt es den anderen Feuerzeichen am Modesinn und der Großspurigkeit des Löwen.

Da der Löwe zugleich auch ein »fixes« Zeichen ist, kann ein Löwe leicht so stur wie ein Skorpion, ein Stier oder ein Wassermann sein. Aber der Löwe ist das einzige Sternzeichen, das von der Sonne regiert wird.

Das ist richtig. Jedes andere Zeichen hat bloß den Mond oder einen langweiligen Planeten. Löwen haben die Sonne – gigantisch groß, unglaublich heiß, und alles dreht sich um sie. Genau wie ein Löwe, wirklich.

Halte die Füße warm, den Kopf kühl
und das Herz frei, und du kannst dich der Welt,
dem Fleisch und dem Teufel widersetzen.
Lady Caroline Lamb (1785–1828),
britische Dichterin und Verfasserin von Schundromanen.
Ihr Liebesleben lieferte einen großen Teil
des Materials für ihre Werke.

Löwen in Hochform sind …

Ich wurde kultiviert und mit Sex-Appeal geboren.
Mae West (1893–1950),
blonde Sensation, Komikerin, Schauspielerin,
Schriftstellerin und Produzentin

GLAMOURÖS. Legendär aufgrund seiner Leidenschaft und Effekthascherei, ist der Löwe eine Glamour-Mieze, wie sie im Buche steht. Denken Sie an Jacqueline Kennedy Onassis, wie sie aus einem Privatjet steigt, die vor den Paparazzi flüchtende Jennifer Lopez, den Polo spielenden Prinzen Harry, Charlize Theron in ihrer königlichen Pracht oder Antonio Banderas im Bademantel. Es haftet etwas Überwältigendes an der fast tantrischen Löwen-Verehrung der Macht körperlicher Attraktivität.

MUTIG. Löwen sind schneidig, mutig und mit einem angeborenen Sinn für Ritterlichkeit gesegnet. Überlebensgroß, lassen sie sich einfach nicht dazu herab zu erobern. Oft versehen ihre an die Unterhaltungsindustrie angelehnten Überzeugungen – die Show muss weitergehen – sie mit der Motivation, über alle Hindernisse, die ihnen in den Weg gelegt werden, hinwegzuschreiten und als glänzende Superstars dazustehen. Der Gedanke aufzugeben ist eine Gefahr für das Löwen-Ego und wird deshalb nicht einmal in Erwägung gezogen.

KÜNSTLERISCH ANGEHAUCHT. Kunst, Musik und Schauspiel sind integrale Bestandteile des Lebens eines Löwen. Für manche ist es ihr Leben. »Schöpfung ist eine Droge, ohne die ich nicht leben kann«, sagte der Film-Regisseur Cecil B. DeMille. Sein epischer Film *Die zehn Gebote* von 1923 überzog das Budget derart, dass die Studiobosse ihm Telegramme mit folgendem Inhalt schickten: »Sie haben den Verstand verloren. Hören Sie auf zu filmen, und kehren Sie nach Hollywood zurück.« DeMille fuhr fort, seine Pharaonenstadt an einem kalifornischen Strand aufzubauen. Es ist sehr löwenhaft, eine künstlerische Vision zu haben, die man erfüllen muss. Denken Sie an den Dichter Omar Kayyam, den Cartoonisten Gary Larson, den Maler Andy Warhol und die vierziger/fünfziger Jahre Schwimmnymphe Esther Williams.

GROSSHERZIG. Löwen widmen sich dem schönen Leben minus die »Rache«-Klausel. Niemals kleinlich, zeichnen sie sich durch Großspurigkeit, Großherzigkeit und Föhnfrisuren aus. Sie sind stets freundlich zu älteren Menschen und Kindern. Drei der meistverehrten Kinderbuchautorinnen der englischsprachigen Welt sind Löwen: J. K. Rowling, Enid Blyton und Beatrix Potter. Wenn Löwen-Politiker Babys küssen, meinen sie das tatsächlich. Aber es ist nicht sehr wahrscheinlich, dass ein Löwe in die Politik geht. Das ist ihm zu schmuddelig, und es gibt zu viele blöde Sitzungen, bei denen man die dummen Ansichten anderer Leute berücksichtigen muss.

INSPIRIEREND. Strahlend optimistisch und himmlisch duftend ist allein die Anwesenheit des Löwen schon ein Stimmungsaufheller. Der Löwe ist immer ein herrlicher Anblick. Groß wie das Leben, melodramatisch und mit einer Vorliebe für Späße, wirbelt der Löwe im »Beklage dich nie, erkläre dich nie«-Modus vorbei … eine Mischung aus Schönheit, Frieden und Luxus.

BERÜHMT. Dafür, dass sie – wie jedes andere Sternzeichen auch – offiziell nur etwa acht Prozent der Bevölkerung ausmachen, sind Löwen extrem sichtbar. Tatsächlich sind sie das Zeichen mit der statistisch höchsten Wahrscheinlichkeit, berühmt zu werden. Natürlich war es ein Löwe, Neil Armstrong, dem es gelang, der erste Mensch auf dem Mond zu sein. Aber ist nicht jeder Löwen-Schritt ein gigantischer Schritt für den Rest von uns? Wenn er einmal Berühmtheit erlangt hat, wird der Löwe sich kaum über die Bürden des Ruhms beklagen. Sie danken immer ihren Mentoren, ihren Assistenten und dem Publikum, das sie liebt.

Das Leben selbst ist das eigentliche große Fressen.
Julia Child (1912 – 2004),
amerikanische Feinschmeckerin, die die
Kochbuchindustrie revolutionierte, und Pionierin
der Kochsendungen im US-Fernsehen

Löwen in Tiefform sind …

*Nichts kann so leicht vorgetäuscht werden
wie eine innere Vision.*

Robertson Davies (1913 –1995),
kanadischer Romanschriftsteller, Dramatiker und Essayist,
der es liebte, über die von ihm so genannte
»Welt der Wunder« zu schreiben

EITEL. In einer öffentlichen Toilette ist es möglich festzustellen, ob jemand ein Löwe ist oder nicht, ohne dass ein einziges Wort gewechselt würde. Wie das geht? Löwen waschen und trocknen ihre Hände, ohne ihre Augen auch nur einen Moment vom Spiegel abzuwenden. Dann treten sie zurück, um ihre Ganzkörper- und Seitenansicht zu begutachten. Oft verlassen sie den Raum, um dann schnell noch einmal zurückzukommen, um ihr Spiegelbild unvorbereitet zu erwischen oder um ein letztes Mal ihr Haar zurechtzumachen. Der Erfinder der Händetrockner, die nach oben gedreht werden können, um sie durch das Haar brausen zu lassen, war vermutlich ein Löwe. Die Eitelkeit des Löwen spottet jeder Glaubwürdigkeit. Er wird noch das absurdeste Kompliment glauben. Neben Applaus, dem ehrfürchtigen Keuchen angesichts ihrer Schönheit, ihres Haars oder ihres Geistes und dem Klang ihrer eigenen Stimme ist »Meine Güte! Du bist brillant!« das Lieblingsgeräusch der Löwen.

AUFMERKSAMKEITSHEISCHEND. Löwen leiden schrecklich unter einer Aufmerksamkeitsdefizitstörung. Sie können nicht genug davon bekommen. Ein Löwe ist dazu fähig, selbst auf ein Tier eifersüchtig zu werden, wenn es den Löwenanteil an

Aufmerksamkeit erhält. Und obschon wir festgehalten haben, dass Löwen genuin freundlich sind zu Kindern, wäre es noch immer nicht empfehlenswert für ein Kind, wenn es sich entzückender verhielte als der Löwe. Dies ist kein Zeichen, das gut darauf reagiert, wenn ihm die Schau gestohlen wird, und es kann ein paar ziemlich hässliche Mätzchen veranstalten, um das Scheinwerferlicht wieder zurückzuerobern. Selbst enge Freunde, die das Recht des Löwen zu bestimmen in Frage stellen oder darauf insistieren (halten Sie die Luft an), ihr eigenes Ding durchzuziehen, erzürnen den Löwen immer. Wie ein größenwahnsinniger Filmregisseur verlangt er die Herrschaft über jeden einzelnen Aspekt der Produktion. Löwen sollten lernen, sich keine Sorgen zu machen, wenn ihr/e Partner/in ihre wertvolle persönliche Würde untergräbt. Sie sollten sich sorgen, wenn er/sie damit aufhört. Wann immer es einem Löwen gelingt, einen Kompromiss zu erzielen oder sich für etwas zu entschuldigen, erwartet er die Kanonisierungs-Urkunde in der Post. Sie können sich selbst nicht davon abhalten, ihren großen Moment der Milde immer und immer wieder aufleben zu lassen. Gleichgültig, wie entwürdigend oder anstrengend das für den/die Löwen-Partner/in sein mag, der Löwe wird darauf bestehen, den Vorfall zu erzählen, wenn er ihn gut dastehen lässt.

GROSSSPURIG. Selbst wenn Löwen sich entspannen, sehen sie sich selbst dabei zu. Sie können jemanden anrufen, bloß um die Nachricht zu verbreiten, dass sie in ihrem Löwen-Designeroutfit des Tages auf ihren äußerst trendigen Liegemöbeln relaxen, dabei eine Flasche preisgekrönten Sauvignon Blanc trinken und ein Buch des letztjährigen Bookerpreisgewinners lesen. Der Himmel möge der Berühmtheit oder dem Funktionär beistehen, die bzw. der auch nur die kürzeste Begegnung mit unserem Löwen erfährt. Jahrzehnte später wird das Szenario noch immer erzählt werden – vielleicht etwas ausgeschmückt, um dem Löwen eine wichtigere Rolle zu verschaffen – und der Superstar non-stop zu jedwedem Thema zitiert, nur um das ewig anspruchsvolle Ego des Löwen zu polieren. Der italienische Faschistenführer Benito Mussolini, der Mann, der (natürlich in Bezug auf sich selbst) den Begriff »wohlwollender Diktator« prägte, sagte, dass die Geschichte der Heiligen hauptsächlich die Geschichte verrückter Leute sei (selbstredend im Gegensatz zur Geschichte der Diktatoren). In wahrem Löwen-Stil klatschte Mussolini sich jede Menge Make-up ins Gesicht, wenn er einen öffentlichen Auftritt hatte, und sah sich selbst als Schriftsteller.

EGOMAN. Eine erstaunliche Anzahl Löwen sind Hardcore-Atheisten. Auch wenn diese Einstellung im Allgemeinen aus verschiedenen Gründen nachvollziehbar sein kann, im Falle des Löwen ist es nicht schwierig, das Offensichtliche zu vermuten: Der Löwe hat ein Problem mit der Vorstellung eines höher gestellten Wesens. Ihr geheimer Glaube besagt, dass sie selbst eine Art höhere Macht darstellen, und – an einem Good-Hair-Day – ziemlich göttlich sind. Der Schauspielerin Tippi Hedren zufolge glaubte Alfred Hitchcock (ein normal aussehender Film-Regisseur) von sich selbst, dass er wie der Hollywood-Schönling Cary Grant aussehe. »Das ist hart, dich selbst auf eine Art zu sehen, und tatsächlich nach einer anderen auszusehen.« Für den Löwen ist es das aber nicht. Wenn er einem nachweislichen Genie vorgestellt wird, wird der Löwe glücklich stundenlang darüber berichten, wie er in einem Internet-Quiz seinen megahohen IQ festgestellt hat. Ein Löwe, der einen berühmten Koch trifft, besteht darauf, sein brillantes Rezept für Omelett zu teilen. Ein Löwe würde nicht zögern, einem Olympioniken Stretching-Tipps zu geben, selbst wenn er sie nur alle paar Monate anwendet.

Ihr sollt die Wahrheit erfahren, und die Wahrheit
soll euch wahnsinnig machen.
Aldous Huxley (1894–1963),
brillanter und visionärer britischer Autor,
dessen bekanntestes Werk die Satire
Schöne neue Welt (1932) ist

Wie man Löwen motiviert und manipuliert

Wenn du etwas mit Blumen sagen willst,
so sagt eine einzelne Rose: »Ich bin billig!«
Delta Burke (*1956)
Schauspielerin, die zur Designerin von Mode
in Übergrößen wurde

1 Sehen Sie ein, dass die Löwen-Eitelkeit mit Lebemann-Tendenzen wetteifert. Es kann nötig sein, einem Löwen zu versichern, dass Champagner seiner Haut guttut, bevor er sich gehenlassen kann.

2 Wie sein Cousin, der Widder, glaubt der Löwe, dass das Geheimnis seiner Bescheidenheit darin liegt, dass er seine Großartigkeit so leicht nimmt. Es hat einfach keinen Sinn, ihn wegen seines Egos zu kritisieren.

3 Löwen mögen es, Bestätigung für ihre Intelligenz zu erhalten. Sie fürchten, dass ihre optische Wirkung von der Tiefe der beeindruckenden Löwen-Persönlichkeit ablenkt.

4 Rechnen Sie mit einer zusätzlichen Stunde oder so, bevor Sie mit dem Löwen ausgehen können. Selbst wenn es nur zum Supermarkt geht. Manche Leute brauchen Auszeiten, andere dem Miteinander gewidmete Zeit. Löwen brauchen Vorbereitungszeit.

5 Der Löwe ist bemüht, Energie zu sparen, während er fantastisch aussieht. Zerren Sie nicht an den Nerven des Löwen – es beeinträchtigt sein Haar, und das kann er wirklich nicht ausstehen.

6 Akzeptieren Sie, dass Löwen auf Glanz stehen. Löwen müssen ein bisschen dicker auftragen. Na gut, viel dicker.

7 Kein Kompliment und keine Bestätigung über das Löwen-Haar kann zu oft oder zu übertrieben erfolgen. Mehr ist immer mehr.

8 Löwen sind käuflich. Muten Sie dem Löwen keine Entbehrungen zu. Selbst seine Reise zu den Sternen hätte er gerne erster Klasse.

9 Lassen Sie den Löwen in dem Glauben, dass er den Löwenanteil an allen Dingen erhält, weil es sein Geburtsrecht ist.

Ich zitiere mich oft selbst.
Es verleiht der Unterhaltung Würze.
George Bernard Shaw (1856–1950),
irischer Dramatiker und Kritiker. Sein berühmtestes Stück,
Pygmalion (1913), wurde in ein Musical und
einen Film umgewandelt: *My Fair Lady.*

Löwen-Vorbilder

Imagination regiert die Welt.
Napoleon Bonaparte (1769–1821),
französischer Soldat, der Kaiser wurde

Mae West – geistreicher Film- und Bühnenstar sowie Sex-Symbol; sie wurde zum Inbegriff erotischer Anspielungen. Ihre selbst verfasste Broadway-Show *Sex* brachte sie vor Gericht, und ihr Stück und Film *Sie tat ihm unrecht* war ein Riesenerfolg. Sie war ein aufmerksamkeitssuchender Löwe: »Es ist besser, gesehen als übersehen zu werden.«

Bill Clinton – 42. Präsident der Vereinigten Staaten und Liebhaber nobler Zigarren. Aus armen Verhältnissen stammend, wurde er Rhodes-Stipendiat und Gouverneur von Arkansas. Berühmt für sein kennzeichnendes Haar und strahlendes Lächeln. »Man kann einem Schwein Flügel anlegen, aber man kann aus ihm keinen Adler machen.«

Amelia Earhart – glamouröse amerikanische Fliegerin und erste Frau, die allein den Atlantik überquerte. Während sie Rekorde brach, erregte sie die Aufmerksamkeit der Medien durch ihr photogenes Aussehen und männliche Kleidung. »Die effektivste Weise, es zu tun, ist es zu tun.«

Robert Redford – Leinwandlegende und Filmstar aus Filmen wie *Der Clou* und *Butch Cassidy und Sundance Kid*. Einer, der jedem die Schau stiehlt, dessen Aussehen und blendend weiße Zähne den Standard einer Generation von Männern definierten. Ein Ultra-Löwe, dessen gelbbraunes Haar einer Löwenmähne gleicht.

J. K. Rowling – blonde Schriftstellerin, die mit *Harry Potter* die bestverdienende Frau Großbritanniens wurde. Als alleinerziehende Mutter lebte J. K. Rowling von der Sozialhilfe, während sie ihr erstes Buch schrieb – eine klassische Löwenverbindung zwischen Kreativität und Kindern.

C. G. Jung – einer der Gründerväter der modernen Psychologie, der die berühmte Idee des Bewusstseinsstroms erfand. Seine Theorie besagte, dass man keine Beziehung zu jemand anderem haben kann, wenn man keine zu sich selbst hat. »Wenn Sie gar nichts zu schaffen haben, dann schaffen Sie vielleicht … sich selbst!«

Alt werden ist nichts als eine
schlechte Angewohnheit, die zu entwickeln
eine vielbeschäftigte Person keine Zeit hat.
André Maurois (1885 – 1967),
französischer Schriftsteller, am bekanntesten für seine
romantisierenden Biografien literarischer Koryphäen
wie Byron, Shelley, Balzac und Proust

Löwen *en vogue*

Ich habe diesen seltsamen animalischen Magnetismus.
Es ist sehr schwierig für mich, die Augen
von mir zu nehmen.

Mick Jagger (*1943),
Leadsänger der langlebigen britischen Rockband
Rolling Stones. Er ist auch berühmt für seine
flamboyanten »Liebes«-Verwicklungen.

Spieglein, Spieglein an der Wand, wer ist … Genau. Ganz sicher der Löwe – und auf alle anderen Superlative erhebt er auch Anspruch. Äußerlichkeiten sind nicht alles für den Löwen. Sie sind wichtiger als das. Löwen können mit einem kurzen Blick darauf, wie jemand zurechtgemacht ist, in die Vergangenheit, die Gegenwart und Zukunft dieser Person blicken. Zumindest möchten sie gerne glauben, dass sie das können.

Löwen-Schick hat viel mit Designer-Marken zu tun. Der budgetbewusste Löwe wird in einer großen Ladenkette einkaufen, um anschließend die nötigen Änderungen von seinem Schneider vornehmen zu lassen. Löwen sind markenbewusst, sobald sie – oder jemand anderes – es sich leisten können.

Sie lassen Markennamen fallen, wie Groupies die Namen von Schlagzeugern herumerzählen, denen sie schon begegnet sind. Löwen sind Experten darin, jedes Gespräch auf ihre Führerschaft in Sachen Marken zu führen. Zum Beispiel: »Alter, ich glaube, ich habe meinen Versace-Pulli in deinem Saab gelassen.« Aber, wie alle Löwen wissen, läuft nichts wirklich ohne das richtige Haar. Andere Leute haben Albträume, in denen ihre Zähne ausfallen (offenbar ein Anzeichen der Furcht vor der Sterblichkeit), aber Löwen erwachen in einer Schweißpfütze, nachdem sie geträumt haben, dass alle ihre Haare ausgefallen seien – das bedeutet die Furcht vor dem Verlust des sozialen Status. Oder eher der sexuellen Potenz?

Ihr schrecklichstes Bibelszenario ist nicht die Offenbarung, sondern Samson und Delilah. Mitten in einem riesigen Streit mit einem Löwen können Sie ihn ablenken, indem Sie etwas in der Art wie »Oh mein Gott! Dein Haar glänzt so schön! Hast du die Spülung gewechselt?« sagen.

Löwen sind keine Hypochonder, aber sie machen sich Sorgen um ihren Haarglanz und die Form ihrer Pobacken.

SCHÖNE LÖWEN: Ben Affleck, Gillian Anderson, Lucille Ball, Eric Bana, Antonio Banderas, Halle Berry, Clara Bow, Sandra Bullock, Lynda Carter, Ben Chaplin, Robert De Niro, Estelle Getty, Melanie Griffith, Whitney Houston, Jennifer Lopez, Myrna Loy, Madonna, Steve Martin, Sean Penn, Pete Sampras, Christian Slater, Martha Stewart, Dominique Swain, Hilary Swank, Charlize Theron, Mae West.

> *Haare sind Ihr Zeugnis. Was auf Ihrem Kopf ist,*
> *sagt etwas darüber aus, was in Ihrem Kopf ist.*
> Douglas Coupland (*1961),
> kanadischer Schriftsteller, Bildhauer und
> preisgekrönter Möbeldesigner, der mit seinem
> Roman *Generation X* zu Ruhm gelangte.
> Er prägte die Begriffe »McJob« und
> »immer schneller werdende Kultur«.

169

Glänzende Karriere

Ich will nicht leben.
Ich will zuerst lieben und nebenbei leben.
Zelda Fitzgerald (1900–1948),
glamouröse, geistreiche und kühne amerikanische
Schriftstellerin. Ihr bekanntestes Werk ist ihr Roman
Darf ich um den Walzer bitten.

Passende Berufe für unseren Löwen sind unter anderem: Schauspieler, Künstler, Film-Regisseur, Fotograf, Musiker, Nachrichtensprecher, Teilhaber an der Monarchie, Vorsitzender oder Herausgeber eines Lifestylemagazins. Idealerweise sollte irgendeine Form von Kreativität enthalten sein.

Der Löwe ist ein strahlender Superstar – nicht irgendein Sklave –, und den ganzen Tag von herrlich ergebenen Schmeichlern umgeben zu sein, stört ihn nicht im Geringsten. Er kann Schwierigkeiten haben, seine tanzende, glamouröse Seite mit den Einschränkungen der täglichen Arbeit zu vereinen.

Löwen lieben den Gedanken, dass allein ihr Charisma Risikokapital anzuwerben in der Lage ist. Wenn die Leute sich doch nur entspannen und dem brillanten Löwen-Talent vertrauen würden. Aber *Due Diligence* kommt nie aus der Mode, und der Löwe findet sich widerwillig damit ab, dass er sich beweisen muss. Der Vorstand der Abteilung, welche die lukrativsten Beförderungen verspricht, wird plötzlich mit einem Sturm von Komplimenten, wie großartig sein Haar doch aussähe, bombardiert.

Obwohl alle Löwen enorm talentierte, begabte und gepriesene Leute sind, können sie in ihrem Alltagsjob auf Probleme stoßen. Sie können darauf bestehen, Mitarbeiter dafür zu schelten, wie sehr eine Aufgabe doch unter der Würde des Löwen sei. Sie sind ebenfalls gut darin, die Meinung jedes Einzelnen zu erfragen, um dann das Ergebnis als Resultat ihres eigenen erstaunlichen Verstandes darzulegen. Selbst ohne jegliche unterstützenden Beweise strahlen sie aus, dass sie jeden anderen in seiner Tätigkeit übertreffen können. Es ist eine interessante Tatsache, dass die Zwillingsbrüder, die das Guinness-Buch der Rekorde erfanden, Löwen waren. Der Lebenslauf eines Löwen gleicht oftmals diesem Buch. Der Löwe hat Führungspotenzial; weil er aber auch ein fixes Zeichen ist, könnte es manchem Löwen schwerfallen, in seiner beruflichen Realität flexibel zu sein. Löwen, die bereitwillig Veränderungen annehmen, sind oft schrecklich erfolgreich. Madonna beispielsweise erfindet sich selbst immer neu in, na ja, anderen Versionen ihrer selbst.

Die Schale muss brechen, bevor der Vogel fliegen kann.
Alfred Lord Tennyson (1809–1892), britischer Dichter,
der berühmt wurde aufgrund seiner hoch romantischen
und sentimentalen Werke wie *Morte d'Arthur*

Finanzielle Realität

*Nun hatte ich also eine italienische Villa, die ich nicht
brauchte und die ich mir nicht leisten konnte.*
Charles Handy (*1932),
irischer Sozialphilosoph und Managementexperte

Ein Neo-Löwe ist ein Strahl leuchtender Individualität und Großzügigkeit. Diese Leute haben keine Zeit, langweilige Briefe der Regierung zu lesen. Statt eines Buchhalters hätten sie lieber eine Art Fondsmanager von Bestechungsgeldern. Sie verstehen vage, dass hereinfließende Mittel (Yin) idealerweise Yang beziehungsweise ausgehende Mittel ausgleichen sollten.

Das Zeichen des Löwen ist oft mit Selbstdarstellung, Ritterlichkeit und ausgeprägter Romantik verbunden. Das läuft alles über Kredit. Löwen können klassische Champagner-Liebhaber mit Bier-Budget verkörpern. Obwohl sie leicht den Abgrund zwischen ihrem eigentlichen Einkommen und ihrem Selbstwertgefühl ignorieren können, stellen Löwen oft gute Kreditrisiken dar. Sie sind besorgt, ihre finanzielle Realität ungefähr unter Kontrolle zu halten, weil sie niemals das Stadium erreichen wollen, in dem sie nicht mehr »Das geht auf mich« sagen oder ihren Favoriten »Geld spielt keine Rolle« anbringen können. Ja, ihr reiches inneres Leben resultiert in dekadentem Wahnsinn, aber das ist eigentlich einer der liebenswürdigeren Aspekte des Löwen.

Die Welt benötigt Glamour, theatralische Typen, die eine Platin-Kreditkarte in ihren perfekt manikürten Händen halten, während sie nach mehr Bollinger verlangen. Oder darauf bestehen, dass keine/r ihrer Partner/innen jemals ein Flugzeug besteigt und sich nach rechts, in die Economy-Class, wenden muss.

Löwen sind extravagant, aber sie sind auch großzügig. Sie wollen, dass auch Sie die richtige Marke Designergüter haben, und wenn sie es sich leisten können, dann kaufen sie sie Ihnen.

Tatsächlich kaufen sie sie auch dann, wenn sie sich nicht einmal die Miete des laufenden Monats leisten können. Löwen, die eine vorübergehende Pechsträhne durchmachen, sind oft wütend, dass man karitative Hilfe für langweilige Dinge wie Essen erhalten kann, nicht aber für anständiges Parfüm.

Aber Löwen sind äußerst selten knapp bei Kasse. Sie wissen, wie der (selbst gekrönte) Kaiser Napoleon seinen Truppen zu sagen pflegte: »Das Geld kommt später.«

Beim Löwen zu Hause

Alles, was man je gesehen hat,
bleibt einem für immer erhalten.
Henri Cartier-Bresson (1908 – 2004),
französischer Fotograf – »der entscheidende Moment«

Das Haus des Löwen ist sein Palast. Ohne jegliche Angst vor Opulenz, fühlen Löwen sich wie von selbst zu Qualitätsmarken und status-symbolischem Dekor hingezogen. Mit einem unbeschränkten Budget versehen, würde die Löwenhöhle bald ihre Liebe zu Designermarken widerspiegeln. Ihr exquisiter Geschmack hilft den Löwen dabei, kunstvolle Gegenstände um ihrer Kunst willen auszusuchen wie auch um ihre Überlegenheit gegenüber den Tiefergestellten zum Ausdruck zu bringen, ein Ding von äußerster Wichtigkeit. Löwen können selbst so weit sinken, dass sie unverhohlen Beweise ihrer Schönheit, ihrer Leistungen oder ihrer berühmten Kontakte ausstellen. Sie lieben Klassenindikatoren und sind überglücklich, auf weniger wichtige Dinge wie Essen und Benzin zu verzichten, um sicherzustellen, dass ihr Mini-Reich so schön und gepflegt ist wie sein königlicher Bewohner.

Wie sein Cousin, der Widder, schätzt auch der Löwe dramatische Effekte – eine Chaiselongue, ein marmornes Badezimmer oder vergoldete Wasserhahnköpfe. Selbstredend gibt es eine erstaunliche Auswahl sorgfältig recherchierter Haarprodukte, und schmeichelndes Licht ist eindeutig ein Muss.

Für einen Löwen sind nicht die Augen Spiegel der Seele. Spiegel sind die Spiegel der Seele. Eigentlich ist der Spiegel das Selbstverwirklichungswerkzeug des Löwen. Es gibt mehrere davon im

173

Löwen-Haushalt, rosarot gefärbt und perfekt positioniert, damit man sich aus allen Winkeln betrachten kann. Ihre Traum-Installation? Stellen Sie sich einen begehbaren, computerisierten Schrank mit stilvoller Software vor.

> *Ich glaube nicht an Bescheidenheit,*
> *wenn ich mich nicht bescheiden fühle.*
> George Hamilton (*1939),
> gebräunter Hollywood-Schauspieler und Frauenheld

Der verliebte Löwe

> *Liebe ist kein Gefühl und kein Instinkt –*
> *sie ist eine Kunst.*
> Mae West (1893–1980),
> Superblondine, Komikerin, Schauspielerin,
> Produzentin und Schriftstellerin

Löwen sind gesund, romantisch und verlangen athletische Hingabe, und ihre Libido ist legendär. Löwen haben keine Angst davor, ihren eigenen Gefühlen gerecht zu werden. Und, im Gegensatz zu anderen Zeichen, tun sie das nicht auf lächerliche Weise, indem sie zum Beispiel anrufen, nur um aufzulegen, wenn das Objekt der Begierde abnimmt.

Löwen glauben daran, dass manche Dinge mit Blumen, Parfüm, Filmpremierekarten – was auch immer notwendig sein mag – gesagt werden müssen. Ist romantische Liebe die »mystische Blume der Seele«, wie es der Psychologe C. G. Jung postulierte? Oder ist sie ein dämliches darwinistisches Sozialkonstrukt, das entworfen wurde, um die Löwen-Libido von ihrer vollständigen Entfaltung abzuhalten? Löwen können sich mit dieser Entscheidung schwertun, aber sie sind begeistert von den Gesetzen der Anziehungskraft. Sie werden der Anzeichen nie müde: sich das Haar aus dem Gesicht zu streichen, unverbindlich zu plaudern oder einen sinnlichen Blick einen Moment zu lang zu halten. Löwen sind oft außerordentlich stolz auf ihre verführerischen Fähigkeiten und nehmen es mit der sexuellen Leistung extrem ernst. Es handelt sich dabei um eine schauspielerische Leistung, in der sie sich eines unsichtbaren Publikums bewusst sind. Memo an die Löwen: Spiegel, in denen man sich selbst vom Bett aus sehen kann, sind schlechtes Feng Shui.

In die Liebe verliebt, können Löwen in der Beziehungsschule des »Miteinander gehen, miteinander schlafen und einander hassen« enden. Wenn sie ihre Liebeserfahrungen einem/einer neuen Liebhaber/in anvertrauen – »Ich habe noch nie so etwas gefühlt« –, können sie sich oft nicht entscheiden, ob sie ihre Ex-liebhaber/innen als unbedeutende Fieslinge denunzieren oder sie aufwerten sollen, um ihr Ego zu stärken.

Um einen Eindruck einer himmlischen Löwen-Beziehung zu erhalten, sehen Sie sich irgendeinen der Filmklassiker der Serie an, die 1934 mit *Der dünne Mann* begann. Die Löwe-Schauspieler Myrna Loy und William Powell spielen Nora und Nick Charles, ein von Dashiell Hammett geschaffenes, Kriminalfälle lösendes Mann-und-Frau-Team. Sie sind ein ultraglamouröses Duo, das in einem herrlichen Apartment wohnt, Ferien an exotischen Orten verbringt, wunderbare Cocktails in erstaunlichen Clubs trinkt und einen endlos sprudelnden Strom erotischen Geplänkels von sich gibt.

Im wahren Leben muss der Löwe akzeptieren, dass ihr/e Partner/in vielleicht nicht immer dem Löwen-Ideal gerecht werden kann. Löwen glauben, dass ein paar Zentimeter nach-

gewachsener Haaransatz ein Symptom größter Selbstvernach-
lässigung sind. Wenn Sie zu bemerken versäumen, dass der
Löwe den Saum seiner Hose hat kürzen lassen, bedeutet das,
dass Sie nicht mehr in ihn verliebt sind, was eine Rache-Affä-
re seinerseits berechtigt. Löwen sollten versuchen, auch etwas
unter die Oberfläche zu schauen.

Ich bin ein zutiefst oberflächlicher Mensch.
Andy Warhol (1928 – 1987),
amerikanischer Künstler und Filmemacher,
der der Pop Art Auftrieb verlieh und zur Ikone wurde

LÖWE – WIDDER: Der Löwe soll sich zum Lamm hinlegen? Seien
Sie realistisch! Auf den ersten Blick mag der Schafbock wie der
perfekte neue Verehrer erscheinen. Die Widder-Energie könnte
leicht dazu genutzt werden, das Leo-Genie zu hätscheln und dafür Werbung zu machen. Oder? Der Widder ist nicht so leicht
zu dominieren, wie der Löwe es gerne hätte. Tatsächlich will der
Widder, wenn ein Machtspiel gespielt wird, lieber der Boss sein.
Löwe und Widder lieben hart, schnell und oft auf den ersten
Blick. Beide bewundern die Sicherheit und den Glamour des anderen. Aber den Löwen nervt, dass der Widder nicht so eindeutig zur Bedeutung der persönlichen Pflege steht wie er selbst. Der
Löwe meckert über Spliss, und der Widder flippt darüber aus, wer
dafür verantwortlich sei. Der Löwe sagt: »Ich regiere«, und der
Widder: »Nie im Leben«. Der Widder ist der Ansicht, dass die
Gefühle des Löwen denjenigen einer verwöhnten, rolligen Show-
Katze gleichen. Der Löwe wundert sich, warum der Widder so
vulgär und direkt sein muss. Aber diese beiden sind eigentlich ein
himmlisches Paar. Beide sind kraftvoll, extrovertiert und hyper-
energetisch. Der Widder bewundert vor allem das Ego des Löwen
und seine ausdrucksvolle Brillanz. Beide regen sich gegenseitig

so lange an, wie der ununterbrochene Strom der Schmeicheleien und anderen Gefasels in beide Richtungen fließt.

Angesagte Duos: Tipper Gore & Al Gore, Eddie Fisher & Debbie Reynolds, Sean Penn & Robin Wright Penn, Norman Schwarzkopf & Brenda Schwarzkopf.

LÖWE – STIER: Der Stier ist scharf auf den Löwen – und umgekehrt. Eine Weile lang. Der Stier ist zu der unerschütterlichen Hingabe fähig, die der Löwe von Liebessklaven verlangt. Der Löwe schmückt das Leben des Stiers. Aber der Stier mag Geld, nicht um es auszugeben, sondern als Sicherheit. Löwen wollen ein wenig Luxus verbreiten. Der Löwe ist ein im Entstehen begriffenes Werk, eine Möchtegern-Stilikone, die Kunstwerke benötigt, um ihren Status zu beweisen. Wenn es dem Stier überlassen würde, das Budget zu bestimmen, würde der Löwe abstoßend aussehen, mit ungekämmtem Haar und schäbigen Schuhen. Der Löwe wäre nicht in der Lage, sich in der Öffentlichkeit blicken zu lassen. Wenn der Löwe das Budget bestimmt, verliert der Stier die Nerven. Der Löwe ist so dickköpfig. Der Stier ist mega-stur. Keiner gibt jemals nach. Der Löwe setzt sich in Szene. Der Stier bemerkt es nicht. Der Löwe macht einen dramatischen Abgang. Der Stier sagt dem Löwen, er solle sich zusammenreißen. Der Stier mummt sich gerne ein. Der Löwe will gesehen werden. Bettaktivitäten halten die beiden zusammen, so auch eine immense Bereitschaft zu Kompromissen. Um das Herz des Stiers zu erobern, muss der Löwe sich weniger wie er selbst verhalten und eher ein Wesen im starken, stillen Skorpion-Modus werden.

Angesagte Duos: Mick Jagger & Bianca Jagger, Peter O'Toole & Siân Phillips.

LÖWE – ZWILLINGE: Halt! Wer wagt es, das Scheinwerferlicht des Löwen zu beanspruchen? Aber das ist ja der Zwilling – gut aussehend, gesprächig und sehnsüchtig danach, mit dem Haar des Löwen zu spielen, oder zumindest mit dem, was sich darunter verbirgt. Willkommen im Tollhaus der Löwe-Zwilling-Liebe. Der Löwe möchte seine/n Liebhaber/in besitzen. Der Zwilling ist niemandes Leibeigener. Die Flirterei des Zwillings wird aus Rebellion aufgedreht. Der Löwe schmollt. Aber dies ist ein extrem kompatibles Duo. Der Löwe flirtet auch, und den Zwilling kümmert's nicht. Beide sind charismatische und künstlerische Party-Typen. Der Zwilling liebt den Glamour, den Stil und die eindrucksvolle Lebensart des Löwen. Der Löwe lernt zuzulassen, dass der Zwilling irgendwohin verschwindet, ohne dem Löwen den Zielort bekanntzugeben. Der Zwilling versteht, dass das Löwen-Ego rund um die Uhr gewürdigt werden muss. Der Löwe liebt, dass der Zwilling, je mehr Freiheit ihm gegeben wird, umso leichter kontrolliert werden kann. Der Zwilling sieht ein, dass der Löwe, wie der Zwilling selbst, ein doppelter Charakter ist: der Löwe und das unersättliche Ego des Löwen, das einfach nicht zulassen kann, dass dem Zwilling zu viel Bewegungsfreiheit eingeräumt wird. Die Wechselhaftigkeit des Zwillings und das Charisma des Löwen lassen beide in endloser Faszination füreinander schweben.

Angesagte Duos: Jacqueline Kennedy & John F. Kennedy, die Königinmutter & König George VI., Norma Shearer & Irving Thalberg, Roman Polanski & Emmanuelle Seigner.

LÖWE – KREBS: Krebs-Leute sind nett, fürsorglich und auf ihr Zuhause ausgerichtet. Genau die richtige Person, um einen nach einem harten, Ruhm verschaffenden Tag zu Hause zu erwarten. Darüber hinaus ist der Krebs von Natur aus äußerst willfährig und nur zu gerne bereit, den König / die Königin der Tiere regieren zu lassen. Mit dem sonnenregierten Löwen und der mondregierten Krabbe ist dieses Paar sinnlich sehr kompatibel. Nur ein größeres Problem könnte mit hoher Wahrscheinlichkeit schöne, liebevolle Zeiten trüben: Obwohl die Krabbe eines der empfänglichsten und verständnisvollsten Wesen auf diesem Planeten ist, neigt sie zu stürmischen Szenen. Aber der Löwe meint, wenn jemand einen Wutanfall haben könne, dann bitte er. Der Krabbe ist es jedoch ein Leichtes, den Löwen zu übertreffen, wenn es darum geht, Theater zu machen. Der Löwe sieht das Scheinwerferlicht durch diesen extremen Stimmungsschwenker besetzt, was nicht den Erwartungen des Löwen entspricht. Aber die Krabbe weist darauf hin, dass es die Schuld des Löwen ist, wenn Szenen überhaupt nötig sind, weil er sich nicht ausreichend mitteilt. Die Kernkompetenz des Löwen liegt jedoch darin, gut zu lieben. Kunst und Liebe bringen diese beiden immer wieder zusammen.

Angesagte Duos: Napoleon Bonaparte & Josephine Beauharnais, Kyra Sedgwick & Kevin Bacon, Jennifer Flavin & Sylvester Stallone, J. K. Rowling & Neil Michael Murray.

LÖWE – LÖWE: Zwei Raubkatzen sind fähig, den ganzen Sauerstoff eines Raumes zu absorbieren. Ist genug Raum für zwei lebhafte, theatralische Glamour-Miezen in einer Beziehung? Sollte eine dritte Person eingestellt werden, um die traditionelle Vermittlerrolle zu übernehmen? Wie kann der Löwe *noblesse oblige* zum Ausdruck bringen, wenn er die Unterhosen von jemand anderem aufheben muss? Können diese beiden mit nur einem einzigen Badezimmerspiegel leben? Selbst die tiefsten Gefühle eines Löwen können als eine Serie dramatischer Klischees vorgebracht werden. Löwen neigen zu Reinszenierungen von

179

Filmszenen, die sie bewegt haben, manchmal ohne es zu wissen. Manchmal kann die gesamte Figur des Löwen als Liebhaber auf einer Berühmtheit basieren, von der der Löwe glaubt, sie gleiche ihm. Diese Liaison kann merkwürdig werden. Beide sind charismatische Menschen mit einer irren Begierde nach Aufmerksamkeit. Das führt die beiden zusammen oder hält sie voneinander fern, da jeder Löwe nach einem öderen Partner lechzt, der ihm den gesamten Raum zum Glänzen überlässt. Beide Löwen flirten gerne, um die wertvolle Aufmerksamkeit zu erlangen. Beide Löwen sind extrem besitzergreifend. Ohne konsequente Ego-Pflege kann Löwe gegen Löwe hässlich werden.

Angesagte Duos: Bill Clinton & Monica Lewinsky, Antonio Banderas & Melanie Griffith.

LÖWE – JUNGFRAU: Der Löwe liebt, dass die Jungfrau seinen Fetisch in Bezug auf Kleinigkeiten versteht, selbst wenn er nur Anwendung auf das Löwenhaar und die Löwenunterhaltung findet. Die Jungfrau liebt den Glamour und die lebensbejahende Einstellung des Löwen, die als Gegengift zur jungfräulichen Betulichkeit und ihrer heimlichen Ängste fungiert. Die Jungfrau lässt den Löwen gerne das Rampenlicht genießen. Der Löwe liebt die Art der Jungfrau, Gags und Anekdoten des Löwen vorzubereiten. Sie finden endlose Kompatibilität im Bett und im Gespräch. Probleme? Der Löwe betritt bespiegelte Räume, um Magie zu kreieren, und nicht, um die Jungfrau wegen einer so plebejischen Sache wie Pünktlichkeit durch die Badezimmertür kritteln zu lassen. Die freundliche Jungfrau kann angesichts der überzogenen Forderungen des Löwen-Egos verkümmern. Aber der Löwe schätzt die Ratschläge der Jungfrau zu Karriere und Kohle, solange sie nicht meckert, wenn der Löwe gerade in künstlerischem Modus läuft. Die Jungfrau versteht, dass sich der Löwe ebenfalls auf einer kontinuierlichen Selbstverbesserungsmission befindet. Der Löwe liebt die klassische und elegante Sinnlichkeit der Jungfrau, ohne dass diese aber zu glanzvoll wäre, um die Aufmerksamkeit vom Löwen abzulenken. Der Löwe muss gelegentlich sorgfältige Aufbaugespräche mit der Jungfrau führen, um Frieden und Harmonie zu wahren.

Angesagte Duos: Madonna & Guy Ritchie, Isabel Allende & Willie Gordon, Percy B. Shelley & Mary Shelley, Frieda Lawrence & D. H. Lawrence, Amelia Earhart & George Putman.

LÖWE – WAAGE: Diese Verbindung ist das Zusammenfinden zweier wunderschöner Menschen, um ein noch schöneres Paar zu bilden. Löwe und Waage sind Zelda und der Schriftsteller F. Scott Fitzgerald. Es sind die beiden jugendlichen Schauspieler Ben Affleck und Matt Damon, die 1998 den Oscar für das beste Drehbuch erhielten. (Hoffentlich) niemand wird solche Paare dabei ertappen, wie sie hinter den Kulissen nörgeln, sich über etwas beklagen, das Cellulite sein könnte, ihren Haaransatz mikroskopisch untersuchen oder große Auftritte proben. Je eher diese leckeren Duos einsehen, dass sie Schickeriatypen sind, umso schneller erreicht die Beziehung ihr hervorragendes Potenzial. Sie verschmelzen, weil sie sich beide so viele Gedanken über Äußerlichkeiten, Kunst und Schönheit machen. Wenn die Waage in einem ihrer Yin-vs.-Yang-Momente ins Schwanken gerät, übernimmt der Löwe die Leitung, indem er erklärt, dass die Show weitergehen muss, nein, weitergehen wird. Die Waage weiß, wie sie das gigantische Ego des Löwen hätscheln muss. Jeder regt den anderen dazu an, seine Träume zu verwirklichen. Jeder mag den anderen für immer. Die Anziehung ist oft unmittelbar und völlig unbestreitbar.

Angesagte Duos: Sam Mendes & Kate Winslet, Pete Sampras & Brigitte Wilson, Zelda Fitzgerald & F. Scott Fitzgerald, Blake Edwards & Julie Andrews, Clara Bow & Rex Bell, Patty Scialfa & Bruce Springsteen.

LÖWE – SKORPION: Stellen Sie die Kameras bereit – das Psychodrama beginnt. Dies ist ein Duo, das die theatralische Seite des Lebens liebt. Keiner ist völlig zufrieden mit einer Beziehung, die festgelegte Muster angenommen hat. Beide können exzellente Szenen machen. Der Skorpion ist stur, und der Löwe bewegt sich nicht von der Stelle. Der Skorpion fühlt sich stark vom Löwen angezogen, fragt sich aber, ob dieser nicht ein bisschen zu oberflächlich ist. Der Löwe denkt, dass der Skorpion seine Intensität ein wenig drosseln und vielleicht sein Haar aufpeppen sollte. Der Löwe hilft dem Skorpion, weniger paranoid zu werden und das schöne Leben leichter zu genießen. Der Skorpion lässt den Löwen nachsichtiger sein mit Leuten, die Makel wie schlampige Kleidung, keinerlei Schlagfertigkeit beim Abendessen oder schiefe Zähne aufweisen, und stattdessen die Person dahinter entdecken. Der Skorpion verschafft Einblick in Machtdynamiken, die dem Löwen erlauben, der Profi zu werden, der er heimlich schon lange zu sein fantasiert. Beide sind sehr eifersüchtig und besitzergreifend, finden es aber insgeheim anregend, darüber zu wettern. Mit Grenzen und/oder einer aufregenden Zusammenarbeitsdynamik stellt dieses Paar eine berauschende und süchtig machende eigene Welt her.

Angesagte Duos: Louis XVI. & Marie Antoinette, Bill Clinton & Hillary Rodham Clinton, John Derek & Bo Derek, Arnold Schwarzenegger & Maria Shriver, Nicoletta Braschi & Roberto Benigni.

LÖWE – SCHÜTZE: Löwe und Schütze sind eine der schönsten, romantischsten Kombinationen des Tierkreises. Beides sind Feuerzeichen, die sich konstant anregen und sich gegenseitig durch ihre bloße Wesenheit locken. Aber der Löwe muss einsehen, dass Sturheit und Taktlosigkeit für den Schützen so wichtig sind wie das Atmen. Der Schütze sieht diesen Zug eher als Merkmal eines großen Wahrheitssuchenden. Der Löwe nimmt nur die erstaunlichsten Schnitzer in merkwürdigen gesellschaftlichen Umständen wahr. Der Löwe genießt es wenig, wenn der Schütze sich laut fragt, ob die Karriere des Löwen deswegen stagniert, weil das Löwenhaar so dünn und zottig ist. Der Löwe mag künstliche Tricks, der Schütze hat einen Realitätsfetisch. Löwen mögen lange, ausgedehnte sexuelle Szenarien. Der Schütze will einfach loslegen. Der Löwe ist ein Salonlöwe. Der Schütze ist ein Abenteurer. Aber tatsächlich inspiriert, erfrischt und erregt der Löwe den schwer zu erobernden Schützen und zähmt dessen wahnsinnige Wanderlust. Der Schütze erwidert den Gefallen, indem er einen hervorragenden Spiegel für das Strahlen des Löwen abgibt. Der Löwe schnallt das Ego enger und akzeptiert den Schützen so, wie er ist – an jenem Tag. Der Schütze ist bereit, beiseitezutreten und einen Abend ganz im Zeichen des Löwenhaares verstreichen zu lassen. Wenn ein Schütze an einem Sportwettkampf teilnimmt, wird er unglaublich leistungswillig sein – aber in Sachen Glamour? Das versteht er nicht einmal. Gemeinsam sind diese beiden schick, erfolgreich und unglaublich gefragt.

Angesagte Duos: Charlize Theron & Stuart Townsend, Marcel Cerdan & Edith Piaf, Anna Scarpulla & Ray Romano.

LÖWE – STEINBOCK: Wenn der Löwenglanz sich mit der Steinbockeleganz verbindet, ist das resultierende Duo ein Powerpaar und eine Augenweide. Beide sind sich des Wertes von Äußerlichkeiten bewusst – darüber nämlich, dass wahre Schönheit nur von außen kommt. Körperlich sind Löwe und Steinbock extrem kompatibel. Sobald entschieden ist, wer den Boss spielen wird, verbinden sie sich freudig im Bett. Und im Gegensatz zu vielen Paaren ist es unwahrscheinlich, dass Streitigkeiten über ihr Budget auftreten. Beide sind sich einig, dass, wenn etwas wert ist, getan zu werden, es auch wert ist, richtig getan zu werden. Es ist klar, dass die Drinks zur Party von einem Caterer geliefert werden müssen. Der statusbewusste Steinbock wäre niemals verärgert über das tägliche Haareföhnen des Löwen, und selbstverständlich müssen die ernährungstechnischen Bedürfnisse des Steinbocks von einem Ernährungswissenschaftler ausgearbeitet werden. Es ist unwahrscheinlich, dass der Steinbock Cellulite, schlechte Manieren oder Spliss entwickeln wird, welche den Löwen enttäuschen könnten. Aber rechnen Sie mit Machtkämpfen hinter den öffentlichen Szenen dieser Verbindung. Der irdene Steinbock hat eine endlose Liste von »Bedürfnissen«. Der Löwe braucht Schönheitsschlaf und große, öffentliche Demonstrationen leidenschaftlicher Zuneigung, was nicht gerade die Kernkompetenz des Steinbocks darstellt. Wenn die Ziege verstehen kann, dass die Raubkatze im Wesentlichen ein Star ist, dem genug Raum gelassen werden muss, um brillant zu sein, und der Löwe sich daran erinnert, dass normaler Sex nicht wirklich »Licht, Kamera, Action« entspricht, können diese beiden hingebungsvoll verschmelzen.

Angesagte Duos: Iman & David Bowie, James Cameron & Suzy Amis, Helen Mirren & Taylor Hackford, Simon Baker & Rebecca Rigg.

LÖWE – WASSERMANN: Gegensätze ziehen sich an, und der Löwe wird von der eisigen Wassermann-Schönheit angezogen. Der

Wassermann steht heimlich auf Trophäen-Partner/innen, und so kann das Spiel beginnen. Jemand sollte diese Beziehung als Sitcom inszenieren: Der Löwe kauft sich eine fantastische neue Designer-Ottomane. Der Wassermann zetert darüber, wie dieser den Fluss des Qi im Wohnzimmer blockiert. Der Löwe möchte das Leben in vollen Zügen genießen und in Luxus schwelgen. Der Wassermann möchte seine Ernährung auf irgendetwas Seltsames umstellen, um sie auf seine noch seltsamere Biochemie abzustimmen. Der Löwe liebt Musik, Blumen und Feinschmeckeressen. Das hält er für seine Religion. Der Wassermann versucht sich in vielen Religionen. Beide haben ein gigantisches Ego, obwohl das Wassermann-Ego sich gern hinter leeren Phrasen und Weisheitsfetzen versteckt, die er dem letzten elektronischen Newsletter ihrer kultigen Freunde entnommen hat. Beide erhellen das Leben des anderen. Beide sind eigen in Bezug auf Leute, denen sie Zutritt in ihr allerheiligstes Inneres gewähren. Der Löwe muss einsehen, dass dem Wassermann sehr viel daran liegt, dass die Hautpflege mit Bio-Kosmetik betrieben wird. Der Wassermann muss heiterer werden und nicht in korrektiver Absicht am Löwen herummäkeln. Die theatralische Natur des Löwen inspiriert den Wassermann. Die wassermännische Die-Zukunft-ist-jetzt-Stimmung macht den Löwen an und hält ihn von der Langeweile fern.

Angesagte Duos: David Brown & Helen Gurley Brown, Gracie Allen & George Burns, Burt Reynolds & Loni Anderson, Emmanuelle Béart & David Moreau.

LÖWE – FISCHE: Raum für zwei Diven? Es hängt davon ab, wie hingebungsvoll der Fisch zu sein vermag. Der Löwe kann sich unmöglich auf jemanden einlassen, dem nicht bewusst ist, wie übererregbar er ist. Der Fisch denkt genau dasselbe. Beide sind völlig fasziniert voneinander. Der Löwe begeht den Fehler zu glauben, er könne den Fisch dominieren. Der Fisch grinst und macht mit. Der Fisch nervt den Löwen, indem er herumrennt und sich in das Leben aller, nicht nur das des Löwen einmischt. Der Löwe kann es nicht ausstehen, den Fisch über andere Leute plappern zu hören. Der Fisch wird müde, den Löwen immer nur über sich selbst plappern zu hören. Beide benötigen den demonstrativen Ausdruck der Liebe und unaufhörliche Bewunderung. Der Löwe glaubt, dass der Fisch manchmal ein Idiot ist. Der Fisch fürchtet, dass der Löwe für seinen Geschmack möglicherweise nicht esoterisch genug ist. In dieser Paarung zahlt es jeder dem anderen mit gleicher Münze heim. Ohne ausreichende Bewunderung schottet der Löwe sich ab. Der Fisch fühlt sich verletzt und schleicht mit einem heimlichen Verehrer davon. Der Fisch mag die Haarvorschläge des Löwen nicht. Der Löwe hasst es, wenn der Fisch das Rampenlicht beansprucht. Idealerweise akzeptieren sie, dass beide abwechselnd die Superstars in dieser Beziehung sein können.

Angesagte Duos: Hugo Guiler & Anaïs Nin, Lucille Ball & Desi Arnaz, Angela Bassett & Courtney B. Vance, Terry Irwin & Steve Irwin, David Duchovny & Téa Leoni.

Sind Sie wirklich ein Löwe?

1 Am ersten Tag einer wichtigen Konferenz ist Ihr Haar unerklärlicherweise strohig *und* fettig. Sie …

(a) setzen auf schnellen Schick und setzen gekonnt ein Haarprodukt ein, das Sie nichtsdestotrotz Ihr normales schmeichelndes Bild abgeben lässt.

(b) denken, wen interessiert's? Ihre Vorstellung und Beiträge sind Ihr aussagekräftigstes Statement.

(c) sagen alles ab, so dass Sie Ihrem Haar die nötige Behandlung zukommen lassen können. Schließlich handelt es sich dabei um nichts Geringeres als das, was Sie auf Ihrem Kopf tragen.

2 Ruhm ist …

(a) ein soziales Konstrukt, dem es nicht gelingt, die Träger der wahren Werte in unserer Gesellschaft zu erkennen, geschweige denn sie zu belohnen.

(b) unberechenbar und nicht verlässlich … er könnte sich jeden Moment in Nichts auflösen.

(c) das logische Ergebnis harter Arbeit und des Erfolgs – eine Kostbarkeit, die man pflegen sollte, und die nur darauf wartet, von Ihnen gepflückt zu werden.

3 Mit der Bitte konfrontiert, über Religion und Spiritualität nachzudenken, fühlen Sie …

(a) dass das eine völlig private Sache ist.

(b) dass die Welt aus vielen Glaubenssystemen aufgebaut ist – welches auch immer davon stimmen mag.

(c) sich gelangweilt. Sie können sich buchstäblich kein höheres Wesen vorstellen.

4 Eines Morgens im Badezimmer stellen Sie fest, dass Ihr Gesicht grau und abgespannt aussieht. Sie …

(a) beschließen, dass Sie Ihren Lebensstil genauer beobachten müssen – mehr Schlaf und Wasser könnten ein guter Anfang sein.

(b) reagieren philosophisch … Schönheit ist oberflächlich, wie man so sagt.

(c) gehen aus dem Haus, um einen neuen Spiegel zu bestellen.

5 Mitten in Ihrer Siesta werden Sie durch ein eindringliches Klopfen an der Haustür geweckt. Sie …

(a) ignorieren es und schlafen wieder ein. Wer auch immer das ist, kann gefälligst warten.

(b) ziehen an, was gerade bei der Hand ist, und gehen widerwillig, um nachzusehen, wer da ist.

(c) rufen »Ich komme« und drapieren elegant ein Leintuch im Stil griechischer Götter um sich, legen etwas Parfüm auf, bringen Ihr Haar in Form und schweben hinaus, um die Tür zu öffnen. Schließlich weiß man nie, welche Gelegenheit einen erwartet.

6 Ihre Freunde und/oder Ihr/e Partner/in verschwören sich, um eine Überraschungsparty für Sie zu schmeißen. Sie sind …

(a) entzückt! Sie lieben Überraschungspartys!

(b) von Emotionen überwältigt – sie lieben Sie wirklich und aufrichtig!

(c) vor Wut versteinert. Wie können sie es wagen, Sie Ehrengast an einer Sache sein zu lassen, auf die Sie sich nicht vorbereiten konnten?

Antworten: Wenn Sie mehrheitlich (c) angekreuzt haben, dann sind Sie offiziell ein Löwe – ein Salonlöwe erster Klasse, schick und sexy. Sollten Sie (a) und (b) angekreuzt haben, dann haben Sie noch andere Astro-Einflüsse, die mit Ihrer Löwen-Sonne konkurrieren.

Jungfrau

(24. August – 23. September)

Wie eine Jungfrau

Das wahre Leben wird dann gelebt,
wenn winzige Veränderungen stattfinden.
Leo Tolstoi (1828–1910),
russischer Schriftsteller, dessen berühmtestes Werk
der Wälzer *Krieg und Frieden* ist

Frage: Wie viele Jungfrauen benötigt man, um eine Glühbirne auszuwechseln?
Antwort: Keine. Die Jungfrau wird einfach alleine im Dunkeln sitzen und leiden.

An irgendeinem Punkt in ihrem Leben stellen die meisten Jungfrauen entsetzt fest, dass ihr astrologisches Zeichen die Jungfrau ist. Sie sind besorgt, dass es sie zickig erscheinen lassen könnte. Die Konnotationen der Unschuld, die das J-Wort hervorruft, bekommen dem jungfräulichen Ethos weltlicher Urbanität schlecht. Wenn aber Astrologen in früheren Zeiten sich auf die Jungfrau bezogen, dachten sie dabei gar nicht an das Klischee errötender Jungfern. Stattdessen bezogen sie sich vielmehr auf die strahlende Reinheit und sexy Selbstsicherheit der Jungfrau.

Im 19. Jahrhundert widersetzte sich die Tänzerin Lola Montez, die eine der meistdiskutierten Frauengestalten ihrer Zeit war, den Jungfrauen-Stereotypen. Diese unbekümmerte Femme fatale war bekannt für ihre erotischen Darbietungen und ihre zahlreichen Affären. Unter ihren Liebhabern finden sich König Ludwig I. von Bayern, der französische Romancier Alexandre Dumas und der Komponist Franz Liszt. Der Punkt ist also der, dass eine astrologische Jungfrau nicht unbedingt Ähnlichkeit mit einer Jungfer aufweist. Das einzig wirklich Reine und Unverdorbene in Bezug auf viele erwachsene Jungfrauen sind ihre Leintücher.

Wie ihre Cousins, die Zwillinge, werden die Jungfrauen von Merkur regiert, dem intelligentesten aller Planeten. Es handelt sich dabei um einen herumtreibenden, kleinen Planeten, der durch die Sphären flitzt und in rascher Folge allerlei Arten von Verbindungen herstellt – in etwa vergleichbar mit der Jungfrau im Netzwerk-Modus anlässlich eines Empfangs. Jungfrauen sind so wechselhaft wie die Zwillinge, aber vernünftiger und ein bisschen geerdeter.

Die Zwillinge drücken sich durch das Element Luft aus. Die Jungfrau ist ein Erdzeichen wie der Stier und der Steinbock. Jungfrauen sind vernünftig, sinnlich und logisch. Das astrologische Motto, eine Art Leitmotiv des Sternzeichens Jungfrau, lautet: »Ich analysiere.« Und das tut sie auch. Die Jungfrau versteht den Spruch »Den Wald vor lauter Bäumen nicht sehen« nicht. Sie sieht den Wald, die Bäume und das frühe Stadium verfaulenden Laubes. Jungfrauen sehen das Kleingedruckte des Lebens.

Sie sind erstaunliche Beobachter/innen, aber schreckliche Kinobegleiter/innen, weil sie jede noch so kleine Panne im Verlauf registrieren, die sonst niemandem auffällt.

Nicht-Jungfrau: Es war so [schluchz] schön, als er zu ihr zurückkehrte, nachdem …

Jungfrau: Schon, aber sein Hemd hatte andere Knöpfe. Wie konnte das sein, wenn er eigentlich …

Die Jungfrau mag es eindeutig herumzumeckern, aber diese Eigenschaft muss produktiv genutzt werden, wenn die Jungfrau nicht zu einem wandelnden Bewusstseinsstrom verkümmern und über Interpunktionsfehler in Wurfsendungen herziehen will.

Jungfrauen in Hochform sind …

Es ist viel eindrücklicher, wenn andere deine
guten Eigenschaften ohne deine Hilfe entdecken.
Judith Martin, auch bekannt als Miss Manners (*1938),
geistreicher amerikanischer Benimm-Guru

HILFREICH. Jungfrauen sind verantwortlich für einige extrem praktische und nützliche Erfindungen. So war beispielsweise Margot Sanger, die Krankenschwester, die die erste Empfängnisverhütungsklinik errichtete und den Begriff »Geburtenkontrolle« schuf, eine Jungfrau. Und natürlich war eine Jungfrau wie Samuel Johnson nötig, um auf die erstaunlich einleuchtende Idee des Wörterbuchs zu kommen. Auf den praktischen Rat von Jungfrauen ist immer Verlass: Denken Sie an den zeitlosen Ausspruch von Joseph P. Kennedy (Vater des US-Präsidenten John F. Kennedy): »Ärgere dich nicht – räche dich.« Wenn eine Jungfrau an einer Dinnerparty fragt, ob sie helfen kann, meint sie das tatsächlich so, im Gegensatz zum Zwilling oder zu den Fischen, die eigentlich sagen wollen, dass ihr Glas wieder aufgefüllt werden sollte. Jungfrauen haben ein ausgeprägtes Pflichtgefühl und geben gestressten Freunden erstaunlich vernünftigen Rat. Sie werden nicht hysterisch, sondern kommen direkt auf den Punkt mit der besten Beratung der Welt und bieten pragmatische Unterstützung, wenn es angemessen ist.

GEISTREICH. Ihr einzigartiges Markenzeichen, die gehässige Charakteranalyse, ist großartig. Die Jungfrau zoomt auf das kleinste, am meisten offenbarende Detail und dehnt es hyperbolisch aus. Jungfrauen erinnern sich an Gags, Anekdoten und Witze und sind in der Lage, sie wunderbar wiederzugeben. Im bislang erforschten Universum werden sie zu Recht für ihren Witz, Humor und ihre Beobachterfähigkeiten bewundert. Als ihm gesagt wurde, er solle »in den sauren Apfel beißen«, meinte der Hollywood-Hüne Keanu Reeves: »Ja, aber ich muss nicht gleich den ganzen Baum essen.«

WELTGEWANDT. Jungfrauen beider Geschlechter verfügen über eine entzückende, nonchalante und weltmännische Anziehungskraft. Sie scheinen immer genau im richtigen Maß zurechtgemacht – nicht übertrieben oder künstlich, aber sicherlich nicht zu nachlässig.

HÖFLICH. Jungfrauen sind als Begleitung die erste Wahl, egal wohin man sie mitnehmen will. Mit auserlesenen Manieren und sozialem Wahrnehmungsvermögen gesegnet, wissen sie genau, wie sie sich mit perfekter Sicherheit in jeder Situation zu verhalten haben. Obschon sie in Furcht davor leben, erregen sie nie Anstoß. Es ist ziemlich normal für eine Jungfrau, nach einer Party anzurufen, um sich zu vergewissern, dass sie niemanden verärgert hat, obwohl sie in Wirklichkeit der angenehmste Gast mit dem besten Betragen in der Geschichte geselliger Zusammenkünfte war. Sie denkt immer daran, sich nach *Ihnen* zu erkundigen.

BESCHEIDEN. Jungfrauen wenden ihre analytischen Neigungen auf sich selbst an, manchmal mit verheerendem Effekt für ihr Selbstwertgefühl. Sie können sich selbst nichts vormachen mit der Sorte beruhigender Halbwahrheiten, die andere sich ausdenken, um ihre Gelassenheit zu wahren. Intime Freunde der Jungfrau sollten immer daran denken, ihrem Ego ein paar

Streicheleinheiten zukommen zu lassen. Auf diese Weise ist die Jungfrau nicht gezwungen, nach Komplimenten zu fischen oder Leute dazu anzustacheln. Jungfrauen werden sich während des Zähneputzens bewusst, dass sie vergessen haben, ihre Kniesehnen zu dehnen (oder was auch immer gerade ihren neuesten Spleen darstellt), so dass sie darüber vergessen, was sie jeden Tag zustande bringen: zivilisierte Ordnung in einer oftmals widerspenstigen Welt.

PERFEKTIONISTISCH. Die Leute blicken wegen ihrer perfektionistischen Ader auf die Jungfrau herab, aber nach wem rufen sie, wenn etwas schiefgeht? Richtig: nach der Jungfrau, die weiß, wo die Empfangsquittung, der Garantieschein und die gebührenfreie Servicenummer abgelegt sind. Um eine Jungfrau vollends zu begeistern, bitten Sie sie, Ihnen bei der Neuordnung der Adresskartei und dem Anfang einer neuen, glücklicheren und organisierteren Version Ihres Lebens zu helfen. Jungfrauen sind die Lebensberater eines jeden. Sie kennen alle Tricks: Motivationstipps, Powernaps, Powershowers, Fleckenentfernung …

Die Verwirklichung des Selbst
ist nur dann möglich,
wenn man produktiv ist.
Johann Wolfgang von Goethe (1749 – 1832),
deutscher Über-Erfolgsmensch:
Lyriker, Romancier, Dramatiker,
Geologe, Jurist, Anatom, Physiker,
revolutionärer Theoretiker und Philosoph

Jungfrauen in Tiefform sind …

*Das Leben ist kein verdammter
Beliebtheitswettbewerb.*
Sean Connery (*1932),
schottischer Schauspieler und
James-Bond-Original

UMSTANDSKRÄMER. In jeder Jungfrau steckt ein Pedant, der nur darauf wartet, herausgelassen zu werden. Diese Leute sind eigenartig. Nachdem sie Ihnen Ihren Drink gereicht haben, fauchen sie sarkastisch »Schon recht«, bevor Sie auch nur die Gelegenheit hatten, ihnen zu danken. Tatsächlich wollte die Jungfrau gar nicht, dass Sie ihr danken. Darum gewährt sie Ihnen ja auch nur ein zweisekündiges Intervall, bevor sie loslegt. Die bekannte Meuterei auf der Bounty im Jahre 1789 ist sicherlich viel verständlicher, wenn man berücksichtigt, dass der Schiffskapitän, William Bligh, eine Jungfrau war. Vermutlich hatte er einen Anfall zu viel wegen des schockierenden Zustands der Schiffsplanken.

BESCHULDIGEND. Falls jemals ein Horrorfilm über Jungfrauen gedreht werden sollte, müsste man ihn *Die Anschuldigung* nennen. Alle Jungfrauen sind spitzenmäßige, professionelle Beschuldiger. Aber es reicht nicht aus, ein geborener Beschuldiger zu sein. So wie die weltbesten Balletttänzer noch immer tausend Pliés an der Stange pro Tag praktizieren, verfeinern die Jungfrauen kontinuierlich ihre Beschuldigungsfertigkeiten. Diese können die Form tödlichen Schweigens, berüchtigten minutenlangen Jungfrauenseufzens oder ein mit zusammengepresstem

195

Kiefer hervorgebrachtes »Da du offensichtlich zu beschäftigt bist über Weihnachten, um es bis hierher zu schaffen, hole ich deinen Neffen ans Telefon … Ich vermute, deine Stimme zu hören wird ein kleiner Trost für das arme Ding sein …« annehmen. Ob sie es wissen oder nicht, die meisten Jungfrauen halten sich selbst für Heilige. Und worin besteht die Hauptbeschäftigung der meisten Heiligen? Richtig, im Erleiden des Martyriums. Die jungfräuliche Vorliebe für Naturfasern führt zu einem naheliegenden Resultat, dem härenen Hemd der Büßer. Es würde ihre »Nach allem, was ich für dich geopfert habe«- und »Den ganzen Tag am Herd stehen«-Reden zusätzlich unterstreichen. Aber Märtyrer erschaffen auch Wunder, und es gibt in der Tat vielerlei solcher Manifestierungen. Es gibt die »Die Hl. Jungfrau unterhält mustergültig die Verwandten an Ostern«-Wunder, die »Die Hl. Jungfrau steht von ihrem Krankenbett auf, um die Wäsche aufzuhängen«-Wunder und die »Die Hl. Jungfrau bricht sich beinahe ein Bein beim Versuch, ans Telefon zu eilen«-Wunder. Speziellen Anlässen vorbehalten sind die »Die Hl. Jungfrau heiratet unter ihrer Würde«- und »Die Hl. Jungfrau ruiniert selbstlos ihre Karriere für die Kinder«-Wunder.

HYPOCHONDER. Geschätzte zehn Prozent der Bevölkerung leiden unter diesem Gebrechen – ein »Geisteszustand, in dem der/die Leidende so sehr mit seiner/ihrer Gesundheit oder Symptomen mangelnder Gesundheit beschäftigt ist, dass diese Beschäftigung an sich eine Behinderung wird« –, und diese sind alle Jungfrauen. Alle anderen Menschen bekommen eine Erkältung, doch die Jungfrau ist überzeugt, dass sie Peking-Virus X hat (oder welche Krankheit auch immer in dieser Saison gerade am angesagtesten ist). Die meisten Leute schätzen, dass ein komischer Ausschlag sich von selbst verflüchtigen wird, die Jungfrau hingegen kann nicht anders, als sich als den mysteriösen

Patienten zu sehen, der von einer derart entsetzlichen Krankheit befallen ist, dass er zur Schlagzeile medizinischer Zeitschriften wird. Mit ihrem Gejammer, dem Lesen von Packungsbeilagen verschreibungspflichtiger Medikamente und dem Surfen auf symptome.net können die Jungfrauen zu schrecklichen Patienten werden. Der Arzt sagt, es handle sich um eine Fußpilzerkrankung, die Jungfrau verlangt eine Zehen-Röntgenaufnahme. Jungfrauen können von Keimphobien befallen sein. So trägt zum Beispiel Michael Jackson eine Maske, um durch die Luft übertragbaren Bakterien aus dem Weg zu gehen.

NÖRGLER. Nun gut, das Nonnengesicht nennt das Nörgeln eine Anregung zur Verbesserung. Wenn die Jungfrau damit fertig ist, sich für den Tag an die Perfektion anzunähern, wendet sie sich dem Nächstbesten zu, oder dem, der am empfänglichsten dafür ist. Und wenn gerade kein Mensch zur Verfügung steht, wird sie das Fell der Katze durchforsten, um nach Flöhen zu suchen. Die Jungfrau ist so gemein, dass sie nicht einmal etwas Ungehöriges an ihrem Verhalten finden kann. Für sie ist klar, dass sie ihr Herz nicht einer so weit von der Perfektion entfernten Person schenken kann. Die Jungfrau glaubt, die Erwerbsfähigkeit des anderen mehrmals am Tag durch den Schmutz zu ziehen würde unausweichlich dazu führen, dass besagte Person erfolgreicher wird, und jemandem immer und immer wieder zu sagen, dass seine Sextechnik so zu wünschen übrig lasse, dass ein Orgasmus nahezu unmöglich würde, führe zu einer ekstatischen Kopulationserfahrung. Eine Jungfrau wird immer die Zeit finden, eine Notiz an den Kühlschrank zu heften, ob sie damit nun jemand anderen oder sich selbst mit ihrem momentanen Lieblingsmeckerthema plagt. Die Jungfrau ist sehr wohl dazu in der Lage, aus einer Mücke einen ganzen Zoo zu machen.

Heute Morgen hatte ich eine kolossale Idee,
aber sie gefiel mir nicht.
Samuel Goldwyn (1879 –1974),
Filmmogul, der vom verarmten Handschuhmacher zum
Leiter eines der größten Hollywood-Studios wurde

Wie man Jungfrauen motiviert und manipuliert

Neugier ist eine der dauerhaften und zuverlässigsten
Eigenschaften eines starken Geistes.
Samuel Johnson (1709 –1784),
englischer Schriftsteller und Lexikograph,
der 1755 das erste englische Wörterbuch verfasste

1 Versuchen Sie nicht, die Jungfrau vom zwanghaften Sauber-machen abzuhalten. Eine Jungfrau beim Frühjahrsputz ist eine Jungfrau in Ekstase. Das wird sich später im Bett sehr bezahlt machen, Sie verstehen.

2 Wenn die Jungfrau unruhig ist, geben Sie ihr eine Aufgabe, die sich um die Inspektion von etwas dreht, zum Beispiel die Weingläser nach Schmutzflecken absuchen. Das beruhigt sie mehr als jedes Aufbaugespräch oder Kamillentee.

3 Lassen Sie die Finger vom Ablagesystem der Jungfrau. Sie weiß genau, was sie tut, und könnte hysterisch werden, falls sie ein Dokument nicht sogleich finden kann.

4 Sie möchten eine Jungfrau beschenken? In Wirklichkeit mögen sie nur Bücher. Eine gute Jungfrau kann nie genug Bücher haben – das neueste Werk des Booker-Prize-Nominierten, kultige Schundliteratur der vierziger Jahre, Designer-Kochbücher, die verrückte Geschichte einer Schriftart – egal was, solange es ein gutes Buch ist. Wenn Sie ihr etwas kaufen, das beweist, dass Sie ihre vorsichtigen Hinweise tatsächlich wahrgenommen haben, umso besser. Sie werden gut angeschrieben sein.

5 Finden Sie sich damit ab, dass Jungfrauen, obwohl sie spontane Vergnügungsreisen und Ausflüge mögen, mindestens drei Wochen vorher informiert werden müssen, damit sie sie in ihre vollen Terminkalender aufnehmen können.

6 Sparen Sie sich die Mühe, die Jungfrau davon abbringen zu wollen, sich um drei Uhr nachts Beleidigungen für irgendeine verhasste Person bei der Arbeit auszudenken. Die Jungfrau wird lieber das tun, als zu schlafen, weil Letzteres bedeutete, dass sie träumen könnte. Die meisten Jungfrauen können ihre Träume nicht kontrollieren, und das ärgert sie maßlos.

7 Sie sollten einsehen, dass es sinnlos ist, auf die Jungfrau wütend zu sein. Es wird nur dazu führen, dass sie über Ihren Blutdruck, Ihr Temperament und/oder Ihren Mangel an grammatischen Kenntnissen herzieht.

8 Verpassen Sie nie eine jungfräuliche Andeutung. Sie sind subtil, aber häufig.

9 Sprechen Sie Wörter nie falsch aus – Jungfrauen glauben, das sei ein Beweis für einen vernachlässigten und möglicherweise unterdurchschnittlichen Verstand.

Jungfrauen-Vorbilder

Das Leben ist nicht schlecht, wenn man viel Glück, einen guten Körperbau und nicht allzu viel Phantasie hat.
Christopher Isherwood (1906–1986),
in Großbritannien geborener Schriftsteller, dessen 1939
erschienener, bedrückender Roman *Leb wohl, Berlin* den sich
anbahnenden Sturm des Zweiten Weltkriegs erahnen ließ

Cathy Guisewite – supertalentierte Cartoonistin, die die Serie *Cathy* schuf, während sie alleine zu Hause saß. Ihre Kolumne könnte *Die tägliche Jungfrau* genannt werden, da sie eine Besessenheit von den Details des Lebens zeigt. »Mütter, Essen, Liebe und Karriere, die vier großen Schuldgruppen.«

Sophia Loren – italienische Filmsirene der fünfziger und sechziger Jahre. Sie war darauf spezialisiert, glamouröse und doch geerdete Geliebte in Epen wie *El Cid* und *Der Untergang des Römischen Reiches* zu spielen. In körperlichen Fragen ist sie freimütig: »Ich bin nicht gerade eine zierliche Frau.«

Siegfried Sassoon – brillanter Schriftsteller, Dichter und Kriegsheld. Sein Artikel *Erklärung eines Soldaten* wurde 1917 unter großem Beifall in der Zeitung *The Times* publiziert. »Ich glaube, dass der Krieg bewusst in die Länge gezogen wird von denen, die die Macht haben, ihn zu beenden.«

Judith Martin (aka Miss Manners) – erfolgreiche amerikanische Schriftstellerin und Journalistin. Sie nutzte ihr Auge für Details und verwandelte ihre Fähigkeit in eine Kolumne über Etikette, die auf der ganzen Welt gelesen wird. Sie schreibt auch Romane, in denen sie die beiden jungfräulichen Eigenschaften des geborenen Schriftstellers und des kompletten Umstandskrämers verschmelzen lässt.

Karl Lagerfeld – bekanntermaßen exzentrischer deutscher Modedesigner. Er trägt einen Pferdeschwanz, benutzt einen japanischen Fächer und trägt immer eine Sonnenbrille. Wie viele, die diesem Zeichen angehören, ist er talentiert, aber pragmatisch: »Man kann nicht die Butter und das Geld für die Butter haben.«

Samuel Johnson – großspuriger britischer Schriftsteller des 18. Jahrhunderts, der das erste englische Wörterbuch verfasste. Er war ein riesiger Mann, der unter Depressionen und seltsamen Zuckungen litt. Seine jungfräulichen Bonuspunkte: Er war ein Schriftsteller und ein Hypochonder. »Niemand außer einem Dummkopf hat jemals geschrieben, außer für Geld.«

> *Man sagt, Jungfrauen seien nicht sinnlich und sexy.*
> *Innerlich fühle ich mich sexy. Ich zeige es bloß nicht.*
> Kristy McNichol (*1962),
> amerikanische Schauspielerin, die mit Tatum O'Neal
> im Kultfilm *Little Darlings* (1980) spielte

Jungfrauen *en vogue*

Warum nicht man selbst sein? Das ist das Geheimnis erfolgreichen Auftretens. Wenn man ein Windhund ist, warum versuchen, wie ein Pekinese auszusehen?

Dame Edith Sitwell (1887–1964),
experimentelle englische Dichterin und visionäre Jungfrau

Wenn man eine Jungfrau ist, warum sollte man dann versuchen, wie ein wahnsinniger, trendiger Zwilling oder ein protziger Löwe auszusehen? Nach sich selbst auszusehen – nur besser – ist das jungfräuliche Stilideal. Die Jungfrauen neigen dazu, in Kleidung hervorragend auszusehen, weil sie sich so sorgfältig um ihre Körper kümmern. Selbst Jungfrauen, die sich keinen Deut um Fitness scheren, sind normalerweise dünn von den vielen Sorgen, die sie sich machen.

Sie haben beeindruckend guten Geschmack. Begierig zu lernen, lassen sie sich von den besten Modediktatoren beraten und besitzen eine Garderobe klassischer Einzelstücke, um dies zu belegen. Selbst wenn sich eine Jungfrau über eine bestimmte Modeerscheinung aufregt, wird sie immer gelassen aussehen und passend angezogen sein.

Jungfrauen haben selbstverständlich aufgeräumte Schränke mit Schuhablagen, Aufbewahrungsraum für Kleider aller Jahreszeiten und eine Reihe von Wartungswerkzeug für ihre Garderobe. Selten wird man eine Jungfrau in der Situation vorfinden, dass sie loseilen und ein Notfall-Outfit ohne vorherige Überlegung kaufen muss.

Jungfrauen wissen, dass die/der am besten Vorbereitete gewinnt. Wenn ihnen etwas gefällt, kaufen sie vernünftigerweise drei Exemplare davon. Selbst ein jungfräuliches Kind wird zwei Stunden früher aufstehen, um seine Schuluniform zu bügeln. Die Jungfrau ist ihrer Zeit nie voraus, hinkt ihr aber auch nie hinterher. Die Jungfrau ist am liebsten einfach pünktlich.

Sie spürt, dass etwas Ordnung und Frieden in die manchmal unorganisiert und nervig scheinende Welt gebracht werden kann, wenn man gut angezogen erscheint.

Jungfrauen-Schönheit ist sauber und subtil; das liegt teilweise an hervorragender Knochenstruktur, teils an ihrer gründlichen Pflege und teils an ihrer irdenen Sinnlichkeit. Nach ihren Vorlieben in Stilfragen gefragt, sagte die Hollywoodlegende Lauren Bacall, dass sie Kleidung möge, auf der man Schmutz nicht sähe. Die Schauspielerin Cameron Diaz wäscht ihr Gesicht nur mit Quellwasser von Evian.

ÜBERWÄLTIGENDE JUNGFRAUEN: Fiona Apple, Sean Connery, Harry Connick Jr., Cameron Diaz, Greta Garbo, Hugh Grant, Salma Hayek, Faith Hill, Sophia Loren, Rosie Perez, Ryan Phillippe, Jada Pinkett Smith, Jason Priestley, Keanu Reeves, LeAnn Rimes, Adam Sandler, Devon Sawa, Claudia Schiffer, Charlie Sheen, Shania Twain, Twiggy, Raquel Welch.

Glänzende Karriere

Das Wunder besteht nicht darin,
dass wir diese Arbeit tun,
sondern dass wir glücklich sind, sie zu tun.
Mutter Teresa (1910 – 1997),
höchst engagierte Missionarin, die 1979
den Friedensnobelpreis erhielt

Jungfrauen haben die Wahl. Entweder stellen sie sich selbst als Problemlösungs-Gurus hin oder gerieren sich als unablässige Quengler mit ungelösten Autoritätsproblemen.

Jungfrauen rufen nach ihren Rechten, bekommen fast alles, was sie wollen, und meckern dann über die Verantwortung, die auf ihnen lastet. Manche Leute sind der Ansicht, dass soziale Arbeit zu den Jungfrauen passe, weil sie dort den Dienst am Menschen mit Nörgelei verbinden können. Aber eine Jungfrau kann auch auf Amateurbasis herumnörgeln und Leute beschuldigen. Die geeignetste Karriere für eine Jungfrau ist das Schreiben.

Okay, es war also eine Jungfrau nötig, um das erste Wörterbuch zu verfassen, aber die Wahrscheinlichkeit, dass Jungfrauen Schriftsteller/innen werden, ist auch im Vergleich zu anderen Sternzeichen überproportional.

Denken Sie an: Leo Tolstoi, Frederick Forsythe, Alison Lurie, Martin Amis, Edgar Rice Burroughs, Ira Levin, Stephen King, William Saroyan, William Golding, Fay Weldon, H. G. Wells, Edith Sitwell, Roald Dahl, Taylor Caldwell, Agatha Christie, Jorge Luis Borges, A. S. Byatt, Shirley Conran, James Fenimore Cooper, Michael Ondaatje, Mary Renault, Jeanette Winterson, Mary Shelley oder D. H. Lawrence.

Jungfrauen sprengen auch die Ränge der besseren Liedermacher: Leonard Cohen, Chrissie Hynde, Elvis Costello, Patsy Cline und B. B. King, um nur ein paar zu nennen.

Kann nicht, will nicht schreiben? Glücklicherweise gehören Jungfrauen zu den beruflich am vielfältigsten einsetzbaren Zeichen überhaupt. Sie sind nicht nur kompetent und ehrgeizig, sie können auch dann noch den Eindruck extremer Effizienz vermitteln, wenn sie in Gedanken Bettaktivitäten aufleben lassen oder eine großen Kauftour planen.

Jungfrauen sind clever, arbeitsam und gut darin, sich bei den Vorgesetzten einzuschmeicheln. Aber sie werden auch von beruflichen Ängsten geplagt. Jungfrauen neigen dazu, sich wegen der nicht gewählten Möglichkeiten zu sorgen. Selbst berühmte Jungfrauen benötigen konstante Bestätigung, dass ihre Karriere kein Witz ist und ihre Anstrengungen nicht unbemerkt bleiben.

Je erfolgreicher sie werden, desto schlechter können sie sich fühlen. Sie mögen den Erfolgsgedanken, aber sie machen sich Sorgen, in eine höhere Steuerklasse aufzusteigen, in Läden erkannt zu werden, während sie sich durch einen Haufen minderwertiger Unterwäsche wühlen, oder dass jemand sie nur ihres Geldes wegen heiraten wollen wird.

Finanzielle Realität

Scheuen Sie keine Kosten, um bei einer Sache
Geld zu sparen.
Samuel Goldwyn (1879–1974),
Handschuhmacher, der Filmmogul wurde

Jungfrauen sind finanziellen Torheiten gegenüber nicht immun. Sie sind nur begabt darin, dem Ganzen einen besseren Dreh zu verpassen. Wenn ein anderes Zeichen aus irgendeinem fadenscheinigen Grund Jalousien aus Bio-Holz kauft oder sein Gesicht erneuern lässt, um einen baldigen Exgatten zu beeindrucken, ist das extravagant. Wenn aber eine Jungfrau eine komplette neue Frühlingsgarderobe auf Pump erwirbt, ist das Ironie, eine »Hommage« an die Gesellschaft und/oder eine vernünftige Reaktion auf das wirtschaftliche Klima. Jungfrauen stimmen dem britischen Komiker Spike Milligan darin zu, dass Geld, obgleich es kein Glück kaufen kann, doch immerhin eine viel angenehmere Form des Elends ermöglicht. Aber Jungfrauen sind eher armuts- denn wohlstandsbewusst: Sie konzentrieren sich auf das, was sie nicht haben, oder auf ihre Angst, der sauberste und organisierteste Bettler der Welt zu werden, statt auf ihre eigene Fähigkeit, Reichtum zu schaffen, zu vertrauen.

Ihr Perfektionismus ist derart vollkommen, dass die arme Jungfrau sich immer des »Du sollst« bewusst ist. Es ist nicht einfach, ein altmodisches Arbeitsethos und bescheidene Erwartungen mit dem heimlichen Drang zu verbinden, ein internationales Jetset-Leben von unglaublich schillernder Oberflächlichkeit zu führen. Selbst Jungfrauen, die für ihre nächste Tube Zahnpasta sparen, werden sich fröhlich selbst quälen, indem sie Artikel über die Vor- und Nachteile des Time-Sharings eines Privatjets lesen.

Sie verspüren Gier nach Dingen, aber nur, wenn das betreffende Objekt extrem nützlich ist. Anders als ihre Cousins, der Löwe und der Steinbock, werden sie sich nicht wegen eines angeblichen Statussymbols in Schulden stürzen. Die Jungfrau würde sich eher für einen Weizengras-Saft, einen ergonomischen Stuhl, auf dem man geniale Dinge aussheckt, Bio-Wimperntusche, die die Augen vor Computerstrahlung schützt, oder ein Salbei-Gurgelwasser verausgaben.

Ein sanfter Wind bläst die neue Richtung der Zeit.
D. H. Lawrence (1885–1930),
britischer Schriftsteller, dessen Roman *Lady Chatterley's Liebhaber* (1928) verboten wurde, weil er als zu gewagt galt. Er schrieb am liebsten, »wenn gereizt«, da es ihm »mit Niesen« vergleichbar schien.

Bei der Jungfrau zu Hause

Man offenbart sich dadurch, was man tut.
Fay Weldon (*1933),
britische Roman- und Drehbuchautorin, bekannt für ihre scharfsinnige Ironie. Sie schreibt kluge, analytische Parabeln auf Beziehungen.

Ein leuchtendes Vorbild extremer Organisation ist das ideale Zuhause der Jungfrauen – nicht, dass sie dem notwendigerweise gerecht würden. Das Traumhaus der Jungfrau hat eine unendliche

Anzahl Einbauschränke als Stauraum. Kein Krimskrams möge den jungfräulichen Ordnungssinn beeinträchtigen. Sie stehen wirklich auf das beinahe-göttliche Aussehen geschrubbter Fußböden und reiner weißer Vorhänge.

Jungfrauen sind, neben den Skorpionen, die zwanghaften Reiniger des Tierkreises. »Es ist schmutzig«, kreischen sie, wenn sie einen einzelnen Streifen Staub auf einer Fußleiste entdecken. Selbst die Luft im Haus einer Jungfrau wird reiner sein als andernorts, da viele von ihnen in negative Ionisierer oder Luftreiniger investieren. Während sie die Leistungsfähigkeit industrieähnlicher Küchen aus rostfreiem Edelstahl bewundern, sind sie durchaus in der Lage, in einer verrückten Säuberungsaktion den Ofen rauszuwerfen. Sie leben in Furcht vor Schmutz und davor, dass man sie für zu angestrengt hält beim Versuch, trendig zu sein. Völlig uninteressiert an Schnickschnack, können Jungfrauen beißenden Spott gegenüber modischem Dekorationsfimmel an den Tag legen, daher ihr ständiges Streben nach sauberen Oberflächen ohne etwas darauf. Man findet die Jungfrau nicht beim Herumschleichen im neuesten Designermöbelhaus, bei der Überlegung, ob sie das Sofamodell vergangener Woche oder jenes vergangenen Monats nehmen soll. Mit größerer Wahrscheinlichkeit trifft man sie im Atelier des Möbelschreiners oder des Polsterers an, wo sie Stunden damit verbringt, über Stoffmuster gebeugt nach jenem schwer definierbaren »richtigen« Bezug zu suchen.

Die bevorzugten Dekorationsgegenstände der Jungfrauen sind Bücher – sie können ziemlich schicke Arrangements erstellen, indem sie einfach Stapel davon herumschieben. Jungfrauen mögen Einrichtungsgegenstände mit abnehmbaren Überzügen (die alle paar Tage trockengereinigt werden können), jeglichen Fortschritt im Gebiet der Schädlingsbekämpfung und die zeitlose Gelassenheit von gedämpftem Beige.

Die verliebte Jungfrau

Es ist nicht immer klug,
einzigartig zu erscheinen.
Taylor Caldwell (1900–1985),
außerordentlich produktive Romanschriftstellerin,
die Bestseller am Fließband schrieb

Eine verliebte Jungfrau kann eine entsagende Jungfrau sein, die das Glück auf später verschiebt, wenn der Körper trainiert, die Haare von Spliss befreit und das Haus dem unsichtbaren Jungfrauenideal genauer entspricht. Die Jungfrau ist das kritischste Zeichen von allen, aber wissen Sie was? Auch sie macht Pause, wenn es um ihr eigenes Liebesleben geht. Jungfrauen mögen den Gedanken, dem Leben eines angeblichen Künstlergenies oder einer problematischen Person Form und Funktion zu verleihen. Dann nörgelt die Jungfrau darüber, dass sie die unbezahlte Muse, Sekretärin oder Darlehensquelle ist.

Es scheint beinahe so, als ob die Jungfrau wüsste, dass die einzige Möglichkeit, ihrem Ruf als Nörglerin zu entkommen, darin liegt, eine leidenschaftliche und gestörte Liebesaffäre zu haben.

Im Idealfall braucht sie jemanden, der ihre Werte teilt und ihre Anregungen zur (Selbst-)Verbesserung zu schätzen weiß. Wie ihrem Cousin, dem Zwilling, kann es der Jungfrau an Intimitätsfertigkeiten mangeln, aber sie macht dies durch ihren Einsatz von Sinnlichkeit wett.

Die Vertreter dieses Zeichens sind bekannt als die heimlichen Fetischkünstler des Tierkreises. So lange man sich nicht darüber aufregt, dass sie aus dem Bett stürzen, um die Laken nach dem Sex zu wechseln, sind sie berühmt für ihre Bettfertigkeiten.

Was ihnen am meisten zu schaffen macht, sind die »Wir«-Gespräche.

Der/die Jungfrauen-Partner/in: Ich bin so verbittert und fühle mich zugleich so verloren und so entfremdet von dir. Ich möchte wirklich, dass du …

Die Jungfrau: Das ist interessant. Ich habe gerade diesen unglaublichen Zeitschriftenartikel über moderne Ehen von diesem Autor gelesen, du weißt schon, von dem, der auch den Artikel über die Sufi-Religion geschrieben hat …

Jungfrauen sind oft nicht romantisch im klassischen Blumen-, Parfüm- und Pralinen-Sinn. Sie finden, diese Art von Verhalten passt besser zu schuldigen Ehebrechern und dergleichen. Die Jungfrau bevorzugt aufmerksame kleine Gesten, wie zum Beispiel sich daran zu erinnern, welches Buch jemand gelesen hat, damit sie fragen können, wie es war; die Toilette in tadellosem Zustand zu verlassen; und vom Kritteln abzusehen, wenn ihr Partner am Telefon ist. Anders als die Tagebücher anderer Sternzeichen, geht es in der jungfräulichen Version nicht um die Jungfrau. Es handelt sich vielmehr um eine umfassende Datenbank, die jede einzelne Übertretung ihres Partners auflistet. Doch sobald sie ihren Seelenverwandten gefunden haben und glücklich sind, sind die Jungfrauen (insgeheim) die besten Partien des Tierkreises.

JUNGFRAU – WIDDER: Der Schafbock glaubt, dass jeder, der seiner Meinung widerspricht, ein völliger Schwachkopf ist. Die Jungfrau ist umsichtiger. Immer willens, alle Aspekte einer Situation zu berücksichtigen, erreicht die Jungfrau viel durch sorgfältige Evaluation. Was also geschieht, wenn die jungfräuliche Verstandeskraft auf den *Elan vital* des Widders stößt? Einer wird wohl gezwungen sein, einen Kompromiss einzugehen. Ein lösbares Problem bei anderen Sternzeichen, beim Widder möglicherweise eine unüberwindliche Hürde. Debattieren ist die Kernkompetenz des Schafbocks. Er liebt es zu streiten und wird sich dem ununterbrochen widmen, bis er entweder gewinnt oder einschläft. Die Jungfrau ist ein geschickter und skrupelloser Streitpartner. Diese beiden könnten viel Zeit mit verbalen Kriegen verbringen. Wenn dies ein großer Anreiz ist und das Gezänke in einen wesentlichen Teil des Vorspiels umgewandelt werden kann, gedeiht die Liebe. Offiziell verurteilt der Widder die Sucht der Jungfrau nach belanglosen Details, aber heimlich bewundert er sie dafür. Die Jungfrau ist entsetzt, wie viel Energie ein Widder damit verbrennt, dass er herumstapft, um eine völlig undurchführbare Idee umzusetzen, wird aber in Ehrfurcht versetzt, wenn es ihm tatsächlich gelingt. Der Widder liebt, dass die Jungfrau so weltgewandt, erotisch informiert und ganzheitlich zusammengesetzt ist.

Angesagte Duos: Harry Connick Jr. & Jill Goodacre, Chris Evans & Billie Piper, Dorothea Tanning & Max Ernst, Anna Magdalena Bach & J. S. Bach .

JUNGFRAU – STIER: Jungfrau und Stier sind von Tag eins an scharf aufeinander. Da beide Erdzeichen sind, ist ihnen eine gesunde Libido, die Lust an Dingen und abgeklärtes Wohlwollen gemeinsam. Von außen wirken diese beiden wie ein Paar vernarrter Teenager. Der Stier verehrt die Selbstbeherrschung der Jungfrau und liebt es einfach, ihre reizbaren Nerven mit sinnlicher Aufmerksamkeit zu beruhigen. Die Jungfrau genießt es, den Stier zu necken und die Grenzen seines zugegebenermaßen manchmal engstirnigen Geistes zu testen. Dies ist eins der reizendsten Duos des Tierkreises. Probleme tauchen in diesen freundlichen Gefilden dann auf, wenn beide ihrer kontrollbesessenen Seite freien Lauf lassen. Der Stier versucht, den fein kalibrierten Jungfrauenverstand zu kontrollieren. Die Jungfrau

rebelliert – und eine verrückt spielende Jungfrau ist ein furcht-
einflößender Anblick. Die Jungfrau ärgert sich über die Unordnung und den – scheinbaren – Mangel an Selbstdisziplin des
Stiers. Andererseits haben viele Stiere gerne eine Jungfrau um
sich herum, die ihnen sagt, dass sie nicht so viel Butter auf ihre
Kartoffeln tun sollen. Das Zuhause der Jungfrau und der Kuh
ist eine Insel kultivierten Lebensstils.

Angesagte Duos: Mel Ferrer & Audrey Hepburn, Ingrid Bergman
& Roberto Rossellini, Faith Hill & Tim McGraw, Christopher
Isherwood & Don Bacard, Cherie Booth Blair & Tony Blair, Re-
becca Miller & Daniel Day Lewis.

JUNGFRAU – ZWILLINGE: Die Jungfrau kann der Dr. Frankenstein
der Liebe sein, die nicht so sehr eine Beziehung, sondern eher
ein menschliches Experiment genießt. Die Jungfrau liebt es zu
nörgeln, der Zwilling hasst es, wenn an ihm herumgenörgelt
wird. Die Jungfrau liebt es, ein klein bisschen zu moralisieren,
die Zwillinge können es nicht ausstehen, wenn man ihnen mora-
lisierend kommt. Wenn der Zwilling daran erinnert werden will,
dass er Zahnseide verwenden soll, geht er zum Zahnarzt. Moral?
Daran sollen Anwälte und Buchhalter sich die Zähne ausbei-
ßen. Die Jungfrau fühlt sich vom sorglosen Witz des Zwillings
angezogen, und der Zwilling liebt den Verstand – und den Körper – unserer Jungfrau. Beide sind intelligent und haben Spaß
an Wortspielen. Wenn Reden alles wäre, was es zu einer liebevollen Beziehung braucht, hätten diese beiden ausgesorgt. Aber
die Amoralität des Zwillings verletzt den jungfräulichen Sinn für
Anstand! Die Jungfrau kann nicht glauben, wie leichtsinnig dieses Zeichen mit den Gefühlen anderer Leute umgeht. Die immer
auf Beobachtungsposten befindliche Jungfrau fühlt sich durch
Flirterei verletzt. Der Zwilling ist einer der unverschämtesten

Flirter des Tierkreises. Aber grundlegende Spannungen können durch eine starke geistige und körperliche Bindung überwunden werden. Der Zwilling versteht, dass die jungfräuliche Ordnung ihrer Begabung eine Richtung verleiht. Die Jungfrau liebt die andauernde Stimulation durch den Zwilling. Jeder entflammt am anderen.

Angesagte Duos: J. W. Goethe & Christiane Vulpius, Clara Schumann & Robert Schumann, Prinz Albert & Königin Victoria, Sir Richard Attenborough & Lady Sheila Attenborough, David Arquette & Courtney Cox, Carine van Houten & Sebastian Koch.

JUNGFRAU – KREBS: Obschon es der Jungfrau unvorstellbar vorkommen mag, gibt es ein paar persönliche Dilemmas, welche die Logik nicht zu erhellen vermag. Die Beziehung mit der Krabbe könnte ein solches sein. Die Jungfrau fühlt sich normalerweise nicht wohl mit überschwänglichen Gefühlen. Die Krabbe hat viele davon. Die Jungfrau sagt: »Reiß dich zusammen«, und die Krabbe verliert jeglichen Zusammenhalt. Diese beiden als Paar machen den Eindruck, als seien sie beinahe sofort verheiratet. Es ist, als ob sie die Phase des Kleider-vom-Leib-Reißens überspringen und direkt zu Nachmittagsspaziergängen übergehen, während sie über den Preis von allem und jedem quatschen. Sexuelle und geistige Kompatibilität sind meistens gegeben. Es fühlt sich an, als wären sie Seelenverwandte, und als könne nichts sie auseinanderbringen. Was aber könnte? Anschuldigungen. Beide Parteien sind großartig im Beschuldigen und Vorwerfen. Jeder von ihnen kann sich aus einer ansonsten wunderbaren Beziehung herausmartern. Krabben wollen die praktischen Jungfrauen-Ratschläge zu Ernährung und Ausmisten nicht hören. Die Krabbe will, dass die Jungfrau ihren Schmerz fühlt, nicht, dass sie dämliche pragmatische Lösungen liefert.

213

Angesagte Duos: Barbara Bach & Ringo Starr, Ben Bradlee & Sally Quinn, Ferdinand Marcos & Imelda Marcos, Jean-Michel Jarré & Isabelle Adjani, Oliver Parker & Thandie Newton.

JUNGFRAU – LÖWE: Altmodische Astrologen nannten die Jungfrau die Zofe des Löwen. Furchterregend? Für die Jungfrau schon. Dem Löwen gefällt der Gedanke irgendwie. Vielleicht geht es der Jungfrau im Geheimen ähnlich – ein anspruchsvoller Löwen-Charakter bietet der Jungfrau die Gelegenheit, in ein schickes, kleines Büßerhemd zu schlüpfen. Während der Löwe sich wie die Femme fatale Tallulah Bankhead oder wie ein bankettierender Heinrich VIII. benimmt, schleicht die Jungfrau schweigsam umher und sendet unsichtbare Anschuldigungsstrahlen aus. Löwen sind Leute, die das große Ganze betrachten und sich selbst als die Regisseure ihres eigenen Lebens sehen, natürlich mit großzügigen Produktionskosten. Sie können eine Menge an Details übersehen, während die Jungfrauen eher auf die kleinen Einzelheiten des Lebens stehen. Der Löwe hasst es, dass die Jungfrau wirklich kultivierter ist. Der Löwe ist, trotz des Oberflächenglanzes, ein simpler Mensch, der emotional oft in der Pubertät steckengeblieben ist. Jeder macht dem anderen so lange Komplimente, wie beide vorgeben, den anderen zu mögen. Wie das geht? Die Jungfrau schmeichelt den erstaunlichen analytischen Fähigkeiten des Löwen, und der Löwe bewundert überschwänglich das Aussehen und den Sex-Appeal der Jungfrau. Wenn jeder sich dem anderen in Zusammenarbeit öffnet, besitzt dieses Duo Dynamik.

Angesagte Duos: Guy Ritchie & Madonna, Willie Gordon & Isabel Allende, D. H. Lawrence & Frieda Lawrence, George Putman & Amelia Earhart.

JUNGFRAU – JUNGFRAU: Viele Jungfrauen stellen sich gerne als Anti-Jungfrauen dar. »Ich bin so dreckig und unorganisiert«, sagen sie mit affektiertem Lächeln, um auf ein einzelnes Haar mit einem Ansatz von Spliss zu zeigen, das ihr Argument unterstreichen soll. Aber wenn eine Jungfrau die andere trifft, ist das Spiel aus. Diese beiden verstehen einander vollständig und sind bereit, es mittels Mega-Beziehungs-und-Schwächen-Analyse miteinander aufzunehmen. Es können sich aber nicht zwei Jungfrauen zugleich im Recht fühlen. Man könnte meinen, diese beiden wären unglaublich ordentlich, aber nein! Es ist beinahe so, als ob sie sich gegenseitig neutralisieren würden. Besessen von Sauberkeit, regen sie sich jeweils enorm über die Unordnung der anderen Jungfrau auf. Ihr eigenes Chaos? Das ist das Produkt von Kreativität und/oder einem geschäftigen Lebensstil. Zusammen wohnende Jungfrauen sollten nach Möglichkeit jeweils ein eigenes Bad und einen Ankleideraum haben, damit sie dem Unmut über ihre Garderobe und den Zustand ihrer Gepflegtheit freien Lauf lassen können. Sie verstehen einander wirklich und werden im Bett und durch gegenseitige Hinweise auf Tippfehler zusammengeschweißt. Beide haben Spaß daran, die Marotten ihrer Freunde, Familien und Kollegen zu analysieren.

Angesagte Duos: Dave Stewart & Siobhan Fahey, König Ludwig von Bayern & Lola Montez.

JUNGFRAU – WAAGE: Die Hl. Jungfrau liebt es, die Liste mit den aktuellen Pflichten in Angriff zu nehmen. Die Waage sagt: »Großartig«, und bucht eine Maniküre oder setzt sich hin, um ein bisschen zu dichten. Die Jungfrau und die Waage haben exzellente Chancen, bis an ihr Lebensende zusammen glücklich zu sein. Beide müssen nur gewillt sein, ein paar Aspekte ihres

innersten Wesenskerns anzupassen. Die Waage liebt den jungfräulichen Sinn für das Korrekte und Nicht-Korrekte. Die Jungfrau liebt die Ästhetik und den Fairness-Fetisch der Waage. Die
Jungfrau muss sich mit Anschuldigungen zurückhalten und kli-
scheehaftere, romantische Aussagen in ihr Gesprächsrepertoire
aufnehmen. Eine Frage betreffend den Teint der Waage muss
nicht mit brutaler Jungfrauen-Genauheit beantwortet werden.
Der Vergleich mit einem Pfirsich oder einem Baby reicht völlig
aus. Die Waage will Liebessonette. Die Jungfrau will mehr Bettaktivitäten. Die Jungfrau will Ersparnisse und Sicherheit. Die
Waage mag, was die Waage im betreffenden Moment gerade
mag. Die Waage sieht etwas, das man haben muss; die Jungfrau
sieht darin ein Objekt, das man nicht haben darf. Die Waage
wendet sich in schmeichlerischem Charme-Modus jemand anderem zu. Wenn diese klitzekleinen Hindernisse überwunden
werden können, verbinden diese beiden sich über den Tratsch,
die Feinheiten des Lebens und das starke Gefühl, dass der eine
den anderen unbedingt braucht.

Angesagte Duos: Jada Pinkett Smith & Will Smith, Elaine Ir-
win & John Cougar Mellencamp, Prinz Harry & Chelsy Davy,
Martina Gedeck & Markus Imboden, Lady Antonia Fraser &
Harold Pinter.

JUNGFRAU – SKORPION: Die Jungfrauen sind zwanghaft. Skorpione sind besessen. Es funktioniert! Jungfrauen leben davon,
schlank und sauber zu sein. Skorpione mögen es, ihren Gelüs-
ten nachzugeben, und glauben an die Macht ihrer ungewasche-
nen pheromonalen Anziehungskraft. Es funktioniert nicht! Der
Skorpion will Sex, wann er ihn will. Die Jungfrau mag es nicht,
ohne vorherige Zahnseidenanwendung zu kopulieren. Aber beide verstehen die Intensität des anderen vollkommen, ohne im

Geringsten nervös zu werden. Die Jungfrau lehrt den Skorpion, empfänglich auf die jungfräulichen Motivationsreden zu reagieren. Der Skorpion bringt die Jungfrau dazu, ein bisschen tiefschürfender zu denken. Der Skorpion sagt Schicksal. Die Jungfrau bevorzugt die etwas wissenschaftlichere Vorstellung von Synchronizität. Alle diese Dinge werden besprochen, und was nicht ausdiskutiert werden kann, wird im Bett durchgearbeitet. Dieses Paar kann so kompatibel sein, dass es letztlich bei Weitem zu viel Zeit zusammen verbringt, eine Geheimsprache entwickelt und andere befremdet. Aber das kümmert sie nicht. Beide sind sich einig, dass es keinen Sinn macht, in einer Beziehung zu sein, wenn sie nicht das vollständige Eintauchen in den anderen bedeutet.

Angesagte Duos: Leo Tolstoi & Sonya Tolstoi.

JUNGFRAU – SCHÜTZE: Die Jungfrau ist perfekt, aber die Welt ist es nicht. Das ärgert die Jungfrau. Der Schütze liebt die Welt im Allgemeinen, Imperfektionen und alles eingeschlossen. Das ärgert die Jungfrau. Zwei Teile, beide davon wirklich cool, die keine Summe ergeben können? Zwei Leute, die wirres Zeug reden und einander nicht hören können? Das könnte passieren. Besonders, wenn die Jungfrau den Schützen damit nervt, dass er genug saubere Unterwäsche auf seinen Campingausflug mitnehmen soll. Beide sehen sich jeweils als Lehrer in der Beziehung. Keiner ist gewillt, den fleißigen Schüler zu mimen, obschon sie es versuchen, wenn die Leidenschaft noch jung ist. Der Schütze kann zu unverblümt sein für die kultivierte Jungfrau. Der Schütze hält die Jungfrau für zu realistisch oder – in der Sprache des Schützen – für selbsteinschränkend. Aber Wunder geschehen, wenn die Funken zu stark sind, um zu erlöschen. Beide erklären sich bereit, abwechslungsweise Lehrer und Schüler zu spielen.

217

Der Schütze ist einverstanden, die höfliche Jungfrau zu respektieren. Die Jungfrau gibt – natürlich nur vorübergehend – alle Vorsicht auf und folgt dem Schützen auf eine theoretisch unmögliche Mission. Wenn diese Synergie zustande gebracht ist, ist keiner auch nur im Geringsten gelangweilt. Jeder verleiht dem anderen Schwung, und sinnliche Befriedigung entspringt dem Bund getreuer Herzen.

Angesagte Duos: Sophia Loren & Carlo Ponti, Conrad Black & Barbara Amiel, Hugh Franklin & Madeleine L'Engle, H. G. Wells & Rebecca West, Liam Gallagher & Nicole Appleton, LeAnn Rimes & Dean Sheremet.

JUNGFRAU – STEINBOCK: Endlich! Die Chance einer Beziehung mit einer gesunden Lebensform. Es ist zu aufregend. Beide sind so klug, und sie wissen es auch. Die Jungfrau ist gesund, der Steinbock vermögend. Oder vielleicht andersherum. Wie auch immer, dies ist das dynamische Duo der Liebe, des Sex und der Arbeit. Die Gesellschaft des anderen genießend, inspirieren und stimulieren sich diese beiden gegenseitig in jeder Hinsicht. Beide sind Erdzeichen und willens, zuerst die Plackerei zu leisten, um später zu ernten. Der Steinbock wird die bis tief in die Nacht arbeitende Jungfrau nicht anrufen, um über mangelnde gemeinsame Zeit zu jammern. Die Jungfrau wird nicht über die emotionale Unerreichbarkeit des Steinbocks zetern. Der Steinbock liebt den Stil und die Organisationsfähigkeiten der Jungfrau. Beide sind respektvoll und unterstützen einander. Die Bettaktivitäten sind pure Freude. Der Gedanke, sich gemeinsam niederzulassen, ist himmlisch. Die gegenseitige Ehrung von Ehrgeiz könnte die gemeinsame Zeit allerdings unterminieren. Raum für Träumereien zu schaffen, erinnert die Jungfrau und den Steinbock daran, was sie sonst noch teilen. Zuneigung fließt

mit Leichtigkeit. Streitigkeiten werden mit der Effizienz der Erdzeichen gelöst.

Angesagte Duos: K-Ci & Mary J. Blige.

JUNGFRAU – WASSERMANN: Die Jungfrau ist perfekt, und der
Wassermann glaubt – trotz aller gegenteiligen Beweise –, er sei
es auch. Beide sind sehr eigen in ihrer Vorstellung davon, wie
das Leben gelebt werden müsse. Sie sind ein Paar verrückter
Fanatiker. Wenn aber die Jungfrau aufhört, ihre Eigenheiten als
Bewusstsein zu betrachten und die des Wassermanns als sture Exzentrizität, können diese beiden wunderbar verschmelzen.
Beide sind es seit ihren frühesten Jahren gewöhnt, sich wie Au-
ßerirdische zu fühlen. Zusammen erbauen sie ein Mini-Para-
dies, weit weg von der wahnsinnig machenden Meute. Probleme könnten aufgrund des wassermännischen Mangels an Libido
auftauchen. Verglichen mit dem irdischen Appetit der Jungfrau
kann der Wassermann kaltblütig erscheinen. Aber dies lässt sich
mit einem umfassenden vorehelichen Vertrag im Jungfrauenstil
umgehen. Die Jungfrau erkennt, dass die wassermännische Aura
des ego-losen Guru eine Pose ist und der Wassermann eher einem New-Age-Löwen gleicht. Snobismus bringt und hält diese beiden zusammen. Beide sind liebevolle und einflussreiche
Freunde einer ausgewählten Menge von Leuten, fühlen sich aber
im Geheimen der großen Masse überlegen.

Angesagte Duos: Lauren Bacall & Humphrey Bogart, Richard
Gere & Carey Lowell, Jeremy Irons & Sinéad Cusack, Baz Luhrmann & Catherine Martin.

JUNGFRAU – FISCHE: Das ist die Verbindung astrologischer Gegensätze, aber keinen von beiden kümmert's. Zunächst. Die

Jungfrau kann nicht glauben, dass der Fisch so fröhlich ein so exzentrisches und turbulentes Leben führen kann. Der Fisch fragt sich, was der »magische Realismus« an sich hat, das die Jungfrau nicht versteht. Der Fisch sagt »Wiedergeburt«, die Jungfrau »DNA«. Die Jungfrau im Gesundheitsmodus sagt Nein zum Frühstücks-Croissant und entscheidet sich stattdessen für einen zünftigen Morgenspaziergang. Der Fisch isst »Seelennahrung« und verliert dann die Nerven, macht einmal Pilates und im nächsten Moment Stammestänze der Eskimos. Die Jungfrau zeigt Anzeichen von Stress. Der Fisch sagt: »Na und?« Aber diese beiden können gut füreinander sein. Jeder hat etwas, das der andere heimlich benötigt. Der Fisch liebt die Freiheit, wirklich organisiert zu sein. Die Jungfrau ist begeistert, wie verzaubert das Leben sein kann, wenn es durch surreale Fisch-Augen betrachtet wird. Wenn beide Parteien dieser Liebesaffäre lernen können, dem anderen zuzuhören und von ihm zu lernen, findet eine eigenartige Verschmelzung statt, in der jeder sich dem anderen annähert und in diesem Prozess wächst.

Angesagte Duos: Claudia Schiffer & Matthew Vaughn, Gloria Estefan & Emilio Estefan.

Sind Sie wirklich eine Jungfrau?

1 Wenn Sie die Verfilmung eines großen Romans schauen, fühlen Sie sich mit größter Wahrscheinlichkeit …
   (a) beeindruckt von der Vision und sehr interessiert daran, wie der Roman interpretiert wurde.
   (b) ist doch egal, Sie gehen ja nur zur Unterhaltung ins Kino.

(c) frustriert, da der Film einfach zu viele Fehler und Pannen aufweist, als dass Sie alle im Kopf behalten könnten, um nachher darüber herzuziehen.

2 In einer leidenschaftlichen Tirade beschuldigt Ihr/e Liebhaber/in Sie, ihn/sie in beinahe jeder Hinsicht im Stich gelassen zu haben. Sie …
(a) sind empört – Sie hören zu, entschlossen, die Sache richtigzustellen.
(b) widerstehen der Tyrannei – die Liebe ist keine Diktatur.
(c) korrigieren hilfsbereit seinen/ihren überstrapazierten Mangel an Grammatik – es heißt »hätte nicht missbrauchen *sollen*«, nicht »hätte gesollt«.

3 Verirrte Haare im Essen oder in der Badewanne …
(a) kommen vor. Na und?
(b) sind eklig.
(c) treiben Sie komplett in den Wahnsinn.

4 Ihre Bücherregale sind …
(a) unordentlich, aber noch immer ein Spiegel dessen, wer und was Sie sind.
(b) eine wunderbare Quelle, deren Sie nie überdrüssig werden.
(c) alphabetisch geordnet, sollten aber nach dem echten Dewey-System klassifiziert werden, sobald Sie die Gelegenheit haben.

5 Die komplizierte Beziehung eines engen Freundes scheitert letzten Endes. Sie sagen …
(a) irgendetwas, um das Thema zu wechseln – Sie haben es so satt.

221

(b) dass der Gin kalt gestellt ist – komm vorbei.

(c) Ich hab's dir doch gesagt.

6 Sie sind der Ansicht, dass die Handtuch-Kollektion eines Haushalts …

(a) nach Farben geordnet und flauschig sein sollte.

(b) so aufgebaut sein sollte, dass im Bedarfsfall immer ein sauberes Handtuch vorhanden ist.

(c) aus gesundheitlichen Gründen sonnengetrocknet sein sollte, und jedes Handtuch sollte zugleich auch als Luffaschwamm dienen können.

Antworten: Wenn Sie mehrheitlich (c) angekreuzt haben, dann sind Sie offiziell eine Jungfrau – sexy, organisiert und immer im Recht. Sollten Sie (a) und (b) angekreuzt haben, dann haben Sie noch andere Astro-Einflüsse, die mit Ihrer Jungfrauen-Sonne konkurrieren.

Waage

(24. September – 23. Oktober)

Das Wesen der Waage

Manchmal bin ich so süß,
dass ich es selbst nicht ausstehen kann.
Dame Julie Andrews (*1935),
britische Sängerin und Schauspielerin, die in den Filmhits
Mary Poppins und *The Sound of Music* spielte

Frage: Wie viele Waagen benötigt man, um eine Glühbirne zu wechseln?
Antwort: Äh, eine. Nein, machen Sie zwei. Nein, eine … falls *Sie* dieser Ansicht sind.

Wie ihr Cousin, der Stier, werden auch die Waagen von Aphrodite aka Venus regiert, der Göttin der Liebe und der Schönheit. Astronomisch betrachtet handelt es sich um einen blau-grünen Planeten, der mehrheitlich aus Sumpfland besteht und einen Großteil des Jahres von Nebel umhüllt verbringt. Sehr waageartig?

Ihre venusische Regentin gewährt den Waagen ein lebhaftes Interesse an der Kunst der Liebe, der Verführung und bequemen Einrichtungsgegenständen. Es sind taktile Wesen, die in alle sinnlichen Erscheinungsformen der Schönheit verliebt sind.

Das Astrosymbol der Waagen ist die Waage. Jedes andere Zeichen hat ein Tier oder eine Person. Die Waage ist das einzige Zeichen, das durch ein unbelebtes Symbol repräsentiert wird. Dabei handelt es sich nicht um eine Küchenwaage, auf der man Parmesan für die Lasagne wägt, noch um jene, auf der man die Auswirkungen der Lasagne auf das eigene Gewicht ablesen kann. Stellen Sie sich eine altmodische Version mit Schalen auf beiden Seiten vor, die sich im Gleichgewicht befinden, wenn sie gleich schwer sind.

Das Streben nach der perfekten Balance ist immer das Problem der Waagen. Tatsächlich können sie in manchen Fällen überhaupt nicht ausgeglichen sein – manche von ihnen sind in etwa so ausgeglichen wie der Schiefe Turm von Pisa –, aber ihr Astro-Ziel liegt darin, eine ausgewogene Meinung, ein ebensolches Budget und Machtgleichgewicht in ihren Beziehungen zu erlangen.

Idealerweise ist eine Waage sorgfältig ausgeglichen zwischen Tag und Nacht, Yin und Yang, Passivität und Aggressivität. Entsprechend lautet ihr Astro-Motto: »Ich balanciere« beziehungsweise: »Ich kooperiere«. Eine andere Version lautet: »Ich suche mich selbst durch innere Einheit.« Vielleicht sollte es eher »Ich schwanke« lauten, denn das ist das unvermeidliche Resultat ihres Strebens nach dem Gleichgewicht. Waagen können sich sehr schnell entscheiden, wenn es um Wimperntusche, die man unbedingt haben muss, oder passende Manschettenknöpfe geht, sind aber oft unentschieden in anderen Dingen. Sie können immer auch die andere Seite eines Arguments nachvollziehen.

Aufgrund dieser Fähigkeit werden Waagen gelegentlich als eine Art verlockender Quallen porträtiert. Besonders die »fixen« Zeichen – Stier, Löwe, Skorpion und Wassermann – können nicht verstehen, warum die Waage sich nicht einfach entscheiden kann, was sie denkt, und dabei bleibt.

Nein, ihnen gefiel dieser Film auch nicht. Ja, sie können vollkommen verstehen, warum er wert ist, geliebt zu werden. Der Waagen-Drang nach Balance, zusammen mit ihrem unbestreitbaren Charme, lässt sie begehrte Gefährten und Gäste sein. In manchen Kreisen – wie beispielsweise denen frisch Geschiedener – kann die Unfähigkeit der Waage, Farbe zu bekennen, sehr nützlich sein. Es ist auch wohltuend, jemanden zu treffen, der keine starre Meinung zu etwas so Langweiligem wie Politik hat.

Die Waage ist ebenfalls ein Luftzeichen, wie die Zwillinge und der Wassermann. Geistig orientiert, mag sie die Dinge heiter und leicht. Das verleiht der Waage Intelligenz und Witz, zusammen mit einer leicht erhöhten Wahrscheinlichkeit gegenüber nicht-luftigen Zeichen, verrückt zu werden. Nicht, dass dies die Waage kümmern oder dass sie dies bemerken würde, solange sie weiterhin eingeladen wird.

Darüber hinaus ist die Waage ein sogenanntes »kardinales« Zeichen, herrisch und im Wesentlichen unternehmerisch wie der Widder, der Steinbock und der Krebs. Diese Leute haben Mittel, um ihren Willen durchzusetzen. Sie sind, wie die Waage-Frau und frühere britische Premierministerin Margaret Thatcher einmal beschrieben wurde, die »eiserne Faust in einem Samthandschuh«.

Der Nachweis einer erstklassigen Intelligenz besteht darin, zwei gegensätzliche Ideen gleichzeitig zu denken und noch immer zu funktionieren.
F. Scott Fitzgerald (1896–1940),
erfolgreicher amerikanischer Schriftsteller,
der sowohl für seinen glänzenden Hedonismus als auch
seine literarische Begabung gefeiert wurde.
Seine meistverkauften Romane sind *Der große Gatsby,
Diesseits vom Paradies* und *Der letzte Tycoon.*

Waagen in Hochform sind …

*Egal, was für ein großartiger Mensch Sie sind,
egal, wie liebevoll und ehrlich Sie sind,
es gibt keine Garantie dafür,
dass irgendjemand anderes
sich so verhalten wird wie Sie.*
Alicia Silverstone (*1976),
hinreißende, schmollende
Hauptdarstellerin im Film *Clueless*

SÜSS. Alle verlieben sich in die Waage. Manche erholen sich nie davon. Leute im öffentlichen Nahverkehr fühlen sich gezwungen, Waage-Kindern Komplimente zu machen. Kinder mögen Waagen. Katzen mögen Waagen. Selbst die Verkehrspolizisten mögen Waagen. Vögel umfliegen den Kopf der Waage, so dass sie ihr Geschäft über einem anderen Kopf erledigen können. Waagen ist es oftmals nur dumpf bewusst, dass nicht alle Leute so leben. Sie wundern sich, warum sie so schlecht über Banken sprechen, wo doch der Direktor immer so charmant und hilfsbereit ist. Sie ziehen Bewunderung und Neid im selben Maße auf sich. Die Eiskunstläuferin Nancy Kerrigan war so süß und talentiert, dass sie ihre Kollegin Tonya Harding derart in den Wahnsinn trieb, dass diese versuchte, sie zu verstümmeln. Nancy machte weiter und gewann ihre Medaille sowie Anerkennung dafür, dass sie Tonya verzieh. Waagemänner erhalten die zuvorkommendste Bedienung von der mürrischsten Kellnerin. Die Waage lächelt und rät griesgrämigeren Leuten, Lavendelöl in ihr Badewasser zu tun, wie sie selbst es auch tut.

VERNÜNFTIG. Waagen sind spezialisiert auf unvoreingenommene Beratung, ein wahrer Segen für alle Glücklichen, die in ihrem Umfeld weilen. Sollte eine Situation aufkommen, die Mediation benötigt, ist die Waage auch schon da, bereit und willig, den Standpunkt der anderen Person zu hören und nachzuvollziehen. Okay, Waagen stimmen auch mit dem irischen Dramatiker Oscar Wilde überein: »Nichts ärgert einen Feind so sehr wie Vergebung.«

SCHÖN. Wie es sich für ein Zeichen gehört, bei dem sich alles um Balance dreht, neigt die Waage zu ansprechenden symmetrischen Zügen. Eine unglaubliche Statistik besagt, dass 54 Prozent der Playmates der Zeitschrift *Playboy* Waagen sind. So auch eine weitere überproportionierte Anzahl offizieller Schönheiten. Waagemänner sind aalglatte Typen, die aussehen, als trügen sie Make-up, auch wenn sie es nicht tun.

TAKTVOLL. Waagen finden übertriebene Intensität in sozialen Begegnungen widerwärtig und sind geschickt darin, gefährlich heiße Gespräche zurück auf ein lockeres und leichtes Niveau zu bringen. Wenn jemand eine unendliche Geschichte erzählt über jemanden, den niemand kennt, der beispielsweise glaubte, eine Krankheit zu haben, und dann doch keine hatte, ist Verlass darauf, dass die Waage das Thema sicher und geschickt in interessantere Gefilde steuern wird. Sie sind auch die Meister sozialer Euphemismen. Hat jemand in der Gegend herumpoussiert, bis die andere Person die Beziehung beendet hat? Die Waage sagt, sie hätten sich auseinandergelebt. Die Beziehung war schrecklich und lebte allein vom fantastischen Versöhnungssex? Die Waage sagt leidenschaftliche Beziehung dazu. Übergewichtig? Die Waage sagt stattlich. Promiskuitiv? Die Waage sagt sozial aktiv. Kokainabhängig? Die Waage sagt pulsierend.

LIEBEVOLL. Liebe ist für die Waage so wichtig wie Sauerstoff. Waagen sind in die Liebe und ins Gepaartsein verliebt. Alle Waagen möchten eine/n Seelenverwandte/n haben. Ein Stier bevorzugt es, in einer Beziehung zu sein, würde sich aber damit arrangieren, sein gesamtes Leben lang zu brunsten, sollte es nötig sein. Einen Löwen könnte man mit Champagner und einem Spiegel aus belgischem Glas alleinlassen, und der Abend würde vermutlich mit einem Heiratsantrag enden. Die Liebe ist die Kernkompetenz der Waage. Sie glaubt, dass das Leben am glücklichsten im Tandem mit jemandem anderen gelebt wird.

CHARMANT. Wenn die Waagen den Charme aufdrehen, kann ihnen niemand widerstehen. Sie sind hervorragend darin, jemandem das Gefühl zu geben, als sei er/sie die wichtigste Person im Waage-Universum. Wenn der britische Schriftsteller P. G. Wodehouse einen Autor entdeckte, den er verehrte, lud er ihn sofort in ein protziges Lokal zum Mittagessen ein.

> *Das Universum ist voller magischer Dinge,*
> *die geduldig darauf warten,*
> *dass unsere Sinne schärfer werden.*
> Eden Phillpotts (1862 – 1960),
> englischer Schriftsteller.
> Sein Stück *The Farmer's Wife* war einer
> von Alfred Hitchcocks
> ersten Stummfilmen.

Waagen in Tiefform sind ...

Wir müssen für die wenigen Leute leben,
die uns kennen und schätzen, die über uns richten
und uns freisprechen, und für die wir dieselbe
Zuneigung und Nachsicht hegen.
Sarah Bernhardt (1844–1923),
französische Schauspielerin,
deren Karriere zweiundsechzig Jahre umfasste.
Sie war eine der ersten internationalen
Unterhaltungsikonen.

UNEHRENHAFT. Es ist grotesk, wie Waagemenschen in der Lage sind, Leute beinahe umzuwerfen bei ihrem Versuch, neben dem berühmtesten und/oder begehrtesten Wesen in einem Raum zu stehen. Das ist nur wenig gesünder als die Löwen-Neigung anzunehmen, er/sie selbst sei immer diese Person. Der spanische Schnulzensänger Julio Iglesias vermarktet unter seinem Namen das Parfüm *Only:* »Für all das, was Frauen mir gegeben haben, wollte ich ihnen etwas zurückgeben, etwas, das jede einzelne Frau direkt ansprechen würde.« Ja, sie sehen sich selbst gerne als die weltbesten Liebhaber/innen. Der britische Sänger Sting prahlte mit seinen die ganze Nacht dauernden, tantrischen Liebestechniken. Die Waagefrau kennt keine telefonische Warteschleife. Eher stehen Ersatzmänner bei ihr Schlange, für den Fall, dass der gegenwärtige Verehrer nicht vollends zu befriedigen versteht.

HEUCHLERISCH. Tu es einfach ... später. Waagen zögern es hinaus, Dinge zu tun, aber sie machen das zu einer Sache der

Charakterstärke. In einem Augenblick schwärmen sie von ihrer neuen kohlehydratlosen Diät, im nächsten essen sie Chips, schlürfen Chablis und predigen Mäßigung. Die als Pornographie bekannten Materialien werden zu Erotika, sollte eine Waage sich dafür interessieren. Wahrhaftig prätentiöse Waagen werten ihren Schund zu Kunst auf: Der britische Schriftsteller P. G. Wodehouse lebte im Süden Frankreichs, als die deutschen Truppen 1940 einmarschierten. Da er sich nie dafür interessiert hatte, mit den Nachrichten »mitzuhalten« (wie er es nannte), schrieb er einfach weiter, ohne sich dessen bewusst zu sein, was in der Welt vorging. Als die Deutschen herausfanden, dass er Brite war, nahmen sie ihn gefangen. Um sich seine Lebensbedingungen zu verbessern, stimmte er zu, für die Nazis lustige Radiosendungen über die heitere Seite der Internierungslager zu machen. Dafür bekam er eine komfortablere Unterkunft, und seine Sendung wurde in den USA und in Großbritannien ausgestrahlt. Als der Journalist Malcolm Muggeridge ausgesandt wurde, um Wodehouse zu bespitzeln, kam er mit der Schlussfolgerung zurück: »Die Sendungen sind weder anti- noch pro-deutsch, nur pro-Wodehouse. Er ist in einzigartiger Weise dazu ungeeignet, in einer Zeit ideologischer Konflikte zu leben, da er niemandem gegenüber Hassgefühle empfindet und keine klaren Ansichten zu irgendeinem Thema hegt.« Ein Verräter? Oder einfach typisch Waage?

TYRANNISCH. Von Jim Henson, dem Gründer der *Muppetshow,* wurde gesagt, er habe über »eiserne Launenhaftigkeit« verfügt. Wer auch immer denken mag, dass eine Waage eher ein Lifestyle-Konzept denn eine wirkliche Person ist, sollte einmal mit einer zusammenziehen. Wenn eine Waage entscheidet, dass ein Sofa plötzlich – sagen wir – unangemessen ist, wird es sogleich zu Müll umdefiniert. Es spielt keine Rolle, was andere denken, da Waagen übergeordnete ästhetische Instinkte haben. Es kümmert die Waage nicht, ob das anstößige Stück der Küchenherd ist. Was Sie sagen, ist der Waage egal, denn Waagen haben ein selektives Gehör. Natürlich legen sie einen plausiblen Ausdruck des Zuhörens an den Tag – die Augen in liebevoller Verklärung auf Ihre gerichtet, ein Tennis-Club-Lächeln über ihr hübsches Gesicht gezogen –, aber in Wirklichkeit planen sie ihre nächste kleine ästhetische Verbesserung. In einem Moment lässt die Waage einen Sturm von Schmähungen darüber los, wie hässlich die Jalousien doch seien, im nächsten geht sie ans Telefon und spricht mit der ihr eigenen, vermutlich patentierten offiziellen Waagen-Stimme – ein sanfter Singsang, der zur Entwaffnung neuer Bekanntschaften und potenziell grantiger Verkäufer/innen gedacht ist.

SOZIALE AUFSTEIGER. Mottenähnlich flattern die Waagen in Richtung desjenigen Lichts, das sie für die höhere Form der Gesellschaft halten. Um die empfindlichen Waagen nicht zu kränken, wurde der Begriff »soziale Motte« in »sozialer Schmetterling« umgewandelt. Er passt auch besser, wie jeder bezeugen wird, der schon einmal eine Waage aus den schwierigen Verhältnissen ihres Zuhauses hat auftauchen sehen, um an einer glänzenden Veranstaltung teilzunehmen. Waagen lieben die Vorstellung, dass grimmig beschützende Bodyguards sie durch die bewundernde Menge schleusen. Eine Waage ist so aufstiegssüchtig, dass sie, ohne zu zögern, einen Verwandten der königlichen Familie oder eine Berühmtheit zu jedem ollen Vororts-Barbecue einladen würde. Waagen können ihre Familie jahrzehntelang vernachlässigen – »zu langweilig, Liebling« –, nur um eine plötzliche Woge der Zuneigung zu erfahren, wenn durchsickert, dass Cousin Dingsbums jetzt furchtbar wichtig ist.

232

Bedauern ist eine schreckliche Energieverschwendung;
man kann nichts daraus machen; es ist nur dazu gut,
um darin zu schwelgen.
Katherine Mansfield (1888–1923),
abenteuerlustige, unkonventionelle neuseeländische
Schriftstellerin, der die Revolutionierung der Shortstory
zugeschrieben wird

Wie man Waagen motiviert und manipuliert

Vergessen Sie, was Sie brauchen, und denken Sie
nur daran, was Sie begehren.
Donna Karan (*1948),
amerikanische Modedesignerin
und Diva des New Age

1 Tratschen Sie, aber seien Sie nicht plump dabei. Waagen lieben Info-Verbreitung über alles. Sie sammeln Nachrichten, filtern sie durch die Chiffon-Schichten ihrer Psyche und erfreuen fröhlich mit dem Ergebnis.

2 Akzeptieren Sie, dass Waagen die Leute nicht in Gut oder Schlecht unterteilen. Menschen sind entweder charmant oder langweilig.

3 Nehmen Sie der Waage ihre andauernde Kampagne, alle auf diesem Planeten nach ihrem Vorbild zu gestalten, nicht übel.

233

4 Lassen Sie sich von der Waage verkuppeln, weil sie (a) sehr gut darin ist und (b) es ohnehin tun wird.

5 Zwingen Sie sie nicht, mit hässlichen Möbeln und einem künstlich begrenzten Budget zu leben. Die Waage würde viel lieber einen Jetzt-kaufen-später-weinen-Deal eingehen.

6 Sie möchten eine Waage beschenken? Versuchen Sie es mit etwas Duftendem wie Parfüm, Raumduft, Duftkerzen oder Potpourri. Waagen sind von Düften besessen.

7 Zwingen Sie eine Waage nie, nie dazu, sich für die eine oder die andere Seite zu entscheiden.

8 Fürchten Sie sich nicht vor romantischen Klischees. Waagen lieben Liebessonette, Blumen, wundervolle, aufmerksame Gesten wie Liebeslied-Wünsche im Radio … es kann nicht schmalzig genug sein.

9 Erwarten Sie nicht von der Waage, dass sie alleine zu Hause herumhängt, während Sie die Stadt unsicher machen. Die Waage wird garantiert jemanden einladen, der ihr Gesellschaft leistet … Sie verstehen.

Ich kann Leute, die hässliche Leute für sich arbeiten lassen,
einfach nicht verstehen. Ich kann es wirklich nicht.
Nennen Sie mich ruhig eine hoffnungslose Ästhetin.
Jade Jagger (*1971),
schönes britisches Model und Designerin prunkvollen
Schmucks und dekorativer Accessoires

Waagen-Vorbilder

Wenn Leute völlig zu übertreiben
und zu überziehen anfangen – das liebe ich!
Sting (*1951),
britischer Sänger/Musiker und Umweltschützer,
der seine Karriere mit der Gruppe *The Police* begann

Oscar Wilde – brillanter irischer Dramatiker und Dichter. Er schuf sich seinen Namen mit Stücken wie *Bunbury oder die Bedeutung, ernst zu sein* und *Lady Windermeres Fächer* und war berühmt für seine Freigeistigkeit und seine Führungsrolle innerhalb der ästhetischen Bewegung. Er war eine typische Waage: »Schönheit ist eine Form von Talent.«

Brigitte Bardot – hinreißende französische Schauspielerin. Mit dem Film … *Und ewig lockt das Weib* (1956) wurde sie als in St. Tropez ihr Unwesen treibende sexuell befreite Herzensbrecherin zur Legende. Sie zog sich von der Filmindustrie zurück, bevor sie vierzig wurde, und ist heute eine engagierte Tierrechts-Aktivistin.

Linda McCartney – multitalentierte Frau des ehemaligen Beatles Paul McCartney. Sie war Fotografin der Zeitschrift *Rolling Stone* und später Mitglied der Band ihres Mannes, *Wings*. Sie schrieb vegetarische Kochbuch-Bestseller und engagierte sich im Kampf gegen die Pelzindustrie.

George Gershwin – amerikanischer Komponist und Gewinner des Pulitzer-Preises. Er schrieb so unterschiedliche Stücke wie

235

Rhapsody in Blue und das Bühnenmusical *Porgy and Bess*. Als Kind war er ein Sportler und Straßenkämpfer – die Schönheit des Geigenklangs soll ihn zum Musikstudium gelockt haben.

ee cummings – gefeierter amerikanischer Dichter und Dramatiker. Cummings veränderte die Art und Weise, wie gedichtet wurde, indem er die traditionelle Grammatik und Syntax unterminierte. Er veröffentlichte mehr als neunhundert Gedichte, die meisten davon über die Liebe. Er war dreimal verheiratet – die erste Ehe dauerte sechs Monate, die zweite drei Jahre und die dritte die restlichen dreißig Jahre seines Lebens.

Catherine Deneuve – ikonische Venus des französischen Kinos. Sie hatte ein kompliziertes Liebesleben mit sich überlappenden Liebhabern und Kindern von verschiedenen Männern. Einmal die »frigide Femme fatale« genannt, spielt sie heute eine aktive Rolle im europäischen Feldzug gegen die Todesstrafe in den USA.

Es ist sehr wichtig, beim Trainieren die richtige Kleidung zu tragen. Wenn Sie ein altes T-Shirt oder Sweatshirt tragen, ist das nicht anregend für Ihr Training.
Cheryl Tiegs (*1947),
amerikanisches Supermodel der Siebziger und Achtziger,
die eine Verfechterin der Homöopathie und
erfolgreiche Kauffrau wurde

Waagen *en vogue*

Ich hasste Grunge.
Catherine Zeta-Jones (*1969),
schöne walisische Schauspielerin. Sie ist verheiratet
mit dem Waage-Kollegen Michael Douglas.

Wenn Waagen in allem die Führung innehätten, wären billige
oder künstliche Düfte illegal. Die Straßen würden mit ätherischen Ölen aus Ylang-Ylang oder Geißblatt gereinigt, und die
Beleuchtung wäre immer schmeichelhaft.

Waagen haben keine Probleme mit Schönheit; sie sehen gerne
schöne Dinge an, und sie sind gerne schön. Nicht, dass sie das
unbedingt zugeben würden. Insbesondere Waage-Frauen neigen zur Behauptung, dass ihre Schönheitspflege aus Seife, Wasser und dem Denken schöner Gedanken bestehe. Ihr authentisch
gutes Aussehen und ihre Fingerfertigkeit machen sie extrem geschickt darin, einen leuchtenden, natürlichen Look hinzukrie-
gen, der mit Sicherheit bei anderen, offenkundiger geschminkten
Typen zur Verkrampfung der Gesichtsmuskeln führt.

Die Männer ärgern ihre Rivalen, indem sie auftreten wie der
Kumpel von nebenan, in Wirklichkeit aber erfahrene Verführer
sind. Obwohl Waagen der Mode als Teil eines allgemeinen Inte-
resses an jeglicher Form körperlicher Dekoration folgen, sind sie
nicht wirklich darauf angewiesen. Viel eher braucht die Mode
die Waage, das schönste aller Zeichen.

Der amerikanische Modedesigner Ralph Lauren hat typische Waagequalitäten. Geboren als Ralph Lifshitz, schuf er eine
Karriere mit der Erfindung eines Kleidungsstyles, der den Frei-
zeit-Look eines angelsächsischen Protestanten der Upperclass

nachahmt. Wunderbar ausgeführt sind die Werbeanzeigen, die ebenfalls das reiche innere Leben der Waage aufs Schönste illustrieren.

Auf furchterregende Weise rief Ralph Lauren seine »eiserne Laune« herbei, als er die britische Polo-Gesellschaft verklagte, den Namen seines Fitness-Dufts »Polo« zu verwenden. Hallo?

WUNDERBARE WAAGEN. Brigitte Bardot, Sarah Bernhardt, Montgomery Clift, Matt Damon, Catherine Deneuve, Michael Douglas, Anita Ekberg, Richard Harris, Rita Hayworth, Charlton Heston, Julio Iglesias, Hugh Jackman, Lily Langtry, Heather Locklear, Carole Lombard, Viggo Mortensen, Gwyneth Paltrow, Guy Pearce, Luke Perry, Christopher Reeve, Susan Sarandon, Alicia Silverstone, Will Smith, Mira Sorvino, Eric Stoltz, Cheryl Tiegs, Naomi Watts, Sigourney Weaver, Kate Winslet, Catherine Zeta-Jones.

Ich vergesse nie, dass es die erste Aufgabe einer Frau ist,
für sich die richtige Lippenstiftfarbe zu finden.
Carole Lombard (1908–1942),
wunderschöne, geistreiche Komödienschauspielerin der
dreißiger und vierziger Jahre. Sie war ein großer Star ihrer Zeit
und wurde von ihrem Gatten, dem Hollywood-Leinwandidol
Clark Gable, vergöttert.

Glänzende Karriere

*Ich habe schon immer an kollektives Arbeiten geglaubt –
einige meiner besten Arbeiten sind entstanden, wenn ich
auf derselben Wellenlänge wie andere war.*
MC Lyte (*1971),
amerikanische Hip-Hop-Künstlerin und Schauspielerin

Die Harmonie liebenden Waagen können buchstäblich krank werden von einem Job, der mit Ärger verbunden ist. Ein hässlicher Arbeitsplatz oder zickige Kolleg/innen bremsen ihre Heiterkeit, und sie schalten einfach ab.

Waagen wollen ein lebenswertes Leben führen – wenn ihr Geschäft oder ihre Stelle nicht ihr Leben ausmacht, können sie ziemlich nachlässig darin sein, ihre Verpflichtungen zu erfüllen. Die Welt ist voller unerfüllter Waagen, die irgendeinen Quacksalber dazu zu bringen versuchen, eine Krankheit zu diagnostizieren, damit sie mit einem Verehrer zu Mittag essen oder Gesichtstücher aus Bio-Baumwolle einkaufen gehen können.

Als es noch Mode war, entwickelten viele Waagen chronische Überlastungssyndrome. Heutzutage leiden sie unter dem Sick-Building-Syndrom und sind allergisch gegen billige synthetische Teppiche sowie unschmeichelhafte Neonbeleuchtung. Diese Art von Umgebung ruft eine derart heftige Reaktion in der Waageseele hervor, dass sie sich tagelang in ihrem Bett verkriecht, Tennysons Gedichte liest, ätherische Öle einatmet und Bekräftigungsmantras singt.

Idealerweise arbeitet die Waage zu Hause oder in einem Szenario, in dem sie die Umgebung selbst bestimmen kann. Aber denken Sie daran, dass Waagen es hassen, allein zu sein, und am besten im Tandem funktionieren. Während die Waage, wie ihre Cousins, die Fische, in der Lage ist, jede Routine zu unterminieren, mögen sie beide den Büroklatsch und anregende Gesellschaft.

Ihr oft gepriesenes Bedürfnis, in Eintracht zusammenzuarbeiten, ist nicht irgendeine Masche. Wenn zum Beispiel ein Skorpion von Zusammenarbeit redet, hat er wahrscheinlich grauenvolle Methoden angewandt, um sie zu erreichen. Widder marschieren herein und verlangen die Zusammenarbeit, sonst …

Waagen sind sehr erfolgreich in geschäftlichen Dingen, vor allem in Positionen, in denen ihre einzigartigen Fähigkeiten bewundert werden und in Bereichen wie der Modeindustrie, wo es das Normalste der Welt ist, wegen eines nicht ausreichend schönen Stofffetzens einen Wutanfall zu bekommen.

Ihre Unparteilichkeit macht sie zu hervorragenden Anwälten und Beratern, aber sie blühen dort wirklich auf, wo eine schöne Atmosphäre obligatorisch ist.

Es gibt kein menschliches Problem,
das nicht gelöst werden könnte,
wenn die Leute einfach täten, was ich ihnen rate.
Gore Vidal (*1925),
amerikanischer Schriftsteller,
urbaner Gesellschaftskritiker und
Verfechter bürgerlicher Freiheit

Finanzielle Realität

Ich erklärte, dass ich einen einfachen Geschmack hätte und nichts Prunkvolles wollte, egal, was es mich kosten würde.
Art Buchwald (*1925),
amerikanischer politischer Humorist, dessen Kolumnen
in unzähligen Zeitungen rund um den Globus erscheinen

Es gibt Zeiten, um zu sparen, und Zeiten, um auszugeben. Und es gibt Zeiten, in denen man mit der »Hier liegt ein großer Irrtum vor«-Tirade seine Bank anruft, nur um herauszufinden, dass man seine Mittel selbst veruntreut hat.

Waagen wissen dies, aber es hält sie nicht davon ab, oft kurz davor zu stehen, zur Polizei zu gehen und zu berichten, dass ein Dieb ihre Brieftasche plündert, während sie schlafen. Wie sonst kann man das mysteriöse Verschwinden von Banknoten erklären, wenn alles, was die Waage getan hat, darin bestanden hat, einen Lippenstift zu kaufen? Und einen kalorienreduzierten Latte. Okay, drei. Und dann war da diese Seife, die Cellulite auflöst. Und dieser schöne Bettüberwurf …

Und so stellt sich heraus, dass die Waage gar nicht bestohlen wurde. »Ich habe den Verlust meiner Kreditkarte nicht der Polizei gemeldet«, sagte ein ehemaliger Tennis-Superstar, »denn, wer immer sie geklaut hat gibt weniger aus als meine Frau.« Jeder, der mit einer Waage zusammen ist, kann sicherlich mitfühlen.

Die Waage ist das größte Haben-muss-Zeichen. Wenn die Dinge schwierig werden, geht sie einkaufen. Ihr nicht ganz so geheimes Motto lautet ähnlich dem einer amerikanischen Ladenkette »Things R Us« (»Die Dinge sind unser«) – Hautcrèmes, die das erreichen, was molekulare Genetiker nicht hinbekom-

241

men, Bettzeug, damit sie in Luxus schmollen können, technischer Krimskrams, der sie daran erinnert, dass nicht alles funktionsgestört ist.

Lustigerweise versteckt sich im reichen inneren Leben der Waage eine Phantasievorstellung ihrer selbst als einer Ultra-Minimalistin, die ihre gesamten lebensnotwendigen Dinge in einem schönen Gepäckstück verstauen kann. Im wahren Leben sind sie laufende Magneten teurer Luxusobjekte. Selbst mit verbundenen Augen und mit Ohrstöpseln würde der Waagefinger auf dem kostspieligsten Objekt in der Reihe landen. Ihre Vorstellung von Geldmanagement besteht in: »Oh, sieh mal! Hier steht, die Minimalzahlung pro Monat beträgt nur 220,– € …«

Wenn die Waage bedenkt, wie unglaublich luxuriös es ist, erscheint das Objekt der Begierde gleich erstaunlich erschwinglich. Anders als manche Zeichen, die der Preis der Dinge stets erstaunt und die immer über die Kosten schimpfen, passen die Waagen sich schnell an, und so *ist* tatsächlich alles erstaunlich erschwinglich.

Bei der Waage zu Hause

Entweder verschwinden diese Vorhänge,
oder ich verschwinde.
Angeblich die letzten Worte des geistreichen irischen Dichters
und Dramatikers Oscar Wilde (1854 – 1900)

Das Zuhause der Waage riecht nach frischen Blumen, importiertem Raumduft, Duftkerzen, ätherischen Ölen und dem kennzeichnenden Duft der Waage selbst. Von Düften besessen, treffen sie eine Menge größerer Lebensentscheidungen auf der Basis des Geruchs von Leuten, Dingen oder Häusern. Folglich verwenden sie so viel Energie auf den Duft ihres Heims wie auf ihr persönliches Parfüm.

Wenn der olfaktorische Aspekt der Inneneinrichtung geklärt ist, wendet sich der Waageblick zärtlich den zwanziger Jahren zu. Für sie werden die Jazz-Ära und ein Exemplar von F. Scott Fitzgeralds liebeskrankem Roman *Diesseits vom Paradies* in Art-déco-Lampen, pinkfarbenen und schwarzen Kacheln und Badezimmer-Waschbecken auf Sockeln reflektiert. Hoffnungslos in die Liebe verliebt, kann sich der Waage-Geschmack gelegentlich etwas verirren und beim zu durchgeknallten Barbara-Cartland-Ende des Spektrums angelangen. Manche Waagen könnten wegen ihrer Sucht nach Einrichtungsgegenständen sogar in einer Therapie landen.

Bildbände in luxuriöser Aufmachung, von vielen als Reliquien betrachtet, sind die wahre Spezialität von Waagen. Stellen Sie sich Folgendes vor: ein nieriger, orientalisch angehauchter Tisch, geschmückt mit einer Vase herrlicher Gardenien, einer übergroßen Flasche teurem Parfüm und einem riesigen Stapel erlesener Bücher über Kunst und Fotografie. Sehr geehrte Damen und Herren, hier residiert eine Waage.

Die verliebte Waage

Ich bin kein Mistkerl.
Man braucht nichts zu erklären,
wenn man verliebt ist.
Jean-Claude van Damme (*1968),
belgischer Bodybuilder und Karateprofi,
der ein Hollywood-Actionheld wurde

Wenige Waagen sind je eine nennenswerte Zeitspanne Single. Das liegt teilweise daran, dass sie so attraktiv sind, teilweise aber auch daran, dass sie jeden nehmen, um das Alleinsein zu verhindern.

Was tun, wenn die Liebe zu schwinden beginnt? Da sie Übergangsphasen hassen, bereiten sie für gewöhnlich schon ihre nächste Beziehung vor, während die alte dahinschwindet. Nicht, dass der/die offizielle Partner/in der Waage zu diesem Zeitpunkt notwendigerweise irgendetwas davon weiß. Wie Brigitte Bardot meinte: »Es ist besser, untreu zu sein, als treu zu sein, ohne es zu wollen.« Die Schauspielerin Susan Sarandon sagt, sie mag »momentane, konstante Bindung«.

Wenn die Waage verliebt ist – und das heißt idealerweise immer –, mag die Waage ein elektrisierendes Niveau erotischer und romantischer Spannung. Zu viel Geplauder über Geschäftliches, Familie und Steuern lässt die Waage an Orte abschleichen, wo mondbeschienene Gardenien und liebevolle Leichtfertigkeit sie erwarten.

Ivan Pavlov, der Waage-Psychologe, trainierte seine Hunde, beim Klang einer Glocke Speichel zu produzieren, weil sie ihr Fressen erwarteten. Waagen sehen sich selbst als Pavlov und ihren

Liebhaber als eine Version von Pavlovs Hunden. Die Glocke wird dabei durch das Gurren der Waage ersetzt, das den Hund zum Speicheln anregt, bereit, der »eisernen Laune« zu gehorchen.

Andere Waagen sehen den/die Geliebte/n als einen Spiegel, der die Waage in einem rosa Heiligenschein widerspiegelt. »Wenn du etwas liebst, lass ihm seine Freiheit.« Waagen halten das für rührseliges Denken. Sie bevorzugen: »Wenn du etwas liebst, lade es in die Ferien ein, kaufe ihm teure Geschenke und liebe es auf gekonnte, raffinierte Weise.«

Selbst eine außerordentlich glücklich gebundene Waage hält es für einen tollen Spaß, jemanden dazu zu bringen, sich unmäßig in sie zu verknallen. Die Waage kann vorhaben, nie etwas deswegen zu unternehmen. Waagen können ewig von der Sehnsucht und den Liebesschwingungen, die die andere Person aussendet, leben.

Ihre Liebe zur Liebe macht sie nicht unbedingt zu den besten platonischen Freunden. Waagen können monatelang vom Radar verschwinden und sich ihrer/ihrem Geliebten hingeben … um dann in einem duftenden Nebel von Überschwänglichkeit wiederaufzutauchen und in einer diskreten Bar das ach-so-komplizierte Liebesleben der Waage diskutieren zu wollen. Sie verstehen schon.

WAAGE – WIDDER: Diese beiden sind astrologische Gegensätze, die sich durch eine Trillion kleiner Eigenschaften widersprechen. Die Waage ist Yin, und der Widder ist Yang. Der Widder wird vom Mars regiert, die Waage von der Venus. Beide geben ihr Geld so aus, dass das süße Paar sensationell pleitegeht. Die Waage begibt sich in ein Einkaufszentrum, um das Ambiente aufzunehmen, während der Widder die Aktion als eine Rein/Raus-Expedition betrachtet. Der Widder schwitzt gerne. Die Waage mag Yoga. Der Widder erregt gerne die Gemüter.

Die Waage stiftet Frieden. In den Ohren der Waage klingt der Gesprächsstil des Widders eher nach einem gewaltigen Streit. Der Widder zieht voreilige Schlüsse. Die Waage denkt die Sachen durch oder, wie der Schafbock es nennt, sie schwankt. Aber diese Ausgangssituation schafft eine dynamische Spannung, die sehr aufregend sein kann. Gemeinsame Ideale sowie jede Menge Freiraum halten diese Beziehung frisch, fröhlich und langlebig. Das mutige Wesen des Widders erregt die Waage immer. Der Widder findet die Waage erstaunlich anziehend. Die Waage gibt dem Widder haufenweise Ratschläge, die er heimlich befolgt.

Angesagte Duos: Danielle Spencer & Russell Crowe, Clyde & Bonnie, Nane Annan & Kofi Annan.

WAAGE – STIER: Beide sind prächtige Venusianer, denen Sinnlichkeit, eine Neigung zur Trägheit sowie die Liebe zu bequemen Möbeln gemeinsam sind. Die körperliche Verbindung ist atemberaubend physisch, vor allem für die Waage, die Romantik der eigentlichen Bettarbeit vorzieht. Beide helfen einander, ihr jeweiliges Leben zu harmonisieren. Die Waage ermutigt den Stier, ein paar Gewohnheiten zu variieren und toleranter zu werden. Der Stier gibt der Waage die Bestätigung und Ordnung, die sie benötigt. Aber die Waage ist aufgeschlossen und objektiv, während der Stier Jahre braucht, um seine Meinung zu ändern. Eine klitzekleine Unstimmigkeit kann zu einer völlig unverhältnismäßigen Kluft führen, wenn die Waage den Stier als kompromissloses altes Ding sieht und der Stier die Waage für eine leichtfertige Flocke ohne richtige Werte hält. Und dann, im Versöhnungsmodus, hofft die Waage auf ein schönes Liebesgedicht (vorzugsweise ein Haiku) und blumige Momente, während der Stier praktische Demonstrationen handfester Liebe erwartet (und gibt). Das kann ein starkes und perfektes Paar sein, solange beide in der Lage sind, größere Anpassungen vorzunehmen, stets auch die Weltsicht des anderen zu sehen, ganz egal, wie offensichtlich verrückt diese sein mag. Diese beiden müssen unbedingt verhindern, einander in negativem Licht zu sehen.

Angesagte Duos: Juan Perón & Eva (Evita) Perón, Keely Shaye Smith & Pierce Brosnan, Lord Nelson & Lady Emma Hamilton, Jermaine Dupri & Janet Jackson.

WAAGE – ZWILLINGE: Diese beiden können ihre Augen nicht voneinander nehmen – außer es geht darum, die umherstreunende Konkurrenz zu (über)prüfen. Beide wollen in ein Schlafzimmer verschwinden und dort bleiben, für immer. Der dämlichste Popsong ergibt plötzlich tiefsten Sinn. Waage und Zwilling sind eine der kompatibelsten Paarungen des Tierkreises. Beide sind so sehr daran gewöhnt, dass die Leute sich heftig in sie verlieben, dass sie blasiert werden. Diese Beziehung erschüttert beide bis ins innerste Mark. »Ich bin ein Klischee«, denkt der Zwilling. Die Waage, an vernarrte und verehrende Freier gewöhnt, steht auf den schwer zu erobernden Zwilling. Körperlich, emotional und geistig lieben diese beiden alles am anderen. Probleme? Die Waage hat ein Herz, der Zwilling hat keines … mehr oder weniger. Die Waage benötigt definitiv mehr romantische Gesten vom Zwilling. Der Zwilling sieht nicht ein, warum manche andere Zeichen die Waage als einen Zauderer sehen. Wie können sie es wagen? Man nennt das Flexibilität. Die Waage lernt, vornehm zu warten, sollte der Zwilling sich auf einem Solo-Abenteuer befinden. Der Zwilling lernt, dass Waagen nie alleine warten.

Angesagte Duos: Linda McCartney & Paul McCartney, Arthur Miller & Marilyn Monroe, P. G. Wodehouse & Ethel Wodehouse.

WAAGE – KREBS: Die Krabbe hält es für geschmacklos, derart Charme zu versprühen, wie die Waage es tut, nämlich wie eine Waffe, um das zu erhalten, was sie will. Die Waage kann es nicht ertragen, dass die Krabbe aus genau denselben Gründen die Tränen aufdreht, in Megaschmollen und allgemeinen Schwachsinn verfällt. Die Krabbe fühlt sich moralisch im Recht, und die Waage fragt sich, warum die Krabbe nicht vergnügter ist … viel vergnügter. Krebse schätzen Sicherheit mehr als alles andere. Auf den Alltag bezogen bedeutet das übersetzt totale Knauserigkeit. Die Krabbe kann es sogar übelnehmen, wenn die Waage ein paar Zeitschriften zu Forschungszwecken kauft. Die Waage mag nette Sachen, was macht es also, wenn diese etwas kosten? Die Krabbe redet stundenlang über das Sparen für das Rentenalter. Die alterslos süße Waage ist bestürzt. Die Waage kommt mit pikantem Klatsch nach Hause. Die Krabbe moralisiert. Die Krabbe und die Waage gehen gemeinsam aus, und die Krabbe quengelt über ihr Problem des Tages oder irgendeine traurige Geschichte, die sie fesselt. So kommt es der Waage jedenfalls vor. Wie diese Verbindung funktionieren kann: Nun, die beiden haben Gemeinsamkeiten wie zum Beispiel, dass sie großartige Organisatoren sind und fantastische Ideen für Start-up-Geschäfte und neue Gelegenheiten haben. Wenn diese beiden ihre Ähnlichkeiten zugeben und ein paar Kompromisse eingehen können, kann diese Beziehung Spaß machen.

Angesagte Duos: Mel Brooks & Anne Bancroft, William Paley & Babe Paley.

WAAGE – LÖWE: Löwe und Waage lieben einander auf den ersten Blick und manchmal für immer. Beide sind wahrhaftig wunderbare Menschen, sinnlich, clever und ehrgeizig. Die Waage ist smarter als der Löwe, aber smart genug, um den Löwen dies nicht merken zu lassen. Ein Löwe, der in den sicheren manikürten Händen der Waage ist, bietet der Waage viele Vorteile. Nicht nur toleriert er ihre Eigenheiten, er *liebt* sie – außer, wenn die Waage das Rampenlicht beansprucht. Das nervt. Beide brennen darauf, Ego-Ressourcen wie Schmeicheleien, Geld, das Begehren der anderen (selbst wenn es weder die Waage noch den Löwen wirklich interessiert), noch mehr Schönheit, Status und Prestige anzusammeln und sind glücklich, gemeinsam an einem Strang zu ziehen. Die Waage fragt sich, was mit der Konversationsfähigkeit des Löwen los ist. Wie zum Beispiel, ob die Raubkatze noch nie etwas davon gehört hat, sich nach jemand anderem zu erkundigen. Die Waage findet den Löwen manchmal zu anspruchsvoll im Bett. Der Löwe muss einsehen, dass die Waage auf ausgiebiges Vorspiel steht. Der Löwe hält die Waage gelegentlich für zu lasch, aber andererseits ist das schwankende Yin-vs.-Yang-Hirn der Waage – »Oh Gott, entscheide du!« – perfekt für den herrisch gestiefelten Löwen. Sexuell sind sie kompatibel, solange das Licht schmeichelhaft ist und niemand sich an der Neigung des Löwen zu jeder Menge rosarot gefärbter Spiegel stört.

Angesagte Duos: Kate Winslet & Sam Mendes, Brigitte Wilson & Pete Sampras, F. Scott Fitzgerald & Zelda Fitzgerald, Julie Andrews & Blake Edwards, Rex Bell & Clara Bow, Bruce Springsteen & Patty Scialfa.

WAAGE – JUNGFRAU: Die Waage und die Jungfrau teilen die Ansicht, dass alles genauso sein sollte. Wenn sich das Leben zu weit von der inneren Vision der Perfektion des anderen entfernt, werden die Dinge ziemlich bald unschön. Trotz des nonchalanten Auftretens ist die Waage eine sehr wählerische Person, die es liebt, dass die Jungfrau diesen Zug versteht. Die Jungfrau findet

nicht, dass an der Waage auch nur im Entferntesten etwas Über-
empfindliches ist. Flatterhaft, ja. Überextravagant, ja. Zwielich-
tig? Nur im Vergleich zur Jungfrau. Wenn hohe Standards alles
wären, wäre dies eine so hervorragend kompatible Beziehung,
dass die beiden direkt zusammenziehen könnten. Sie könnten
stundenlang Spaß damit haben, die Sachen des anderen wegzuwerfen. Aber ja, es gibt ein paar Waage-Jungfrau-Probleme.
Die Waage stellt mit Entsetzen fest, dass die Jungfrau trotz ihres
kultivierten Auftretens ein schmuddeliges kleines Erdzeichen ist
und als solches zu allen Arten von – oh Schreck – Bedürfnissen neigt. Eine Waage, die ihre verjüngenden Tinkturen für den
Abend aufgelegt hat, mag es vermutlich nicht, von der Jungfrau
befummelt zu werden. Die Jungfrau muss ebenfalls akzeptieren,
dass die Waage unaufhörliche Bestätigung, Harmonie, gedankli-
che Intimität und … aufmerksame Geschenke benötigt.

Angesagte Duos: Will Smith & Jada Pinkett Smith, Harold Pinter & Lady Antonia Fraser, John Cougar Mellencamp & Elaine
Irwin, Markus Imboden & Martina Gedeck.

WAAGE – WAAGE: Wenn diese beiden sich überhaupt ausstehen
können, überwindet die Beziehung alle Hindernisse. Beide sind
wunderbare Charmeure – smart, beliebt und die unvergesslichs-
ten Gastgeber. Aber wenn es darum geht, mit dem eigenen Partner klar zu kommunizieren, können sie aus dem Tritt geraten.
Sie würden sich weitaus lieber aus einem emotionalen Problem herausflirten. Das stellt offensichtlich eine Bedrohung für
eine ansonsten bezaubernde Liebesaffäre dar. Der Ärger staut
sich unter der verführerischen Oberfläche bis zum Siedepunkt
auf, bis irgendeiner einfach … explodieren muss? Ganz und gar
nicht. Das würde Ehrlichkeit implizieren. Es ist viel wahrschein-
licher, dass jeder sich mit jemandem davonmacht, der es ihrem

Gefühl nach der anderen Waage so richtig »zeigen« wird. Das ist nicht schön, und mindestens einer von beiden muss lernen, seiner Ernüchterung Ausdruck zu verleihen, wenn das passiert. Da beide venusregierte Liebessüchtige sind, sind sie im Bett kompatibel – es braucht eine Waage, um zu wissen, dass die andere Waage Rosen, Pralinen und Abendessen bei Kerzenlicht als eine klischeehafte Voraussetzung für Bettaktivitäten sieht. Der Weltvorrat an Barbra-Streisand-CDs erschöpft sich wegen verliebter Waagen. Aber behalten Sie im Hinterkopf, dass ein Termin mit einem Buchhalter die Waagen wochenlang frigide machen kann. Die Schönheit dieses Paars besteht darin, dass sie die tiefsten Liebessehnsüchte des anderen verstehen und unterstützen. Neben ihrer bloßen physischen Schönheit, versteht sich.

Angesagte Duos: Michael Douglas & Catherine Zeta-Jones, Susan Sarandon & Tim Robbins, Naomi Watts & Lieb Schreiber, Oscar Wilde & Lord Alfred Douglas.

WAAGE – SKORPION: Der Skorpion versucht, die Waage mit seinem hypnotisierenden Blick zu lähmen, und weigert sich, dem Waagecharme zu erliegen. »Was für ein Spinner«, denkt die Waage, während sie von dem schweren Charakter wegtrippelt. Der Skorpion fragt sich, ob die Waage immer so oberflächlich und unbeschwert ist. Der Skorpion glaubt, dass alle, die nicht so intensiv und bestimmt wie er selbst sind, unzuverlässig sind. Das findet die Waage sehr anstrengend, vor allem, wenn der Skorpion zu Verschwörungstheorien übergeht. Die Waage denkt: »Wo habe ich mich selbst verloren?« Der Skorpion muss einsehen, dass die Waage von Natur aus eine lebhafte und attraktive Person ist, die sich auf einer Party kaum wie ein Mauerblümchen verhalten kann, nur damit der Skorpion keine Probleme mit seinem Besitzanspruch kriegt. Der Skorpion ist sexuell. Die Waage, obschon keineswegs asexuell, zieht Romantik vor. Die Waage gibt etwas von sich, das ihrer Meinung nach beiläufiges Bettgeflüster ist. Der Skorpion bleibt daraufhin die ganze Nacht wach und zieht paranoid über die scheinbare tiefere Bedeutung der Witzelei her. Doch könnten beide glücklich erfüllt sein, wenn sie sich erst einmal durch die jeweiligen Eigenheiten des anderen gekämpft haben. Die Waage verschafft dem Skorpion ein (Sozial)leben. Der Skorpion erfüllt Waage-Wünsche, von deren Existenz die Waage nichts ahnte. Das endgültige Verdikt für diese beiden? Es kann funktionieren – wenn sie dafür arbeiten.

Angesagte Duos: Gwen Stefani & Gavin Rossdale, Anne Rice & Stan Rice.

WAAGE – SCHÜTZE: Das Getue, die pompöse Art und der Mangel an Verantwortung des Schützen kann einen umhauen. Er kann einen derart umhauen, dass es der Waage entgeht, welch wirklich wunderbares Liebespaar die beiden sein könnten. Der Schütze ist anfänglich derart hingerissen vom Charme und der Schönheit der Waage, dass er plant, für etwa fünf Minuten still sitzen zu bleiben. Alles, was die Waage tun muss, ist, diese Pause im wirbelnden Bewusstsein des Schützen zu ihrem Vorteil zu nutzen. Das Schützen-Training ist nichts für Ungeduldige oder Einfaltspinsel. Es braucht schon jemanden, der stark genug ist, um dem Schützen Bewegungsfreiheit zu lassen. Beachten Sie: Wenn niemand Sie im All schreien hört, dann kann auch niemand den Schützen im All herumzetern hören. Lassen Sie den Schützen frei, und er wird bald zurück sein und sich um einen permanenten Platz bewerben. Dann muss die Waage ihre diplomatischen Künste walten lassen, um dem Schützen zu demonstrieren, wie Heuchelei den Weg ebnen kann. Der Schütze kann sich dann durchaus für einen Wiedereinstieg entscheiden.

Einmal verbunden, ist das eine reizende Liaison voller Spaß, sinnlichen Zusammenfindens und spätabendlichen Geplauders, nachdem die Gäste gegangen sind. Trotz aller ihrer scheinbaren Gegensätze hält sie das zusammen – die romantische Ader der Waage benötigt jemanden wie den Schützen, der den Ton angibt. Und der Schütze liebt es heimlich, sich nach einem Tag voller Abenteuer in die zivilisierte Welt der Waage zurückzuziehen. Die beiden enden wie die glamourösen alten Paare, die auf Reise-Werbeplakaten Sportwagen fahren.

Angesagte Duos: Sharon Osbourne & Ozzy Osbourne, John Cowper Powys & Phyllis Playter, Soon-Yi Previn & Woody Allen, Catherine Oxenberg & Casper Van Dien.

WAAGE – STEINBOCK: Der Steinbock liebt die Waage auf der Stelle und erkennt ihren Charme und ihr Ansehen sofort. Die Waage zögert, da sie intuitiv erfasst, dass der Steinbock wohl nicht in der Lage sein wird, genug romantischen Wirbel und Überschwänglichkeit aufzubringen, um die Waage zufriedenzustellen. Der Steinbock macht sich zum Vertragsabschluss bereit. Der Steinbock ist hartherzig. Die Waage ist weichherzig. Beide sind statusbewusst. Die Waage wird von der Venus regiert, der Steinbock vom weltlichen Saturn. Die Waage braucht mehr als ein gutes Investitions-Portfolio, ein geregeltes Leben und die brünstige Libido des Steinbocks, um glücklich zu sein. Der Steinbock kann die Auffassung der Waage von geselligem Umgang – »die Zukunft ist jetzt und sieht spaßig aus, lasst uns feiern!« – sehr ärgerlich finden. Die Waage ist idealistisch. Der Steinbock realistisch. Wenn sie willens sind zu akzeptieren, dass der andere (keuch!) recht hat, lernen sie essenzielle Liebeslektionen voneinander. Dieses Duo kann ein erhöhtes Potenzial für eine erfolgreiche Beziehung aufweisen, wenn es Planeten in demjenigen

Zeichen hat, in dem die Sonne des anderen steht. Zum Beispiel, wenn der Steinbock den Mond in der Waage hat und die Waage den Steinbock im Aszendenten. Es ist zum Glück unwahrscheinlich, dass der eine den anderen jemals durch eine öffentliche Szene in Verlegenheit bringen wird.

Angesagte Duos: Prinz Edward & Sophie Rhys-Jones, Sting & Trudy Styler, Eugene O'Neill & Carlotta Monterey, Nia Vardalos & Ian Gomez.

WAAGE – WASSERMANN: Waage und Wassermann können echte Seelenverwandte sein. Beide interessieren sich für Wahrheit und Schönheit. Die Waage lehrt den Wassermann, kontaktfreudiger zu sein und ihr wie auch den anderen zu geben. Der Wassermann zeigt der Waage, wie man mitfühlender mit denjenigen Leuten sein kann, die nicht in das Weltbild der Waage passen. Dem Wassermann kann der ewig und überall zur Anwendung gelangende Charme der Waage gelegentlich auf die Nerven fallen. Wassermänner gehören eher der streitlustigen Konversationsschule an, die etwas Provokatives oder schlichtweg Belangloses hervorbringen, nur um Verwirrung zu stiften, und dann auf Reaktionen warten. Die Waage hält diese Art von Verhalten für äußerst kindisch. Auseinandersetzungen über das jeweilige Verhalten gegenüber Dritten kommen vor. Wassermänner müssen trainiert werden, den Waagen die endlosen Schmeicheleien und die Unterstützung zukommen zu lassen, die diese einfach haben müssen. Das ist eine wunderbare Beziehung, bestehend aus zwei Luftzeichen, die beide vernünftige und gerechte Wesen sind. Natürlich gibt es da immer das Problem, dass beide zu zivilisiert sind und wahre Gefühle nicht als solche erkannt werden. Im Waage-Wassermann-Himmel teilen beide ihre Gefühle, ohne unter Stress zu geraten.

Angesagte Duos: John Lennon & Yoko Ono, Carole Lombard & Clark Gable, Eleanor Roosevelt & Franklin D. Roosevelt, Kelly Preston & John Travolta.

WAAGE – FISCHE: Waage und Fische finden darüber zusammen, wie betörend sie beide sind – und wie künstlerisch, freundlich und süß. Beide wollen ein Leben schaffen, in dem es ihnen freisteht, ihrem Glück zu folgen. Sie sind sich einig, dass sie geldgierige Normalbürger nicht mögen. Die Waage und der Fisch respektieren Talent, sie haben aber auch erstaunliche Bedürfnisse im Hinblick auf ihren Lebensstil. Nirgendwo im Tierkreis findet sich auch nur annähernd dieser Grad der Einkaufsmanie und des Vertrauens auf »Hilfe« wie bei diesen beiden. Einer Beziehung zwischen Fisch und Waage zuzuschauen, in der gestritten wird, wer das Bankkonto geplündert hat – nur um herauszufinden, dass es beide waren –, ist wie an einem Seminar darüber teilzunehmen, wie man persönliche Finanzen *nicht* handhaben sollte. Eine geschäftliche Zusammenarbeit sollte sorgfältig durchdacht werden. Diese beiden müssen aufpassen, nicht in einen Wettbewerb um verführerische Trägheit zu verfallen. Wenn sich beide sicher und beide fokussiert sind, so sind Waage und Fische sich in beinahe allem einig. Idealerweise wird eine bestimmte Ordnung hergestellt, damit beide ihre Erfüllung finden können. Beide sind hervorragend darin, alle Seiten eines Problems zu sehen und auf Harmonie hinzuarbeiten. Jeder bringt das Beste in der gesellschaftlichen Figur des anderen zum Vorschein. Sinnliche Glückseligkeit lässt sie in Verbindung bleiben, auch wenn einer von ihnen sich in die Schmollecke zurückgezogen hat. Die Fische können für den Waage-Geschmack etwas verrückt sein. Der Fisch, eingestellt auf die alternativen Universen, die so sehr Teil seiner Wirklichkeit sind, fragt sich, ob die Waage auch surreal genug für ihn ist. Emotionale Rhythmen

255

können so synchronisiert sein, dass jeder weiß, was der andere gerade denkt.

Angesagte Duos: Dorothea Hurley & Jon Bon Jovi, Gwyneth Paltrow & Chris Martin, Lord Nelson & Lady Emma Hamilton.

Sind Sie wirklich eine Waage?

1 Wenn Sie bedrückt sind, heitern Sie sich auf, indem Sie …
- (a) alles mit einem engen Freund besprechen.
- (b) im Freien Sport treiben oder schwimmen gehen.
- (c) etwas Parfümiertes kaufen: Kerzen, ätherische Öle, zehn Seifen, einen Designerduft, Räucherstäbchen.

2 Beim Arrangieren der Gästeliste Ihrer nächsten Party müssen Sie die Gästezahl um ein Viertel reduzieren. Sie streichen jeden, der …
- (a) nicht wirklich ein enger Freund ist oder über den Sie sich nicht ganz im Klaren sind. Sie bevorzugen es, im Kreise wahrer Vertrauter, die zusammen entspannen können, zu feiern.
- (b) sich beim zweiten Durchgang als ein bisschen außerhalb Ihrer Reichweite herausstellt. Schließlich ist es eine Party, keine Arbeit.
- (c) unattraktiv, uninteressant, langweilig, ungehobelt oder gewöhnlich ist – egal, wer er/sie ist.

3 Ihr/e Partner/in nimmt an einer Konferenz an einem Luxusferienort teil, aber Sie sind nicht eingeladen. Sie …

(a) waren zunächst sauer, freuen sich dann aber auf eine Woche, in der Sie einen draufmachen können, wie es Ihnen gerade passt.

(b) sind begierig darauf sicherzustellen, dass er/sie das Karrierepotenzial dieser Vergnügungsreise maximiert und sie nicht als eine Ausrede ansieht, um es lockerer anzugehen. Sie nehmen sich vor, ihn/sie jeden Morgen und Abend anzurufen und ihm/ihr in Lebenscoach-Manier zuzureden.

(c) schmachten am Telefon ihren spannendsten Flirt an, erklären, dass Sie nun etwas freie Zeit zur Verfügung haben, und deuten mit leisen, wehmütigen Seufzern an, dass womöglich nicht alles gut läuft bei Ihnen zu Hause.

4 Ihre Kosmetikerin …

(a) plappert zu viel. Sie wünschten, er/sie würde die Klappe halten und Sie nachdenken lassen.

(b) wechselt dauernd. Sie gehen ganz spontan zu wem auch immer es sie hinzieht.

(c) ist eigentlich wie eine Kammerzofe aus dem Mittelalter – zumindest sehen Sie sie so. Sie ist Ihre Komplizin in Sachen Selbsterschaffung. Gelegentlich fragen Sie sich, ob sie eine Geheimhaltungsvereinbarung unterzeichnen sollte.

5 Unentschiedenheit deutet darauf hin, dass man …

(a) einen schwachen Verstand hat.

(b) mehr Informationen benötigt, um sich zu entscheiden.

(c) ein höher entwickeltes Wesen ist.

6 Leute, die Sie nicht mögen …

(a) kümmern Sie nicht. Sie kommen auch nicht mit jedem auf dieser Welt klar.

(b) sollen sich verziehen. Schließlich ist es deren Verlust.

(c) müssen so schnell wie möglich erobert werden; Sie sind charmant und gefährlich.

Antworten: Wenn Sie mehrheitlich (c) angekreuzt haben, dann sind Sie offiziell eine Waage – köstlich, geliebt und immerdar schön. Sollten Sie (a) und (b) angekreuzt haben, dann haben Sie noch andere Astro-Einflüsse, die mit Ihrer Waage-Sonne konkurrieren.

Skorpion

(24. Oktober – 22. November)

Der zeitlose Skorpion

Mögen sie mich hassen, solange sie mich nur fürchten.
Tiberius (42 v. Chr. – 37 n. Chr.),
23 Jahre lang römischer Kaiser

Frage: Wie viele Skorpione benötigt man, um eine Glühbirne zu wechseln?
Antwort: Wer fragt?

Skorpionmenschen werden vom Planeten Pluto regiert. Lange wurde Pluto »Planet X« genannt, weil niemand mit Sicherheit wusste, ob er wirklich existierte oder nicht. Man weiß nicht einmal, ob Pluto über Gravitation oder Atmosphäre verfügt. Ein äußerst passender Pate für unseren Skorpion.

Astrologisch betrachtet besteht das Hauptprinzip Plutos in der Transformation. Leute, in deren Geburtshoroskop Pluto eine prominente Rolle spielt, wandeln sich ständig. Als Skorpion geboren zu sein bedeutet, sich in Vorbereitung auf etwas Neues unaufhörlich alter Häute zu entledigen.

Der Skorpion ist ein Wasserzeichen, was bedeutet, dass Gefühle in der Regel wichtiger sind als alles andere, zum Beispiel der Intellekt. Aber sie sind auch ein »fixes« Zeichen, das heißt, sie sind so stur wie ein Löwe, ein Stier oder ein Wassermann. Sie leben in der eigenartigen Dichotomie, zugleich ein extrem transformatives Zeichen zu sein – die Umwandlung von Energie ist zwar ihre kosmische Aufgabe, sie sind aber in der Natur gefestigt. Wenigstens sind sie nicht oberflächlich.

Das astrologische Motto ist eine Art Zusammenfassung der Überzeugungen eines Sternzeichens und einem Leitmotiv vergleichbar. Im Falle des Skorpions lautet dieses »Ich begehre«, und das tut er auch.

Skorpione stechen einander, wenn sie sich paaren. Manche Wissenschaftler sagen, dass das Gift vermutlich verliebt machende Pheromone enthält, die die beiden Skorpione miteinander verschmelzen lassen.

Eine andere Erklärung lautet, dass der Skorpion als Spinnentier einfach abartig ist. Denn ja, das astrologische Symbol dieses Zeichens ist wirklich der Skorpion.

Skorpione gehören nicht zu den beliebtesten Lebewesen. Ihr stärkster Instinkt ist, alles zu stechen, sich selbst eingeschlossen, und sie scheinen in einer ganzen Menge biblischer Flüche vorzukommen.

Skorpione wirken wirklich intensiv, verrückt und rücksichtslos, was teilweise daran liegt, dass sie sich selbst zu Tode stechen, wenn sie glauben, dass sie einen Kampf verlieren könnten. Skorpionmenschen verbreiten oft den Eindruck, dass sie etwas Ähnliches tun würden, sollte jemand sie auch nur in Verlegenheit bringen.

Aber der Skorpion ist ein derart komplexes Zeichen, dass es mehr als nur ein Symbol besitzt. Man sagt auch, dass er zum Beispiel ebenfalls vom mythischen Phönix repräsentiert wird, der durch Feuer zerstört werden konnte, um neu belebt aus der Asche wieder aufzusteigen.

Skorpione sind alte Seelen. Genauer: uralt. Kratzen Sie an einem Skorpion, und Sie werden einen zahnlosen Wahrsager darunter finden, der zur Warnung einen Stab schwenkt. Oder eine aggressive Amöbe ähnlich den Einzellern, aus denen wir uns angeblich entwickelt haben.

Manche Leute übertreiben ein wenig und behaupten, der Skorpion sei identisch mit der Schlange aus dem biblischen Paradies, womit er das Musterbeispiel für Versuchung, Bestechung und den Sündenfall darstellen würde. War der Skorpion der Wurm im Apfel? Oder vielleicht war Eva ein Skorpion?

Es genügt festzuhalten, dass es sich bei Leuten, die stark, still und ein bisschen furchteinflößend sind, oft um Skorpione handelt.

Tu dein Möglichstes immer auf eine prahlerische Art.
General George S. Patton (1885–1945),
eine der hervorragenden Führerfiguren des
amerikanischen Militärs im Ersten und Zweiten Weltkrieg.
Er vertrat sein Land auch im Fünfkampf bei den
Olympischen Spielen in Stockholm 1912.

Skorpione in Hochform sind …

Herr, gib mir Keuschheit und Enthaltsamkeit,
aber noch nicht jetzt.
Der Heilige Augustinus (354–430 n. Chr.),
Philosoph, Schriftsteller, Lehrer,
nordafrikanischer Bischof und
Kirchenvater der römisch-katholischen Kirche

UNERGRÜNDLICH. Von Natur aus mysteriös, ist der Skorpion das einzige Zeichen, das eine schicke und zugleich besessene Aura ausstrahlen kann. Haben sie Hobbys? Dinge, in denen sie sich einfach einmal versuchen? Nein. Skorpione neigen zu tiefem und dauerhaftem Interesse an Dingen, die mit Sex, Okkultismus und anderer Leute Geld zu tun haben. *Method Acting* wurde von einem Skorpion erfunden. Ebenso der Rorschach-Test, in dem die Reaktion eines jeden auf irgendwelche Tintenkleckse angeblich alle Arten tief liegender Probleme offenbart. Skorpione verspüren nicht das Bedürfnis, alles zu erzählen. In ihrem Lebenslauf können ganze Jahre ausgelassen sein, und sie tun es einfach ab. Oder sie murmeln: »Nein, danke. Sie werden verstehen, dass ich nach jener Nacht in Marokko keinen Gin mehr anrühren kann.« Sie verstehen, worum es geht. Privat ist privat.

DISKRET. Anders als manch andere Sternzeichen erniedrigen Skorpione sich auch unter Druck nicht dazu, eine Szene zu machen. Man kann sich auf ihrer geheimen Idioten-Liste leicht nach oben arbeiten, aber sie wahren dabei eiskalt ihre Gelassenheit, ohne zu murren. Ein dem Skorpion anvertrautes Geheimnis ist für immer in sicheren Händen. Falls Sie aber seine Feindschaft erregen sollten, könnte Ihr Geheimnis durchaus im Internet zugänglich gemacht werden.

SEXY. Skorpione sind das Zeichen mit dem größten Sex-Appeal von allen – er strömt einfach aus jeder ihrer Poren. Skorpione neigen zu Extremen: Entweder sind sie komplett zölibatär oder tief versunken in Sexualität. Denken Sie an Prinz Charles und seine geplante Reinkarnation als Camillas Tampon, Larry Flynt, der die Zeitschrift *Hustler* gründete, Helmut Newtons fetischistische Modefotografien, Shere Hites *Hite-Report,* worin sie Statistiken zur Dauer von Orgasmen und der Anzahl sexueller Positionen lieferte, Robert Mapplethorpes Aktaufnahmen, den angeblich legendären sexuellen Appetit der Schauspielerin Vivien Leigh (Scarlett in *Vom Winde verweht*)… Skorpione lieben es, es zu tun. Der Schauspieler Richard Burton war ein gefeierter Lebemann, der ein »pulsierendes Gefühl in meinem Penis als eine Art Barometer dafür, wenn etwas Wichtiges passieren würde« benutzte. Der Modedesigner Oleg Cassini sagte über

Prinzessin Grace von Monaco: »Sie hatte eine sehr mächtige, sexuelle Persönlichkeit.« Alle Skorpione haben das.

STARK. Ein Skorpion kann Wasser aus einem Stein wringen. Skorpione besitzen schonungslose Selbsterkenntnis. Sie schrecken vor Selbsterkundungen nicht zurück. Nichts von all dem, was Sie sagen, kann ihnen auf die Nerven gehen, denn sie haben schon einmal darüber nachgedacht. Das ist der Grund, warum sie auch der gröbsten Provokation ausdruckslos begegnen können. Die Angst verspüren und es trotzdem wagen, entspricht dem, was sie tun. Die großen Entdeckungsreisenden wie Kapitän Cook und Christoph Kolumbus machten einfach weiter, bis sie Land sahen. Die kanadische Sängerin k.d. lang wuchs an einem Ort auf, an dem es Vegetarier fast genauso schwer hatten wie Homosexuelle, und irgendwie gedieh sie dennoch.

UNHEIMLICH. Ist die skorpionische Unheimlichkeit naturgegeben oder Pose? Diese Leute haben etwas Tiefgründiges an sich. Sie haben mächtige Instinkte, denen sie oftmals gehorchen. Als Robert Louis Stevenson seine merkwürdige Erzählung *Dr. Jekyll und Mr. Hyde* schrieb, wessen heimgesuchte Psyche inspirierte ihn dazu? Bram Stoker, der Autor von *Dracula,* oder Dracula selbst? Weil die Skorpione die Fähigkeit haben, sich so stark auf andere Leute zu fokussieren, können sie deren Bedürfnisse intuitiv erfassen und Informationen kanalisieren, die eine andere Person benötigt. Selbst der scheinbar friedlichste Skorpion wirkt auf einer anderen Ebene als Medium und übermittelt Licht und Energie an die Bedürftigen.

PRINZIPIENTREU. Skorpione operieren in einem unveränderlichen Wertesystem, in einem, das trotz der Launen der Mode, des Geschmacks oder verbreiteter Ansichten bestehen bleibt.

Sie sind ein ehrbares Volk, das sich an seine eigenen Prinzipien dessen hält, was korrekt ist, egal, um welchen Preis. Die alten Griechen betrachteten Integrität nicht als ein nebulöses Gutmenschenkonzept, sondern als Einklang, als die typisch skorpionische Eigenschaft, jedem genau dieselbe Version von sich selbst zu zeigen, ob Prinz oder Bettler.

Skorpione in Tiefform sind …

Schuld ist ein Gefühl, auf das ich
nicht wirklich eingehen möchte.
Winona Ryder (*1971),
Hollywood-Schauspielerin, Ikone der
Generation X – *Meerjungfrauen küssen besser*

OBSESSIV. »Ich begehre«? Das Astro-Motto unseres Skorpions sollte eher »Ich bin besessen« lauten. Bitten Sie Skorpione, nicht besessen von etwas zu sein, und sie werden wie besessen davon reden, dass sie nicht besessen sind. Sie werden die ganze Nacht aufbleiben, um eine Nicht-Besessenheits-Bekräftigung zu singen, oder dasitzen und die Worte »Ich werde weniger besessen sein« tausend Mal in roter Tinte schreiben. Sie werden heimlich davon besessen sein, die psychologische Ursache ihrer Besessenheit zu eruieren. Ihre Auffassung davon, über eine/n Ex-Liebhaber/in hinwegzukommen, besteht darin, *nur zweimal* pro Nacht an ihrem/seinem Haus vorbeizufahren. Sie können schreckliche Partygäste sein; sie hängen so an ihrer wertvollen Authentizität, dass ihnen entgeht, wie sehr sie alle langweilen.

PARANOID. Paranoid? Der Skorpion? Natürlich nicht, belieben Sie zu scherzen? Der Skorpion will bloß wissen, wer diese große Motte dazu gebracht hat, durch sein Fenster zu fliegen. Das Verschwinden der Frischhaltebox ist ein Komplott seines Kindes, um ihn zu diskreditieren. Jemand sagt: »Du siehst gut aus«, der Skorpion glaubt, es sei ein Fluch. Das Sozialleben des Skorpions kann wie eine Widerstandsbewegung geführt werden – es gibt Dutzende »Zellen«-Freunde, wobei jeder von ihnen kaum etwas oder gar nichts über die anderen weiß. Skorpione schnüffeln viel; sollten Sie sich dazu herablassen, würde dies als Verrat gelten, wohingegen es aber auf Seiten des Skorpions völlig verständlich ist. Skorpione schauen in Badezimmerschränke, nicht um – wie die Waage oder die Fische – zu sehen, welche Produkte Sie verwenden, sondern um Ihre Medikamente oder Dinge, die möglicherweise in einem Zusammenhang mit Sex stehen, ausfindig zu machen. Sie untersuchen genauestens die Telefonrechnung, mit besonderem Interesse an Anrufen, die vom Handy aus getätigt wurden, während ihr Partner außer Haus war. Sie führen umfassende Internetrecherchen durch. Sie genießen die Vorstellung privater Ermittlungen.

RACHSÜCHTIG. Das nicht ganz so geheime Motto der Skorpione lautet: »Schlag als Erster zurück«, und das tun sie auch. Ihre Methoden sind subtil, aber verheerend. Sie spielen gerne mit den Gefühlen anderer Leute. Sie werden Sie wissen lassen, dass sie Ihr kleines Geheimnis kennen. Sie treiben Spiele, um Eifersucht anzustacheln. Sie bringen Sie dazu, in vulgären Worten über Sex oder Geld zu reden, um sich dann mit einem leichten Grinsen der Verachtung auf ihrem manipulativen Gesicht zurückzuziehen. Skorpione können mit tausend Racheplänen jonglieren. Es ist nie zu spät. Sie können anderen Leuten einen Haufen Schrott über Sie verklickern, ohne dass irgendjemand

auch nur das Geringste von den wahren und voreingenomme-
nen Skorpiongefühlen ahnen würde. Wenn ein Skorpion fühlt,
dass jemand sein so profundes Ehrsystem verletzt hat, können
seine moralischen Vorstellungen auf einen Schlag fallengelassen
werden. Das liegt daran, dass Skorpione so paranoid sind, dass
sie befürchten, andere – ausnehmend nette – Leute könnten so
sein, wie sie selbst sind. Daher halten sie derart starr daran fest,
Kreditkartenabrechnungen zu shreddern, lassen Leute vor dem
ersten Rendezvous Verträge unterschreiben und bewahren Liebesbriefe oder erotische Fotografien in geheimen, verschlosse-
nen Kisten auf.

NACHTRAGEND. Okay, nicht jeder Skorpion beginnt mit Voo-
doo oder sucht nach einer zu opfernden Fledermaus, wenn er
sein Kreditlimit erhöhen oder einen Anruf seines potenziellen
Liebhabers erhalten will. Wie jeder Skorpion Ihnen erzählen
wird, sind sie keine Kontroll-Freaks. Sie flippen bloß total aus,
wenn sie nicht alles komplett unter Kontrolle haben. Es grenzt
an ein Wunder, dass – angesichts ihrer Sexbesessenheit – nicht
alle Skorpione professionelle S & M-Experten sind. Es hat etwas sehr Irritierendes, wenn man mit einem alten Skorpion-
Freund etwas trinkt und herausfindet, dass er sich noch immer
darüber aufregt, nicht zum Schulpräfekten ernannt worden zu
sein. Der britische Historiker A. J. P. Taylor sagte über den wa-
lisischen Dichter Dylan Thomas, er sei ein »verabscheuungs-
würdiger Mann gewesen. Männer drückten ihm Geld auf und
Frauen ihre Körper. Dylan nahm beides mit gleicher Verachtung
an. Sein großes Vergnügen bestand darin, Leute zu demütigen.«
Erinnert Sie das an jemanden? Vielleicht gab es im Fall Thomas
eine kleine Persönlichkeitsstörung, aber nichtsdestotrotz klingt
das nach einem sehr skorpionischen Syndrom.

Wie man Skorpione motiviert und manipuliert

Gelassenheit und Ironie sind die einzig würdigen Waffen der Weisen.
Emile Gaboriau (1832–1873),
französischer Autor rätselhafter Erzählungen,
von dem manche glauben, er habe die moderne
Detektivgeschichte erfunden

1 Skorpione mögen es, wenn ihnen ausführlich und am liebsten schriftlich gedankt wird, mit zusätzlicher Betonung darauf, wie schlecht es Ihnen ohne das Eingreifen des Skorpions ergangen wäre.

2 Haben Sie Verständnis, dass der Skorpion es satt hat, dass Leute sofort auf seinen Schritt sehen, sobald er zugibt, ein Skorpion zu sein.

3 Akzeptieren Sie, dass der Skorpion über ein sorgfältig kalibriertes, persönliches Punktesystem verfügt. Wenn Sie einem erkrankten Skorpion einen Teller Suppe bringen, wird er Ihnen am nächsten Tag auch einen bringen, nur, damit die Dinge ausgeglichen sind.

4 Versuchen Sie nicht, den Skorpion fröhlicher oder entspannter zu machen. Das hasst er.

5 Stecken Sie Ihre Nase nie in seine persönlichen Angelegenheiten. Wenn jener unsichtbare Eiserne Vorhang über das Gesicht des Skorpions zu ziehen scheint, wechseln Sie schnell das Thema.

6 Faszinieren Sie den Skorpion, indem Sie ihn glauben lassen, Sie hätten ein schreckliches Geheimnis.

7 Man kann nie zu viel darüber wissen, was *wirklich* los ist; amüsieren Sie den Skorpion, indem Sie seine Verschwörungstheorien übertreffen.

8 Schwatzen Sie nicht oberflächlich mit ihm – Skorpione tun nichts leichtfertig, ganz zu schweigen etwas von so entscheidender Bedeutung wie das Mitteilen von Information.

9 Selbst wenn Sie Nymphomanie als eine Art von Krankheit betrachten, lassen Sie das den Skorpion ja nicht wissen. Skorpione betrachten Sex und Lebenskraft als ein und dasselbe.

Skorpion-Vorbilder

Ich vertraue darauf, dass meine Meinung dem,
was ich will, Gewicht verleiht.

Sophie Marceau (*1966), wunderschöne, sexy französische Schauspielerin mit einer riesigen Fangemeinde in Asien. Zu den Filmen mit ihr zählen *Die Welt ist nicht genug* und *Braveheart*.

Niki de Saint Phalle – verblüffende französische Künstlerin, Schriftstellerin und in ihren jungen Jahren Model. Ihre gigantischen surrealen Skulpturen haben oft die Form lächerlich opulenter Frauen; die Männer sind Dämonen. Ihre zusätzlichen Skorpion-Referenzen: Sie interessierte sich für das Okkulte und entwarf in Italien einen Skulpturenpark mit enormen Tarotkarten-Bildern. Sie war Mitautorin und Illustratorin des Buchs *AIDS: You can't catch it holding hands.*

Ennio Morricone – genialer Komponist von unheimlicher Filmmusik wie im Spaghettiwestern *Zwei glorreiche Halunken.* Arhythmische, hypnotische Verwendung von Instrumenten wie Pfeifen und Mundharmonika. Er ist ein besessener Arbeiter mit über 400 Film- und Fernsehprojekten seit 1961.

Peter Jackson – neuseeländischer Kultregisseur seltsamer Splattermovies wie *Bad Taste* und *Meet the Feebles. Braindead* war sein erster professionell gemachter Film. Er ist ein getriebener Filmemacher, der die »unfilmbare« und höchst gepriesene *Herr der Ringe*-Trilogie drehte, wobei er darauf bestand, dass die Rüstungen so wie vor 600 Jahren gemacht werden. Er wurde an Halloween geboren.

Anna Wintour – größte New Yorker Medienkönigin und Herausgeberin der amerikanischen *Vogue.* Ihr Markenzeichen: Sonnenbrille, Achtzigerjahre-Bob-Haarschnitt, Lunches mit rotem Fleisch und Zobelpelz. Als Tierschutzaktivisten einmal eine *Vogue*-Fete überwachten, schickte sie ihnen einen Snack aus der Küche – kaum gebratenes Roastbeef.

Gundel Gaukeley – anmutige, hexende italienische Ente, die an den Hängen des Vesuvs wohnt. Sie ist verführerisch, griesgrämig und davon besessen, Onkel Dagoberts Glückstaler zu stehlen. Ihr Bruder Rurak wurde einmal in einen Raben verwandelt und ist nun Gundels magischer Vertrauter.

Carl Sagan – amerikanischer Pulitzer-Preisträger, Astronom, Fernsehmoderator und Entlarver von Aberglauben. Er verbrachte seine Karriere damit, nach außerirdischem Leben zu suchen. »Ein zölibatärer Priester ist eine besonders gute Idee, weil sie jegliche vererbbare Neigung zum Fanatismus zu unterdrücken verspricht.«

> *Die meisten Menschen haben ein Bewusstsein*
> *und ein Unterbewusstsein. Ich nicht, ich habe ein*
> *Unterbewusstsein und ein Unter-Unterbewusstsein.*
> Harpo Marx (1888–1964),
> amerikanischer Komiker und ausgereifter
> Pantomime-Künstler, der Mitglied der
> Komödiantentruppe *The Marx Brothers* war

Skorpione *en vogue*

> *Das Leben kann alles sein, was man will.*
> *Alles, was man tun muss, ist, sich etwas zu wünschen.*
> RuPaul (*1966),
> amerikanische Superstar-Dragqueen. Sie wurde als erste
> Dragqueen der Welt Sprecherin eines Kosmetikunternehmens.

Es ist sehr schwierig, den Skorpion-Look genau zu bestimmen. Es gibt Skorpione, die das Haus nicht eher verlassen, bis sie ein filmstarähnliches Aussehen erreicht haben, das heißt, sie berechnen präzise die Aura, die sie ausstrahlen möchten, erforschen, wie sie diese hinbekommen, und machen sich daran, diese umzusetzen. Es gibt Skorpione, die mit solcher Expertise

271

lernen, wie sie ihr Haar schneiden und färben können, dass sie ihre wertvolle Kontrolle nie wieder an jemand anderen abgeben müssen. Es gibt Skorpione, die jedes einzelne Haar ihres Körpers mittels schmerzhafter Elektrolyse entfernen, sich ihr Schamhaar färben lassen, damit es zum Kopfhaar passt, die Haare ihrer Kinder färben, damit es zu ihrem passt, und um fünf Uhr morgens aufstehen, um ihr »natürliches Gesicht« aufzulegen, bevor irgendjemand sie sieht.

Obsessiv in jedem Punkt, wird sich der Skorpion, der sich vage entschieden hat, sein Aussehen zu verändern, bis zur Unkenntlichkeit transformieren.

Aber der Skorpion kann auch der klassische Wolf im Schafspelz sein. Horden von ihnen schleichen in Trainingshosen und mit ungekämmtem Haar umher, und es gelingt ihnen trotzdem, jedermann zu verführen. Der skorpionische Sex-Appeal hängt nicht unbedingt von äußerlichem Glamour ab. Manche Skorpione sind sogar gegen die gesellschaftlich verordnete Forderung nach Deo. Es ist nicht so, dass sie Angst davor haben, was das Aluminium im Deo ihrem Lymphsystem antun könnte – das ist eher Sache der Jungfrauen und Wassermänner –, sie bevorzugen wirklich ihren eigenen Duft. Sie glauben an die Macht ihrer eigenen mächtigen Pheromone. Viele Leute erwarten, dass der Skorpion im Fetisch-Kostüm umhergeht, aber Skorpione neigen dazu, diese Dinge für zu Hause aufzusparen.

SEXY SKORPIONE: Goldie Hawn, Julia Roberts, Veronica Lake, Meg Ryan, Vivien Leigh, Matthew McConaughey, Leonardo Di Caprio, Demi Moore, Lauren Hutton, Bo Derek, Jodie Foster, Hedy Lamarr, Dolph Lundgren, Ethan Hawke, Jaclyn Smith, Winona Ryder, Grace Kelly, Lisa Bonet, Loretta Swit, Tatum O'Neal.

*Jedes Mädchen kann glamourös sein. Alles, was man dazu
tun muss, ist, stillzustehen und dumm auszusehen.*
Hedy Lamarr (1913 – 2000),
in Österreich geborene, sinnliche Hollywood-Schauspielerin,
deren Nacktszenen im berüchtigten deutschen Film
Extase (1932) eine Sensation darstellten. Ihre Liebesaffären
jenseits der Leinwand waren ebenfalls skandalträchtig.

Glänzende Karriere

*Um in der Welt erfolgreich zu sein, reicht Dummheit
nicht aus, man muss auch gute Manieren haben.*
Voltaire (1694 –1778),
stilvoller, geistreicher französischer Schriftsteller und
Philosoph. Er trank fünfzig Tassen Kaffee am Tag,
auch noch in hohem Alter.

Der Fokus, der Schneid und die Intensität des Skorpions helfen
ihm bei seinem Erfolg, egal, welche Karriere er verfolgt. Aber ein
in eine berufliche Sackgasse geratener Skorpion wandelt sich zu
einem gehässigen Megalomanen, und setzt seinen Stachel rücksichtslos zu seinem Vorteil ein.

Dank ihrer Paranoia sind Skorpione ausgezeichnet in Gebie-
ten, in denen es um die Vorhersage und Verhinderung gewalttä-
tigen Verhaltens geht. Sie können in der Regierung, als Privatde-
tektive, in der Justiz, in allem, was mit Sexualität zu tun hat, im
Militär und in jeder Art von Prüfungsstelle arbeiten.

Sie sind mächtig und bedrohlich, ob als Untergebene oder
Vorgesetzte. Machtspiele stellen eine andauernde Versuchung

273

dar, so dass die Skorpione besser Erfüllung in Tätigkeiten finden werden, von denen sie völlig besessen sein und/oder über die sie die totale Kontrolle erlangen können.

Ein gelangweilter Skorpion ist ein gefährlicher Skorpion. Eine ausgezeichnete Karriere für einen Skorpion ist die des »heiligen Monsters« wie im Falle des spanischen Künstlers Pablo Picasso: das heißt, ein kreatives Genie zu sein, das sich ungeheuerlich aufführen kann, woran sich aber aufgrund seiner Brillanz niemand stößt. Der Skorpion-Bildhauer Auguste Rodin war aus ähnlichem Material geformt. Angeblich hat er alle, die ihn liebten, komplett in den Wahnsinn getrieben.

Wenn sie ihre blanke Machtgier und ihre nackte Gier-Gier zu verhüllen und die Kunst leichter Gesprächsführung gelernt haben, sind Skorpione extrem erfolgreich. Machtbesessener Mega-Skorpion: Microsoft-Chef Bill Gates.

Wenn man mir einen Oscar gibt,
ziehe ich mich vielleicht aus.
Warum auch nicht?
Roberto Benigni (*1952),
gescheiterter italienischer Priester und Buchhalter,
der ein gepriesener Schauspieler,
Regisseur und Autor wurde

Finanzielle Realität

Das Glück ist auf der Seite der Mutigen.
Erasmus (1466–1536),
holländischer Gelehrter,
der *Lob der Torheit* schrieb

Skorpione sind entweder große Verschwender oder große Sparer. Es gibt keine Mitte im finanziellen Leben des Skorpions. Wenn der Skorpion sich entscheidet, das Geld auszugeben, findet er eine Waage oder einen Fisch, die ihn unterstützen und einen professionellen Einkäufer aus ihm machen. Im Sparmodus ist der Skorpion extrem rücksichtslos. Er wird überall zu Fuß hingehen und die Fitness-Vorteile nutzen, sein eigenes Mittagessen zubereiten, auf Kaffee und Alkohol verzichten – alles, was für das skorpionische Wohlbefinden nicht von wesentlicher Bedeutung ist –, Bücher aus der öffentlichen Bibliothek ausleihen und durchgehend sieben Tage die Woche arbeiten.

Was auch immer das Ziel sein mag, der Skorpion wird es erreichen. Selbst Prinz Charles verdient sich ein paar Extrabrötchen, indem er eine eigene Marke Alkohol von seinem Gut verkauft. Skorpione sehnen sich nach Kontrolle, und sie wissen, dass Geld, obwohl es vielleicht kein Glück kaufen kann, mit Sicherheit Kontrolle verschafft. Skorpione lieben die Empfindung, die das Wissen auslöst, im Bedarfsfall einen Spitzenanwalt beauftragen zu können. Oder im Handumdrehen nach Nairobi fliegen zu können, um ein heißes, neues potenzielles Liebesobjekt zu treffen. Oder in kürzester Zeit einen Haufen Geld ausgeben zu können für eine komplette persönliche Umgestaltung, um jemanden ganz besonders eifersüchtig zu machen.

Skorpione haben keine Angst vor Geld. Falls überhaupt, hat das Geld Angst vor ihnen. Da Skorpione sich immer der versteckten Realität aller Dinge bewusst sind, liebäugeln manche von ihnen mit der Vorstellung, sich aller Moral zu entledigen und delinquent zu werden, und beispielsweise das Eintreiben illegaler Schulden zu ihrem Haupterwerb zu machen, ein Falschspieler oder sogar ein Trickbetrüger zu werden.

Aber die meisten Skorpione verhalten sich superkorrekt, weil ein Skorpion zu sein eine Frage des Prinzips und der Kontrolle ist.

Hauen Sie niemals einen Skorpion übers Ohr. Skorpione haben einen homöopathischen Gleiches-heilt-Gleiches-Zugang zu solchen Verbrechen. Das Sex-und-geteilte-Finanzen-Syndrom kann den Skorpion komisch im Umgang mit Geld werden lassen.

Wie ein Skorpion zu sogenanntem »Geld anderer Leute« steht – Schulden, Steuern, Investitionen in der Skorp AG –, ist ein Indikator dafür, wo sich der Skorpion spirituell befindet. Groll zehrt an der Energie des Skorpions.

Alles, was ich je machen wollte,
habe ich getan. Jeden, mit dem ich jemals
zusammen sein wollte, habe ich gehabt.
Calvin Klein (*1942),
clevere amerikanische Markenikone und Schöpfer der
gegenwärtigen Hardcore-Unterwäsche-Modelkultur.
Er schuf unter anderem Düfte wie *Obsession,*
Escape, Crave und *Eternity.*

276

Beim Skorpion zu Hause

Die Freude des Geistes ist das Maß seiner Macht.
Ninon de Lenclos (1620 –1705),
schöne französische Aristokratin und Gelehrte.
Sie unterhielt einen Zirkel gut betuchter Freunde
und Liebhaber in ihrem Salon.

Skorpione sind offiziell die großen Verführer des Tierkreises, auch bekannt als die Tarnkappenbomber der Liebesaffären. Es überrascht wenig, dass ihr Zuhause einer Sexhöhle gleichen kann. Hier ist der Ort, an dem der Hausherr bzw. die Hausdame nonchalant ihre merlotbefleckte Ausgabe des erotischen *Kamasutra* herumliegen lässt. Skorpione genießen es, die Reaktion ihrer Gäste auf die abartige Helmut-Newton-Fotografie im Bad zu beobachten und stören sich kein bisschen daran, wenn sie den Lederriemen hinter dem Bett hervorblicken sehen.

Feinsinnig von Charakter, weniger im Hinblick auf das Dekor, kennt der Skorpion als Lieblingsmotive künstliches Leopardenfell, schwarzen Satin, rotes Leder, verzierte, eiserne Kerzenständer und dunkle Räume mit schweren Vorhängen. Tatsächlich führt seine Abneigung gegen Licht seine Familie und Freunde unmittelbar zu der Annahme, definitiv Vampirneigungen vermuten zu müssen. Obschon manche von diesen Leuten gelegentlich mit dem Retro-Look der fünfziger Jahre experimentieren, sind sie alle im Grunde genommen Gruftis. Ihr Traumzimmer? Ach du Schreck! Sie wagen es, danach zu fragen? Da Sie das offensichtlich tun: Skorpione mögen die Idee vom Home-Office, das die Atmosphäre der wahnsinnig erotischen *Opium*-Parfümwerbung von Yves Saint-Laurent hat. Das Haus des Skorpions wird immer Gegenstände enthalten, die die obsessive Natur seines Bewohners preisgeben: ein Schlagzeug, Unmengen von Fan-Zeitschriften, eine Wasserpfeife, eine Sammlung von Fallstudien über UFO-Entführungsopfer oder ein geheimer Vorrat an Bargeld.

> *Ich suche nicht – ich finde.*
> Pablo Picasso (1881–1973),
> extravaganter spanischer Bildhauer und kubistischer Maler.
> Er schuf beinahe im Alleingang die moderne Kunst.

Der verliebte Skorpion

> *Angenommen, dass Beutefang- und Verteidigungsbedarf*
> *bei beiden Geschlechtern identisch sind, lautet die beste*
> *Erklärung dahingehend, dass der Stachel für die*
> *Fortpflanzung wichtiger ist als für den Beutefang*
> *und die Verteidigung.*
> Skorpion-FAQ

Intimprobleme? Schlafzimmerpolitik? Der Sex-Geld-Nexus? Hallo? Der Skorpion hält nicht an sich. Weil er ein »fixes« Wasserzeichen ist, nehmen viele seiner emotionalen Fluktuationen die Form von Unterwasserströmungen an, die an der Oberfläche nicht sichtbar sind. Skorpion-Gatt/innen brauchen Sturmwarnungen.

Skorpione wissen, wie sie andere dazu bringen können, sich in Bezug auf ihre Sexualität vollends erfüllt zu fühlen, und wie sie andere dazu bringen können, sich in Bezug auf ihre Sexualität scheußlich zu fühlen. Das Machtgleichgewicht in einer Beziehung ist dem Skorpion so unglaublich wichtig, dass er dem Größenwahn verfallen kann, ohne es zu bemerken.

Er wird fröhlich und ohne Bedenken eine Null-Toleranz-Politik einführen. Wenn beschuldigt, sagt er natürlich: »Ich? Manipulativ? Aber ich bin so direkt.« Vergessen seine Masche, die Freunde seines Partners bzw. seiner Partnerin auf die eigene Seite zu ziehen, mysteriöserweise einen Monat lang auf Sex zu verzichten, weil die andere Partei mit etwas, das der Skorpion sagt, nicht übereinstimmt, und jene subtilen Bemerkungen über jemandes Potenz oder seinen Mangel daran. Vergessen seine Tendenz zu emotionaler Erpressung und/oder Untergrabung des Selbstwertgefühls des Partners/der Partnerin, so dass er/sie sich fühlt, als ob niemals wieder jemand anderes als der Skorpion sie lieben würde.

Skorpione in einer Beziehung versorgen ihre Partner mit Unmengen an Sex. Wenn Sie aber den Skorpion verärgert haben, holt dieser die Haarbürste oder das jeweilige Bestrafungsinstrument hervor, auf das er gerade steht. Ein Skorpion wird die ganze Nacht aufwenden, um seine/n Liebhaber/in zufriedenzustellen … was auch immer dazu nötig ist.

Als das offiziell sexuellste Zeichen des Tierkreises haben Skorpione Bedürfnisse – viele Bedürfnisse, und dauernd. Aber Skorpione können auch vollkommen zölibatär leben. Sie können sogar frigide und trotzdem von Sex besessen sein. Skorpione wollen entweder zutiefst lieben oder gar nicht.

SKORPION – WIDDER: Der Widder und der Skorpion sind dazu prädestiniert, voneinander zu lernen, aber ob ihnen die Lektion gefällt? Können sie lange genug miteinander klarkommen, um irgendwelche Infos zusammenzubekommen? Der geheimnisvolle Nimbus des Skorpions zieht den Widder an. Die Energie des Widders fasziniert den Skorpion. Beiden ist Intensität, Lebensfreude, Talent und Ehrgeiz gemeinsam. Der Skorpion kann die aalglatte Simplizität des Widders nicht ausstehen. Der Widder zeigt dem Skorpion, wie man das Grübeln vermeidet. Der Skorpion dient dem Widder als Beispiel dafür, wie man zurechtkommt, ohne Türen einzutreten und brüllend Respekt einzufordern. Der Widder bereichert die Lebenswirklichkeit des Skorpions. Der Skorpion verleiht der Lebenswirklichkeit des Widders Tiefe. Machtspiele beenden diese Beziehung noch schneller, als sie begann. Beide Teile dieses Duos haben ein Ego und neigen zu Jähzorn. Der Schafbock muss unter die Oberfläche tauchen, um mit dem Skorpion klarzukommen, befürchtet aber, dass er dabei an Schwung verlieren könnte. Die Skorpione fürchten einfach um ihre Gesundheit, sollten sie allzu lange im Umkreis des Widders verweilen. Dies ist keine unmögliche Liebesaffäre – es ist nur so, dass sie entweder nur ein paar gefühlte Momente lang oder ewig dauert. Die Hürden sind hoch, aber hoch ist auch der Lohn.

Angesagte Duos: Danny DeVito & Rhea Perlman, David Schwimmer & Mili Avital.

SKORPION – STIER: Diese lebensverändernde Liebesbeziehung ist niemals eine oberflächliche Affäre. Beide können allerdings mit beiläufigen ausbeuterischen Absichten hineinschlittern und sich als Seelenverwandte herausstellen. Den Skorpion zieht die Schönheit, Sinnlichkeit und Beständigkeit des Stiers an. Die stierische Dickköpfigkeit widerspiegelt diejenige des Skorpions, und beide deuten sie als ein Zeichen der Stärke. Der Skorpion liebt die Fähigkeit des Stiers, ihn zu nähren – die meisten anderen Sternzeichen sind schon viel zu sehr mit den Nerven am Ende, als dass sie sich überhaupt vorstellen könnten, dem Skorpion dieses sichere Gefühl zu vermitteln. Der Stier will den aufgebrachten Skorpion beruhigen, seine Füße für eine kleine Reflexologie-Massage hochlegen und ihm ein paar Pfannkuchen machen. Im Gegenzug bietet der Skorpion dem Stier die bewusstseinserweiternde Schlafzimmer-Kompatibilität, wonach dieser sich immer gesehnt hat. Beiden ist eine tiefe, intensive Hingabe eigen. Stier und Skorpion sind auch sozial kompatibel. Keiner von beiden will ausgehen, um auszugehen, oder eine Erfahrung machen, nur weil sie sich bietet. Beide weisen zurück, was sie nicht als echten Spaß sehen. Ärger tritt dann auf, wenn der Stier sich die wildere Seite des Skorpions vornimmt. Der Skorpion akzeptiert das nicht, und keiner gibt nach.

Angesagte Duos: Sam Shepard & Jessica Lange, Marie Curie & Pierre Curie, Louis Malle & Candice Bergen, Helmut Newton & June Browne (aka Alice Springs).

SKORPION – ZWILLINGE: Die mentalen Trips des Zwillings bedrohen zunächst die hart erarbeitete Gelassenheit des Skorpions. Der offensichtlich beiläufige Stil des Zwillings zu flirten nervt den Skorpion maßlos. Der Skorpion will den Zwilling auf ein »Wir«-Gespräch festnageln. Das funktioniert aber nicht, weil der Zwilling den geheimnisvollen Nimbus des Skorpions liebt – er bietet, was dem Zwilling am besten gefällt: eine Herausforderung. Diese beiden sind so unterschiedlich und doch potenziell sehr kompatibel. Der intensive Skorpionverstand profitiert vom lockereren Zugang des Zwillings. Der Zwilling kann eine Ladung Tiefe vom Skorpion wirklich gut gebrauchen. Beide sind es gewohnt, für andere attraktiv zu sein und sich in den daraus resultierenden Komplikationen zu suhlen. Vertrauen ist ein Thema, das so bald wie möglich verhandelt werden sollte. Der Skorpion mag es, seine/n Liebhaber/in zu besitzen. Der

281

Zwilling braucht Bewegungsfreiheit wie andere Sauerstoff. Wenige gesellschaftliche Szenen sind so schrecklich, wie wenn ein Skorpion den geschwätzigen Zwilling im Polizeigriff von einer Party abführt, weil dieser etwas zu viel ohne den Skorpion gelacht hat. Aber dies kann eine wunderbare Beziehung sein. Der Zwilling wird erwachsen und der Skorpion jung. Beide sind für immer begeistert von der Betttätigkeit und dem Verständnis des anderen.

Angesagte Duos: Vivien Leigh & Sir Laurence Olivier, Sir Oswald Mosley & Lady Diana Mosley, Carl Sagan & Ann Druyan, Grace Kelly (Prinzessin Grace) & Fürst Rainier, Keith Urban & Nicole Kidman.

SKORPION – KREBS: Skorpion und Krebs sind sich auf Anhieb sehr sympathisch. Dies ist eine der astrologisch kompatibelsten Paarungen des Tierkreises. Oft haftet ihrem ersten Treffen ein magisches Element – Synchronizität? Schicksal? – an. Es fühlt sich einfach richtig an. Der Skorpion wird unwiderstehlich von der Launenhaftigkeit des Krebses angezogen, obwohl ihn dessen Neigung zum Quengeln entsetzt. Der Skorpion hat das Einfach-weitermachen-wie-bisher zu einer Kunstform gebracht. Die Krabbe kann unter dem bloßen Gewicht ihrer melancholischen Wahrnehmungsfähigkeit emotional erstarren. Der Skorpion bringt das in Ordnung, indem er die Krabbe mit seinen eigenen scharfen Instinkten durchdringt. Die Krabbe bietet dem Skorpion den Vorzug emotionaler Weisheit und Einblicke, die dem »fixen« Skorpion manchmal fehlen. Die Krabbe versteht den Skorpion auf eine Weise, wie es niemand anderes tut. Beide können Frieden und Glück mit dem anderen finden, wie sie es vorher noch nie verspürt haben. Der Skorpion muss daran denken, dass die Krebsempfindlichkeit nicht auf den bissigen Skorpionstachel reagiert. Geld und gemeinsame Werte können ein Schlachtfeld darstellen. Sex und gemeinsame Werte hingegen kaum. Diese beiden sind wahrhaftige Liebhaber, die nur darauf warten, dass das Schicksal sie zusammenführt.

Angesagte Duos: Laura Bush & George W. Bush, Prinz Charles & Prinzessin Diana, Prinz Charles & Camilla Parker Bowles, Harrison Ford & Calista Flockhart, k. d. lang & Leisha Haile, Kevin Kline & Phoebe Cates.

SKORPION – LÖWE: Der Löwe gibt an. Der Skorpion, ebenfalls heiß, steht mit einer Peitsche in der Hand finster in der Ecke. Es könnte passieren. Das ist eine starke, sexuell aufgeladene und manchmal schräge Dynamik. Sie benötigt eine unglaubliche Kompromissbereitschaft, und weder der Skorpion noch der modernste aller Löwen sind gut im Nachgeben. Das Leben in dieser Liebesbeziehung wird hyperreal. Beide sind anfänglich süchtig nacheinander. Es könnte sich in ein Märchen verwandeln, wenn beide Seiten nicht aufpassen, die Weltsicht des anderen zu respektieren. Der Skorpion kann nicht fassen, welche Huldigung das Ego des Löwen verlangt. Der Löwe wundert sich, warum der Skorpion so besessen von Dingen ist, die nicht wichtig sind. »Lass uns das schöne Leben genießen«, brüllt der Löwe. Der Skorpion bringt das Ganze wieder zurück auf den Erdboden, was den Löwen sehr langweilt. Wenn ihm der Sauerstoff in der Form von Schmeicheleien vorenthalten bleibt, trottet der Löwe davon in freundlichere Gebiete der Savanne. Wenn er zum Idioten gemacht wird, verlangt der Skorpion nach Rache. Sex und Theater funktionieren ausgezeichnet, doch langfristig verlangt diese Beziehung nach Arbeit. In der Löwe-Skorpion-Utopie lernt der Skorpion, die sonnigeren Seiten des Lebens zu betrachten. Der Löwe gewinnt einen Einblick in das Leben, das über das gute Aussehen seines Haares und wie man seinen Auftritt gestaltet hinausgeht. Sie verschmelzen.

Angesagte Duos: Louis XVI. & Marie Antoinette, Hillary Rodham Clinton & Bill Clinton, Bo Derek & John Derek, Maria Shriver & Arnold Schwarzenegger, Roberto Benigni & Nicoletta Braschi.

SKORPION – JUNGFRAU: Die Jungfrauen-Zwanghaftigkeit trifft auf die Skorpion-Besessenheit, und alle kommen gut aus – eine Weile. Oder vielleicht für immer? Die Jungfrau liebt, dass der Skorpion tief in das Leben eintaucht. Der Skorpion verehrt den scharfen analytischen Verstand der Jungfrau. Beide lieben einander im Bett. Der Skorpion nimmt es der Jungfrau nicht übel, wenn sie in der Dämmerung aus dem Bett stürzt, um ein paar Hemden zu bügeln oder die Klobrille zu desinfizieren. Es könnte den Skorpion sogar anmachen. Die Jungfrau zergliedert und enträtselt Szenarien. Der Skorpion unternimmt eine gründliche Untersuchung. Diese beiden können zwischen Perioden der Bettaktivität und der Erfüllung ihrer Ambitionen stundenlang plaudern. Den Skorpion nervt es, dass die Jungfrau gerne eine Auswahl an Leuten trifft und sich mit ihnen verbündet. Der Skorpion könnte problemlos einen großen Teil seiner Energie mit alten Bekannten verbrennen und dabei immer tiefer gehen. Die Jungfrau kann ein wenig wie die vernünftigere Version des Zwillings erscheinen, ein Zeichen, dem viele Skorpione offiziell abgeschworen haben. Dramatische Szenen, insbesondere in der Öffentlichkeit, befremden die Jungfrau. Sie kann übermäßig starke Intensität nicht ertragen. Der Skorpion hingegen steht darauf. Wenn sie diese Dinge durchgearbeitet haben, bleiben sie zusammen, für immer.

Angesagte Duos: Sonya Tolstoi & Leo Tolstoi.

SKORPION – WAAGE: Der Skorpion ist direkt, unbeirrbar und unnachgiebig. Die Waage strömt charmante Euphemismen aus. Sie ist spezialisiert auf Leichtigkeit und Luftigkeit, nicht darauf, heikle Themen oder schwierige Gespräche in Angriff zu nehmen. Die Waage betreibt Smalltalk. Der Skorpion sieht keinen Sinn darin, seinen Mund zu öffnen, wenn es sich nicht um etwas Wichtiges handelt. Der Skorpion kann das glamouröse Gesellschaftsleben verschmähen. Für die Waage ist es essenziell. Diese kleinen Marotten des anderen zu lieben garantiert beiden ein schönes Leben. Selige Bettsynergie wird Wirklichkeit. Die Waage, obschon sie einen rasend machen kann, ist gut für den Skorpion. Das Leben mit ihr verbessert die schmollende Verfassung des Skorpions und erweitert dessen gelegentliche Engstirnigkeit. Waagen können beide Seiten einer Situation sehen, wozu Skorpione bekanntermaßen völlig unfähig sind. Die mentale Flexibilität der Waage hilft, den Skorpion aus einer möglicherweise stagnierenden Haltung aufzuschrecken. Der Sex-Appeal des Skorpions verträgt sich gut mit der Schönheit der Waage. Im Gegenzug hilft der Skorpion der Waage, weniger unentschlossen, sozial weniger chamäleonartig zu sein und in stärkere Verbindung zu ihren eigenen wahren Gedanken zu treten.

Angesagte Duos: Gavin Rossdale & Gwen Stefani, Stan Rice & Anne Rice.

SKORPION – SKORPION: Damit zwei Skorpione sich erfolgreich paaren können, müssen zuerst ihre Stachel neutralisiert werden. Gift ist nicht die angemessene auszutauschende Körperflüssigkeit. Wenn die Dinge nicht zu zwanghaft sind und sich unter Kontrolle befinden, ist das eine wunderbare Beziehung zwischen zwei Leuten, die einander aufrichtig verstehen. Niemand anderes wird die Tiefe und Komplexität eines Skorpions jemals so gut verstehen wie ein anderer Skorpion. Sie passen perfekt zueinander im Bett und können solche Aktivitäten nutzen, um Streitigkeiten zu schlichten. Ein mögliches Problem ist ihre jeweilige Neigung, die Dinge auf die Spitze zu treiben. Es wäre zum Beispiel schrecklich, wenn sie einander anstacheln würden, einer Sekte beizutreten. Gefährliche Pokerspiele müssen verhindert, und es muss Loyalität aufgebracht werden. Damit sich Glückseligkeit einstellt, müssen die beiden danach streben, ein Duo der Positivität zu sein, das den wundervollen Phönix-Aspekt des Skorpions verkörpert, und nicht seine eifersüchtig-keifenden Schwingungen.

Angesagte Duos: John Adams & Abigail Adams, Linda Evans & Yanni, Simon Le Bon & Yasmin Le Bon, Boris Becker & Barbara Feltus.

SKORPION – SCHÜTZE: Sie sind so unheimlich verschieden, dass es beinahe verrückt genug wäre, um zu funktionieren. Möglicherweise. Der Skorpion ist ein Wasserzeichen – tiefgründig, intensiv und an Emotionen interessiert. Der Schütze ist ein Feuerzeichen – lebhaft, dynamisch und ein emotionaler Legastheniker. An der Oberfläche gibt es also einige Dinge, durch die man sich kämpfen muss. Der Skorpion muss den Schützen irgendwie wissen lassen, dass dieser, wenn diese Beziehung funktionieren soll, aufhören muss, herumzuschreien und jedes Mal ins Reisebüro zu rennen, wenn Gefühle hervorgerufen werden. Der Skorpion könnte ebenfalls zum Schluss kommen, dass der Schütze in Sachen Sex gleich ausweichend ist wie beim Thema Gefühle. Es ist schwierig, den Schützen auf Sex nur mit dem eigenen Liebhaber festzunageln. All das kann anders aussehen, wenn der Schütze, sagen wir, Venus im Skorpion hat. Oder der Skorpion Mars im Schützen. Gemeinsame Träume verbinden dieses Duo über ihre Eigenheiten hinweg. Keiner von beiden darf jemals versuchen, den Wesenskern des anderen zu verändern. Das käme Wahnsinn gleich.

Angesagte Duos: Pablo Picasso & Françoise Gilot, Kate Capshaw & Steven Spielberg, Mike Nichols & Diane Sawyer.

SKORPION – STEINBOCK: Diese beiden treffen aufeinander und stellen bei Weitem mehr als die Summe ihrer Einzelteile dar. Die Paranoia gerät gelegentlich außer Kontrolle, aber es könnte sich um die Beziehung zweier füreinander bestimmter Menschen handeln. Paranoia kann immer gehandhabt werden, aber wahre Liebe kann nicht aus dem Nichts hervorgerufen werden. Beiden ist es ernst in Liebesdingen. Beiläufige Tändelei ist eine dämliche Ablenkung – ein Freizeitvergnügen für Verlierer, die Angst vor Gefühlen haben. Der Steinbock kann mit allem umgehen, was der Skorpion in seine Richtung wirft, solange der Skorpion nicht mit seinen Ambitionen oder seinem Ansehen spielt. Das bedeutet: keine hysterischen Anrufe bei der Arbeit; kein Übermitteln von Tratsch, der nicht von einer zuverlässigen Quelle verbürgt wurde; nicht zu viele Berührungen in der Öffentlichkeit und keine amateurhafte Behandlung, die nicht vom Arzt verschrieben wurde. Es gibt viele Unterlassungsgebote im Umgang mit Steinböcken, was den die Grenzen erkundenden Skorpion nerven könnte. Der Steinbock liebt die Feinfühligkeit des Skorpions, seine Sinnlichkeit und sein cooles Wesen. Beide bewundern den anderen so sehr, dass sie in einen gemütlichen Trott verfallen könnten. Ganz dem Miteinander und dem Vergnügen gewidmete Zeit ist unbedingt notwendig.

Angesagte Duos: Georgia O'Keefe & Alfred Stieglitz, Lara Feltham & Pat Rafter.

SKORPION – WASSERMANN: Wenn der alles erfassende Blick des Skorpions das erste Mal auf den Wassermann fällt, glaubt er, sein Traum-Superwesen gefunden zu haben. Wassermänner können oft abgehoben und entrückt erscheinen. Der Skorpion liebt das. Es macht die Eroberung umso süßer. Aber der Wassermann besitzt, falls das überhaupt möglich ist, noch festgefahrenere Ansichten als der Skorpion. Schlimmer noch, der Wassermann kann den Skorpion vermutlich sogar in Grund und Boden argumentieren, während der Skorpion eingestehen muss, dass seine Haltung eher auf tiefer Subjektivität beruht. Vorausgesetzt, die beiden stimmen in wesentlichen Punkten überein, wird diese Liaison schon viel realisierbarer. Der einzige andere Fallstrick findet sich in der Frigidität des Wassermanns. Mit wenigen Ausnahmen ist der Wassermann nicht gerade sexbesessen. Er könnte viel mehr an dessen intellektuellen Aspekten, wie zum Beispiel an der neuen Übersetzung des Kamasutra interessiert sein, als ein/e eigentliche/r Praktiker/in zu sein. Der Skorpion muss diese Seite der Verbindung zuerst überprüfen, bevor er einen Mietvertrag für den Wassermann über die nächsten zwanzig Jahre unterschreibt.

Angesagte Duos: Julia Roberts & Daniel Moder, Dwight Yoakam & Bridget Fonda, Ben Harper & Laura Dern, Demi Moore & Ashton Kutcher.

SKORPION – FISCHE: Der Skorpion hypnotisiert den armen kleinen Fisch, als wäre er ein von einem Scheinwerfer geblendetes Kaninchen. Dann, hihi, begeht der Skorpion den Fehler zu glauben, er habe die Macht in dieser Beziehung. Fische sind verführerisch und manipulativ – Experten auf dem Gebiet, anderen das Gefühl zu vermitteln, die Leitung innezuhaben. Wenn aber der Skorpion sich auf die mentalen Trips des Fischs mitbegeben kann, hat diese Verbindung alles, was sie benötigt, um »die eine« zu sein. Diese beiden sind so kompatibel, dass es schon fast lachhaft ist. Die tiefgreifenden Probleme, mit denen der Skorpion Ewigkeiten verbracht hat, um sie vergangenen Liebhaber/innen zu erklären, werden vom Fisch beinahe sofort verstanden. Die Fische-Intuition ist so mächtig wie der Skorpion-Instinkt. Sobald jeder von ihnen sich auf allen Ebenen erfüllt fühlt, sind sie ein unvergessliches und wahrhaft verbundenes Paar. Fische können Probleme mit Flirts, Verantwortung und/oder Geld haben. Sie sind hinterhältig und ausweichend auf eine schäbige Art, die den Skorpion erzürnt. Die Wahrheitsfrage wird ausdiskutiert. Doch selbst dann verwendet der Skorpion Ewigkeiten darauf, den Fisch wirklich kennenzulernen, nur um festzustellen, dass es noch immer geheime Kammern seiner Psyche gibt. Der Skorpion liebt das.

Angesagte Duos: Goldie Hawn & Kurt Russell, Sir Richard Burton & Elizabeth Taylor, Averell & Pamela Harriman, Guy Oseary & Eva Herzigova.

Sind Sie wirklich ein Skorpion?

1 In einer stürmischen Nacht leihen Sie sich ein Video für einen gemütlichen Abend zu Hause aus, aber später stellen Sie fest, dass das Video in der Hülle ein anderes ist als das, welches der Umschlag verspricht. Sie …

(a) akzeptieren, dass Fehler geschehen können, verlangen aber einen Monat kostenloser Film-Ausleihen von der Firma.

(b) sehen es als eine »Nachricht aus dem Kosmos« – vielleicht ist dieses Video dasjenige, welches Sie sehen sollten – und entschließen sich, es zu genießen.

(c) gehen an die Decke. Sie schicken dem CEO der Video-Firma ein zehnseitiges Fax, in dem Sie den Boykott der Firma geloben.

2 Ihr größter sexueller Vorzug ist …

(a) Ihr Enthusiasmus und Ihre gesunde Libido.

(b) Ihre Fähigkeit, intuitiv zu spüren, was Ihr/e Liebhaber/in wirklich braucht.

(c) Ihre Kenntnis von Schlingknoten.

3 Ihre Musik-Sammlung …

(a) variiert in Abhängigkeit von Ihrem momentanen Interesse. Wenn Sie einmal über einen Sound hinweg sind, wird er rausgeworfen.

(b) ist eine lässige Auswahl aus Vergangenheit und Gegenwart, immer modern und angemessen.

(c) ist groß, eklektisch, merkwürdig und darf von niemandem sonst angefasst werden, Sie verstehen schon.

4 Auf einer Party kann man Sie mit größter Wahrscheinlichkeit dabei finden …

(a) wie Sie auf einem Tisch vor einer Ansammlung von Bewunderern tanzen.

(b) wie Sie sich über Ihre neuesten genialen Ansichten ergießen.

(c) wie Sie still in der Ecke stehen wie eine charismatische Spinne, die darauf wartet, dass die richtige Person in ihr Netz gerät.

5 Rache ist …

(a) süß.

(b) unter Ihrer Würde.

(c) Ihre Kernkompetenz.

6 Ihr/e Partner/in verhält sich so eigenartig, dass Sie überzeugt sind, dass etwas Dubioses los ist. Sie …

(a) setzen sich zusammen und fragen direkt, was los ist.

(b) tun alles, was nötig ist, um ihre/seine Aufmerksamkeit darauf zurückzulenken, wo sie sein sollte – bei Ihnen und Ihrer hinreißenden Art.

(c) sind fasziniert und beinahe erregt. Sie mutieren zum Privatdetektiv, überprüfen die zuletzt gewählten Nummern des Telefons, durchsuchen ihren/seinen Computer nach den besuchten Internetseiten und fragen heimlich ihre/ seine vielleicht doch nicht ganz so loyalen Vertrauten aus.

Antworten: Wenn Sie mehrheitlich (c) angekreuzt haben, dann sind Sie offiziell ein Skorpion – mächtig, verführerisch und unglaublich charmant. Sollten Sie (a) und (b) angekreuzt haben, dann haben Sie noch andere Astro-Einflüsse, die mit Ihrer Skorpion-Sonne konkurrieren.

Schütze

(23. November – 21. Dezember)

Der lebhafte Schütze

Warum das Vergnügen nicht sofort ergreifen?
Jane Austen (1775–1817),
geistreiche britische Schriftstellerin,
bekannt für ihre häuslichen Gesellschaftsromane –
Stolz und Vorurteil, Sinn und Sinnlichkeit

Frage: Wie viele Schützen benötigt man, um eine Glühbirne zu wechseln?

Antwort: Die Sonne scheint, der Tag ist jung, wir haben unser ganzes Leben vor uns, und du sitzt zu Hause und sorgst dich um irgendeine dämliche, ausgebrannte Glühbirne!

Schützen werden von Jupiter alias Zeus regiert, dem lebenslustigen Gott, der herumzog und sich in einen Stier, einen Schwan, eine Statue oder sogar einen Baum verwandelte, was auch immer nötig war, um seinen Neigungen zu frönen. Er war zudem gutmütig, liebenswürdig und der Wahrheit ergeben. Von einem seiner Pseudonyme, Jovis, stammt das Wort »jovial« ab – ebenfalls eine passende Beschreibung für unseren Schützen.

Jupiter ist verantwortlich für die große Liebe des Schützen zur freien Natur und zu philosophischer Toleranz. Angesichts seines eigenen Verhaltens musste Jupiter offensichtlich tolerant sein. Heuchelei ist eine zu gewöhnliche Sünde für Götter.

Da, wo sich Jupiter im Geburtshoroskop eines Menschen findet, steht ihm das Glück von Geburt an zur Seite, und er kann sich entwickeln. Der Schütze, der vom Jupiter regiert wird, kann sich in jedem Bereich ausdehnen. Der Planet Jupiter ist gigantisch, elfmal größer als die Erde, aber anscheinend ohne feste Oberfläche. Manche Wissenschaftler glauben sogar, dass er eine wichtige Rolle als Beschützer der Erde spielt, indem seine mächtige Anziehungskraft Meteoren von der Erde wegzieht. Das passt gut zum Astrobild des Jupiters als glücklichstem aller Planeten.

Das astrologische Symbol des Schützen ist der Kentaur. Jawohl. Der Schütze ist das einzige Sternzeichen, das von einem mythologischen Wesen repräsentiert wird. Niemand, der jemals mit einem Schützen gelebt hat, wird darüber besonders erstaunt sein. Der Kentaur besteht zur hinteren Hälfte aus einem Pferd mit dem nackten Torso eines bärtigen Kerls. Manche Kentauren wurden als Dichterphilosophen verehrt, während andere herumgaloppierten und Dionysos verehrten, den Gott trunkener Ausschweifungen.

Der Schütze ist kein offizielles Zwillingszeichen wie die Fische und die Zwillinge, aber als Halb-Mensch und Halb-Pferd besitzt er definitiv ein doppeltes Wesen.

Manche Leute sagen, dass der Schütze ein Bogenschütze sei und das Symbol einfach der Pfeil »der Wahrheit« sei, der sein Ziel anfliegt, aber Schützenpfeile fliegen nicht unbedingt geradeaus. Ein Symbol mit wild durch die Gegend fliegenden Pfeilen wäre auch nicht halb so cool.

Das astrologische Motto ist eine Art Zusammenfassung der Grundverfassung eines jeden Sternzeichens. Es handelt sich gewissermaßen um sein Leitbild. Das des Schützen? Es ist zweigeteilt: Eines lautet: »Ich suche.« Schützen haben das starke Gefühl, sich auf einer Reise oder einer Suche zu befinden. Das andere Motto lautet: »Ich suche die Wahrheit.« Schützen können so sehr davon angefressen sein, die Wahrheit zu sagen, dass sie im anderen die Sehnsucht nach einem zwangslügnerischen Zwilling, dem entgegengesetzten Zeichen des Schützen, wecken können.

Fragen Sie einen Schützen nie, ob Ihr Hintern in den neuen Jeans dick aussieht oder ob Ihr Haaransatz sich lichtet. Falls der Schütze Sie noch nicht fröhlich auf jeglichen Makel hingewiesen hat, wird er radikal ehrlich sein in seiner Antwort.

Der britische Premierminister während des Zweiten Weltkriegs, Sir Winston Churchill, war bekannt für seine Ehrlichkeit beziehungsweise Taktlosigkeit:

Frau: Winston, Sie sind betrunken.

Churchill: Madam, Sie sind hässlich, ich aber werde morgen wieder nüchtern sein.

Die Schützen-Offenheit hat aber auch einen erfreulicheren Aspekt: Schützen spielen keine Spiele, und Sie werden immer wissen, woran Sie mit dem Schützen sind.

Wie der Löwe und der Widder ist auch der Schütze ein Feuerzeichen, flamboyant, aktiv und sensationell in allem, was er tut. Das sagen zumindest die Feuerzeichen, und keiner will sich mit ihnen anlegen.

Ich bin ein Schütze – halb Mensch, halb Pferd,
mit der Erlaubnis, auf die Straße zu scheißen.
Keith Richards (*1943),
legendärer britischer Gitarrist
der *Rolling Stones*

Schützen in Hochform sind ...

Sie hatte eine volle und anregende Stimme mit einem großen Register, lachte viel, auch wenn die Pointe unklar war, und redete unermüdlich. Sie konnte eine intelligente und logische Diskussion führen, denn sie verfügte über ein breites Repertoire an Wörtern und Redewendungen. Als Frau von großem körperlichem Mut war sie eine der Ersten, die im Männersattel über die Hügel ritt, als noch wenige Frauen überhaupt ritten, und diejenigen, die es wagten, ritten im Damensattel auf den Reitwegen im Golden Gate Park. Sie hegte eine tiefe Zuneigung zu Pferden. Sowohl sozial wie auch intellektuell ambitioniert, arbeitete sie hart, um vorwärtszukommen, und sparte ihr Geld, um eine Reise durch Europa zu unternehmen, malte ein wenig auf Porzellantellern, gab sich viel Mühe, jedes Jahr Fortschritte über das vorangegangene zu machen.

Beschreibung der amerikanischen Schriftstellerin und
Ultra-Schützefrau Charmian Kittredge (1871–1955),
Frau des Schriftstellers Jack London.
Beide schrieben Abenteuergeschichten.

MUTIG. Schützen sind so, wie die Leute in Partnerschaftsinseraten wären, wenn sie nicht lügen würden. Der Schütze fühlt sich wirklich im Ballkleid und in Jeans wohl und geht ebenso gerne im Busch spazieren, wie er einen aufregenden Städtetrip unternimmt. Schützen sind noch eigenartigerweise wie Leute in der Fernsehwerbung: Schützemädels treten tatsächlich aus irgendeinem Laden, schwingen ihr glänzendes Haar und lächeln den gut aussehenden jungen Typen an, der hinter ihrem Auto lauert, das sie gerade dort parken konnten, wo sie wollten. Schützemänner wachen am Morgen auf, sehen super aus, singen unter der Dusche, springen in die Küche für einen Fruchtshake und ziehen davon, um Tennis zu spielen oder Segeln zu gehen.

FRÖHLICH. Schützen liegt viel daran, ein hohes Niveau an persönlichem Optimismus und Freude in ihrem Leben aufrechtzuerhalten. Das eine Mal pro Monat, an dem sie das Haus putzen, werden sie wahnsinnig zufrieden sein, wie alles glänzt. Finsterere Personen beschuldigen die Schützen, auf Drogen zu sein. Das sind sie nicht. Na gut, manche von ihnen sind es vielleicht, aber ihre Liebe zur Liebe sprudelt aus ihrem Inneren hervor, wie Mineralwasser aus einer tiefen, geheimen Quelle am Fuße eines Vulkans. Schützen sind idealistisch; während sie also besorgt sind um genetisch manipuliertes Essen oder um bedrohte Tierarten, bleiben sie sich treu und positiv eingestellt. Sie reden dann auf alle ihre Bekannten ein, verschicken Briefe und Petitionen und nehmen an Demos teil.

LEBENSLUSTIG. Wie die Geliebte des spanischen Malers Picasso, Françoise Gilot, glauben Schützen, das Leben sei ein Einwegticket … es kann nur vorwärts gelebt werden. Der britische Dichter William Blake sagte, der Weg des Exzesses führe zum Palast der Weisheit. Der Schütze hat einen riesigen Appetit auf alles, was das Leben bietet. Ein Schütze würde sich freiwillig für ein Klonungsexperiment in irgendeinem Hinterhof melden, wenn er in der Laune wäre. Schützen lieben es, an einen herrlichen Strand zu fliegen oder den halben Planeten zu durchqueren, um an einer fantastischen Party teilzunehmen. Ein Schütze kann am Samstagabend an einer Toga-Party an irgendeinem Skiort teilnehmen und rechtzeitig für die Aquarobicsstunde am Sonntagvormittag zurück sein, bevor er zum Mittagessen geht.

OFFEN. Schützen können den aufgeblasensten Langweiler mit einer wohl gezielten Stichelei treffen. Wie der Schriftsteller Mark Twain schrieb: »Macht, Geld, Überzeugungskraft, Flehen, Verfolgung – diese können einen gigantischen Schwindel aufdecken – ihn im Laufe eines Jahrhunderts ein bisschen bedrängen, ein bisschen schwächen; aber nur Gelächter kann ihn in einem Stoß zu Fetzen und Atomen zerbersten lassen. Dem Angriff von Gelächter kann nichts standhalten.« Nebenbei bemerkt schickte Twain einmal allen seinen Freunden Telegramme, in denen stand. »Es ist alles aufgedeckt worden – flieht sofort«, und zu seinem Amüsement taten das tatsächlich viele von ihnen. Die Schriftstellerin Nancy Mitford schuf einen Skandal mit *Noblesse oblige,* ihrem Bestsellerführer dazu, was der Upperclass entspricht und was nicht.

IN DER GEGENWART. Schützen verstehen es, den Augenblick zu genießen, ein Übermaß an Leben zu erfahren, sei es beim Fallschirmspringen, beim Herumalbern in der Cocktailbar oder bei einer so profanen Sache, wie eine zertretene Schnecke von ihrem Fuß zu kratzen. So wie Jane Austen, Verfasserin von *Stolz und Vorurteil,* denken auch die Schützen »nur an die Vergangenheit, wenn die Erinnerung daran Freude macht«.

MOTIVIEREND. Die bloße Freude des Schützen am Leben regt alle um ihn herum dazu an, ihre Träume zu verfolgen. Und die unverschämt gute Laune des Schützen belebt alles um ihn herum.

Schützen in Tiefform sind ...

Kein Problem ist so gewaltig, dass man nicht
davor weglaufen könnte.
Charles Schultz (1922 – 2000),
amerikanischer Cartoonist und Erfinder der *Peanuts*

VERANTWORTUNGSLOS. Schützen können vor jedem Problem davonlaufen – eher: davonrennen. Und was stellt für diese Leute ein Problem dar? Verantwortung, oder, wie sie es nennen, Negativität. Da sie die Idee, dass sie unfähig sind, mit etwas klarzukommen, nicht ertragen können, versuchen sie es erst gar nicht. Verstehen Sie? Es ist eine Wahl, die der Schütze getroffen hat – weil er dynamisch und abenteuerlich ist und einen freien Willen hat. Hey, er wollte sich eben nicht hängen lassen und sich mit all dem negativen Schrott abfinden. Seine Weise, mit einem Problem umzugehen, besteht darin, es zu Ihrem Problem zu machen. Schützen neigen dazu, hinauszustürmen und jemandem zu sagen, er solle sich zusammenreißen, wenn es eindeutig am Schützen liegt, das zu tun. Noch schlimmer ist der Schütze, der in Therapie war und »Ich spüre, dass du gerade ziemlich nachtragend bist ...« sagt, bevor er aus der Tür rennt, denn: »Ich möchte mich dieser Negativität nicht aussetzen.« Wenn Verantwortung ein Ort wäre, wäre der Schütze nicht einmal in der Lage, ihn zu finden. Er würde denken, das sei wie Narnia in C. S. Lewis' Buch *Der König von Narnia,* wo man durch einen Zauberschrank gehen muss, um das zu finden, was man sucht. Manche Schützen mögen das Wort »Ort« nicht einmal. Es klingt so festgelegt. Sie bevorzugen »Raum«. Schützen haben Räume in ihren Herzen, keine Plätze. Sie haben ihren *Raum* an der Sonne und ihren moralischen Entscheidungs*raum*.

TAKTLOS. Der Mangel an Taktgefühl der Schützen ist legendär. Sie leisten sich die erstaunlichsten »Hat sie das jetzt wirklich gesagt?«-Schnitzer und arbeiten noch nicht einmal daran. Lassen Sie nie einen Schützen eine Rede auf einer Hochzeit, einer Beerdigung oder einer Taufe halten. Während alle anderen zusammenzucken, grinst der Schütze und denkt: »Wenigstens sage ich die Dinge so, wie sie sind.«

EGOZENTRISCH. Sie sagen »Ego«, der Schütze denkt »Selbstwertgefühl«. Weil viele Schützen eine unkonventionelle Aura haben, kann ihr Ego unentdeckt bleiben. Es geht unter in einem Meer intellektueller Gespräche, ausgiebigen Geredes über Prinzipien und allgemein großspurigen Schützen-Gehabes. Aber es ist da, selbst wenn die Schützen jeden zweiten Satz mit »Ich will ja nicht angeben, aber…« beginnen. Sie sind frustriert, wenn ihr Unterstützungssystem nachlässt. Sie können nicht verstehen, dass es nicht üblich ist, der eigenen Familie »Wisst ihr denn nicht, wer ich bin?« entgegenzurufen, wie ein ehemaliges Seifenopernsternchen, dem der Tisch mit den großen Stars vorenthalten bleibt. Einem Schützen kann es entgehen, wenn sich zu Hause Unruhe breitmacht. Wenn sein/e Partner/in keine Energie mehr hat, um noch etwas anderes als »Ja, mein Lieber« zu nicken, hält er das für ein gutes Zeichen. Es bedeutet, dass diese Person sich daran gewöhnt hat, ein Kammerdiener oder eine Kammerzofe des Schützengenies zu sein. Die Schützen geben sich aber ganz entsetzt, wenn sich ein Ausbruch von »Negativität« in ihrem Leben ereignet. Schon so mancher Schütze ist von einer Surfsafari mit seinem Exliebhaber zurückgekehrt, um ein leeres Haus vorzufinden.

SCHWÄTZER. Es wäre so cool, wenn Schützen mit einem Stummschaltungsknopf geliefert würden. Sie reden und reden und reden. Idealerweise wüssten die Schützen nicht, dass sie stummgestellt wurden, so wie die Figuren im Fernseher noch weitersprechen, wenn man den Ton abgestellt hat. Sie tragen ein unsichtbares Podium mit sich herum, auf das sie sich stützen, um ihre endlosen Predigten zu halten. Sie können so verliebt sein in ihre eigene Selbstgerechtigkeit, dass sie nicht einmal bemerken, wie sie die Psyche aller anderen erschlagen. Natürlich tun sie das nicht bewusst. Der Schütze ist total für Freiheit und die Selbstdarstellung aller Lebewesen. Gut erzogenen Schützen gelingt es sogar, ihre Klappe zu halten und nicht zu unterbrechen. Aber alle Schützen glauben insgeheim, dass das langweilige Intervall, in dem jemand anderes spricht, eine bloße Atempause für sie ist, in der ihnen ob ihrer eigenen Tiefsinnigkeit schwindlig wird.

Beschwere dich nie,
erkläre dich nie.
Benjamin Disraeli (1804–1881),
britischer Politiker und
Autor von sieben Romanen

Wie man Schützen motiviert und manipuliert

Jeder sollte sich um seinen eigenen Mythos kümmern.
Noël Coward (1899–1973),
britischer Dramatiker und kultiviertes Showbiz-Genie

1 Was auch immer Sie wollen, dass ein Schütze tue, setzen Sie mit etwas Ähnlichem an wie: »Hey, los geht's! Das wird ein Abenteuer!«

2 Denken Sie immer daran, dass es dem Schützen ums große Ganze geht. Nerven Sie ihn nicht mit Belanglosigkeiten; engen Sie ihn nicht ein. Er wird sich nicht die Mühe machen, Sie vom Flughafen aus anzurufen. Nur ein Irrer würde versuchen, den Schützen aus dem Takt zu bringen.

3 Sie wollen, dass ein Schütze sich in Sie verliebt? Seien Sie mehr wie er selbst. Lassen Sie ihn darauf hinweisen, dass Sie seit drei Tagen nicht mehr geschlafen haben, und sagen Sie: »Na und?« Ihr unfertiges Drehbuch? »Na und?«

4 Sehen Sie ein, dass die Schützen-Version von Reife darin besteht, genügend Kreditkarten und einen gültigen Reisepass zu haben, um allfälliger »Negativität« entfliehen zu können. Der Schütze ist in Ordnung, aber Sie sind negativ. Worüber auch immer Sie reden mögen, verpacken Sie es positiv, sonst ist Ihr Schütze verstimmt. Sagen Sie also zum Beispiel: »Ich weiß was! Lass uns mal das Impulssparen ausprobieren!«

5 Sie möchten einen Schützen beschenken? Schützen mögen es, etwas geschenkt zu bekommen, das sie tun können, so beispielsweise Theaterkarten. Der Schütze ist auch das einzige Zeichen, das nicht im Geringsten beleidigt ist, wenn man ihm eine Mitgliedschaft für ein Fitnesscenter schenkt.

6 Um einen Schützen aufzuheitern, fahren Sie mit ihm weg oder besuchen Sie mit ihm die Wildnis. Sollte das scheitern, verpassen Sie dem Problem einen philosophischen Rahmen, je breiter, umso besser. Sie könnten es zum Beispiel mit Rom zu seiner Blütezeit vergleichen. Zufälligerweise war der römische Kaiser Nero ein Schütze.

7 Bekämpfen Sie den Mangel an Takt nicht mit Taktlosigkeit. Der Schütze kann austeilen, aber er kann nicht einstecken.

8 Versuchen Sie nicht, den Schützen dazu zu bringen, sich verantwortungsbewusster zu verhalten. Je stärker die Schwingungen einer Elternfigur in der ganzen Affäre sind, umso mehr wird der Schütze sich wie ein Teenie aufführen.

9 Geben Sie einem Schützen nie das Gefühl, er sei an etwas schuld.

Vergessen Sie unangenehme Pflichten und vergeben
Sie sich dann, dass Sie sie vergessen haben.
Mark Twain (1835–1910),
weit gereister, abenteuerlustiger und offener amerikanischer
Autor, der zu seiner Zeit umstritten war. Er schrieb
Die Abenteuer Tom Sawyers und *Abenteuer und*
Fahrten des Huckleberry Finn.

Schützen-Vorbilder

Ich bin nicht radikal – ich habe bloß ein Bewusstsein.
Ich bin einen langen Weg gegangen, Baby.
Billie Jean King (*1943),
amerikanische Tennisspielerin,
die neununddreißig Grand-Slam-Turniere
und zwanzig Wimbledon-Titel gewann.
Sie ist eine ausgesprochene Frauenrechtsaktivistin.

Aphra Behn – extrem populäre britische Dramatikerin zur Zeit der Restauration. Die erste professionelle Schriftstellerin Englands war eine Schönheit, die im Auftrag Karls II. die Holländer ausspionierte und dann wegen Schulden, die mit ihrer Spionage zusammenhingen, eingekerkert wurde.

Fritz Lang – überlebensgroßer Filmregisseur mit Blick aufs Ganze, der sich auf die Zukunft und deren Möglichkeiten konzentrierte. Er verließ sein Zuhause im Alter von zwanzig, um die Welt zu bereisen, und wurde während des Ersten Weltkriegs viermal verwundet. Sein bekanntester Film, *Metropolis,* war visionär und politisch, trieb aber das Studio in den Bankrott.

Snoopy – großartiger, weiser und unerschrockener Hundegefährte jenes »kleinen rundköpfigen Jungen« Charlie Brown. Er hat ein außerordentlich reiches Innenleben – seine Tagträume machen ihn zu einem großen Schriftsteller und Fliegerass. Er ist abenteuerlustig, aber nicht arbeitsam: »Es ist besser zu singen und zu tanzen, als das zu tun, was man sonst immer donnerstags macht.«

Ozzy Osbourne – legendärer Heavy-Metal-Sänger und derzeitiger Star seiner eigenen Fernsehserie: »Alles Schlechte, was mir jemals widerfahren ist, ist direkt auf Alkohol und Drogen zurückzuführen. Ich meine, ich würde nie in nüchternem Zustand in einem Damenabendkleid morgens um neun ans Alamo pinkeln.«

George Eliot (aka Mary Ann Evans) – britische Bestsellerautorin und Verfasserin von *Silas Marner* und *Middlemarch*. Sie war die Lieblingsschriftstellerin der Königin Victoria. George verlor als junge Frau die Unterstützung ihres Vaters, als sie aufhörte, zur Kirche zu gehen. Sie hatte typische Schützen-Eigenschaften: Sie reiste mit Begeisterung und verfolgte die Männer anderer Frauen – sie hatte eine Affäre mit einem verheirateten Mann im viktorianischen England.

Bette Midler – multitalentierte Komödiantin, Sängerin, Broadway-Diva und Hollywood-Schauspielerin. Sie machte sich einen Namen mit einer unverschämt zweideutigen Komödiennummer in der New Yorker Schwulenszene der Siebziger. Sie hat die Schützen-Fähigkeit, vom Witzbold (*The Divine Miss M*) zum Prediger (»God is watching us«, eine Zeile aus ihrem Hit *Wind Beneath My Wings*) zu wechseln.

> *Es ist nie zu spät, derjenige zu sein,*
> *der man hätte sein können.*
> George Eliot (Mary Ann Evans, 1819–1880),
> feinfühlige, einfühlsame britische Schriftstellerin

Schützen *en vogue*

Was mich ankotzt ist, wenn da sieben oder acht
schweinedicke Männer von der Plattenfirma sitzen,
die mir sagen, was ich anziehen soll.
Sinéad O'Connor (*1966),
radikale irische Sängerin/Songwriterin und Priesterin

Wie sein Cousin, der Widder, wird auch der Schütze alles boykottieren, was ihm als »Muss« angepriesen wird. Es gibt nichts, das ein Schütze tun, geschweige denn besitzen muss. Manche der schrägsten Auftritte bei den jährlichen Oscar-Verleihungen sind die Folge davon, dass ein Schütze seinen Stylisten in letzter Minute gefeuert hat.

Aber Schützen können, obschon sie selbst gegenüber modischen Launen immun sind, diese verbreiten. So haben zum Beispiel die beiden Schützen-Schauspielerinnen Jane Fonda und Jennifer Beals in den frühen Achtzigern gemeinsam den infamen Legwarmer-Look begründet. Und ihre Schauspielkollegin Jamie Lee Curtis ist verantwortlich für die erste Muskel-Modewelle. Britney Spears löste einen Trend zur Bauchfreiheit aus. Der Hollywood-Schönling Brad Pitt gründete die Schule des langhaarigen, Cowboyhut tragenden Mannes mit trainiertem Oberkörper. Der italienische Modezar Versace machte Straßenstrichkleidung *en vogue*.

Als der Planet Pluto Mitte der neunziger Jahre in das Sternbild des Schützen trat, was geschah da mit der Mode? In der Kosmetikwelt wurde alles durchsichtiger, was typisch für den jugendlichen Outdoor-Stil der Schützen ist. Sportbekleidung wurde aufgewertet. Schützen interessieren sich nicht allzusehr für Kleidung. Sie finden, dass Leuten mit Schuhregalen etwas Seltsames anhaftet. Das Leben ist zu schön, um die Samstage in der Waschküche zu verbringen. Viele Schützen tragen nicht einmal Unterwäsche. Raffinierte Unterwäsche verträgt sich nicht besonders gut mit dem oftmals sehr sportlichen Lebensstil der Schützen, und sich gut durchlüftet zu fühlen ist typisch für dieses Zeichen.

Das Anziehende am Schützenlook sind normalerweise ihre Haare, Zähne und ihre durchtrainierten Körper. Geben Sie einem Schützen ein Paar saubere Jeans, lassen Sie ihn sich die Haare waschen, und schon ist er weg. Schützen hassen den Ausdruck »Kann nicht« und sind fähig, alle Expertenratschläge zu ignorieren und Olivenöl zu benutzen, um einen ebenmäßig braunen Teint zu erlangen. Ihre Grundhaltung stammt vom englischen Dichter und Schützen William Blake: »Schönheit ist Überschwang.«

SUPERSCHÜTZEN: Christina Aguilera, Christina Applegate, Tyra Banks, Kim Basinger, Jamie Lee Curtis, Brendan Fraser, Katie Holmes, Billy Idol, Don Johnson, Milla Jovovich, John Kennedy Jr., Ray Liotta, John Malkovich, Alyssa Milano, Jim Morrison, Brad Pitt, Britney Spears, Ben Stiller, Kiefer Sutherland, Tina Turner, Katarina Witt.

Glänzende Karriere

Wenn ein wahres Genie in der Welt erscheint,
kann man das daran erkennen, dass sich
alle Toren gegen ihn verschwören.
Jonathan Swift (1667–1745),
englischer Schriftsteller und
Satiriker (*Gullivers Reisen*)

Die Einstellung des Schützen zu seiner Karriere folgt den Prinzipien des Zen. Wenn ein Schütze zwei Stunden früher von der Arbeit verschwindet und niemand da ist, um es zu bemerken, hat der Schütze sich dann wirklich abgesetzt? Sklavenarbeiten passen nicht wirklich zum Selbstbild des Schützengenies. Die Kollegen mögen sich beschweren, aber den Schützen kümmert das nicht. Der Schütze ist durch und durch Kentaur, nicht irgendein Zugpferd. Um die besten Ergebnisse zu erzielen, muss man ihn in frischen, anregenden Landschaften weiden lassen.

Die 40-Stunden-Woche wurde nicht für den Schützen konzipiert. Dieses Zeichen nimmt sein Wochenende und seine Freizeit extrem ernst. Idealerweise kriegen sie die Dinge Mitte der Woche auf die Reihe, reisen früh am Freitagmorgen ab und nehmen sich den Montag frei, um sich zu erholen.

Ihre Ehrlichkeit kann den Schützen Probleme bei den Bürojobs bringen, die ihnen nicht viel bedeuten. Schützen fühlen den Drang, alle anderen wissen zu lassen, wie sehr dieser Job doch unter der Würde des Schützen ist.

Großzügig, wie die Schützen sind, nerven sie andere auch mit ihrer Geschenkewahl. Sie schenken den Leuten das, was sie für hilfreich erachten, wie zum Beispiel Antifaltencrème, Mitgliedschaften für ein Fitnessstudio und Ratgeber darüber, wie man sich das Stottern abgewöhnen kann.

Schützen glauben nicht an die Ammenmär, dass man die Hand, die einen füttert, nicht beißen solle, so dass sie im Laufe der Zeit viele banale, verstockte, mittelmäßige Leute zu hassen beginnen, die sich an derlei Spielregeln halten und damit aufsteigen. Dann entscheidet sich der Schütze irgendwann einmal, die Dinge ans Tageslicht zu bringen, aber er geht niemals subtil vor. Schützen sollten unverhohlene Machtdemonstrationen vermeiden, insbesondere, wenn sie nicht wirklich über Macht verfügen. Sie müssen ebenfalls Branchen und Jobs meiden, in denen die Fähigkeit zu lügen einen großen Vorteil darstellt, wie beispielsweise in der PR, im Journalismus oder in der Sexindustrie.

Alle Berufe, die etwas mit Predigen, Ikonoklasmus, Unruhestiften oder der Fähigkeit, ad hoc brillante Ideen zu produzieren, zu tun haben, passen zum Schützen.

Im Idealfall macht der Schütze seine Freizeit zum Beruf und sein Geschäft zum Vergnügen, indem er zum Beispiel Leiter eines Resorts oder Profisportler wird oder etwas Kreatives macht, bei dem man dann arbeitet, wenn einem gerade der Sinn danach steht, so wie Tierärzte, berühmte Psychiater von Stars, Forscher oder Reisebüroangestellte dies tun.

Finanzielle Realität

Wenn Gott mir doch nur ein eindeutiges Zeichen gäbe!
Wie zum Beispiel eine große Einzahlung auf meinen
Namen bei einer Schweizer Bank!
Woody Allen (*1935),
amerikanischer Filmregisseur und Schauspieler,
bekannt für seinen eigenartigen, zynischen Humor
(*Mach's noch einmal, Sam, Der Stadtneurotiker*)

Wenn Schützen ihre Kreditkartenabrechnungen öffnen, setzt unwiderruflich ein Schock ein. An diesem Punkt nehmen sie die furchtbare Wirklichkeit wahr: Das Ansammeln all dieser Frequent-Flyer-Meilen kostet zunächst einmal einen Haufen Geld. Schützen sollten die Wahrheit suchen, nicht die Schuldenfalle. Nicht, dass Schützen sich lange Zeit stressen ließen. Es gibt immer ein weiteres Abenteuer, das nur darauf wartet, erlebt zu werden.

Schützen setzen manchmal dazu an, sich in den geradlinigeren Bereichen der Finanzen weiterzubilden. Dabei handelt es sich immer um einen erhellenden Prozess: »Verfügbares Einkommen? Gibt es denn noch andere Arten?«

Der Schütze sieht Geld als ein Mittel, das verschiedenen Zwecken dienen soll. Er ist nicht im Geringsten auf Materielles fixiert und bevorzugt es, sein Geld für Erfahrungen oder Reisen auszugeben.

Wenn ein Schütze sich entschließt, seine Segelkenntnisse auf einem ozeantauglichen Boot zu vertiefen, dann macht er sich unverzüglich auf. Sollte ein Schütze feststellen, dass eine bestimmte Planetenkonstellation am besten von einem abgelegenen

311

mexikanischen Dorf aus beobachtet werden kann, dann macht er sich auch unverzüglich auf. Ein Anfall von Objektbegierde hingegen ist in den meisten Fällen vorübergehender Art. In der darauf folgenden Woche, wenn die Neuheit der elektrischen Zahnbürste, des mobilen Brunnens oder der Tapete vorüber ist, schenkt der Schütze es dem Nächstbesten, der sich dafür interessiert.

Einige traurige Schützen – aber das ist ein eher seltener Fall – enden als erstaunliche Geizkrägen. Das ist die Art Schütze, die jeden Anspruch auf Ausgaben als die Verletzung seiner persönlichen Freiheit sieht, so zum Beispiel Stromrechnungen, die Schuluniformen der Kinder … alle diese Manifestationen von Negativität, die nur dazu konzipiert zu sein scheinen, um den Schützen zu nerven.

Warum sind wir hier? Worum geht es? Was bedeutet es?
Wie fühlen wir? Was sind unsere Träume? Mit dieser
Art von Erkundungen beschäftige ich mich,
seit ich denken kann.
Jennifer Connelly (*1970),
amerikanische Schauspielerin (*A Beautiful Mind*)

Beim Schützen zu Hause

*Ich versuche, die Grenze zwischen Schick
und Schock zu überwinden.*
Gianni Versace (1946–1997),
italienischer Modedesigner der *Glitterati*

Sperren Sie den Schützen nicht ein! Frische Luft bildet den Fokus der Schützenbehausung. Unruhig und sportlich, wie sie sind, brauchen diese unbekümmerten Seelen ständig Erinnerungen an die geliebte freie Natur. Ihr ideales Zuhause hält das Surfbrett, den Tennisschläger, die Golftasche und alles andere für die nächste Aktion bereit. Und den Reisepass finden Sie auf dem Tisch neben dem Eingang, nur für den Fall, dass der Schütze übers Wochenende nach Samoa fliegen will.

Wenn er zu Hause ist, benötigt der Schütze eine pflegeleichte Umgebung, ein gigantisches Gästezimmer, um all die Dinge zu verstecken, mit denen sich zu befassen er momentan keine Lust hat, einen intelligenten Fernseher, der die kleinen Auftritte seiner Freunde in Fernsehsendungen aufnimmt, und eine Maschine, die dazu in der Lage ist, seine Sportkleidung zu waschen, zu trocknen und zusammenzulegen.

Diese geborenen Optimisten hauen periodisch auf den Putz und tragen diesen in ihrem eigenen Zuhause in Frühlings-/Sommerfarben auf, was symbolisch für die Lebensfreude des Schützen ist. Wie grell? Das Haus des Schützen kann etwas gleichen, in dem ein Papagei sich wohlfühlen würde. Schützen werden ihr Basislager auch mit Erinnerungen an ihr abenteuerliches Leben füllen: mit Fotos, auf denen sie sich während ihrer jugoslawischen Snowboard-Vergnügungsreise kaputtlachen; mit einer

313

irren Jacke aus Nepal; mit einem abgerissenen Straßenschild einer abgelegenen Ortschaft. Ihr bevorzugtes Inneneinrichtungsmotiv? Alles in psychedelischem *Austin Powers*-Stil.

> *Reporter fragen mich, was China in der Tibetfrage tun soll.*
> *Wen kümmert's, was ich darüber denke, was China tun*
> *soll? Ich bin ein verdammter Schauspieler.*
> *Ich diene der Unterhaltung. Im Grunde genommen,*
> *wenn man alles andere weglässt, bin ich ein*
> *erwachsener Mann, der Make-up trägt.*
> Brad Pitt (*1963),
> amerikanischer Hollywoodsuperstar, der zweimal zum
> »Sexiest man alive« gewählt wurde. Er spielte in Filmen wie
> *Troja, Ocean's Eleven* und *Spy Game*.

Der verliebte Schütze

> *Das Gefühl zu leben ist Freude genug.*
> Emily Dickinson (1830–1886),
> eigensinnige amerikanische Dichterin

Oberflächlich betrachtet, scheint der Schütze leicht zufrieden zu stellen zu sein. Er möchte eine/n Liebhaber/in, mit der man Spaß haben und zum Beispiel Ski fahren, tanzen oder auf Vergnügungsreise an exotische Orte gehen kann.

Schützen bevorzugen es, wenn ihre Partner/innen nicht auf Schwulst, anstrengende emotionale Ansprüche oder andere der gefürchteten Negativitätsmanifestationen stehen. Manche Schützenpartner/innen haben das Gefühl, dass alleine das Zusammensein mit dem Schützen eine Art Extremsport darstellt. Aber Schützen ab einem gewissen Alter macht es nichts aus, Teil einer solchen Verbindung zu sein. Sie wollen nur nicht zu Hause sitzen und eine Beziehung mit ihrem Partner führen. Und gelegentlich glaubt der Schütze, Liebe bedeute, zu Kreuze kriechen zu müssen, um ein bisschen persönliche Freiheit zu erhalten. Denken Sie daran, dass »zu Kreuze kriechen« in der Schützensprache so viel bedeutet wie jemand anderen einen Satz zu Ende sprechen zu lassen.

Wie sein Cousin, der Zwilling, ist der Schütze oftmals ziemlich hilflos, wenn es um den Umgang mit starken Gefühlen geht. Er realisiert nicht, dass etwas in der Art von »Chill, Kleines, du wirst hysterisch« nicht besonders hilfreich ist.

Obschon Schützen zur Weisheit in der Welt beigetragen haben, kommt weiser Rat in emotional schwierigen Situationen normalerweise nicht aus ihrer Ecke. »So manche dramatische Situation beginnt mit einem Schrei«, hat die Schauspielerin und Schützefrau Jane Fonda hilfreich festgestellt.

Die Verführungsstrategie des Schützen ist ziemlich simpel. Er versucht sich einfach mal daran. Aber es ist relativ einfach, einen Schützen dazu zu bringen, sich in Sie zu verlieben. Beobachten Sie nur einmal alles an der Zwillingsmanier und verhalten Sie sich wie einer von ihnen. Ein Schütze mit einem Seelenverwandten ist ein Anblick der Liebe und Unterstützung; dies ist ein Mensch, der sich niemals zwischen Sie und Ihre größten Träume stellen wird.

Ich liebe Mickey Mouse mehr als jede Frau,
die ich jemals gekannt habe.
Walt Disney (1901–1966),
amerikanischer Filmemacher und Animator.
Er schuf Mickey Mouse, Donald Duck und Goofy.

SCHÜTZE – WIDDER: Es ist offensichtlich, dass Schütze und Schafbock absolut fantastisch zusammenpassen. Dieses Duo regt sich gegenseitig an – feuriger Optimismus steuert das Verhalten des Schützen. Und im Widder hat der Schütze möglicherweise einen der wenigen Menschen gefunden, die den Schützen nicht nur Schützen sein lassen, sondern dabei auch noch freudig jubelnd herumhüpfen. Intellektuell, energetisch und physisch ist dies eine perfekte Verbindung, vorausgesetzt, diese beiden können lange genug an einem Ort verweilen, um es tatsächlich zu Letzterem kommen zu lassen. Dieses Paar könnte locker eines jener Sorte werden, in der man gegenseitig die Träume und Ambitionen des anderen unterstützt und sich abwechslungsweise ins Scheinwerferlicht begibt. Der Haken? Schützen müssen an ihren Unterstützungsfähigkeiten arbeiten. Es wird keine langfristige Beziehung geben, wenn beide Parteien ihren jeweiligen Status als überlegen ansehen oder die anspruchsvollsten Egobedürfnisse deklarieren. Idealerweise klären sie Macht- und Prestigefragen im Anfangsstadium der Beziehung. Der Widder muss vielleicht die berühmte Schützenehrlichkeit ein bisschen eindämmen, da er vermutlich noch nicht reif für die ungeschminkte Wahrheit über sein großartiges Drehbuch oder seine Chancen, Astronaut zu werden, ist.

Angesagte Duos: David Furnish & Elton John, Sir Winston Churchill & Lady Clementine Churchill, Miranda Otto & Peter O'Brien, Talisa Soto & Benjamin Bratt, Jane Birkin & Serge Gainsbourg.

SCHÜTZE – STIER: Schützen sind anfänglich wie versteinert ob der Stierkombination aus körperlicher Schönheit und finanzieller Sicherheit. Wie kann jemand derart Attraktives ein scheinbar so unturbulentes Leben führen? Der Schütze schwärmt von der Stierkraft, -sexualität und seiner Eigenschaft, die man nur als »zentriert« bezeichnen kann. Diese Begeisterung ergibt sich oft, wenn ein Feuerzeichen (wie der Schütze) auf ein Erdzeichen (wie unsere Kuh) trifft. Schützen neigen dazu, geistige Gesundheit als Novum zu empfinden, aber bald sehnen sie sich wieder nach einem Bisschen von ihrem früheren Delirium. Diese beiden führen einander in ungeahnte Sphären von »gut im Bett«, und der Stier fühlt sich zu eindrücklichen Vorstellungen verpflichtet. Aber tägliche Beziehungsarbeit kann den Schützen in den Wahnsinn treiben. Alle Schützenliebhaber beider Geschlechter können herumschwirren und sich albern benehmen, während der Stier die Rolle des unterstützenden Langweilers spielt. Das kann funktionieren, solange der Schütze nicht mit dem Verstand des Stiers spielt. Memo an den Schützen: Bewegen Sie keinen Gegenstand, der dem Stier gehört. Berühren Sie sie nicht. Verkaufen Sie sie nicht. Schmähen Sie den Körperbau des Stiers nicht.

Angesagte Duos: Noël Coward & Graham Payn, Kathryn Crosby & Bing Crosby, Ralph Fiennes & Francesca Annis.

SCHÜTZE – ZWILLING:

Vom astrologischem Gesichtspunkt aus symbolisiert der Zwilling den sogenannten niederen Geist, während die Schütze den höheren Geist verkörpert. Das ist richtig! Das Zwillingshirn ist vollgepfropft mit Belanglosigkeiten – Zwillinge besitzen meist die neuesten Infos in Bezug auf neue Musikerscheinungen oder Hollywoodnews, sind aber nicht besonders gut informiert, wenn es um die tiefschürfenderen Dinge geht, die den Schützen bewegen. Und doch sind diese beiden sehr kompatibel. Der Zwilling verleiht dem Schützen-Esprit Schwung und Funkeln, während die Schütze den sich an der Oberfläche tummelnden Zwilling mit dem dringend benötigten Tiefgang versieht. Dieses Duo ist mental so anregend, dass diese beiden jahrelang glücklich allein auf der Basis von Gesprächen leben könnten; tatsächlich könnte das nötig sein. Denn die Zwillingslibido ist ebenso berühmt für ihre Neigung zu Fetischen, wie dafür, dass sie schwach ausgeprägt ist. Beachten Sie, dass eine Möglichkeit für den Schützen, diese anzufeuern, darin liegt, ständig das Gesprächsthema zu wechseln. Langeweile setzt schnell ein, wenn der Zwilling nicht dauernd auf neue Herausforderungen stößt. Der Schütze muss sich möglicherweise auch mit hochdosierten, auf andere Ziele gerichteten Flirtereien abfinden. Diese beiden sehnen sich nach Aufmerksamkeit; beide sind Herzensbrecher, die sich, wenn sie einmal das Interesse verloren haben, mitleidslos aus dem Staub machen. Sie verdienen einander.

Angesagte Duos: Percy Gibson & Joan Collins, Joe DiMaggio & Marilyn Monroe, John Cassavetes & Gena Rowlands, Erskine Caldwell & Margaret Bourke-White, Jennifer Connelly & Paul Bettany, Joan Didion & John Gregory Dunne, Brad Pitt & Angelina Jolie.

SCHÜTZE – KREBS: Der Schütze ist beschwingt – das Einzige, das beim Krebs schwingt, sind seine wechselnden Stimmungen. Bis der Krebs sich entschieden hat, wieder annähernd menschlich zu sein, ist der Schütze schon lange zur Tür raus. Er hat keine Zeit für Negativität, keine Zeit für Leute, die wie diese Comic-Figuren herumlaufen, die eine kleine schwarze Sturmwolke über ihrem Kopf haben. Der Schütze kann sich eine Zukunft mit jemand so Instabilem und Anhänglichem unmöglich vorstellen. Oder etwa doch? Es könnte an der Zeit sein, erwachsen zu werden. Und, wenn emotionale Reife das Ziel ist, könnte die clevere Krabbe der/die ideale Partner/in für den Schützen sein. Natürlich sind Krabben darüber hinaus oftmals auch sehr attraktiv.

Der Schütze wird sich daran gewöhnen müssen, über seine Gefühle in der offenen Art zu sprechen, die die Krabbe mag, und dabei permanent sicherzustellen, dass er ausreichend lügt, um die Gefühle der Krabbe nicht zu verletzen. Die Krabbe ist empfindsam und neigt dazu, Mitleid mit allen Leuten zu haben, auch wenn diese sich selbst in die jeweilige Situation manövriert haben. Die Krabbe muss also mitleidig sein, aber Schützen sollten sich nicht einen Moment lang beschuldigen lassen. Nicht, weil sie es nicht verdienten, sondern weil dies die Liaison auf heimtückische Weise unterminieren würde. Der große Bonus in dieser Beziehung? Der Schütze erhält Unterstützung; die Krabbe frischen Wind.

Angesagte Duos: Rita Wilson & Tom Hanks, Joel Coen & Frances McDormand, Diego Rivera & Frida Kahlo, Don Gummer & Meryl Streep, Judi Dench & Michael Williams, Liv Ullmann & Ingmar Bergman.

SCHÜTZE – LÖWE: Dies ist eine der wünschenswertesten Verbindungen des Tierkreises. Diese beiden könnten mit hoher Wahrscheinlichkeit füreinander »bestimmt« sein. Schütze und Löwe lassen einander noch besser aussehen, als sie es ohnehin schon tun. Der Schütze ist das Kerzenlicht des Löwen – die rosarote Brille bzw. der Spiegel für das gigantische Löwen-Ego. Der Schütze steuert Spaß und jugendliche Lebenslust zu einer Existenz bei, die ansonsten Gefahr liefe, allzu prunkvoll zu sein. Im Gegenzug verehrt der Löwe den Schützen einfach und verleiht dessen Genie Struktur und einen soliden Rahmen voller Anbetung und Unterstützung. Diese beiden kommen im Bett und außerhalb miteinander klar, in guten wie auch in schlechten Zeiten. Beide sind von Natur aus optimistische Lebensverbesserer. Meist stimmen sie in wesentlichen Dingen überein – wer eine

Nervensäge ist und wer nicht, was Musik ist oder was nicht und wie man sich an einem wunderschönen Sonntag die Zeit vertreiben kann. Aber um diese Beziehung wirklich zu zementieren, muss der Schütze das Löwenego zähmen. Es ist ein biestiges Ding, das einen endlosen Strom von Schmeicheleien verlangt, um zu funktionieren. Schützen müssen die Balance finden, der Löweneitelkeit Antrieb zu verleihen und zugleich die Unversehrtheit ihres eigenen Genies zu wahren.

Angesagte Duos: Stuart Townsend & Charlize Theron, Edith Piaf & Marcel Cerdan, Ray Romano & Anna Scarpulla.

SCHÜTZE – JUNGFRAU: Eine Beziehung zwischen Schütze und Jungfrau ist etwas vom Bizarrsten, das die Menschheit kennt. Jeder beneidet den anderen um Eigenschaften, die ihn zugleich abstoßen. Der Schütze bewundert die jungfräuliche Effizienz und Ganzheitlichkeit, verdächtigt die Jungfrau zugleich aber der Unfähigkeit, Vergnügen zu verspüren. Was der Schütze nicht weiß: Wenn die Jungfrau darüber herzieht, dass sie einen Schrank desinfizieren oder die Büchersammlung ausmisten muss, ist das ihr Vergnügen. Eine Jungfrau, die sich Schuldgefühle dafür einredet, wie dick ihr Hintern geworden ist, ist eine Jungfrau, die in Dekadenz schwelgt. Die Schützenrolle besteht darin, in seiner berühmten Offenheit zu sagen: »Ja, dein Hintern ist seitlich angewachsen, aber irgendwie hängt er tiefer als sonst und scheint Cellulite zu entwickeln.« Das könnte eine rücksichtslose, S/M-artige Beziehung sein, insbesondere, da die Jungfrau über analytische Fähigkeiten (von denen der Schütze wenige aufweist) verfügt, um die Ziellosigkeit, den mangelnden Eifer und die ungebündelten Energien des Schützen anzuprangern. Ob der Schütze sich aber diese Negativitäten anhören will? Nein, nein, nein!

Angesagte Duos: Carlo Ponti & Sophia Loren, Conrad Black & Barbara Amiel, Christina Applegate & Jonathon Schaech, Madeleine L'Engle & Hugh Franklin, Rebecca West & H. G. Wells, Nicole Appleton & Liam Gallagher, Dean Sheremet & LeAnn Rimes.

SCHÜTZE – WAAGE: Wenn der Schütze seine Neigung, die Wahrheit zu sagen, überwinden kann, könnte dies die große Liebe sein. Diese beiden sind mit Potenzial zur Seelenverwandtschaft gesegnet, vorausgesetzt, eine kleine Temperamentsveränderung seitens des Schützen hat zuvor stattgefunden. Die Waage findet den Schützen unglaublich attraktiv – und die Waage könnte das anziehendste Wesen sein, das der Schütze jemals erblickt hat. Ein Problem: Schützen sind für ihre Ehrlichkeit (bzw. sture Taktlosigkeit) bekannt, und Waagen bevorzugen schmeichelhafte Notlügen oder zumindest eine stark beschönigte Version der Wahrheit. Es gibt keinen Raum für stümperhafte Trampel im Leben der Waage, noch kann der Schütze damit rechnen, dass er mit seinen Tiraden davonkommt, von denen er behauptet, dass es sich um Konversation handle. Um das Herz der Waage zu erobern, muss der Schütze Manieren entwickeln. Sobald er das Abschlussdiplom vorweisen kann, kann diese Beziehung sich reibungslos entfalten. Die Waage liebt den offenen Geist und grenzenlosen Optimismus des Schützen. Es gibt unendlich viele Themen, über die man tratschen kann, und wenn das gesellschaftliche und intellektuelle Leben ausgeschöpft ist, kann man glücklich ins Bett fallen. Beachten Sie: Wenn der Schütze sich mit einer Waage einlässt, muss das Bett einen schmeichelhaften Rahmen abgeben, farblich abgestimmt und von einem Osteopathen empfohlen sein.

Angesagte Duos: Ozzy Osbourne & Sharon Osbourne, Phyllis

Playter & John Cowper Powys, Woody Allen & Soon-Yi Previn, Casper Van Dien & Catherine Oxenberg.

SCHÜTZE – SKORPION: Der Schütze stellt fest, dass der Skorpion für einen Menschen, der davon schwärmt, die Wahrheit in allem zu »suchen«, komplett ausflippt, wenn er tatsächlich irgendetwas Wahres zu hören bekommt. Einer der wirklich guten Aspekte des Schützen-Skorpion-Stelldicheins besteht darin, dass der Schütze sich niemals Sorgen darüber machen muss, ob er verrückter ist als der Skorpion. Es ist eine Tatsache. Und der Skorpion wird den Schützen selten langweilen, nämlich nur, wenn er besitzergreifend wird, was mehrmals pro Woche der Fall sein kann. Wenn sie nicht ihren perfekten Seelenverwandten gefunden haben, weisen die Schützen – freundlich ausgedrückt – eine Einstellung zu Liebe und Beziehungen auf, die man als anmaßend bezeichnen könnte. Der Schütze beginnt Beziehungen selbstredend nicht, damit er angemeckert oder mit Negativität überschüttet werden kann. Himmel, nein. Wenn das geschehen sollte, wird der Schütze einfach das Haus verlassen, und der Skorpion kann alleine darüber herziehen, dass man sich den Dingen stellen sollte. Schauder. Wenn Schützen sich heftig in einen Skorpion verliebt haben, müssen sie womöglich mit ihnen über das Thema reden. Unablässige Überprüfung ist nicht gerade etwas, das den Schützen zum Aufblühen bringt, vor allem nicht, wenn der Skorpion den Privatdetektiv mit der Kreditkarte des Schützen bezahlt hat.

Angesagte Duos: Françoise Gilot & Pablo Picasso, Steven Spielberg & Kate Capshaw, Diane Sawyer & Mike Nichols.

SCHÜTZE – SCHÜTZE: Es könnte hart sein für diese zwei, lange genug von ihren Rednerpulten zu steigen, um tatsächlich eine Be-

ziehung zueinander aufzubauen. Schützen lieben es, zusammen-
zukommen und die ganze Nacht lang über ihre verschiedenen
Interessen zu reden: Politik, Ökoaktivitäten, Bildung, Kunst …
einfach alles. Schütze und Schütze stellen ein schlicht hinreißendes Paar dar. Sie streifen durch die Welt, regen einander und
alle Menschen an, die das Glück haben, in ihre Gesellschaft zu
geraten. Aber sie könnten so sehr damit beschäftigt sein, Spaß
zu haben, dass sie darüber vergessen, die schwierigere emotionale Arbeit an einer Beziehung zu leisten. Und wenn der eine
schließlich gesteht, etwas Nichtintellektuelles zu fühlen, neigt
der andere dazu, es in einem Anfall von Verstimmung wegzu-
wischen, weil er sich nicht mit so negativem Zeug auseinan-
dersetzen will. Dieses Paar kann in einem Zustand glücklicher
Verleugnung zusammenleben. Sich dieser Verleugnungstendenz
bewusst zu werden ist der erste Schritt, um sie auszumerzen
und Intimität zu schaffen. Zwei Schützen finden wirklich zueinander, indem sie das jeweilige Bedürfnis des anderen an Bewegungsfreiheit respektieren und sich nicht (zu sehr) von der
sturen Schützenehrlichkeit beleidigen lassen. Wenige andere
Zeichen können Schützen allzu lange ertragen. Diese Paarung
ist ein Geschenk des Himmels.

Angesagte Duos: Billy Connolly & Pamela Stephenson.

SCHÜTZE – STEINBOCK: Das Schützen-Steinbock-Paar bringt
zwei völlig verschiedene Persönlichkeiten zusammen und lässt
sie in einer unzerbrechlichen Einheit verschmelzen. Schützen
müssen ihre/n Steinbockpartner/in respektieren und der Versuchung widerstehen, ihnen »Haltung annehmen!« zuzurufen,
bloß weil der Steinbock versucht, den Schützen davor zu bewahren, eines jener unglücklichen Wesen zu werden, das in einer Bar
sitzt und sein Glas streichelt. Schützen haben große Träume und

323

eine erstaunliche Breite an Visionen. Der Steinbock kann ihm helfen, all dies zu realisieren, aber es gibt einen Preis dafür – der nomadische Geist des Schützen könnte gezähmt werden durch die anziehende Stabilität des Steinbocks. Der Sex ist, wenn der Schütze lange genug an einem Ort verweilen kann, sensationell. Und im Vergleich zum Schützen kann der Steinbock langweilig und prosaisch sein. Schützen, die es ernst mit der vorsichtigen Bergziege meinen, werden entgegen ihrer Neigung lernen müssen, Kompromisse in Bezug auf ihre Persönlichkeit einzugehen. Und was muss die Bergziege aufgeben? Nun, aus ihrer Sicht muss anfänglich ihre geistige Gesundheit geopfert werden. Der Schütze ist ein kompletter Lebemensch und wird von Risiken erregt, die der umsichtige Steinbock ein Leben lang zu vermeiden versucht. Steinböcke müssen sich früh entscheiden, diese Energie in die richtigen Bahnen zu lenken, nicht, sie zu zerstören. Der Schütze und der Steinbock können sehr mächtig sein – die Ziege bringt die Fähigkeit zur Ruhe mit, die das Ganze funktionieren lässt, und der Schütze verfügt über den Intellekt und die Energie, ein Imperium aufzubauen, wenn er sich nur dazu überwinden kann, dem Steinbock zuzuhören.

Angesagte Duos: Frank Sinatra & Ava Gardner, Charmian Kittredge & Jack London, Maria Callas & Aristoteles Onassis, John Kennedy Jr. & Carolyn Bessette, Julianne Moore & Bart Freundlich.

SCHÜTZE – WASSERMANN: Diese beiden könnten beinahe genetisch füreinander geschaffen worden sein, geklont und programmiert, um einander zu erregen. Bei ihrem ersten Aufeinandertreffen können sie nicht glauben, wie ähnlich sie sich sind und wie schnell eine superstarke Verbindung zwischen ihnen entsteht. Diese Paarung hat das Potenzial, ewig anzuhalten, insbesondere, sobald sich die beiden darauf geeinigt haben, die unbedeutenden Meinungsunterschiede nicht in die soziosexuelle Realität einfließen zu lassen. Es ist ein äußerst trauriges Ereignis, wenn ein Schützen-Wassermann-Paar zölibatär wird, bloß weil einer von ihnen Kleider gekauft hat, die in einer ausbeuterischen Klitsche hergestellt wurden. Schützen sind flexibler und offener als ihr Wassermannpartner. Der Wassermann kann ein bisschen heuchlerisch sein, ein geschwätziger Snob und zugleich ein Sofaanarchist. Die Meinung eines Schützen mag unberechenbar sein, aber immerhin ist er so ehrlich zuzugeben, dass seine Prinzipien noch im Entstehen begriffen sind. Der Wassermann entspricht oft einem als Bo-Bo zu bezeichnenden Menschen – halb Bohémien, halb Bourgeois. Er quält sich selbst mit Mittelklasseidealen der Lebensführung, um sich dann schuldig zu fühlen, weil er moralisch nicht einwandfrei ist. Schützen entsprechen eher den genuin Wilden.

Angesagte Duos: Chris Evert & Greg Norman, Walt Disney & Lillian Disney, Bruce Paltrow & Blythe Danner, Leonard Woolf & Virginia Woolf.

SCHÜTZE – FISCHE: Das ist eine Mesalliance, die nur darauf wartet, eingegangen zu werden; eine gefährliche Liaison, welche die größten Chancen hat, erfolgreich zu sein, wenn beide Parteien auf verschiedenen Kontinenten leben und sich gelegentlich für »diskrete Spaßmomente« treffen. Es könnte ebenfalls funktionieren, wenn der Schütze wichtige Planeten im Wasserzeichen hat oder der Fisch über starke Schützeneinflüsse verfügt. Schützen sind das aktivste aller Zeichen – schon wenn sie das Wort »Snowboardvergnügungsreise« hören, sind sie unterwegs. Fische sind hingegen generell eher Sofakreaturen. Zu große Aktivität erstickt den Fluss der Fische-Launenhaftigkeit. Sie mögen

Gruppensportarten nicht, und nein, sie werden nicht still zu Hause herumsitzen und geduldig die triumphale Rückkehr des Schützen abwarten. Der Fisch wird vermutlich irgendeinen seiner noch immer hingebungsvollen früheren Liebhaber einladen, um ihn während der Abwesenheit des Schützen zu unterhalten. Dann ist da noch die Kleinigkeit betreffend Ehrlichkeit. Schützen sind von Natur aus ehrlich, aber der Fisch flunkert gern. Fische werden den Schützen in den Wahnsinn treiben mit ihrer Bedürftigkeit, Unehrlichkeit und Passivität, aber sie werden sich völlig am Boden zerstört (nicht reuevoll) über das Ende der Beziehung zeigen, und natürlich wird alles die Schuld des Schützen sein.

Angesagte Duos: Jane Birkin & Jacques Doillon.

Sind Sie wirklich ein Schütze?

1 Jemand unterhält die Gäste auf einer Party mit Erzählungen von seinem Abenteuertrek durch Tibet. Sie …
   (a) sind interessiert – Sie lieben es, wenn eine banale Konversation sich coolen, wagemutigen Geschichten zuwendet.
   (b) sind extrem gelangweilt – Sie würden sich lieber wieder dem neuesten Tratsch zuwenden.
   (c) erklären, dass Sie diesen Trip schon vor Jahren gemacht haben, noch bevor die Yuppie-Touristen alles verdorben haben.

2 Ihr ideales Haustier ist …
   (a) ein tierischer Begleiter – süß und pelzig ist ein großer Vorteil –, den Sie wahrhaft verehren.

(b) schrullig, ungewöhnlich und mit Sicherheit ein Gesprächsthema. Je ausgefallener, umso besser.

(c) irgendeine laute und wilde Kreatur – ein großer Hund, ein Pferd oder ein Falke –, die unbeschreiblichen Auslauf in den Weiten der Natur benötigt.

3 Am Neujahrstag um Mitternacht sind Sie für gewöhnlich …

(a) im Bett. Es handelt sich nur um ein Datum, und Sie lieben es, die eine Person zu sein, die am ersten Tag des neuen Jahres strahlend und mit klarem Kopf aufsteht.

(b) mit engen Freunden oder Ihrer Familie anzutreffen, wie Sie gerade das vergangene Jahr Revue passieren lassen, leicht betrübt, aber die Gelegenheit genießend, Ihre Werte reaffirmieren zu können.

(c) dort zu finden, wo das größte Feuerwerk und die beste Party stattfinden.

4 Der Abenteuerurlaub ist …

(a) überhaupt nicht Ihr Ding. Sie sind eine Urlaubsresort-, Sonnenterrasse- und Cocktails-Person.

(b) ein wachsendes Marktsegment, das Leute bedient, deren Alltagsleben unerfüllt ist.

(c) gebucht und – fast – bezahlt … oder etwas in der Art.

5 Niemand versteht je, dass Sie …

(a) so viel kultivierter sind, als man Ihnen tatsächlich zutraut.

(b) wahrhaftig kreativ sind, wenn auch ein bisschen verrückt.

(c) sich wirklich nicht niederlassen und dem gesellschaftlichen Unfug nachgeben werden, danke der Nachfrage.

327

6 Ihr Liebesleben befindet sich an einem Punkt, an dem Sie die Beziehungsberatung aufsuchen. Wenn man Sie fragt, was Sie an den Beziehungsfähigkeiten Ihres Partners / Ihrer Partnerin verbessern würden, schreiben Sie …

(a) Größere Intimität, größeres Verständnis Ihrer jeweiligen Ziele und mehr Vertrauen.

(b) Nichts. Sie hassen diese Dinge und bevorzugen es, Probleme alleine zu lösen.

(c) Blonder, größere Brüste / größerer Bizeps, mehr Sex, weniger Gemecker.

Antworten: Wenn Sie mehrheitlich (c) angekreuzt haben, dann sind Sie offiziell ein Schütze – ungezähmt, frei und unglaublich hinreißend. Sollten Sie (a) und (b) angekreuzt haben, dann haben Sie noch andere Astro-Einflüsse, die mit Ihrer Schützen-Sonne konkurrieren.

Steinbock

(22. Dezember – 20. Januar)

Die Welt des Steinbocks

Niemand kann dir weiseren Rat geben
als du selbst.

Marcus Cicero (106 – 43 v. Chr.),
römischer Redner, Politiker und Philosoph.
Seine Schriften spielen noch heute in der
modernen Politik eine wichtige Rolle.

Frage: Wie viele Steinböcke benötigt man, um eine Glühbirne zu wechseln?

Antwort: Keinen. Steinböcke verschwenden keine Zeit mit Kinderkram.

Steinböcke besitzen die unheimliche Eigenschaft, mit zunehmendem Alter zunehmend jugendlich auszusehen. Dies ist eine der Gaben, die der Herrscherplanet des Steinbocks, Saturn aka Chronos, Gott der Zeit, ihnen verleiht.

Saturn steht für Grenzen und Einschränkungen, die überwunden werden müssen, bevor man brillant sein kann. Ein anderer Name für Saturn lautet karmischer Lehrmeister.

Jedermann erlebt seinen persönlichen Konflikt mit Saturn während des Astrosyndroms, das als Rückkehr des Saturns bekannt ist. Es ereignet sich zum ersten Mal, wenn man etwa neunundzwanzig Jahre alt ist, ob man nun bereit ist oder nicht, und wiederholt sich danach etwa alle dreißig Jahre. Diese »Wach-auf-und-spüre-die-Reife«-Passage ist dafür verantwortlich, dass Leute, die nur wenige Minuten über dreißig sind, sich so entschieden von jenen unterscheiden, die noch immer in ihrem Saturn-Rückkehr-Transit stecken.

Da Steinböcke von Saturn regiert werden, werden sie quasi mit dem Saturn-Syndrom geboren, was ihnen von Anfang an eine extrem realistische Perspektive auf das Leben verleiht. Saturn ist dafür verantwortlich, dass Steinböcke zur Melancholie neigen und trotzdem außerordentlich erfolgreich sind. In ihren frühen Jugendjahren können sie manchmal wie junge Omis oder Opis wirken, die sich zu einem scheinbar lächerlich frühen Zeitpunkt über ihre Arbeit, ihren Status, ihre Macht und ihr Prestige aufregen.

Aber dann kann man den Steinbock dabei beobachten, wie er alle Stufen erklimmt, dabei sorgloser und jugendlich aussehender wird, je erfolgreicher seine Unternehmungen laufen.

Das astrologische Motto ist eine Art Zusammenfassung oder Leitmotiv der Grundeinstellung jedes Sternzeichens. Im Falle des Steinbocks lautet dieses: »Ich benutze.« Ja, das klingt ein bisschen rücksichtslos. Vermutlich würde man diesen Leitspruch nicht auf einem Schulwappen oder dem Korrespondenzpapier einer Firma finden.

Aber Steinböcke sind dazu da, um alles zu benutzen, das ihnen zur Verfügung steht. Sie bringen Leute zusammen, gründen Unternehmen aus dem Nichts, kurz: Sie verwenden ihre pragmatische Natur darauf, reale und langfristige Änderungen in der Welt zu bewirken. Steinböcke gehören nie zu denjenigen, die ein Talent übersehen würden. Sie benutzen alles, womit sie gesegnet sind.

Das astrologische Symbol des Steinbocks ist die Bergziege. Astrologen weisen oftmals auf die berühmte Zähheit dieses Tiers hin.

Die Astroziege gleicht der Bergziege, die gefährlich – aber offensichtlich bequem – an einem Neunzig-Grad-Steilhang steht, gelegentlich ihre Hufhaftung anpasst und seltene Bergblümchen kaut.

Wie die Ziege fühlt sich auch der Steinbock wohl dabei, enorme Höhen zu erklimmen und somit die Aussicht von oben zu genießen.

Jedes Sternzeichen gehört einem der vier Elemente Feuer, Erde, Luft oder Wasser an. Zusammen mit dem Stier und der Jungfrau stellt unser Steinbock ein Erdzeichen dar, womit ihm praktische Fähigkeiten, geerdete Qualitäten und eine Lüsternheit zugeschrieben werden, die man gemeinhin – um es höflich auszudrücken – »bodenständige Sinnlichkeit« nennt.

Der Steinbock ist natürlich das weltgewandteste der Erdzeichen. Wie der Widder, der Krebs und die Waage ist auch der Steinbock ein »kardinales« Zeichen. Das heißt, er ist einer, der Dinge in Gang setzt, der gerne den Chef spielt und der, wenn es keine Hierarchie gibt, eine schaffen wird – raten Sie mal, mit wem an der Spitze?

Es macht mir nichts aus, als dumme Blondine bezeichnet zu werden. Ich weiß, dass ich nicht dumm bin, und ich weiß, dass ich nicht blond bin.
Dolly Parton (*1946),
amerikanische Country- und Westernsängerin sowie Schauspielerin. Ihre Hits umfassen *Here You Come Again*, *Jolene* und *Coat of Many Colors*. Sie hatte Rollen in den Filmen *Nine to Five* und *Magnolien aus Stahl*.

Steinböcke in Hochform sind ...

Beziehe deine Selbstzufriedenheit aus einem
erfüllten Arbeitstag und daraus, den Nebel,
der uns umgibt, zu erhellen.
Henri Matisse (1869–1954),
französischer Maler, Bildhauer und Graphiker.
Die kräftigen Formen und Farben seiner Werke
schockierten die französische Kunstwelt.

SMART. Steinböcke können ihre Nachkommenschaft darauf ansetzen, verlorene Bibliotheksbücher aufzuspüren, Menüs für die Dinnerparty planen und eine Rede an die Nation vorbereiten – alles zur selben Zeit und ohne den geringsten mentalen Stress. Sie haben jederzeit eine lange To-do-Liste im Kopf und, im Gegensatz zu den Plänen anderer Zeichen, sind die der Steinböcke alle umsetzbar. Und sie werden alle umgesetzt.

SEXY. Der Reiz des Steinbocks liegt in seiner Modernität, seiner Eleganz und seiner Gemütsruhe. Als Erdzeichen wie der Stier und die Jungfrau ist der Steinbock darüber hinaus mit den Gaben des Saturns – der Weltgewandtheit und Anziehungskraft – gesegnet. Steinböcke sind auf elegante Weise anzüglich und können Flirts und Romanzen auf eine ansprechende, erwachsene und kultivierte Art führen. Sie werden attraktiver, je reifer sie werden.

EHRGEIZIG. Gleichgültig, wie sehr Steinböcke (so wie die Komiker Howard Stern, Jim Carrey und Tracey Ullmann) sich bemühen, sich als dusselige Freigeister von göttlicher Nachlässig-

333

keit auszugeben, sie sind extrem pragmatisch. Irrsinn ist ein gut überlegtes Karrieremanöver. Steinböcke sind Experten darin, Energie zu sparen, und werden sich für keine Sache aufpeitschen, wenn sie sich dadurch nicht zugleich auch hocharbeiten können. Dann suchen sie sich jemanden und verklagen ihn. Steinböcke sind dazu da, um Strukturen zu schaffen. Das tun sie in ihrem Beruf, in ihrem Karriereplan und in ihrem täglichen Leben. Sie haben eine erstaunliche Fähigkeit, sich in etwas hineinzuknien, sich abzuarbeiten, zu beraten und sich in der Kunst des Netzwerkens hervorzutun.

STILVOLL. Steinböcke finden ihr Heil in den Details. Blumen sagen so viel aus über einen Menschen, besonders, wenn sie nur selten Saison haben oder sehr schwierig zu züchten sind. Das CD-Regal des Steinbocks wird normalerweise nicht mit hüllenlosen *Größten Hits der achtziger Jahre* vollgestopft sein, zerkratzt seit der letzten Party, an der sie herumflogen. Stattdessen wird die Sammlung eine Auswahl wohlwollend besprochener zeitgenössischer Musikstücke und nicht schnulziger Klassiker aufweisen. Wie Quentin Crisp, Verfasser von *Crisperanto: Aus dem Leben eines englischen Exzentrikers*, schrieb: »Die meisten Leute sind gegenwärtig damit zufrieden, ihre bloße Identität zu ehren. Das ist nicht genug. Unsere Identität ist nur eine Ansammlung bunt zusammengewürfelter Eigenschaften, mit denen wir zufällig geboren wurden. Wie unsere Fingerabdrücke werden auch diese, wenn sie überhaupt bemerkt werden, vermutlich gegen uns verwendet. Man muss seine rohe Identität zu einem Lebensstil aufpolieren, damit man mit der Außenwelt Tauschhandel für das treiben kann, was man wirklich will. Dieser Polierprozess lässt das Leben so förmlich werden, dass das Leben eines Trappistenmönchs im Vergleich dazu eine Orgie darstellt.«

COOL. Diese Leute sind mit beneidenswerter Ruhe gesegnet. Steinböcke können mit dem größten Stress klarkommen, ohne selbst in Stress zu geraten. Das ist einer der Gründe, warum sie so begehrt und erfolgreich sind. Das Ideal der steifen Oberlippe wurde im Hinblick auf einen Steinbock geprägt. Steinböcke sind eisig cool und haben sich immer unter Kontrolle.

ZÄH. Egal, wie die Bedingungen zu Beginn aussehen mögen, Steinböcke können sich einen Weg aus jedem Sumpf heraus bahnen und sich das gewünschte Leben schaffen. Viele von ihnen haben überraschende »Vorher«-Bilder irgendwo versteckt. Oder vielmehr schon zerstört.

> *Wenn es ein höheres Wesen gibt,*
> *ist es verrückt.*
> Marlene Dietrich (1901–1992),
> legendäre Hollywoodschauspielerin und
> Sängerin deutscher Herkunft.
> Sie war der Star in Filmen wie
> *Der blaue Engel, Blonde Venus*
> und *Zeugin der Anklage.*

Steinböcke in Tiefform sind …

Man kann nicht früh genug lernen, dass das Nützlichste an einem Prinzip der Umstand ist, dass es immer der Zweckmäßigkeit geopfert werden kann.
Somerset Maugham (1874–1965),
britischer Schriftsteller und Dramatiker.
Seine berühmtesten Romane sind *Der Menschen Hörigkeit* und *Silbermond und Kupfermünze.*

UNHEIMLICH. Was sagt man, nachdem man Hallo gesagt hat? Steinböcke könnten sich jedenfalls mehr Mühe geben, nicht »Was hast du in letzter Zeit für mich getan?« zu sagen oder zu implizieren. Auch nicht: »Ich möchte gerne fünf Minuten deiner Zeit beanspruchen, um eine großartige Geschäftsidee zu besprechen …« Ein Steinbock kann sich buchstäblich jahrelang so verhalten, als ob Sie nicht existierten. Und dann, wenn Sie mit Ihrer neuen Erfindung, die sich für eine ungenannte Summe – angeblich in Billionenhöhe – verkauft hat, in den Nachrichten stehen – raten Sie mal, wer der Erste ist, der Sie kontaktiert? Denken Sie daran, das Motto des Steinbocks lautet: »Ich benutze«, und das tut er auch. Steinböcke sind besonders gut darin, ihre eigenen Ressourcen zu sparen, während sie schamlos Gebrauch machen von denjenigen anderer Leute. Sie kommen damit durch, weil sie etwas so Korrektes ausstrahlen und alle anderen im Vergleich dazu unzuverlässig aussehen lassen. Wenn man einen Steinbock um Hilfe bittet, wird er Ihnen nicht helfen. Aber er wird immer eine Auswahl vernünftig klingender Ausreden finden, so dass es Ihnen peinlich sein wird, ihn überhaupt gefragt zu haben.

UNEHRLICH. Steinböcke können alles rechtfertigen. Veruntreuung von Geldern? Nur eine nicht autorisierte Leihgabe. Gefälschte Doktoratsurkunde? Der Steinbock hat nur versucht, sich zu verbessern. Der Lutscher hier? Das Baby hat ihn fallen gelassen. Steinböcke sind extrem ablehnend gegenüber den Schwächen anderer Leute, verfügen aber über tiefe Reservoirs an Verständnis für ihre eigenen, mehr als unehrlichen Spielchen. Sie lügen, um ihre eigene Position zu stärken, um das Aufkeimen unschöner Wahrheiten über sie selbst zu vermeiden, um Ihnen nicht das geliehene Buch zurückgeben zu müssen (»Oh nein, das ist nicht dein Buch – das ist meines, und ich habe das schon, seit ich ein Kind war!«), um einen Gegner zu schwächen, um das Selbstvertrauen eines Liebhabers zu destabilisieren oder um ihre Karriere zu fördern. Was sie nicht tun ist, zum Spaß lügen oder eine Geschichte ausschmücken und sie lustiger machen. Steinböcke haben immer ein Motiv, das die Flunkerei in ihrem eigenen, computerähnlichen Kopf rechtfertigt.

EGOISTISCH. Das Eigeninteresse des Steinbocks ist so übertrieben, dass es buchstäblich alarmierend sein kann. Sollten Sie oder Ihre Pläne zufällig nicht in die skrupellose Weltsicht des Steinbocks passen oder mit einer Ambition der Bergziege konfligieren – dann wissen Sie wohl schon, wer plötzlich Feind Nr. 1 ist und wessen Kopf bei der erstbesten Gelegenheit rollen wird.

VERSNOBT. Steinböcke arbeiten so hart daran, jemand zu sein. Sie ersetzen nervige Freunde genauso rücksichtslos, wie sie ihre Unterwäscheschublade aussortieren. Die Hollywoodlegende Cary Grant war einmal ein gewisser Archibald Leach. Beachten Sie, wie seine Rollen ihn sorgfältig als vermögenden, witzigen Fang mit besten Manieren porträtierten. So etwas wie eine ungezwungene Steinbockeinladung gibt es nicht. Es zählt einfach nicht als Anlass, wenn es kein Catering, Eisskulpturen, unermessliche Schulden und eine Panikattacke umfasst. Selbst wenn der Job eines Steinbocks verlangt, dass er ein Namensschild trägt, wird der Steinbock – voreingenommen und kleinlich in Bezug auf die Stellung eines jeden im Leben – sich etwas darauf einbilden. Ob es nun um Namedropping geht oder Paranoia bezüglich der Frage, ob der Steinbock es nun »bringt«, oder den Versuch, den anderen immer um eine Nasenlänge voraus zu sein – der Steinbock ist immer dabei.

> *Wenn der Präsident es tut, bedeutet es,*
> *dass es nicht illegal ist.*
> Richard Nixon (1913–1994), von 1969 bis 1979 Präsident
> der Vereinigten Staaten von Amerika. Er trat 1979 in der Folge
> des berüchtigten Watergate-Skandals zurück.

Wie man Steinböcke motiviert und manipuliert

> *Ich bin eine alte Seele – ich war eine*
> *Sechzehnjährige in der Menopause.*
> Tracey Ullmann (*1959), britische Sängerin, Schauspielerin
> und Komikerin mit eigener TV-Sendung

1 Werden Sie reich geboren.

2 Prahlen Sie mit Ihren Leistungen.

3 Verlieren Sie nicht die Kontrolle.

4 Akzeptieren Sie, dass »Kein Kommentar« für den Steinbock manchmal den einzigen Kommentar darstellt. Steinböcke respektieren Sie viel mehr für Ihre Umsicht als für Ihre Aufrichtigkeit.

5 Vergessen Sie den Unsinn darüber, dass es keine Rolle spiele, ob man gewinnt oder verliert, und dass Dabeisein alles ist. Steinböcke lieben Gewinner.

6 Sie möchten einen Steinbock beschenken? Wählen Sie etwas Prestigeträchtiges wie zum Beispiel die besten Plätze in der Oper, ein Originalbild eines anerkannten Malers oder einen Sportwagen.

7 Steinböcke mögen es, wenn ihre Liebhaber in der Öffentlichkeit die Finger von ihnen lassen, aber vollständig unersättlich sind hinter geschlossenen Türen.

8 Seien Sie anerkannt, in einer höheren sozialen Schicht oder einfach mächtig.

9 Haben Sie berühmte Freunde.

Irgendwie wusste ich instinktiv,
dass es besser sein würde zu siegen.
Susan Lucci (*1947),
amerikanischer Seifenopernstar
und TV-Ikone

Steinbock-Vorbilder

Ich bin gewissermaßen
ein umgekehrter Paranoiker –
ich verdächtige Leute des Versuchs,
mich glücklich machen zu wollen.
J. D. Salinger (*1919),
amerikanischer Schriftsteller –
Der Fänger im Roggen

Susan Sontag – amerikanische Intellektuelle und Autorin. Sie begann ihr Studium an der Universität von Kalifornien im zarten Alter von fünfzehn. Sontag wurde in der Folge eine erfolgreiche Akademikerin, Journalistin, Kunstkritikerin, Polemikerin, Schriftstellerin und Filmemacherin. Sie erfüllt die klassischen Steinbockansprüche, weltgewandt, witzig und weise zu sein.

David Bowie – ehemals androgyne englische Rocklegende. Saxophonspieler, der ultraerfolgreich mit den Kunstfiguren seiner Songs wurde, darunter Aladdin Sane, Ziggy Stardust und Major Tom. Seine Steinbockreferenzen? Er war der erste Musiker, der sich selbst auf den Aktienmarkt brachte.

Tiger Woods – Golf-Wunderkind. Er gewann schon mit vierundzwanzig allein vier Major-Turniere. Er schob seinen Status als Professional auf, um an der Stanford University seinen Abschluss zu machen. Er ist einer der reichsten Sportler der Welt und bekannt dafür, dass er nicht gern mit anderen Golfern feiert. »Ich versuche bloß zu gewinnen.«

Marlene Dietrich – berühmte Kino-Königin der Kühle der Dreißiger und Vierziger. Sie war eine Berlinerin, die ihren Ehemann und ihr Kind zurückließ, als sich ihr die Chance bot, Filme in Hollywood zu drehen. Als der Filmglanz ermattete, wandte sie sich dem Singen und Kabarett zu, um sich später vollständig aus der Öffentlichkeit zurückzuziehen. »Ich bin kein Mythos.«

Khalil Gibran – libanesischer Künstler, der mit den Anfängen des New Age in Verbindung gebracht wird. Zunächst war er Illustrator und Maler und wurde dann Dichter, während eine Amerikanerin ihn unterstützte. Er ist insofern ein typischer Steinbock, als er ein Buch, *Der Prophet,* schrieb, das sowohl in den Zwanzigern als auch nach seiner Wiederauflage 1960 ein Hit war und ihn zu einem reichen Stardichter machte.

Christy Turlington – das erste der Supermodels, das das Modeldasein zu einem erfolgreichen Geschäft machte. Diese amerikanische Schönheit hat den langfristigsten Vertrag der Modelwelt (mit dem führenden New Yorker Designer Calvin Klein). Sie arbeitet nur zwölf Tage im Jahr für ihren mehrere Millionen Dollar einbringenden Maybelline-Auftrag. Sie hat eine eigene Marke mit Hautpflegeprodukten sowie Yogabekleidung.

Ich verschwende keine Zeit.
Wenn die Neun-Tage-Woche erfunden würde,
würde ich neun Tage die Woche arbeiten.
Steve Allen (1921–2000),
amerikanischer Showmaster und Erfinder
der *Tonight Show* (1954)

Steinböcke *en vogue*

Stil ist, im weitesten Sinne des Wortes, Bewusstsein.
Quentin Crisp (1908-1999),
britischer Schriftsteller und Performer,
der sich selbst »stattlicher Homo von England« nannte

Niemand weiß genau, von wem der Spruch »Man kann niemals zu reich oder zu dünn sein« stammt. Er wird je nachdem einmal der Herzogin von Windsor, der amerikanischen Society-Queen Babe Paley oder dem Schriftsteller Truman Capote zugeschrieben.

Aber unabhängig davon, wer diese Aussage zuerst machte, die dazu verdammt ist, auf immer von den Modejournalisten rezykliert zu werden, sie entspricht vollumfänglich dem Steinbock.

Steinböcke sind die Art von Leuten, die an jeder roten Ampel Bauchmuskelübungen durchführen. Und eine große Anzahl Steinböcke eilt herum und versucht, einen möglichst reichen Look auszustrahlen. Eine erfrischende Eigenschaft der Steinböcke liegt in ihrer Bereitschaft zuzugeben, wie hart sie an ihrem Aussehen arbeiten. Ungleich den Zwillingen schleichen die Steinböcke nicht herum und erzählen Lügen davon, dass sie alles essen können, worauf sie Lust haben, oder dass sie »gerade erst aus dem Bett gestiegen sind und sich nur einen Kamm durchs Haar« gezogen haben.

Sollte ein Steinbock sich sein Haar jeden Tag bei einem noblen Friseur föhnen lassen, wird er es Ihnen sagen. Die Schauspielerin Faye Dunaway gibt aufrichtig zu, dass sie seit Jahrzehnten kein Gramm Weißmehl zu sich genommen hat.

Die Kosmetikkönigin Helena Rubinstein sagte einmal: »Es gibt keine hässlichen Frauen, nur faule Frauen.« Selbst eine von der Natur völlig unbevorteilte Steinbockperson wird praktisch jeden allein durch ihre Gepflegtheit übertreffen. Wenn dreimal die Woche eine Maniküre, Föhnen beim Friseur und Sauerstoff-Facials nötig sind, dann, beim Saturn, wird der Steinbock es tun! Die Körper der Steinböcke sind vermutlich zu eingeschüchtert, um unschöne Haare sprießen zu lassen. Steinböcke haben einen exzellenten Sinn für Mode. Anders als viele Sternzeichen, die Modezeitschriften dazu benutzen, sich in schlechte Laune versetzen zu lassen und sie als Ausrede für einen Drink benutzen, verwenden Steinböcke sie als Nachschlagewerk.

Sie wissen, wofür sie unbekümmert Geld ausgeben sollen und wofür sie sich die Ausgaben sparen können. Kein Steinbock scheint einen Vorrat an heiklen zitrusgelben, schokolade- oder aquamarinfarbenen Kleidern im Schrank versteckt zu halten. Ihr Look ist ultrasauber. Sie sind die einzigen Leute auf der Welt, die ein komplett weißes Outfit tragen können, ohne einen Rotweinspritzer oder Pestofleck abzubekommen.

SAGENHAFTE STEINBÖCKE: Kate Moss, Jude Law, Carolyn Bessette Kennedy, Ricky Martin, Annie Lennox, Val Kilmer, Donna Summer, Christy Turlington, Mel Gibson, Victoria Principal, Elvis Presley, Faye Dunaway, Eartha Kitt, Cary Grant, Estella Warren, Ava Gardner.

> *Ohne Hautpflege im Gefängnis zu sitzen*
> *macht einem wirklich zu schaffen.*
> Heidi Fleiss (*1965),
> bekannte Puffmutter in Hollywood. Unter ihren Klienten
> befanden sich angeblich viele berühmte Stars.
> Sie gibt nicht alles preis … noch nicht.

Glänzende Karriere

Fleiß ist die Mutter des Glücks.
Benjamin Franklin (1706 –1790),
amerikanischer Staatsmann, Wissenschaftler,
Erfinder und Visionär

Der Golfer Tiger Woods schaffte es im Alter von einundzwanzig auf das Cover der Zeitschrift *Time*. Elvis Presley ist tot und wird mit jeder Sekunde erfolgreicher. Der Science-Fiction-Autor Isaac Asimov schrieb im letzten Jahr seines Lebens ein Buch pro Woche. Steinböcke haben hohe Erwartungen zu erfüllen.

Schlimmer noch: Weil sie immer so altersbesessen sind, können sie in tiefe Melancholie verfallen, wenn sie vernehmen, dass jemand Jüngeres als sie auf irgendeine Art die Steinbockerfolge übertroffen hat. »Geboren 1978? Aber dann geht er ja noch zur Schule …?«

Stillschweigend versichern sie sich selbst, dass die betreffende Person ohnehin prädestiniert ist, in absehbarer Zeit *wahnsinnig* zu werden. Steinböcke hingegen werden nie wahnsinnig, unabhängig davon, wie viel Stress auf ihnen lastet.

Und wenn sie es trotzdem werden, dann fällt es niemandem auf. Es gibt Tausende von Steinbock-Soziopathen, die vergnügt ihre Firmen leiten und Managementleitfäden verfassen.

Steinböcke halten auch nichts von der Ansicht, dass Erfolg für die Menschen irgendwie nicht gut sei. Der Schriftsteller Somerset Maugham formulierte es so: »Die allgemeine Auffassung, dass Erfolg die Leute verderbe und sie eitel, egoistisch und selbstgefällig mache, ist ein Irrtum. Im Gegenteil, er macht sie meist bescheiden, tolerant und freundlich.«

Steinböcke ziehen Berechenbarkeit dem Risiko vor. Sie arbeiten brillant in jedem System. Sie sind Experten in Einschmeichelmanövern, Machtspielchen und jeder Form von Arbeitsplatz-Realpolitik. Versuchen Sie niemals, einen Steinbock-Arbeitskollegen auszustechen. Sein Parkplatz? Vergessen Sie's.

Der Steinbock wird sich zehnfach revanchieren, und zwar schneller, als er unschmeichelhafte Fotos von sich selbst zerstört, ihn belastende Dokumente in den Shredder wirft oder unerfreuliche Gerüchte erstickt. Obschon sie gelegentlich wie besessen scheinen, muss man ihre Arbeitseinstellung und Willensstärke bewundern. Steinböcke können alles. Sie können ein Schweinsohr nehmen und daraus eine Gucci-Tasche machen.

Es nützt nichts, dreißig Jahre lang eine Schweinezucht zu führen und währenddessen zu sagen, man sei zum Ballett-tänzer vorbestimmt. Bis dahin sind Schweine Ihr Stil.
Quentin Crisp (1908–1999),
britischer Schriftsteller und
»stattlicher Homo von England«

Finanzielle Realität

Es besteht ein gigantischer Unterschied dazwischen, ob man einen Haufen Geld verdient oder ob man reich ist.
Marlene Dietrich (1901–1992)

Der Steinbock ist das Zeichen des Geldes. Selbst finanziell benachteiligte Steinböcke sind irgendwie auf den Geldmarkt ausgerichtet. Steinböcke sind Leute erstklassiger Bonität, und ein

345

schwacher Dow-Jones-Index schickt ihr Stressniveau in die Stratosphäre. Steinböcke hegen trotz aller gegenteiligen Indikatoren immer die Angst, als obdachlose Straßenbettler zu enden. Deshalb wird der klassische Steinbock sowohl Statusobjekte ansammeln als auch Geld auf die Seite legen, für den Fall, dass das Wetter unfreundlich wird.

Sie gehen mit ihrem Geld so um wie mit allem anderen im Leben – indem sie die Führung übernehmen. Wenn ein Bankberater winselt: »Was wollen Sie, dass ich damit mache?«, ist der Steinbock tatsächlich in der Lage, eine innovative und/oder erstaunlich unanständige Lösung vorzuschlagen. Aber es kommt selten so weit. Alle Ziegenmenschen sind von Geldmanagement begeistert und stellen das meistgeliebte Sternzeichen der Banken dar. Sie können in die Bank schlittern und das Personal irgendwie dazu bringen, sich so zu verhalten wie in der Werbung: Angestellte strahlen wohlwollend, und der Bankdirektor springt aus seinem Büro wie eine liebeskranke Gazelle.

Selbst Steinbockjunkies sehen noch immer irgendwie nach guten Kreditrisiken aus. Aber ihnen ist die schreckliche Neigung zu etwas gegeben, das sie selbst »Verhandeln« nennen. Sie können über ein »echtes Schnäppchen«, das sie von irgendeiner armen Seele erfeilscht haben, auf eine Art und Weise frohlocken, die definitiv im Widerspruch zu ihren Ansprüchen steht.

Der Zufall begünstigt den vorbereiteten Geist.
Louis Pasteur (1822–1895),
französischer Chemiker, der die Pasteurisierung
und einen Impfstoff gegen die Tollwut entwickelte

Beim Steinbock zu Hause

Erfolg ist das beste Deodorant.
Howard Hughes (1905–1976),
amerikanischer Tycoon und Feinschmecker,
der sich später aus der Öffentlichkeit zurückzog

Das Zuhause des Steinbocks ist immer bereit für eine Nahaufnahme. Ziegenleute wollen, dass ihr Domizil bürgerliche Respektabilität vermittelt, indem es den bewährten Grundsätzen des guten Geschmacks entspricht. Sie mögen einen Raum, der kategorisch »besser als deiner« ausdrückt, vor allem gegenüber all jenen Leuten, die den jugendlichen Steinbock zu unterschätzen pflegen.

Anstatt sklavisch der Einrichtungsmode zu folgen, erwerben Steinböcke die besten Klassikermöbel, die sie sich leisten können. Nachdem sie sich den höchsten Rat in Stilfragen geholt haben, den man für Geld bekommen kann, verhalten sie sich still in Bezug auf die Quelle ihrer Designkenntnisse. Diese Herde ist faszinierend, da sie alle – unabhängig von ihrem Hintergrund – einen angeborenen Hang zu altmodischen Geldprinzipien haben. Sie wollen sich ungern verschulden, werden aber haufenweise Geld ausgeben, wo es zählt – ihr Sofa kann sie so viel kosten wie eine Anzahlung für ein Haus.

Ziegenleute sind ein gewiefter Haufen. Wenn in ihrem Haus nur ein einziges Bild hängt, können Sie sicher sein, dass es im Hinblick auf möglichen Profit klug ausgewählt ist. Das geheime Inneneinrichtungs-Statement, von dem der Steinbock phantasiert? Neben einem Tennisplatz und Swimmingpool wollen sie eine Mordsaussicht – einen Blick, der so spektakulär und weitreichend ist wie ihre eigenen Ambitionen.

Der verliebte Steinbock

Eine ruhig gefällte Entscheidung
ist tausend übereilte Ratschläge wert.
Woodrow Wilson (1856–1924),
von 1913 bis 1921 Präsident der
Vereinigten Staaten von Amerika

Steinböcke sind gesunde und romantische Wesen, aber der Himmel stehe der armen Person bei, die die Erwartungen des Steinbocks, mit dem sie sich eingelassen hat, nicht erfüllt. Ein Krug mit Wein, ein Laib Brot und Sie selbst – das ist einfach nicht genug für einen Steinbock.

Steinböcke können ihre tiefe und bittere Enttäuschung darüber, wie ihr/e Partner/in sich entwickelt hat, mit einem einzigen bösen Blick ausdrücken. Oder mit einem kleinen Stich. Denken Sie an die TV-Serie *Eine schrecklich nette Familie*: Peg Bundy lässt kaum eine Gelegenheit verstreichen, Al daran zu erinnern, dass sie sich nicht mit einem Schuhverkäufer herumschlagen müsste, wenn sie den College-Quarterback geheiratet hätte.

Steinböcke wissen, dass man sich nicht selbst lieben muss, um selbst Liebe anzuziehen. Sie können vor Selbsthass nur so strotzen und noch immer irgendjemanden anziehen.

Aber, wie der Physiker Isaac Newton es ausdrückte: »Auf jede Aktion folgt eine gleich große und entgegengesetzte Reaktion.« Für Steinböcke bewahrheitet sich dies oftmals in ihren Beziehungen. Der Steinbock sagt »Tomate« und sein/e Partner/in »Zucchini« – oder etwas, das nicht einmal ein Gemüse ist. Das liegt teilweise daran, dass Steinböcke sich von ihrem totalen Gegensatz angezogen fühlen. Sie lieben den Gedanken daran, Ordnung in das Leben von attraktiven hysterischen Typen zu bringen, nur um sich anschließend zu wundern, warum sie mit einem Wahnsinnigen enden. Andererseits sind Ziegenleute oft so steif, dass die emotionale Skala eines durchschnittlichen Menschen im Vergleich dazu abnormal erscheinen kann. Es ist auch bekannt, dass das Leben mit einem Steinbock zu einer bestimmten Form von Wahnsinn führen kann.

Clevere Steinböcke wissen, wie man Beziehungskrisen handhabt. Sie arbeiten mit demselben Eifer daran, ihre Beziehung erfolgreich zu gestalten, wie sie all jene Dinge betreiben, in denen sie erfolgreich sein wollen – das heißt, in allem. Wenn Sie mit einer Ziegenperson zusammen sind, müssen Sie sich keine Sorgen um Ihren Platz in der Gesellschaft machen. Er ist Ihnen sicher.

STEINBOCK – WIDDER: Technisch gesehen ist dies eine Verbindung, die für Inkompatibilität stehen sollte. Aber im wahren Leben finden der Widder und der Steinbock eine große Menge Dinge, die sie aneinander bewundern. Der Widder kann gar nicht glauben, wie cool, sexy und kompetent sein neuer bester Freund ist. Denken Sie daran, dass der Widder ein Zeichen mit einer schockierenden Einstellung gegenüber Autorität ist. Allein die Tatsache, dass der Steinbock in einer Organisation überleben – geschweige denn erfolgreich sein – kann, beeindruckt den Widder. Diesen beiden ist eine Liebe zum Pragmatismus eigen, beide wollen wissen, wie die Dinge wirklich sind. Nichtsdestotrotz würde der Widder jede Lüge akzeptieren, wenn sie nur seinem Ego schmeichelt. Weil die Steinböcke so unerschrockene Realisten sind, besteht eine große Wahrscheinlichkeit, dass sie sich nicht damit abplagen werden, das »Selbstverständnis« des Widders aufrechtzuerhalten. Ohnehin könnte es dem Steinbock schwerfallen zu glauben, dass jemand so Aufregendes und Dynamisches derart unsicher sein kann. Sinnlich werden diese beiden sich immer gut verstehen. Als Geschäftspartner? Sobald Machtkämpfe aus dem Weg geräumt sind, haben beide Parteien Potenzial, gegenseitig ihren Wohlstand zu mehren.

Angesagte Duos: René Angélil & Céline Dion.

STEINBOCK – STIER: Diese Verbindung kann eine der besten Astropaarungen *überhaupt* sein. Das Ziegen-Stier-Paar entschärft gegenseitig die weniger anziehenden Eigenheiten des anderen und ruft in ihm die absolut besten hervor – sie sind liebevoll, unterstützend und produktiv. Der Stier liebt die Stärke und den Ehrgeiz des Steinbocks, während der Steinbock die solide Stabilität seines Stiers zu schätzen weiß. Beide werden vom Gedanken an Wohlstand getrieben und hegen keine Illusionen über die Mühe, die aufgewendet werden muss, um Ziele zu erreichen. Keiner ist abgeneigt, auf kurzfristige Erfolge zu verzichten, um ein viel attraktiveres Ergebnis zu erzielen. Wer braucht denn jetzt französische Kerzen mit Feigenduft oder eine nutzlose Stereoanlage, wenn er ein cleveres kleines Immobilienportfolio für später einrichten kann? Falls es Probleme dieser oftmals füreinander bestimmten Personen gibt, werden sie sich oft früh ereignen, während die beiden herumexperimentieren, wie sie einander auf die Nerven gehen können. Steinböcke mögen es so sehr, die Hingabe von jemand anderem zu testen. Aber wenn diese beiden offiziell zusammen sind, geht es ans Geldscheffeln und ums Gesundbleiben. Ein weiterer Pluspunkt: Auf der sinnlichen Ebene sind Steinbock und Stier wahnsinnig kompatibel. Selbst wenn ihre Meinungen in Bezug auf Aktienoptionen voneinander abweichen, werden sie die Dinge immer unter der Bettdecke lösen können.

Angesagte Duos: Dolly Parton & Carl Dean, Dr. Martin Luther King & Coretta Scott King, Cosima v. Bülow & Richard Wagner.

STEINBOCK – ZWILLINGE: Der Steinbock in dieser Kombination hat womöglich das eine Sternzeichen ausfindig gemacht, das ihn nicht als kalt und gefühllos bezeichnen wird. Gemessen an den verrückten Standards der Zwillinge ist die Ziege warmherzig und großzügig. Diese beiden könnten das Schlimmste im anderen zum Vorschein bringen, aber der Kompatibilitätsfaktor ist sehr hoch. Der Zwilling mag die kompetente Geschäftshai-Ausstrahlung und Unmoral des Steinbocks. Das macht ihn an, und bevor er es bemerkt, ist er in eine heiße Romanze verwickelt. Akzeptieren Sie, dass sich alles um Arbeit und Sexspiele dreht. Steinböcke sind es nicht gewohnt, so sehr von jemandem fasziniert zu sein, und können große Mühe damit haben sicherzustellen, dass sie die dominante Figur in der Beziehung darstellen. Ein Rat an die Ziege: Zeigen Sie einem Zwilling zu früh zu große Hingabe, und alles ist vorbei. Geben Sie sich keine Mühe – den Zwilling macht Sorglosigkeit an. Seien Sie unterhaltsam – der Zwilling hat die niedrigste Langeweileschwelle von allen und wird Sicherheit jederzeit zugunsten von geistiger Anregung eintauschen. Ein Abend für Abend über Banken oder das Finanzamt herziehender Steinbock wird den Zwilling nicht zufriedenstellen. Engen Sie ihn nicht ein. So wie die Steinböcke schwülstige emotionale Szenen nicht ausstehen können, hassen es die Zwillinge, gefragt zu werden, was sie vorhaben.

Angesagte Duos: Simone de Beauvoir & Jean-Paul Sartre, Elvis Presley & Priscilla Presley, Nigella Lawson & Charles Saatchi, Vanessa Paradis & Johnny Depp, Arun Nayar & Liz Hurley.

STEINBOCK – KREBS: Wenn diese Beziehung nicht schon von Anfang an zu emotionalem Sadomasochismus degeneriert, hat sie eine wunderbare Chance, erfolgreich zu sein. Die Ziege und die Krabbe sind astrologische Gegensätze mit komplett unterschiedlichen Kernkompetenzen. Steinböcke sind traditionellerweise weltgewandter und Meister des Erfolgs, während Krabben sich eher im Reich der Gefühle heimisch fühlen – indem sie die emotionale Arbeit einer Beziehung übernehmen und ein gemütliches Nest für die Ziege einrichten. Es klingt nach einer altmodischen Geschlechterrollenteilung, aber das muss nicht so sein. Ja, der Krebs verfügt über mehr emotionale Weisheit als der Steinbock, und der pragmatische Verstand der Ziege profitiert von der Intuition der Krabbe. Aber denken Sie daran, dass die Krabbe auch erstaunlich vorsichtig mit Geld und Investitionen umgeht. Dies ist eins der Paare mit der größten Wahrscheinlichkeit, wohlhabend zu werden – nur ist gesund, reich und verrückt vermutlich nicht der ideale Lebensstil. Steinböcke und Krabben müssen sicherstellen, dass sie einander gegenseitig durch ihre Unterschiede bereichern. Der Steinbock kann sowohl emotionale als auch materielle Sicherheit für die Krabbe garantieren. Im Gegenzug können Steinböcke verlangen, dass Krabben damit aufhören, Schnurstückchen zu sammeln; Ziegen können damit aufhören, ihre/n Partner/in paranoid zu nennen.

Angesagte Duos: Yvan Attal & Charlotte Gainsbourg, Diane von Fürstenberg & Prinz Egon von Fürstenberg.

STEINBOCK – LÖWE: Endlich ein Sternzeichen, das den Wunsch des Steinbocks teilt, dass alles möglichst gut aussehen soll. Nicht alle Löwen sind Filmstars, aber sie wollen alle wie einer aussehen. Neben der sexuellen und geistigen Kompatibilität in dieser Paarung müssen beide Seiten daran denken, dass der Löwe ein lebensfrohes Feuerzeichen ist. Steinböcke und Löwen mögen beide Kontrollfreaks sein, aber der Löwe muss seinen Gefühlen so theatralisch wie möglich Luft verschaffen. Ziegen wollen die Dinge einfach erledigt sehen; Löwen erleiden auf dramatische

Art ganz plötzlich eine Sehnenscheidenentzündung, wenn man sie darum bittet, die Geschirrspülmaschine auszuräumen. Und obwohl beide komplette Snobs sind, ist der Löwe besser dazu geeignet, in Dekadenz zu schwelgen. Steinböcke, die einfach sie selbst sind, können sich plötzlich in der Rolle der fiesen Mutter- oder Vaterfigur des hinreißenden, unbekümmerten, mit-dem-inneren-Kind-in-Kontakt-stehenden Löwen finden. Ebenfalls potenziell ermüdend ist der Wunsch des Löwen, von praktisch jedem begehrt zu werden. Wenn der Steinbock aber lernt, die Löwenlibido Richtung Kunst zu lenken und selbst künstlerisch ein wenig aktiver zu werden, ist dies eine wunderbare Verbindung.

Angesagte Duos: David Bowie & Iman, Suzy Amis & James Cameron, Taylor Hackford & Helen Mirren, Rebecca Rigg & Simon Baker.

STEINBOCK – JUNGFRAU: Diese Beziehung stellt für Außenstehende ein Wunder an Zeitmanagement und Effizienz dar. Liebe und Dichtung haben auch kurze Auftritte, aber Steinböcke werden die ersten beiden Punkte immer mehr schätzen. Die Jungfrau ist das einzige Zeichen, das einen Blick auf den Steinbock wirft und augenblicklich *vergöttert,* was sie sieht. Beide sind stramme Erdzeichen, so dass die sinnlichen Aspekte bestens funktionieren. Beide sind überdies in der Lage, in jeder Hinsicht zusammenzufinden. Im Karrierebereich können Jungfrauen unterstützend sein, wobei sie ihre Integrität wahren; ihre Ratschläge sind prägnant und relevant. Und wie der Steinbock will auch die Jungfrau eine Beziehung, die alte Kindheitswunden heilt, während sie Erwachsenenpotenzial erfüllt. Diese Paarung bringt es oft mit sich, dass die beiden ihre gegenseitigen Lebensberater werden, die einander zu weiteren Triumphen anstacheln (auch wenn die Jungfrau den Steinbock dazu anstachelt, etwas wegen der schmuddelig wirkenden Fußleisten zu unternehmen). Ja, Jungfrauen sind große Nörgler. Das kommt von ihrer roboterähnlichen Beobachtungsgabe und dem Grundniveau ihrer Sorgen. Steinböcke, die ein friedlicheres Leben wollen, müssen die Jungfrauenbesorgtheit in die Schöpfung gegenseitiger Zufriedenheit umwandeln.

Angesagte Duos: Mary J. Blige & K-Ci.

STEINBOCK – WAAGE: Wollen Steinböcke und Waagen sich wirklich daran versuchen? Ja, die Waageschönheit ist ein Blickfang, und ihr Charme lockt selbst unsere erschöpften Ziegenleute. Aber diese Verbindung ist dazu bestimmt, kompliziert zu sein, selbst wenn sie befriedigt. Die Waage ist sehr wohl dazu in der Lage, ihren Steinbockliebling als Ingenieur ihrer gesellschaftlichen Astronautenpläne zu benutzen. Waagen nehmen – genauso wie Steinböcke – das soziale Leben überaus ernst. Es handelt sich um eine Art Ausdehnung ihrer Karriere. Und es reicht nicht aus, sich einfach zu entspannen und ein paar alte Freunde zu treffen. Man ist entweder in Form oder nicht, und man ist entweder unterhaltsam oder nicht. Wenn die Waage und der Steinbock sich darauf einigen können, wer gesellschaftlich begehrenswert ist und wer nicht, kann es eine äußerst befriedigende Beziehung werden. Der Haken? Nun, da ist das Begehren der Waage nach Frivolität, was immer irgendwie Geld und insbesondere dessen Ausgabe beinhaltet. Bedauerlicherweise ist die normale Waage vollends damit zufrieden, langfristige Gewinnaussichten kurzfristigen Annehmlichkeiten zu opfern, etwas, das die Steinböcke wütend macht. Wenn die Waage eine Libido hätte, könnte alles im Bett gelöst werden. Aber sie haben keine … außer, wenn es darum geht, den Gatten oder die Gattin von jemand anderem zu verführen.

Angesagte Duos: Sophie Rhys-Jones & Prinz Edward, Trudie Styler & Sting, Carlotta Monterey & Eugene O'Neill, Ian Gomez & Nia Vardalos.

STEINBOCK – SKORPION: Der Steinbock verliebt sich schnell in den Skorpion, und der Skorpion, obwohl er sich nichts anmerken lässt, neigt dazu, instinktiv von der Ziege hingerissen zu sein. Dies ist eine im Werden begriffene Partie: Steinböcke lieben die feste Intensität des Skorpionblicks, seine Sicherheit in praktisch allen Belangen. Der Skorpion liebt die Weltgewandtheit des Steinbocks und die Art, wie er Systeme zu seinem eigenen Vorteil zu manipulieren versteht, wobei die Skorpione natürlich nicht widerstehen können, alles darüber zu erfahren. Auf der physischen Ebene? Die Antwort ist Ja. Geistig und emotional sollten diese Partner aufpassen, dass sie wegen ihrer großen Ähnlichkeit nicht gegenseitig aufeinander herumtrampeln. Diese Affäre muss eine objektive Drittperson einrichten, die als Mensch des Vertrauens die Paranoia kontrolliert, und deren Entscheidungen befolgt werden müssen. Entweder das, oder beide müssen sich zehnmal täglich versprechen, einander nicht des Flirtens oder des Untergrabens der Karriere des anderen zu beschuldigen. Diese beiden können den »Sex-und-Geld-Raum« jeder gesellschaftlichen Szene dominieren. Vielleicht wird nicht jeder das Steinbock-Skorpion-Duo lieben, aber alle werden es fürchten.

Angesagte Duos: Alfred Stieglitz & Georgia O'Keeffe, Pat Rafter & Lara Feltham.

STEINBOCK – SCHÜTZE: Ist dies ein faszinierendes schräges Paar? Obwohl es auf den ersten Blick nicht so aussieht, haben Steinböcke und Schützen aufgrund der Planeten im Zeichen des anderen

355

vieles gemeinsam. Aber sie profitieren auch vom Einfluss des anderen. Der Steinbock gibt dem Schützen wertvolle Hilfe, indem er ihn anleitet, seine Talente zusammenzuraffen und sie an den Höchstbietenden zu verkaufen. Der Steinbock hilft dem Schützen ebenfalls mit Leistungs- und Ankurbelungstipps. Schützen helfen den Ziegenmenschen, ihre Freiheit und Entspannung zurückzugewinnen – indem sie sie von der selbst auferlegten Plackerei entführen und sie zu einer Surfstunde, einer Wanderung in den Bergen oder einer nach Themen geordneten Zechtour mitnehmen. Es ist aber wichtig, dass die Steinböcke den Schützen nicht den Platz des offiziellen Enfant terrible einnehmen lassen, während der Steinbock die Stelle des autoritären Elternteils spielt. Der Steinbock sagt: »Du musst.« Der Schütze: »Ich werde.« Das könnte schiefgehen, wenn einer von beiden aufhört hinzuhören.

Angesagte Duos: Ava Gardner & Frank Sinatra, Jack London & Charmian Kittredge, Aristoteles Onassis & Maria Callas, Carolyn Bessette & John Kennedy Jr., Bart Freundlich & Julianne Moore.

STEINBOCK – STEINBOCK: Anekdotische Erzählungen legen nahe, dass die Kombination Steinbock und Steinbock außerordentlich populär ist. Warum? Vielleicht, weil es eine Bergziege braucht, damit eine andere sich wirklich mit sich im Reinen fühlt? Steinböcke haben schließlich vieles gemeinsam. Sie sind immer umtriebig, auf Geld aus und tendieren beide dazu, mit zunehmendem Alter noch besser zu werden. Das ist richtig. Ungleich anderen Zeichen, deren Schönheit und/oder Leistung früh ihren Höhepunkt findet, sind Steinbock-Steinbock-Beziehungen langfristige Anlagen. Sie sind vielleicht nicht das süßeste junge Pärchen im Raum, aber sie werden als das kultivierteste, reifste Duo hervorstechen. Diese Partnerschaft kann im Stillen eine angenehme Zukunft planen. Wenn ein Problem das Steinbock-Heim beeinträchtigen könnte, steht es mit größter Wahrscheinlichkeit im Zusammenhang mit widersprüchlichen Ambitionen oder unterstellter Faulheit. Steinböcke können sehr hart sein im Umgang mit ihresgleichen, und sie müssen sicherstellen, dass Karriere- oder Geschäftsüberlegungen sich nicht in die Bereiche stehlen, die der Stille und dem Nestbau vorbehalten sein sollten. Im Tandem Pläne zu entwerfen ist eine der Lieblingsbeschäftigungen dieser Verbindung, aber sie sollten sich auch gelegentlich in liebeskranken Klischees versuchen, um die besten Ergebnisse zu erzielen.

Angesagte Duos: Cary Grant & Dyan Cannon, Tiger Woods & Elin Nordegren, Helena Christensen & Norman Reedus, Kleopatra & Marcus Antonius.

STEINBOCK – WASSERMANN: Diese Beziehung setzt mehr Arbeit voraus als die meisten anderen. Der Modus operandi des Steinbocks besteht darin, herauszufinden, nach welchen Gesetzen die Gesellschaft funktioniert, in welcher er sich gerade befindet, und sich dann hervortun. Der Wassermann macht den Status quo ausfindig, nur um ihn zu unterwandern. Ein Steinbock ist ein politisch äußerst fähiges Tier, geschickt in den Spielchen, im Socializing und in den Geschäftsfragen der Unternehmenswelt. Der Wassermann hat keine Ahnung, wie man irgendetwas macht, ausgenommen wie man dem System Widerstand leistet. Steinböcke sagen: »Ich benutze«; Wassermänner sagen: »Ich missbrauche.« Das unbeständige Verhalten des Wassermanns hat zur Folge, dass es schwierig ist, ihn an irgendeinen seriösen Ort mitzunehmen. Steinböcke können vom Wassermanngerede über den Nerzmantel des Steinbocks, das neue digitale Fernsehgerät und die Ernährungsgewohnheiten komatös gelangweilt werden. Der Wassermann hingegen wird keinem einzigen Wort der hart erarbeiteten Weisheit der Ziege Gehör schenken. Warum nicht? Weil Wassermänner trotz aller Beweise glauben, dass sie alles wüssten. Es wäre schön, wenn man behaupten könnte, dass Sex ein die Situation bessernder Faktor wäre, aber Sie können sich ja vorstellen: Der Sextrieb des Wassermanns ist etwa ähnlich stark wie der dem Steinbock angeborene Sinn für Anarchie. Immerhin geben diese beiden sich ausreichend Gelegenheit zu ironischem Lachen.

Angesagte Duos: J. R. R. Tolkien & Edith Bratt, Christy Turlington & Edward Burns, Constanze Mozart & W. A. Mozart.

STEINBOCK – FISCHE: Steinböcke, nehmt euch in Acht! Fische treiben alle möglichen Leute komplett in den Wahnsinn. Das ist eine ihrer Kernkompetenzen. Es ist nicht die gelegentliche Dümmlichkeit oder das extreme Flirten, das die Ziegenleute so stört, zumal ein Fünkchen Ziegendisziplin diese Art Unsinn ausgleichen kann. Es ist vielmehr das aalglatte Vermeiden jeglicher Verantwortung seitens des Fisches. Sobald der Steinbock glaubt, er habe den Fisch festgenagelt, um zu korrigierendem Genörgel ansetzen zu können, wird der Fischblick irgendwie leer. Wenn der Steinbock sich aber von dem Wunsch lösen kann, den Fisch zu kontrollieren, kann diese Beziehung äußerst lohnenswert sein. Der Fisch versteht die tiefe Psyche und das künstlerische Potenzial des Steinbocks intuitiv, wie er auch dessen sinnliche Bedürfnisse zu stillen versteht. Aber Steinböcke, die es mit dieser Liaison ernst meinen, müssen einsehen, dass ihre eigene Verordnung zu weltlichem Erfolg auf den surrealen Fisch vielleicht nicht zutrifft. Gleichzeitig sollten Steinböcke auf der Hut sein vor Fischen, die einfach die materielle Unterstützung einsacken wollen, bevor sie sich davonmachen wie die Katze in der Geschichte *The Cat in the Hat*. Als Hinweis: Der Steinbock muss künstlerischer werden und der Fisch geradliniger.

Angesagte Duos: Marlene Dietrich & Rudolph Sieber, Andrew Taylor & Rachel Griffiths, Elsa Einstein & Albert Einstein.

Sind Sie wirklich ein Steinbock?

1 Gordon Gekko, die »Gier ist gut«-Figur im Film *Wall Street,* ist ein Beispiel für ...
(a) ein ethisches Vakuum.
(b) Michael Douglas in seiner besten Rolle.
(c) Ihr Vorbild.

2 Ihr Lieblingsurlaub besteht in einer Reise ...
(a) an einen unauffälligen Ort, irgendwo weit abgelegen.
(b) an einen Ort, der Ihre Entspannungshormone freisetzt.
(c) irgendwohin, solange die Firma dafür bezahlt.

3 Ein Geschäftstreffen, das völlig schiefgeht ...
(a) wird dank Ihrer außerordentlichen Führungsfähigkeiten schnell wieder zur Ordnung gebracht.
(b) ist ein Ärgernis. Die Leute sollten auf die Tagesordnung anderer Rücksicht nehmen.
(c) wird sich mit höchster Wahrscheinlichkeit nie ereignen, solange Sie irgendetwas damit zu tun haben.

4 Die eine Sache, die Ihnen eine/n potenzielle/n Liebhaber/in mit absoluter Sicherheit verleiden würde, ist …

    (a) Untreue oder sogar schon offensichtliches Herumflirten mit anderen. Sie wollen bewundert und vergöttert werden.

    (b) unangemessene Dekadenz. Sie haben zu hart gearbeitet, um Ihr eigenes Leben auf die Reihe zu kriegen.

    (c) der Mangel an Mitteln.

5 An einer Party zieht es Sie natürlich …

    (a) zu den schönen Leuten … Sie sind ein/e Ästhet/in.

    (b) dahin, wo der meiste Lärm und größte Spaß zu herrschen scheinen.

    (c) zur mächtigsten Person im Raum. Falls keine solche Person anwesend ist, gehen Sie auf die potenziell nützlichste Person zu.

6 Das Altern …

    (a) regt Sie so sehr auf, dass Sie den Gedanken daran kaum ertragen können.

    (b) ist ein natürlicher Teil des Lebens, und Sie können sich damit abfinden … mehr oder weniger.

    (c) ist eine großartige Sache – jedes Jahr werden Sie in jeder Hinsicht besser und besser.

Antworten: Wenn Sie mehrheitlich (c) angekreuzt haben, dann sind Sie offiziell ein Steinbock – kultiviert, schick und schrecklich erfolgreich. Sollten Sie (a) und (b) angekreuzt haben, dann haben Sie noch andere Astro-Einflüsse, die mit Ihrer Steinbock-Sonne konkurrieren.

Wassermann

(21. Januar – 19. Februar)

Das Zeitalter des Wassermanns

Emanzipiert euch von geistiger Versklavung.
Bob Marley (1945 – 1981),
Rastafari-Musiker, Visionär und »King of Reggae«

Frage: Wie viele Wassermänner benötigt man, um eine Glühbirne zu wechseln?
Antwort: Nun, man muss wissen, dass alles Energie ist, folglich …

Das astrologische Leitmotiv, eine Zusammenfassung der Grundgesinnung eines Sternzeichens, lautet im Falle der Wassermänner: »Ich weiß.« Zwar wollen sie damit auf die erstaunliche Gehirnleistung der Wassermänner anspielen, aber »Ich weiß« ist auch die am meisten überstrapazierte Phrase dieser Zeichen. Es ist beinahe unmöglich, diesen Leuten etwas zu erzählen, das sie nicht schon wissen. Selbst wenn sie noch nie etwas davon gehört haben, fühlen sie sich, als ob sie etwas darüber wissen könnten. Vage, Sie verstehen schon.

Innerhalb von fünf Sekunden, nachdem sie von einer neuen Theorie gehört haben, können sie bereits so großartig extrapolieren, dass man glauben könnte, der Wassermann wisse tatsächlich etwas über das Thema. Aber manche Wassermänner machen sich nicht einmal die Mühe, etwas abzuleiten. Sie beginnen einfach, mit außerordentlichem *savoir faire* zu schwafeln.

Wassermänner werden von Uranus regiert, dem Planeten der Erleuchtung und der Befreiung. Obwohl – wie beim durchschnittlichen Wassermann – wenig darüber bekannt ist, glauben die meisten Wissenschaftler, dass Uranus über eine Atmosphäre verfügt, die beinahe gänzlich aus Methangas besteht. Uranus repräsentiert ultraschnelle Intuition. Ein Wassermann ist auf das Leben und die Welt in all ihren Erscheinungsformen eingestellt. Im individuellen Geburtshoroskop jedes Menschen ist Uranus das große Portal zu Neuem, ein Astroeinfluss, der die Leute zu positiven Veränderungen zwingt, ob sie nun bereit sind dazu oder nicht.

Wassermänner leben dies auf vielfältige Weise aus; sie können in das Leben eines Menschen treten und es innerhalb von Sekunden elektrisieren. Uranus ist darüber hinaus das Weinglas, das mit einer dramatischen Geste zu Boden geschmettert wird. Uranus bringt beispielsweise den amerikanischen Astronauten Buzz Aldrin dazu zu sagen: »Neil Armstrong war der erste Mensch, der den Mond betrat – ich war der erste, der auf dem Mond in die Hose machte.« Und er zeichnet auch dafür verantwortlich, dass der frühere russische Präsident Boris Jelzin spontan ein kleines Tänzchen vor seiner Militärparade aufführt.

Das Astrosymbol des Wassermanns ist der Wasserträger; manche sehen darin Hebe, die Mundschenkin der antiken Götter, aber öfter wird die Figur des Wasserträgers als eine jugendliche Figur ohne bestimmte Geschlechtszugehörigkeit – typisch wassermännisch – mit einem Krug in der Hand dargestellt. Befindet sich darin das Wasser des Lebens? Wissen? Met? Die Meinungen darüber gehen auseinander. Aber die Wassermänner verspüren eine gewisse Verantwortung, den scheinbaren Durst aller Menschen nach ihrer Brillanz zu quellen.

Wie die Zwillinge und die Waage ist auch der Wassermann ein Luftzeichen: frisch, leicht, heiter und unvoreingenommen. Aber der Wassermann ist auch ein sogenanntes fixes Zeichen wie der Stier, der Löwe und der Skorpion. Er kann dickköpfig sein und nur langsam Veränderungen vornehmen. Das verträgt sich nicht gut mit ihrer anderen Wirklichkeit, in der sie ein unbekümmertes, futuristisches und visionäres Genie sind.

Wassermänner können wie Schnecken sein. Ein Wassermann kann sich dem progressiven sozialen Wechsel verschrieben haben und dennoch während zwei Jahren am Stück genau dasselbe Mittagessen zu sich nehmen. Es ist nicht gerade einfach, so faul zu sein wie, sagen wir, der Stier, und gleichzeitig übererregbar. Wassermänner sind voller Widersprüche, wie zum Beispiel der irische Schriftsteller Brendan Behan, wenn er behauptet, ein Tageslichtatheist zu sein, oder die konstant kontroversen Meinungsäußerungen der Feministin Germaine Greer oder die aktuellen Eheszenarien von Lisa-Marie Presley.

Wassermänner sind sehr empfänglich für Meme, jene Einheiten kulturellen Denkens, von denen manche Wissenschaftler glauben, dass sie wie ein Virus übertragen würden, mit dem Unterschied, dass jene positiv seien. Die Memetik erklärt, wie Konzepte, Witze und Jargons sich in Blitzgeschwindigkeit auf der Welt verbreiten. Wassermänner sind die Träger der Meme.

Der Wassermann in Hochform ist …

Ich bin ein Wassermann – bestens gelaunt, ich liebe Tiere, das Schwimmen, den Strand –, das bin definitiv ich.
Paris Hilton (*1981),
Erbin der Hilton-Hoteldynastie und Partyhopperin

ORIGINELL. Wassermännern ist die allgemein anerkannte Version der Realität völlig egal. Sie ticken nicht nach einer anderen Uhr – sie ticken nach einem Gerät, das noch gar nicht erfunden wurde. Durch die Geschichte waren die Wassermänner die Mystiker, die sich in Alchemie versuchten, die Einzelgänger, die behaupteten, dass die Erde rund sei oder sich um die Sonne drehe, wenn alle anderen wussten, dass unsere Welt das Zentrum des Universums war. Der Astronom Galileo wurde exkommuniziert und unter Hausarrest gestellt, aber es gelang ihm dennoch, unter anderem das Teleskop zu erfinden. Beinahe alle Wassermänner sind von Natur aus erfinderisch. Es handelt sich um ein seltenes Exemplar, wenn es keine wahnsinnigen Ideen in sich trägt.

VISIONÄR. Die Zukunft ist hier, und sie verspricht Spaß, sagt der furchtlose Wassermann. Wassermänner mögen es, sich eine neue utopische Weltordnung vorzustellen. Insgeheim ticken sie nach dem Text des Lieds *The Age of Aquarius* (aus dem Musical *Hair*): »Harmony and understanding … mystical crystal revelations«. (Harmonie und Verständnis … mystisch-klare Offenbarungen.)

REVOLUTIONÄR. Selbst die scheinbar normalste, verlegenste Wassermannperson im unauffälligen, grauen Trainingsanzug unterminiert im Stillen die Gesellschaft. Dazu braucht sie nicht zwingend grünes Haupthaar oder beträchtliche Körperbehaarung aufzuweisen. Die geborenen Radikalen neigen dazu, ihrer Zeit voraus zu leben. Die Welt braucht sie, weil sie daran glauben, dass die Welt verändert und verbessert werden kann. Wassermänner werden liebend gerne einen Tag freinehmen von dem, was gerade ihre offizielle Beschäftigung darstellt, um sich für eine Protestkampagne zu engagieren. Sie glauben an die Macht der Konsumenten und lassen auf Worte Taten folgen. Eine erstaunliche Anzahl Wassermänner ist Vegetarier und, egal, womit man sie versucht, sie neigen dazu, keine Produkte von Firmen mit abscheulicher oder ohne umweltschützende Politik zu kaufen. Für einen Wassermann gibt es so etwas wie eine

Minderheit nicht. Und selbst wenn es eine gäbe, was könnte als Entschuldigung dienen, diese zu ignorieren?

UMWERFEND. Wassermänner sind umwerfend in einem raumfahrtzeitalterlichen Sinn. Ihr Gesicht hat die Symmetrie der Waage, aber das Haar von Außerirdischen. Ihr Charisma ist elektrisierend, überdreht und buchstäblich in der Lage, die Energie in einem Raum zu verändern. Sie neigen dazu, die Leute zu polarisieren, und rufen entweder extreme Anziehung oder Widerwillen hervor.

URKOMISCH. Wassermänner sind außerordentlich witzig. Ihr bilderstürmerischer Sinn für Humor und ihr Mangel an Rücksicht auf Konventionen führen zu einer treffenden Leichtfertigkeit, wie sie sonst selten anzutreffen ist. Wie jemand einmal über die amerikanische Schauspielerin Tallulah Bankhead sagte: »Tallulah hat niemals jemanden gelangweilt, und das ist Humanitarismus erster Güte.« Sie war eine erfahrene Bühnen-, Film-, Radio- und Fernsehkünstlerin und spielte sogar in der ursprünglichen *Batman*-Fernsehserie mit. Als öffentlich bisexuelle, kokainsüchtige Schauspielerin hatte sie Affären mit so unterschiedlichen Leuten wie den Schauspielern Gary Cooper und Greta Garbo. »Daddy hat mich vor Männern und Alkohol gewarnt, aber er hat nie ein Wort über Frauen und Kokain gesagt.«

ELEKTRISIEREND. Wassermänner sind die besten Netzwerker aller Zeiten – sie verkuppeln Seelenverwandte und arrangieren mühelos Kontakte, die ganze Karrieren verändern. Wassermänner ändern das Leben anderer Leute zum Besseren, oftmals ohne zu merken, dass sie das tun. Manchmal finden sie etwas für Sie, bevor Sie überhaupt bemerkt haben, dass Sie das brauchen.

Wenn Wassermänner sich die Mühe machen, sich fünf Sekunden lang auf Sie einzulassen, so ist Ihnen exzellenter Rat gewiss. Aber denken Sie daran, dass fünf Sekunden die Grundeinheit der wassermännischen Konzentration darstellt. So lange dauert es nämlich zu sagen: »Hier ist die Nummer meines genialen Osteopathen« oder »Du solltest mit meinem Freund Dingsda arbeiten, ich schicke der Firma morgen eine E-Mail.«

Der Wassermann in Tiefform ist …

Empfindung ist emotionale Promiskuität.
Norman Mailer (1923 – 2007),
bilderstürmerischer amerikanischer
Anti-Establishment-Autor

SPRUNGHAFT. Ein Wassermann kann total ausrasten ob etwas so Harmlosem wie einer Hochzeitseinladung, aber eine Notiz in seiner Agenda vermerken, um am nächsten Dienstag die Pharmaindustrie zu stürzen. Im gesellschaftlichen Leben gehen sie viel weiter als nur bis zur Verkörperung des Advocatus Diaboli. Der Wassermann wird unerhörte Lügen auftischen, um seine plötzlich entwickelte Überzeugung zu stärken, dass die Welt tatsächlich immer flach gewesen ist. Warum? Weil er es kann. Da sie mit einem höchst aktiven sechsten Sinn gesegnet sind, haben Wassermänner Schwierigkeiten damit, sich auf die gewöhnlichen fünf Sinne zu beschränken. Sie sehen Dinge, die nicht da sind, hören Stimmen, wenn niemand im Raum ist, und bekommen elektrische Schocks von Dingen, die nicht einmal elektrisch geladen sind. Sie kriegen Kicheranfälle bei Anlässen von großer

367

Bedeutung. Der Wassermann wird offiziell mit Gruppen assoziiert, aber wie so vieles, das mit diesem Zeichen zusammenhängt, ist auch das eher ein Konzept. Im wahren Leben mögen Wassermänner Gruppen meist gar nicht. Einer solchen anzugehören würde bedeuten, dass sie kooperieren, oder, wie sie es selbst nennen, ihre Prinzipien verraten müssten.

BOMBASTISCH. Wassermänner putzen nicht einfach das Haus. Sie finden diese Art von einengender bürgerlicher Konvention zu lästig. Stattdessen räumt der Wassermann die Möbel um, putzt den Boden mit Sandstrahl, reißt wenn möglich eine Wand herunter, lässt sich in Feng Shui beraten und kauft neue Bettwäsche. Obwohl sie das dem Löwen entgegengesetzte Zeichen sind, haben Wassermänner mit ihm das große Ego gemeinsam. Ein Wassermann, der aus Mangel an Aufmerksamkeit dahinvegetiert, empfindet das als genauso hart wie ein Löwe. Aber der Löwe weiß, wie er behutsam das Scheinwerferlicht auf sich selbst schwenken kann. Der Wassermann hingegen beginnt die abscheulichsten Dinge zu sagen, ohne Rücksicht darauf, wen er damit befremdet. Wassermänner kennen zwei soziale Geschwindigkeiten: den fokussierten Einschmeichelmodus für Leute, die es wert sind, beeindruckt zu werden, und den Einzelgängerisches-Genie-reizt-den-intellektuell-Unterlegenen-Modus.

KÜHL. Aufgrund ihrer wiederholt zur Schau gestellten eiskalten Distanziertheit kann es schwierig sein zu sagen, was Wassermänner fühlen. Warum? Weil sie über keine Gefühle verfügen, zumindest nicht über diejenige Sorte, wie normale Leute sie kennen. Sie sind der Ansicht, dass die unverhohlene Zurschaustellung tatsächlicher Gefühle beinahe liederlich ist. Wenn Sie einem Wassermann ein wichtiges Geheimnis anvertrauen, so seien Sie sich bewusst, dass er Sie bereits als Versuchsperson X oder als etwas Ähnliches wie eine Laborratte sieht. Der Wassermann überlegt sich die richtige Antwort und fragt sich, ob er das verbale Äquivalent eines Rattenfutterkügelchens oder eines klitzekleinen elektrischen Schocks austeilen soll. Dieser »Das Leben ist ein Experiment«-Zugang sammelt wertvolle Informationen für das laufende Erforschung-der-Menschheit-Projekt des Wassermanns und gibt ihm Hinweise darauf, wie er am besten ein Gefühl vortäuschen könnte, sollten die Umstände dies einmal verlangen.

ARROGANT. Wassermänner lieben die Menschheit, sie hassen aber Leute. Sie können problemlos mehr Gefühle zugunsten von Straßenbettlern oder Batterielegehühnern aufbringen als für ihre Nächsten und Liebsten. Diejenigen, die die Wassermänner nicht gut kennen, nennen sie oft heuchlerisch. Jene, die einem Wassermann nahestehen, können das Thema ausführlich darlegen. Niemand betreibt Sofa-Anarchie oder Chardonnay-Politik so großartig wie der Wassermann. Wassermänner sind Freigeister, frei von bürgerlichen Konventionen. Engen Sie sie nicht ein, aber der Himmel bewahre, dass Sie einmal selbst Raumfreiheit verlangen. Über den Schauspieler John Barrymore sagte man, dass er »zu plötzlichen Anwandlungen von Großzügigkeit und ebensolchen unbeständigen Launen selbstbezogener Arroganz neigte«. Sie glauben, das könne auf jeden Menschen zutreffen? Vielleicht, aber denken Sie daran, dass die Wassermann-Version von Großzügigkeit darin besteht, aus einer Laune heraus praktisch seine gesamte Bibliothek an einen Fremden zu verschenken. Die wassermännischen Anfälle selbstbezogener Arroganz sind unglaublich, denn der Wassermann wird nicht zulassen, dass sein Genie von irgendeinem Idioten unterdrückt wird – und damit meint er Sie.

Verrückt, böse, und es ist gefährlich,
ihn zu kennen …
Lady Caroline Lamb (1785 –1828),
britische Schriftstellerin, über ihren ehemaligen
Liebhaber, den romantischen Dichter Lord Byron.
Ihre Affäre schockierte ganz England.

Wie man Wassermänner motiviert und manipuliert

Je mehr man weiß, desto weniger meint man zu wissen.
Lewis Carroll (1832 –1898),
britischer Schriftsteller und Autor von
Alice im Wunderland

1 Machen Sie sich nicht die Mühe, einen Wassermann wegen der Zeit zu nerven. Da Wassermänner in ihrer eigenen Zeitzone leben, kümmert es sie nicht, ob es nun drei Uhr morgens oder nachmittags ist.

2 Sie möchten einen Wassermann beschenken? Sie mögen ethische Geschenke wie zum Beispiel ein Zertifikat, das besagt, dass Sie im Namen des Wassermanns einer Drittwelt-Familie eine Ziege gekauft haben.

3 Sie wollen einen loswerden? Dann meckern Sie tüchtig darüber, dass der Wassermann diverse bürgerliche Vorstellungen nicht erfüllt. Zum Beispiel: »Wo ist mein Abendessen?« oder »Warum bist du noch nicht angezogen?«

4 Wassermänner werden es nicht zugeben, aber was soll's. Sie stehen auf glamouröse und selbstsichere Leute. Falls Sie Zweifel in Bezug auf Ihr Verhalten haben, versuchen Sie es einmal in Löwenmanier.

5 Zeigen Sie keine Anzeichen von Besorgnis angesichts des Wassermanngeschwätzes. Die Wassermänner werden es lieben, dass Sie nicht ausgeflippt sind. Noch nicht.

6 Sehen Sie ein, dass die Auffassung des Wassermanns von einer gesellschaftlichen Zusammenkunft darin besteht, eine Menge verschiedener Leute zusammenzubringen, Bier dazu anzubieten und einen aufrührerischen Streit über Handelsorganisationen oder die Todesstrafe vom Zaun zu brechen.

7 Akzeptieren Sie, dass die Wassermänner ihre leichten Erkrankungen über die des gemeinen Volkes stellen. Sie werden ihre Stimmungsschwankungen oder juckenden Hintern einer Allergie gegen etwas wie Brot zuschreiben, das der Plebs ohne Nebenwirkungen essen kann, der Wassermann aber leider überhaupt nicht.

8 Lernen Sie, mit Ihren Erwartungen betreffend das Erscheinen des Wassermanns an offiziellen Anlässen und dergleichen klarzukommen. Wassermänner scheren sich wirklich keinen Deut darum.

9 Fördern Sie die Erfindungsgabe des Wassermanns. Es steckt ein Genie in jedem von ihnen, und vielleicht enden Sie ja mit ein paar Erstausgabeaktien an der ersten Zeitmaschine.

Die gewöhnlichste Art, in der Menschen ihre Macht
aufgeben, besteht darin, dass sie glauben,
überhaupt keine zu haben.
Alice Walker (*1944),
amerikanische Schriftstellerin,
die für ihren Roman
Die Farbe Lila den Pulitzer-Preis erhielt

Wassermann-Vorbilder

Ich komme nicht mit sehr vielen Leuten gut aus. Nicht,
weil ich schwierig bin, sondern weil ich anders bin.
Nastassja Kinski (*1959),
deutsche Schauspielerin. Der Film *Tess* verhalf ihr
zum Durchbruch. Sie war ein Pin-up-Girl und
posierte nackt mit einem lebenden Python.

Oprah Winfrey – unglaublich einflussreiche amerikanische Talkshow-Moderatorin, Philanthropin und Milliardärin der Unterhaltungsindustrie. Sie ist smart, intuitiv und tritt unermüdlich für neue Anliegen ein. »Ich wurde in dem Glauben erzogen, dass Exzellenz den besten Schutz vor Rassimus und Sexismus darstellt. Und nach diesem Prinzip lebe ich mein Leben.«

Helen Gurley Brown – legendäre Schriftstellerin und Herausgeberin der amerikanischen Zeitschrift *Cosmopolitan*. Sie machte eine Karriere daraus, alleinstehende Mädchen zu ermutigen, einen Mann und eine Karriere zu haben. In ihren Siebzigern veröffentlichte sie eine Autobiographie mit dem Titel *I'm Wild*

Again: Snippets from My Life and a Few Brazen Thoughts (Noch einmal wild: Schnipsel aus meinem Leben und einige dreiste Gedanken).

Colette – französische Schriftstellerin von erstaunlicher Produktivität. Ihre frühen »Claudine«-Schulmädchengeschichten wichen reiferen literarischen Werken. Während einer kurzen Bühnenkarriere entblößte sie ihre Brust. Sie war dreimal verheiratet, hatte angeblich aber lesbische Affären. »Wenn ich nicht zu viele Trüffel haben kann, werde ich ohne Trüffel klarkommen.«

David Lynch – der einzige Avantgarde-Filmemacher, der noch immer Hollywood-Filme dreht. Mit bizarren Filmen wie *Eraserhead* und *The Elephant Man* machte er sich einen Namen, aber auch seine kommerziellen Arbeiten wie die Kult-Fernsehserie *Twin Peaks* sind eigenartig. Er komponiert sogar die Musik für einige Filme – »Es ist so schön abstrakt«.

Jules Verne – visionärer französischer Schriftsteller und »Vater« der Science-Fiction-Literatur. Er brachte die Idee des U-Boots, der Monderkundung und der Weltreisen in die allgemeine Vorstellung ein. Er schrieb seine erste Kurzgeschichte im Alter von fünfunddreißig. »Alles, was ein Mensch sich vorstellen kann, können andere Menschen wahr machen.«

Matt Groening – rebellischer und brillanter Cartoonist, Verleger und Produzent. Mit der erfolgreichen Serie *Die Simpsons* brachte er die Animation zurück in die Hauptsendezeit des Fernsehens. »Wenn die Behörden Sie vor der Sündhaftigkeit von Sex warnen, liegt darin eine wichtige Lektion, die Sie lernen sollten: Haben Sie keinen Sex mit den Behörden.«

373

Ich kann mir keine Namen merken. Warum, glauben Sie,
hat die ganze »Liebling«-Sache begonnen?
Zsa Zsa Gabor (*1917),
glamouröse ungarischstämmige Hollywoodschauspielerin,
die unterwegs acht Ehemänner einsammelte

Wassermänner *en vogue*

Es ist eine verflixte Verantwortung,
süß aussehen zu müssen.
Minnie Driver (*1970),
britischstämmige Hollywoodschauspielerin.
Ihre Partner waren u. a. Tom Cruise,
Matt Damon und Josh Brolin.

Wie jedermann weiß, können viele Leute einen erstaunlich avantgardistischen Eindruck machen und ihn in dem Moment vermasseln, in dem sie den Mund öffnen. Eine Menge Wassermänner ist so radikal, dass Mode als eine Form der Selbstdarstellung sie nicht im Geringsten interessiert.

Tatsächlich haben manche Wassermänner derartige Angst vor ihrer inneren Verrücktheit, dass sie diese kompensieren, indem sie sich unglaublich traditionell kleiden.

Einige Wassermänner hegen sogar geheime Fantasien, derer sie sich sehr schämen, in denen alle Erdenbürger eine Uniform tragen müssen und nur ein Abzeichen oder etwas Ähnliches auf ihren offiziellen Status hinweist.

Glasklare Wassermänner nutzen die Mode natürlich dazu, um ihre *inneren* Überzeugungen zum Ausdruck zu bringen. Dies ist

der Ort, an dem man ethnische Einflüsse wahrnimmt. Wassermänner mögen es sehr, ihre armen, unterdrückten Freunde von
Wo-auch-immer-diese-kleine-bunte-Weste-gestrickt-wurde zu
unterstützen.

Kristallwassermänner mögen Hippie-Taschen nicht ausge-
beuteter Handwerker, Hanfjeans, purpurfarbene, die Aura ver-
bessernde T-Shirts und die Psyche unterstützende Edelsteine.
Radikale Wassermänner bevorzugen es, durch ihr T-Shirt oder
einen kleinen, Schuldgefühle verursachenden Aufnäher dafür zu sorgen, dass sie niemanden im Zweifel in Bezug auf ihre
Überzeugungen lassen. Es ist wirklich bizarr, wie selbstgefällig
dies die Wassermänner oftmals werden lässt. Es ist ja nicht so,
dass irgendjemand in einem Kleidungsstück herumlaufen würde, auf dem steht, dass er gegen Amnesty International oder gegen die Alphabetisierung ist.

Der radikale Wassermann wählt oft so etwas wie ein Fahr-
rad als sein auffälligstes Modeaccessoire. Der Wassermannfahr-
radfahrer glaubt, dass seiner Radfahrerhaltung etwas unglaublich Richtiges anhaftet. Da der Wassermann ein fixes Zeichen
ist, bleiben manche von ihnen an jenem Look kleben, der ihnen stand, als sie zweiundzwanzig waren. Sie merken nicht, dass
es etwas Unheimliches hat, wenn ein Mann in den Vierzigern
in einem Crew-T-Shirt einer Rockband der siebziger Jahre herumstapft. Oder wenn eine Frau mit perfekt aschblondem Haar,
mattem Make-up und keilförmig aufgetragenem Rouge, blutro-
tem Lippenstift und frühem Achtziger-Jahre-Look auftritt, aber
nicht auf retro getrimmt ist.

WUNDERBARE WASSERMÄNNER. Paul Newman, Bridget
Fonda, Rutger Hauer, Geena Davis, Diane Lane, Clark Gable,
Michael Hutchence, Elijah Wood, Heather Graham, James
Dean, Farrah Fawcett, Jennifer Jason Leigh, Jennifer Aniston,

Stockard Channing, Sheryl Crow, Christina Ricci, Chris Rock, Kim Novak, Denise Richards, Rene Russo, Brandon Lee, Jane Seymour.

Glänzende Karriere

Was genau bedeutet Erfolg?
Für mich liegt er nicht im Applaus,
sondern in der Befriedigung durch das Gefühl,
dass man sein Ideal realisiert.
Anna Pavlova (1881–1931),
ätherische und zugleich unglaublich starke und
athletische russische Ballerina, die zur
meistgefeierten Tänzerin ihrer Zeit avancierte

Wassermänner hegen eine eindeutige Präferenz dafür, die Ideenmenschen zu sein. Fleiß ist normalerweise nicht ihre Kernkompetenz, und sie bevorzugen es, in scheinbar unregelmäßigen Anfällen und hyperaktiven Ausbrüchen zu arbeiten.

Sie sind besser dafür bekannt, im Traum bestechende Konzepte zu generieren (zum Beispiel: Warum soll man Leuten, die ihre Steuererklärung bis zu einem bestimmten Datum einreichen, nicht die Möglichkeit geben, im Lotto zu gewinnen? Dann gäbe es keine Einhaltungsprobleme mehr) oder sich zurückzulehnen, um sich zu »entwickeln« und ihre Dankesrede für den Bookerpreis zu planen.

Für derart entschieden zukunftsorientierte Leute können Wassermänner sehr träge sein, wenn es um die langweilige Planung besagter Zukunft geht. Ihr Arbeitsleben kann in einer Serie dramatischer Enden und Wiedergeburten bestehen. Zum Glück mögen sie das so. Entweder sind Wassermänner in etwas wahnsinnig eigenwillig, oder sie werden noble Faulenzer des Typs »Ich werde den Blödsinn des Systems nicht mitmachen«.

Unter Stress stehende Wassermänner können in ihrem Alltagsjob auch zu trunksüchtigem oder täuschendem Verhalten neigen, so zum Beispiel zu Wutanfällen, schlecht ausgeführten Coups, einigen beruhigenden Tequilaschlucken vor ihrem Fernsehauftritt oder dazu, den Chef mit ihrer Initiative beeindrucken zu wollen, indem sie ihn mit der Bitte nach einer Gehaltserhöhung zu Hause aufsuchen.

Ihr anderer großer Karrierefeind liegt in ihrer Saumseligkeit. Das Astromotto der Wassermänner sollte »Ich weiß« lauten und nicht »Ich schiebe alles bis … irgendwann auf«.

Aber irgendjemand muss wohl überreizte Briefe an Verlagslektoren verfassen, nur um sie am nächsten Tag in den Shredder zu werfen. Und irgendjemand muss wohl Notizbücher aus grobem, rezykliertem Material kaufen, um sie zwei Tage lang als Traumtagebuch zu benutzen, bis er sich entscheidet, dass dies eine dumme Idee ist.

Leistung ist meist ein Produkt
der stetigen Erhöhung des eigenen Niveaus
an Erfolgsstreben und Erwartungen.
Jack Niklaus (*1940),
amerikanischer Golfveteran,
der über hundert Major-Titel gewann.

Finanzielle Realität

Eine Bank ist eine Einrichtung,
die Ihnen Geld leiht, wenn Sie beweisen können,
dass Sie es nicht brauchen.

Bob Hope (*1903),
britischstämmiger amerikanischer
Komiker und Schauspieler.
Er unterhielt Truppen während des
Zweitens Weltkriegs und der
Vietnam- sowie Koreakriege.

Jeder Wassermann, der seine organischen Meeressalzkristalle wert ist, hasst Banken. Warum auch nicht? Sie stehen für alles Anti-Wassermännische: Bürokratie, gesichtslose Autorität, Geldgier und unerklärliche Ineffizienz.

Wassermänner flirten immer mit finanziellen Strategen, die das System unterlaufen. So zum Beispiel mit der Idee eines landesweiten Kauf-nichts-Tages oder mit der Forderung aller Angestellten, täglich in bar bezahlt zu werden (wie es ihr Recht ist). Das würde es ihnen zeigen. Wem ihnen? Na, ihnen ihnen.

Wassermänner haben Prinzipien und sind weise genug zu wissen, dass einer der schnellsten Wege, um diese zu demonstrieren, über Konsumentengelder führt. Diese Leute interessiert die Schnäppchenjagd in aller Regel kein bisschen. Sie sind völlig glücklich damit, dreimal so viel Geld für biodynamische Kartoffeln oder biologische Kaffeebohnen auszugeben, die auf einer Plantage gezüchtet werden, auf der die Arbeiter anständig für ihre Mühe bezahlt werden.

Aber die Wassermänner wissen auch, dass es gewisser Hilfsmittel bedarf, um ihre Begabungen zu fördern. Wenn eine schicke, neue elektrische Zahnbürste ihnen orale Gottgefälligkeit zu verleihen verspricht, dann werden sie eine erwerben. Wenn es in ihrem Haus ein Feng-Shui-Problem gibt und sie Windspiele im Wert von mehreren hundert Euro kaufen müssen, um dem entgegenzuwirken, werden sie es tun. Um die Rechnungen kann man sich später kümmern, sobald das Qi des Hauses wiederhergestellt ist.

Es ist offensichtlich von Vorteil, wenn die Brillanz des Wassermanns leuchten kann, ohne von Stromunterbrüchen, Kreditproblemen oder Pfändung belastet zu werden. In ihren jungen Jahren können die Wassermänner auch Schwierigkeiten mit ihren Eigentümern haben. Es ist erstaunlich, was ihnen zwischen den Fingern zerrinnen kann, ohne dass sie es bemerken. Wassermänner können aufwachen und keuchen: »Ich habe doch eine Polstergarnitur! Wem habe ich sie ausgeliehen?« Sobald sie lernen, Objekte als Ressourcen zu respektieren, geht es ihnen gut.

Das Kreuz ist das Symbol der Folter.
Ich bevorzuge das Dollarzeichen,
das Symbol des freien Handels
und somit des freien Geistes.
Ayn Rand (1905 – 1982),
russischstämmige US-Schriftstellerin.
Ihre bekanntesten Werke sind
Der Ursprung und *Vom Leben unbesiegt*.

379

Beim Wassermann zu Hause

So etwas wie Sicherheit gibt es nicht –
es hat sie nie gegeben.
Germaine Greer (*1939),
australische Intellektuelle und Feministin.
Ihr erstes Buch *Der weibliche Eunuch,*
geschrieben 1970, war ein
internationaler Bestseller.

Als ursprüngliche Erscheinungsform unkonventioneller Eleganz sind die Wassermänner auch sonst ihrer Zeit voraus. Sie waren beispielsweise vor allen anderen von der Santa-Fe-Terracotta-Mode begeistert. Sie haben ihren ersten Futon rausgeworfen, als die anderen noch nicht einmal wussten, was das überhaupt ist. Nun wollen sie unbedingt eine Weltraumzeitalterküche mit einem Kühlschrank, der fehlende Zutaten gleich online bestellt.

Sie sind verrückt nach allem Ethnischen und weisen die gängige Designphilosophie oftmals zurück, um ihr einen afroasiatischen Stilmix entgegenzusetzen. Aber genau dann, wenn Sie glauben, dass die Wassermänner sich tatsächlich auf ein Thema eingelassen haben, versehen sie das Ganze mit einer typisch einzelgängerischen Note. Sie haben Spaß daran, pseudo-anarchische, ironische Aussagen mittels so simpler utilitaristischer Objekte wie Bügelbrettern oder Wasserkesseln zu machen. Aber irgendwie ist das Innere des Wassermannzuhauses – unabhängig von seiner Stimmung – immer durch und durch modern.

Da sie konsequent inkonsequent sind, meiden Wassermänner Vorhänge zugunsten von gefärbten Baumwollleintüchern, um dann ein Monatsgehalt für ein orthopädisches Bett und ebensolche Kissen auszugeben. Die Zukunft immer im Blick, bestehen die bevorzugten Wassermannfantasien in einem selbstständigen Staubsaugerroboter.

> *Ich versuche, jeden Satz, jedes Wort,*
> *das Sie und ich sagen, zu erfassen.*
> Anton Tschechow (1860–1904),
> russischer Arzt, Journalist und Dramatiker.
> Zu seinen Stücken zählen *Der Kirschgarten*
> und *Onkel Wanja.*

Der verliebte Wassermann

> *Es ist egal, was Sie im Schlafzimmer treiben,*
> *solange Sie es nicht auf der Straße tun*
> *und damit die Pferde erschrecken.*
> Mrs Patrick Campbell (1865–1940),
> britische Schauspielerin. Der Dramatiker George Bernard
> Shaw schrieb für sie die Rolle der Eliza Doolittle
> in seinem bekannten Stück *Pygmalion*

Verliebte Wassermänner sehen sich selbst gerne als wahnsinnig leicht zufriedenzustellen. Schließlich wünschen sie sich nur beste Freundschaft, euphorische Liebesromanze, geistige Verbindung und schüchterne Verehrung.

Ja, die Wassermänner müssen von einer svengali- oder musenähnlichen Figur vergöttert werden, die ihnen Raumfreiheit lässt, wenn sie diese begehren. Der Wassermannpartner muss überdies offiziell ein ausreichend guter Fang sein, damit die

Angst des Wassermanns, nicht cool genug zu sein, gemildert wird.

Unglücklicherweise können Wassermänner oftmals den Konflikt zwischen ihren unterschiedlichen Bedürfnissen nicht in Worte fassen. Sie verlangen die Freiheit, sich wie jemand aus einer billigen Parfümwerbung zu verhalten, wenn ihnen der Sinn danach steht. Aber sie müssen zu Hause einen lauschigen Rückzugspunkt haben, der ihre Kindheitstraumata heilt und ihrem Genie huldigt.

Der bzw. die Wassermannpartner/in sollte sich jederzeit unterstützend und mit größtmöglicher Würde verhalten. Andernfalls …

Dem Wassermann steht es natürlich frei, das Badezimmer für immer mit Flecken aus seiner Henna-Experimentalphase zu verunstalten, alleine Pernod im Arbeitszimmer zu trinken und dabei ungenießbaren Bewusstseinsstrom-Blödsinn zu verfassen oder herumzuzetern, dass seine Brillanz immer von den gesellschaftlichen Erwartungen unterminiert wird.

Wassermänner haben Schwierigkeiten, einen ähnlich unfassbaren Seelenverwandten zu finden. Idealerweise lernt der Wassermann, wie man sich den Anschein des Vorhandenseins normaler, menschlicher Gefühle gibt, wie man sich einem Erdenbewohner vergleichbar verhält und wie man eine/n Partner/in anlockt, der/die dem Genie huldigt. Das muss dann aber auch reichen. Sie sind immer erstaunt, wie viel Sorgfalt und Aufmerksamkeit eine Beziehung verlangt.

Viele von ihnen können nicht anders, als ihre Beziehung mit einer Zimmerpflanze oder einem Wellensittich zu vergleichen und sich zu fragen, warum die Verbindung nicht so simpel sein kann wie die Vergleichsobjekte. Ja, die kleinen Dinge, die man aus Liebe tut, können für den Wassermann sehr belastend sein. Und bevor Sie sich versehen, wandert der Wassermann umher und zieht in hochtrabender Weise darüber her, welch eine bürgerliche Vorstellung doch hinter einer festen Bindung steckt.

Sobald er seinen Seelenverwandten gefunden hat, verhält sich der Wassermann sehr loyal und wird niemals langweilig.

> *Es ist wirklich schwierig, eine feste Beziehung*
> *zu führen, wenn der andere dir nicht erlaubt,*
> *dich mit anderen Leuten zu treffen.*
> Axl Rose (*1962),
> mehrfach tätowierter Frontmann der US-Band
> *Guns'N'Roses.* Er war der Rockgott
> in Lederhosen der neunziger Jahre.

WASSERMANN – WIDDER: Halten Sie die Welt an! Wassermann und Widder wollen sie verändern. Die Neigung zum Geschwätz führt dieses Paar zu einer phantastischen geistigen Übereinstimmung. Beide werden durch einen schnellen Gedanken-, Meinungs- und Redefluss erregt. Die bizarren Ideen des Wassermanns entzücken den Widder, und die Widderenergie regt den Wassermann zu hyperdynamischer Originalität an. Gemeinsam bilden diese beiden eines jener »It«-Paare, die andere einfach gerne um sich haben … in verhältnismäßig kleinen Dosen. Wassermann und Widder werden von einer spektakulären Kenntnis dessen, was gut für die Masse ist, zusammengebracht, unterstützt von der Tatsache, dass sie gemeinsam alles Wissenswerte wissen. Dies kann leicht eine Gemeinschaft gegenseitiger Bewunderung werden – oder ein emotionales Schlachtfeld zwischen Ego und Temperament. Der Widder sagt: »Respektiere mich«, der Wassermann: »Verdiene es dir.« Der Pomp und Schwulst des Widders kann den eleganteren Wassermann erzürnen. Die Unfähigkeit, Wassermänner auf einen einzigen Standpunkt festzunageln, könnte aus dem Blickwinkel des Widders den Eindruck der Unverbindlichkeit wecken. Wenn diese beiden aber lange genug mit dem Gerede aufhören können, um sich anderen grundlegenden Dingen zu widmen, werden sie feststellen, dass sie einander auf allen Ebenen erregen können.

Angesagte Duos: François Truffaut & Fanny Ardant, Bess Houdini & Harry Houdini, James Joyce & Nora Barnacle.

WASSERMANN – STIER: Der Bulle und der Wassermann? Das dickköpfigste, unverrückbarste Zeichen des Tierkreises in wilder Ehe mit dem geistig versatilsten? Oberflächlich betrachtet sollte der lebhafte, sogenannte Verstand des Wassermanns den kontemplativeren Stier verwirren und stören. Stiere treffen nie eine Entscheidung, wenn sie sie nicht völlig befürworten, während Wassermänner zu den meisten Dingen überredet werden können, solange sie den Anflug von etwas Neuem, Modernem oder Originellem haben. Natürlich sind diese Zeichen kompatibel – im Sinne von Gegengewichten. Stieren mag es an der Brillanz der Wassermänner mangeln, aber es könnte eine rundum gute Sache sein, den Fluss des Wassergenies unter Qualitätskontrolle zu stellen. Wassermänner mögen nicht so beständig oder selbstzufrieden wie das Kuhvolk sein, aber sie werden intellektuell alles in Frage stellen – die Selbstgefälligkeit des Stiers inklusive. Der Wassermann sagt: »Ich bezweifle«, und der Stier: »Ich vertraue.« Sex? Der »Ich bin immer in der Stimmung«-Zugang des Stiers ist unendlich weit entfernt von der Gleichgültigkeit des Wassermanns. Zu viele gehässige Streitigkeiten, und der Wassermann wird ohnehin auf dem Sofa schlafen.

Angesagte Duos: Andrew Upton & Cate Blanchett, Gertrude Stein & Alice B. Toklas, Natalie Imbruglia & Daniel Johns, Bertolt Brecht & Helene Weigel.

WASSERMANN – ZWILLINGE: Wassermänner sind also tiefgründig und Zwillinge oberflächlich? Na und? Tatsächlich ergibt das wortgewandte Geplauder der Zwillinge oftmals mehr Sinn als das schwerfällige Gefasel der Wassermänner. Das ist mit Sicherheit die Beziehung, die den Wassermann in die reale Welt herunterziehen kann. Wassermänner können Schwierigkeiten mit Selbstzweifeln und enttäuschten Erwartungen haben. Zwillinge zerschlagen dieses Problem mit ihrem oberflächlichen Glauben an Superstars, und indem sie einfach ihren Partner vergöttern. Der Wassermann sagt: »Mein Theaterstück geht nicht auf«, und der Zwilling antwortet: »Du bist einfach brillant!« Dies ist eine der besten Paarungen überhaupt – wenn es beim ersten Treffen eine körperliche oder geistige Verbindung gibt, könnte es für immer funktionieren. Andere Anwesende sind schnell vergessen bei der künstlerisch angehauchten Veranstaltung, auf der diese beiden aufeinandertreffen. Trotz der Differenzen zwischen Oberfläche und Tiefe sind diese beiden Zeichen schnelle und erfinderische Denker, die sich von Leuten fernhalten, die langsam denken oder immer das Offensichtliche sagen. Sie werden einander niemals langweilen, was beiden sehr wichtig ist. Beide ziehen die Unterhaltung der Ehrlichkeit vor. Die Bonuspunkte liegen darin, dass beide die öffentliche Zurschaustellung lustvoller Berührungen nicht tolerieren. Dieses Paar kann darauf vertrauen, dass sie sich nicht gegenseitig vor der Abendkasse begrapschen werden.

Angesagte Duos: Anthony LaPaglia & Gia Carides, David Lynch & Isabella Rossellini, Prinz Aly Khan & Kim Novak, Seal & Heidi Klum, Prinzessin Mary & Prinz Frederick von Dänemark.

WASSERMANN – KREBS: Dies ist eine jener technisch gesehen inkompatiblen Vereinigungen. Der Wassermann sagt: »Bleib cool«, und die Krabbe sagt: »Ich bin so verdammt verbittert.« Aber dafür, dass sie theoretisch nicht zusammenpassen, gibt es erstaunlich viele Krebs-Wassermann-Paare. Was könnten der abgehobene Wassermann und die zu Hysterie neigende Krabbe also gemeinsam haben? Zum Beispiel blitzschnelle Intuition. Beide wissen Dinge einfach ohne Oberflächenlogik oder tatsächliche Information. Beide sehen diese Gabe als selbstverständlich an und sind es gewöhnt, deswegen als sonderbar zu gelten. Die Reibungspunkte? Die empfindliche Krabbe kann alle Verteidigungsversuche des Wassermanns zunichtemachen und ihn innerhalb von Minuten dazu bringen, wie jeder normale Mensch über Gefühle zu sprechen und eine persönliche Bindung einzugehen. Kein Wunder, dass der Wassermann davonrennt! Aber der Wassermann, der mutig genug ist, sich der Intimität mit der Krabbe zu stellen, wird damit belohnt, sich in Richtung einer ziemlich lässigen Persönlichkeit im Stil des 21. Jahrhunderts zu entwickeln. Wassermänner helfen ihren Krebsliebhabern/innen, indem sie ihren schrecklichsten emotionalen Exzessen die Intensität entziehen. Das relativ ausgeglichene emotionale Niveau des Wassermanns verhilft der Krabbe zu einem ausgegleicheneren Gefühlsfluss. Wenn beide gewillt sind, kleine, aber konstante Anpassungen vorzunehmen, kann dies eine wunderschöne Beziehung sein.

Angesagte Duos: Ronald Reagan & Nancy Reagan, Adrian Edmondson & Jennifer Saunders.

WASSERMANN – LÖWE: Eine frühe Warnung, sollten Sie diese Beziehung in Erwägung ziehen: Löwen nehmen ihr Haar ausgesprochen wichtig, doch die Wassermänner haben oft die schönere Mähne. (Denken Sie an die Schauspielerinnen Farrah Fawcett und Jennifer Aniston, die beide Wassermänner sind.) Wassermänner begehen den Fehler zu glauben, dass dieses Problem zu oberflächlich sei, als dass es sich auf eine Beziehung zwischen Erwachsenen auswirken könne. Aber selbst zynische Wassermänner sollten sich vor seltsamen Haardynamiken in der Beziehung in Acht nehmen. Diese beiden Zeichen sind offizielle Gegensätze im Tierkreis, und eine glückliche Vereinigung wird dies widerspiegeln. Wassermänner sind Rebellen, die sich oft entscheiden, über die offizielle Weltsicht hinauszugehen. Aber Löwen wollen von der offiziellen Realität in der Hinsicht akzeptiert werden, dass sie in der Öffentlichkeit geehrt werden. Wenn der Wassermann an Leute denkt, dann sieht er ignorante Schleimer vor sich, während der Löwe sich die Menschen als die bewundernde Masse, die an die getönten Scheiben seiner Stretchlimousine trommelt, vorstellt. Der Löwe kann glücklich damit sein, einen Zahnarzt der gehobenen Gesellschaft zu unterhalten, während der Wassermann über Amalgamfüllungen herzieht, die Quecksilbervergiftungen verursachen. Wassermänner wollen keine Markensklaven sein, die die Marketingpläne irgendeines Modeunternehmens erfüllen. Der Löwe hingegen ist ein Logo-Schaufenster.

Angesagte Duos: Helen Gurley Brown & David Brown, George Burns & Gracie Allen, Burt Reynolds & Lori Anderson, David Moreau & Emmanuelle Béart.

WASSERMANN – JUNGFRAU: Wassermänner entdecken ein paar Bäume und sehen darin einen Wald; die Jungfrau hingegen sieht die Unordnung, die alle diese Blätter verursachen. Dies ist ein Fall von Leuten, die das große Ganze sehen (Wassermann) vs. Typen, die die kleinen Details sehen (Jungfrau). Doch wenn diese beiden sich nicht von Anfang schon sensationell wahnsinnig machen, dann könnte die Verbindung zwischen Jungfrau und

Wassermann wunderbar sein. Beide Zeichen operieren auf der Basis rationaler Gehirnleistungen, die zunächst darüber zusammenfinden, wie klug sie beide sind. Sie sind beide große Leser und kulturell gebildet – erwarten Sie aber nicht, dass irgendwelche Schlussfolgerungen jemals übereinstimmen. Als Duo werden sie es lieben, ihren spöttischen Intellekt auf Filme anzuwenden, die nicht aufgehen; doch die Wassermänner konzentrieren sich auf die Themen und den vermittelten Eindruck des Films, während die Jungfrauen sich über klitzekleine Zusammenhangsprobleme aufregen. Für die Wassermänner verbindet sich ihr intellektuelles Leben mit allem anderen, doch die Jungfrau sieht nur die auf dem Fußboden liegenden Wassermannkleider. Jungfrauen sind die Weltmeister im Beschuldigen, während Wassermänner noch nicht einmal wissen, was Schuld bedeutet. Sex? Dem schmuddeligen Erdzeichen fällt es schwer, seinen beträchtlichen Sextrieb zugunsten der schwachen Luftzeichenlibido herunterzufahren. Diese Beziehung hat dann eine Chance, wenn die Unterschiede durch Humor gelindert werden. Wie dem auch sei, die Last der Lacher wird vom Wassermann getragen werden müssen.

Angesagte Duos: Carey Lowell & Richard Gere, Humphrey Bogart & Lauren Bacall, Sinéad Cusack & Jeremy Irons, Catherine Martin & Baz Luhrmann.

WASSERMANN – WAAGE: Wassermann-Waage ist ein süßes, sprudelndes und doch »gut-für-dich«-Designergetränk. Beide sind Luftzeichen und somit quasi auf allen Ebenen kompatibel. Im Unterschied zu manchen der gröberen Erdzeichen wird die Waage den Wassermann nicht in den Wahnsinn treiben, indem sie herumschleicht und die ganze Zeit nach Sex schreit. Geld, Dinnerpartys und Badeferien? Nun, das ist eine andere Geschichte! Waagen stimulieren Wassermänner und erweitern ihren bereits breiten Horizont, während die Wassermänner die Waagekreativität anregen. Aber sie sollten sicherstellen, dass nicht immer der eine die Muse des künstlerischen Genies des anderen spielt. Potenzial zum Unglücklichsein? Es ist gering, aber es existiert. Die Waage kann zaudern und den Wassermann mit seiner entschiedenen Denkart damit wahnsinnig machen. Eine angenehme Debatte mit einer Waage kann einen Wassermann verwirren, weil die Waage für irgendetwas argumentieren wird, ohne tatsächliche Überzeugungen zu hegen. Wassermannrebellen könnten befremdet sein vom Bedürfnis der Waage, sozialen Austausch zu pflegen und gemocht zu werden. Wassermänner benötigen keinen Applaus und müssen keinen Neid hervorrufen, um glücklich zu sein. Das heimliche Band zwischen Waage und Wassermann? Wassermänner sind insgeheim Snobs, und das elitäre Denken der Waage erlaubt ihnen, dies indirekt auszuleben.

Angesagte Duos: Clark Gable & Carole Lombard, John Lennon & Yoko Ono, Franklin D. Roosevelt & Eleanor Roosevelt, John Travolta & Kelly Preston.

WASSERMANN – SKORPION: Diese Beziehung funktioniert dann am besten, wenn Wassermann und Skorpion eine Art obsessiver Überzeugung teilen. Eine typische Verbindung könnte über eine beidseitige Abneigung gegenüber der obligatorischen Fluoridierung in der Gemeindewasserversorgung oder über die glühende Wertschätzung solarbetriebener Autos zustande kommen. Altmodische Plattenspieler und Platten? Ein Anti-Antideodorant? Beide Zeichen sind vollkommene Exzentriker und könnten tatsächlich erleichtert sein, einander getroffen zu haben. Es wird ihnen so vorkommen, als ob sie sich nun endlich mit einem

389

wirklich Gleichgesinnten entspannen könnten. Können sie das? Jene Paare, die zusammenleben, obschon sie für entgegengesetzte politische Parteien arbeiten, sind keine Wassermann-Skorpion-Paare. Wenn diese beiden sich in Bezug auf ein größeres Prinzip uneinig sind, könnte es sehr schwierig sein, die Beziehung voranzutreiben. Beide nehmen die Dinge ernst genug, um den anderen konvertieren zu wollen – ob er nun dazu bereit ist oder nicht. Sollte der Skorpion ein in Plastikfolie eingewickelter Veganer und der Wassermann ein trotziger, Pelz tragender Rohes-Steak-Esser und Wodkatrinker sein, dann sparen Sie sich die Mühe. Wenn sich aber beide auf demselben Entdeckungspfad befinden, könnte dies eine großartige Beziehung werden.

Angesagte Duos: Daniel Moder & Julia Roberts, Dwight Yoakam & Bridget Fonda, Laura Dern & Ben Harper, Ashton Kutcher & Demi Moore.

WASSERMANN – SCHÜTZE: Das Wassermann-Schütze-Duo ist ein offiziell kompatibles Astropaar. Beiden Zeichen ist die Liebe zu Idealismus und Wahrheit eigen. Indem sie Medienkonstrukte und vorgetäuschte Werte gleichermaßen durchschauen, bilden sie ein eindrückliches Klassepaar. Der Schütze verliebt sich mehr oder weniger augenblicklich in den Wassermann, um dann die ersten paar Jahre der Beziehung damit zu verbringen, darüber auszuflippen, dass jemand sie nun »hat«. Wassermänner sind problemlos dazu in der Lage, sich loszulösen und den Schützen den ganzen Freiraum zuzugestehen, nach dem sie immer rufen. Raten Sie mal, was dann passiert? Diese ganze Freiheit lässt die Schützen überschnappen. Der Schütze ist es so gewöhnt, »Sperr mich bloß nicht ein, Kleines« zu murmeln, wenn er durch die Tür geht, dass die berühmte nicht besitzergreifende Art des Wassermanns eine Überraschung darstellt. Der Schütze erhält seine begehrte Bewegungsfreiheit, nur um feststellen zu müssen, dass man sein Gerede im All nicht hören kann. Er kommt vergnügt zurück zu seinem Wassermann, erstaunt über dessen Coolness. Hier herrscht wunderbare Übereinstimmung, insbesondere in Bezug auf die Entdeckung von Verschwörungstheorien, aber es gibt auch Spannungen – beide Zeichen glauben, recht zu haben. Schützen besteigen das Rednerpodest, die Wassermänner besetzen die Kanzel … und keiner hat das Gefühl, dass ihm wirklich zugehört würde. Zusammen können diese beiden süchtig nach Verschwörungstheorien werden.

Angesagte Duos: Lillian Disney & Walt Disney, Blythe Danner & Bruce Paltrow, Virginia Woolf & Leonard Woolf, Greg Norman & Chris Evert.

WASSERMANN – STEINBOCK: Die Grundüberzeugung des Steinbocks besteht darin, den Status quo zu bewahren. Steinböcke haben dies jahrtausendelang getan und sind sehr gut darin. Die Raison d'être des Wassermanns besteht darin, das Falsche an der Welt aufzuzeigen und – indem sie etwa fünf Jahre in der Zukunft leben – der großen Masse einen besseren Lebensstil aufzuzeigen. Wassermänner sind Anti-Abholzungs-Aktivisten, Veganer oder lauthals dem Leben als Schwuler verschrieben. Sie sind wandelnde Plakatmodelle für ihr eigenes Wertesystem – die Letzten der glühenden Radikalen. Steinböcke? Sie wollen so bald wie möglich Sicherheit, Sex, Geld und Macht, und es kümmert sie nicht, wo oder weshalb sie ihren Mund halten müssen, um dies zu bekommen. Wassermänner sind erstaunt, dass diese Dinge für manche Leute überhaupt ein Thema sind. Der Wassermann sagt: »Denke außerhalb des Systems«, und der Steinbock sagt: »Innerhalb des Systems liegen mein Bonus und mein Eckbüro – ich mag das System.« Der große Vorteil der Wassermann-

Steinbock-Beziehung liegt darin, was jeder »Andersartige« den anderen lehrt: Wassermänner lernen, dass Ideale und materieller Gewinn koexistieren können, und Steinböcke lernen eine neue Art des Denkens … wenn sie lange genug davon abgehalten werden können, die Polizei zu rufen.

Angesagte Duos: W. A. Mozart & Constanze Mozart, Edith Bratt & J. R. R. Tolkien, Edward Burns & Christy Turlington.

WASSERMANN – WASSERMANN: Ein Treffen unter Zölibatären? Für Wassermänner, die genug davon haben, von schmutzigen Erdzeichentypen angemacht zu werden, hat diese Verbindung das Zeug zur perfekten Beziehung. Weil beide erstklassige Beispiele der Menschlichkeit auf höchster Stufe sind, wird die gesellschaftliche Popularität kein Problem sein – und beide werden die Gesellschaft des anderen genießen. Die Wassermann-Wassermann-Beziehung sollte bedeuten, dass keiner von beiden sich jemals dem anderen erklären muss, da seltsames und unberechenbares Verhalten anderen Wassermännern selten auffällt. Ungleich den Leuten, die versuchen, sich verrückt zu benehmen, ist der Wassermann seit frühester Kindheit gewöhnt, als eigenartig zu gelten. Nur wenn sie reifer werden und sich in ihrer Haut wohler fühlen, entspannen sie sich und *werden* sie selbst. Zwei Wassermänner zusammen sind völlig glücklich dabei, sich normal zu geben; sie werden einander aber gleichzeitig auch die Freiheit geben, wahrlich sie selbst zu sein. Und – es ist nicht so, dass das Sexleben inexistent wäre, bloß neigen Wassermänner dazu, Freundschaft höher zu bewerten als heiße Erfahrungen. Wassermänner glauben an das Ehemodell der »besten Freunde« und finden Untreue abscheulich. Sollte diese Liaison die kritischen ersten Monate überstehen, wird sie vermutlich lange, lange andauern.

Angesagte Duos: Shakira & Antonio de la Rúa, Rene Russo & Dan Gilroy.

WASSERMANN – FISCHE: Trotz unermesslicher Ähnlichkeiten zwischen Wassermännern und Fischen gibt es einen *gigantischen* Unterschied: Wassermänner sind pflegeleicht, Fische pflegeintensiv. Der Partner der Fische muss eine Kombination aus Lebensberater, Kurtisane, hingebungsvollem Diener und bestem Freund sein, und dies vierundzwanzig Stunden am Tag, sieben Tage die Woche. Sie geben das natürlich zurück, aber diese Art von Beziehung ist nicht für jeden geeignet, besonders nicht für den Wassermann. Wassermänner sind so erleuchtet und verständnisvoll, dass sie die Leute einfach sein lassen wollen. Wenn also der Fisch zu einem »Schweige«-Rückzug stürmt, bloß um etwas Aufmerksamkeit zu erregen, wird der Wassermann wahrscheinlich nur liebevoll winken und seinem Fisch viel Gelassenheit wünschen. Aber es gibt zahlreiche Kompatibilitätsmomente. Beide Zeichen werden von den Leuten im Allgemeinen immer missverstanden; beide legen häufig Zeugnis von ihrer Alltagsgenialität ab; keiner von beiden ist ein Angehöriger des gewöhnlichen Volkes, sondern ein wählerisches, unverkennbares Individuum. Damit die Beziehung funktioniert, müssen Wassermänner Zärtlichkeiten mit dem Fisch austauschen und versuchen, hingebungsvoller zu werden. Der Fisch muss weniger anhänglich und weniger hilfsbedürftig werden. Als Hinweis: Besorgen Sie sich so schnell wie möglich eine Haushaltshilfe.

Angesagte Duos: Paul Newman & Joanne Woodward, Oprah Winfrey & Stedman Graham, Chynna Phillips & William Baldwin, Federico Fellini & Giulietta Masina.

Sind Sie wirklich
ein Wassermann?

1 Ein hässlicher Streit über die Politik des Klonens droht einen friedlichen gesellschaftlichen Anlass zu ruinieren. Sie …

(a) versuchen elegant, das Gespräch auf etwas Leichteres zu bringen.

(b) geben sich Mühe, einen durchdachten und zugleich informierten Standpunkt einzunehmen.

(c) haben das Ganze in Gang gebracht und werden nicht ruhig sein, bis Sie gewonnen haben.

2 Sie erhalten eine Einladung zur Hochzeit des Jahres zweier von Ihnen innig geliebter Leute an einem exotischen Ort. Sie …

(a) beginnen sofort zu planen, was sie tragen werden, finden heraus, wer sonst noch hingeht und welche sozialen Synergien Sie anlässlich dieser hervorragenden Gelegenheit organisieren können.

(b) brechen vor Freude in Tränen aus. Wie schön und romantisch!

(c) brechen in Stress aus. Sie hassen große Tage, die im Voraus festgelegt werden, und Sie hassen gesellschaftlich sanktionierten Blödsinn. Sie werden das Paar auseinanderbringen, wenn das nötig sein sollte, damit Sie *nicht* zu dieser Hochzeit reisen müssen.

3 Ihre Bettwäsche muss unbedingt …

(a) billig sein. Hallo? Sie haben bessere Ideen, wie Sie Ihr Geld ausgeben können als für olle Leintücher.

(b) eine hohe Fadenzahl und einen Designernamen aufweisen – worin man schläft sagt viel über einen aus.

(c) aus biologischer und ungefärbter Baumwolle oder – noch besser – aus Hanf sein.

4 Ihre Lieblingsfarbe ist …
(a) Burgunderrot.
(b) Aquamarinblau.
(c) Was für eine faschistische Frage – alle Farben sind gleich und verdienen Anerkennung.

5 Die Selbstentzündung, wenn ein Mensch plötzlich Feuer fängt bzw. ohne Grund zu brennen beginnt, ist …
(a) kompletter Schwachsinn.
(b) etwas, wovon Sie von Zeit zu Zeit hören, aber ob das wirklich …?
(c) Ihre größte Angst.

6 Die Geschichte der *Titanic* ist für Sie …
(a) eine menschliche Tragödie unermesslicher Proportionen. Warum gab es nicht mehr Rettungsboote? Weshalb konnten die Erste-Klasse-Passagiere sich vor allen anderen Passagieren retten? Und warum musste Leonardo DiCaprio in der Verfilmung sterben?
(b) ein Akt der Gewalt und Vorbote des Ersten Weltkriegs.
(c) die Geschichte eines Schiffes.

Antworten: Wenn Sie mehrheitlich (c) angekreuzt haben, dann sind Sie offiziell ein Wassermann – eine eindrucksvolle Persönlichkeit mit charismatischem Charakter. Sollten Sie (a) und (b) angekreuzt haben, dann haben Sie noch andere Astro-Einflüsse, die mit Ihrer Wassermann-Sonne konkurrieren.

Fische

(20. Februar – 20. März)

Fisch-Leute

Ich glaube an Schicksal und Bestimmung und Karma.
Ich glaube an Gott. Ich glaube an Buddha,
Allah und die Druiden.
Drew Barrymore (*1975),
US-Schauspielerin und Hollywood-Wildfang.
Sie kam im Alter von sieben groß raus,
nachdem ihr Patenonkel, Steven Spielberg,
eine Rolle in *E. T.* mit ihr besetzte.

Frage: Wie viele Fische benötigt man, um eine Glühbirne zu wechseln?

Antwort: Keinen. Nur das innere Licht zählt.

Viele Leute empfinden die Fische oftmals als Rätsel. Anfänglich können sie wie die Bewohner von Atlantis wirken; oder als stammten sie aus einer anderen Dimension und wären via eine Art Wurmloch aus dem All angereist.

So eigenartig sie sein mögen, so ist es doch erstaunlich, wie viele Leute glauben, damit davonzukommen, die Fische als eine Art hoch entwickeltes Geschirrtuch zu beschreiben. Im Geheimen ist der Fisch das am höchsten entwickelte aller Zeichen. Er ist cool, erschreckend hellsichtig und mit surrealem Charme gesegnet. Als letztes Zeichen des Tierkreises vereinigen sie in sich die besten (und zugegebenermaßen auch die schlechtesten) Eigenschaften der vorherigen elf Sternzeichen. Das ist auch der Grund, warum sie gelegentlich ungerechterweise als »Mülleimer« des Tierkreises bezeichnet werden. Der heilige Gral des Tierkreises wäre eine passendere Bezeichnung.

Das Astrosymbol der Fische besteht aus zwei miteinander verbundenen Fischen, die dennoch in unterschiedliche Richtungen schwimmen. Abgesehen von den Zwillingen sind die Fische das einzige Zeichen, das von zwei verschiedenen Entitäten repräsentiert wird. Manche behaupten, die Fische wären die gefühlsbetontere Version des Cousins Zwilling. Und wie bei den Zwillingen können die Leute überreizt werden, wenn sie über die Dualität der Fisch-Menschen sprechen: Der Heilige! Der Sünder! Die Madonna! Die Hure! Yin! Yang!

Fisch-Leute lernen, die Polarität in sich selbst zu handhaben, und enden als genau die Person, die sie in jenem Moment gerade sind. Bitten Sie sie aber nicht, Ihnen das zu erklären.

Manchmal sagen die Astrologen, dass es zwei Typen von Fischen gäbe – den Hai und den Delfin, oder den Wal und den Delfin. Sie nehmen in aller Regel den Delfin und irgendetwas weniger Sympathisches als Kontrast. Aber in Wirklichkeit ist der Fisch beide Fische zugleich – der Delfin und der Piranha (oder was auch immer).

Die Fische werden vom nebelhaften Neptun regiert, dem antiken Gott des Ozeans. Schieben sie ihm die Schuld für die Abstrusität der Fische zu. Manchmal können sie Energien, die einfach im Äther herumtreiben, aufnehmen oder übertragen.

Das Astromotto jedes Sternzeichens ist eine Art Leitmotiv oder Zusammenfassung seiner Überzeugungen. Im Fall der Fische lautet es: »Ich glaube.« Und das tun sie. Glaube – an Liebe und Harmonie – ist ihre Kernkompetenz. Seien Sie niemals vorschnell, einen Fisch und seine Theorien abzutun. Es ist unheimlich, wie selbst ihre unwissenschaftlichsten Hypothesen sich als zutreffend herausstellen.

Fisch-Leute gehören dem Element Wasser an, sind gefühlsbetont und neigen, wie die Cousins Krabbe und Skorpion, zu künstlerischer Begabung (denken Sie an die Künstler Michelangelo, Renoir und Botticelli, die alle Fische waren). Aber sie sind ebenfalls ein veränderliches Zeichen wie die Jungfrau, die Zwillinge und der Schütze. All diesen Zeichen ist eine gewisse Flexibilität gemein. Sie sind schnell in der Verarbeitung von Informationen und darin, sich anzupassen; manche Leute nennen sie aber auch unberechenbar. Als bewegliche Wasserzeichen können Fische im einen Moment ruhig wie ein Teich sein, um im nächsten den perfekten Sturm im Wasserglas zu verkörpern. Nicht entfaltete Fische lieben es, Fernsehhellseher um ihren hellseherischen Rat anzugehen. Kluge Fische sehen ein, dass sie ihr eigenes Repertoire an okkultem Wissen haben und können aus ihrer eigenen übersinnlichen Begabung schöpfen.

Fische in Hochform sind …

Wenn das Genie auf mittelmäßige Geister trifft,
muss man mit heftigem Widerstand rechnen.
Albert Einstein (1879 –1955),
deutscher Physiker und Genie, der seinen Ruhm
mit der Relativitätstheorie begründete.
1921 erhielt er den Nobelpreis für Physik.

VERBLÜFFEND. Fische bewirken täglich das Unglaubliche. Ob es sich nun um so etwas Spektakuläres wie die Verwandlung von Wasser zu Wein handelt, wie Jesus sie einst vornahm – von dem die Gelehrten glauben, dass er vermutlich eher ein Fisch (d. h. Anfang März geboren) als ein Steinbock war (der eher Chef-Zimmermann von Pontius Pilatus geworden wäre, als sich kreuzigen zu lassen) – oder ob es darum geht, ihr Leben umzukrempeln, um das eines anderen zu erhellen: Ihre Anwesenheit kann als konstante Erinnerungshilfe dienen, dass wir von Wundern umgeben sind. Der französische Seiltänzer Charles Blondin war der erste (und letzte) Mensch, der die Niagarafälle erfolgreich auf Stelzen überquerte.

VERLOCKEND. Ihr Charme ist übernatürlich. Sie stimmen in die subtilen Bedürfnisse der Menschen um sie herum ein und versorgen sie mit dem, was sie gerade nötig haben. Sie strahlen mühelos sinnliche Unschuld aus, ein Zug, der manche Typen dazu verleitet, sich augenblicklich in sie zu verlieben. Bei anderen wiederum führen die Fische einen närrischen Zustand herbei, der zwischen obszönem Hedonismus und tiefem Verständnis liegen kann.

KOSMISCH. Fische glauben nicht an ein Universum. Sie glauben an ein »Multiversum«. Sie sind nicht futuristisch wie der Wassermann. Sie sind zeitgleich Vergangenheit, Gegenwart und Zukunft. Man sagt den Fischen nach, dass sie gut im Verzeihen wären, und diese sanfte Aura kann die raubtierartigeren Leute um sie herum verwirren. Sie glauben, die Fische seien leichte Beute. Der Fisch lächelt und sagt: »Ich verzeihe dir«, und er tut es auch! Was das Raubtier nicht einsieht, ist, dass der Kosmos nicht verzeiht. Der Fisch weiß, wie man die Beleidigung auf einer höheren Ebene vermerkt und weggeht.

MITFÜHLEND. Die Freundlichkeit der Fische ist legendär. Sie können in ihrem gütigen Aufnehmen der Verlorenen oder Liebeskranken völlig heiligengleich sein. Ohne irgendwelchen Dank dafür zu erwarten, geben, geben und geben sie – ohne verrückte Motive. Es ist, als hielten sie es für ihre Pflicht. Vielleicht ist es das auch?

EINFÜHLSAM. Ungleich den Jungfrauen, die sich ein kleines »Ich hab's dir doch gesagt« nicht verkneifen können, fällen die Fische keine Urteile. Andere Zeichen geben mit vielem Gegurre vor zuzuhören, reden aber mit einem »So etwas ist mir auch einmal passiert!« dazwischen. Fische verstehen. Ihr unheimliches Einfühlungsvermögen strahlt in der fischigen Aura, mit dem Ergebnis, dass Leute den Fischen Dinge erzählen, selbst wenn diese noch Kinder sind! Der beschwipste Erwachsene wählt ein Fischkind aus, um ihm alles über die gescheiterte Ehe, den Wunsch nach Fettabsaugung, die Angst vor der Sterblichkeit – was auch immer – zu erzählen. Und der Wunsch, dem Fisch zu beichten, endet nie. Das Fischvolk wächst im Glauben auf, dass dies normal sei. Natürlich kann das das Fischleben beeinträchtigen. Wenn alles zu viel wird, müssen sie der Strategie des Cousins Steinbock folgen und lernen, wie man »Es passt gerade nicht« sagt.

MAGISCHE REALISTEN. Schon als Kinder glauben viele Fische, dass sie bereits einmal hier gewesen seien. Während andere Kinder damit beschäftigt sind, das aktuellste Jugendding durchzuziehen, kritzeln Fische Hieroglyphen oder deuten ihre Träume. Sie sehen die Verzauberung im alltäglichen Leben, horchen im Rauschen des Fernsehers nach kosmischen Hinweisen, lesen Orakel im Vogelflug oder in Graffiti und nehmen die Schönheit des blühenden Unkrauts wahr, das sich seinen Weg auf den Gehsteig bahnt. Ob es ihnen nun bewusst ist oder nicht, sie sind mit dem Okkulten (d. h. den unsichtbaren Mächten) der Welten um uns herum im Einklang.

Fische in Tiefform sind …

*Die Realität ist etwas,
über das man hinwegkommt.*
Liza Minnelli (*1946),
amerikanische Sängerin und Schauspielerin.
Sie gewann drei Tonys, einen Oscar,
einen Emmy und einen Grammy.

UNMÖGLICH. In einem Augenblick spielen die Fische noch die weltgewandten, weisen Erdenbürger, im nächsten haben sie sich in ihr immer nahe an der Oberfläche liegendes inneres Kind verwandelt, das ausprobiert, wie sein Kussstil sich auf der Innenseite des Arms anfühlt, oder das I-Ching konsultiert, um mehr über irgendeine hoffnungslose Schwärmerei, die zu entwickeln ihnen gelungen ist, zu erfahren. Oder man kann sie dabei beobachten, wie sie wütend in ihr Mobiltelefon murmeln, wenn man sie gezwungen hat, aus ihrem Schlafzimmer hervorzukommen und an einem gesellschaftlichen Anlass teilzunehmen. Fische rauchen glücklich Kette und bechern Gin, während sie über die Übel von weißem Mehl herziehen. Der angeschlagene Zustand am nächsten Morgen kann dann jeweils ganz klar auf eine Nahrungsempfindlichkeit zurückgeführt werden, Sie verstehen schon. Vermutlich stammt sie von etwas, das *Sie* dem Fisch vorgesetzt haben. Wenn es einem Fisch gelingt, seinen bevorzugten, in ziellosem Hedonismus bestehenden Lebensstil fünf Minuten lang halbwegs zu meiden, wird er bereits enorm selbstgefällig. Ein Fisch, der es drei Wochen lang schafft, eine zivilisierte Beziehung zu führen, neue Kleider zu kaufen, ohne zu hyperventilieren oder mitten im Laden eine Panikattacke zu erleiden, oder der zu einer Autoritätsfigur spricht, ohne in hysterisches Gelächter auszubrechen, ist ein Fisch, der kurz davorsteht, eine Lesetour zu organisieren, um die Geheimnisse seines Erfolgs zu teilen.

HINTERHÄLTIG. Fische gehen online und offline, ohne dass jemand es jemals bemerkt. Wenn Ihre Energie nicht auf derselben Wellenlänge mit der der Fische liegt, dann *sind* die Fische offline, aber der wilde Redestrom geht unvermindert weiter. Wenn Sie dem Fisch das glauben und ihn dann anrufen, um ihn auf eine Dinnerparty oder dergleichen einzuladen, beschuldigt er sie der Nachstellerei. Das Bedürfnis der Fische, alles für alle zu sein, kann hässliche Ausmaße annehmen. Selbst extrem heidnische Fische wollen, dass der Pfarrer von der angeborenen Heiligkeit des Fisches beeindruckt ist. Es ist beinahe unmöglich, einen Fisch in Bezug auf irgendein moralisches Thema festzunageln. Der Fisch wird einfach erraten, welche Rolle er spielen soll, und wird darin nach seiner Motivation suchen. Für Leute, die vorgeblich so sehr an Schönheit und Wahrheit glauben, sind sie entsetzlich gute Lügner und beschönigen alles derart, bis es zu ihren Absichten passt. Aber die Absichten verschieben sich ständig, und nur der Fisch kann hoffen, sie im Auge zu behalten.

SCHÄBIG. Nein, der Fisch wertet nicht. Aber das liegt teilweise daran, dass er auf diese Art viel saftigere Informationen erhalten kann. Hinter diesem »Ich bin okay, du bist okay«-Grinsen des Fisches befindet sich ein Adressbuchhirn, das alle möglichen Verbindungen und Verzweigungen durchgeht und vor Freude ausflippt. Fische lieben es, sich in das Leben anderer einzumischen. Sollte ein befreundeter Fisch zum Schluss kommen, dass Ihr Liebhaber unter Ihrer Würde ist, wird er hilfreicherweise – so seine Vorstellung – beginnen, Ihren wahren Seelenverwandten zu suchen, wie auch sein Bestes zu geben, um das angeblich minderwertige Szenario zu untergraben. Fische glauben an die Wahlfreiheit, und dass niemand sich jemals in das Recht des anderen, sein Leben nach seinen Wünschen zu leben, einmischen sollte. Außer, wenn es der Fisch ist, der sich einmischt. Das geht natürlich in Ordnung, weil der Fisch ein derart vom »Multiversum« beglücktes kosmisches Kind ist. Die »Tu, was du willst«-Theorien des Fisches verpuffen in der Sekunde, in der sie ihm nicht passen – nämlich dann, wenn *Sie* tun, was *Sie* wollen.

UNREALISTISCH. Diese Leute können so sehr außerhalb der Realität leben, dass sie als totale Faulpelze enden, die von den »Normalos« schnorren, von denen sie erwarten, dass sie sich um die Fische kümmern, während sie dem Genie des Fisches huldigen. Damit ein Fisch schöpferisch tätig sein kann, braucht er ein sauberes und gelassenes Umfeld. Irgendjemand – evidenterweise nicht der Fisch – muss in der Morgendämmerung aufstehen, um für den Fisch (der sich in einer längeren Traumdeutungssitzung befindet bzw. ausschläft) Raumreinigung zu betreiben, damit er die kreative Person mit kultiviertem Lebensstil sein kann. Der Fisch braucht einen riesigen Stapel Hochglanzmagazine, um die Brillanz anzuregen, und er bekommt sie. Ansonsten … wird er während eines Besäufnisses die gesamte Musiksammlung rauswerfen, um neu anzufangen. Oder die besondere Reise in die Ferne antreten, damit er sich nicht mit dem Gedanken an langweilige Rechnungen abplagen muss. Sollte jemand einen Science-Fiction-Film über einen Fisch drehen, würde er *Der Zauberer* heißen und einen zeitreisenden Androiden mit roten Augen in der Hauptrolle zeigen, der herumschleicht und Leuten absurde Ausreden dafür liefert, dass er niemals … irgendetwas beendet. Fische glauben an alles in Maßen, inklusive – offensichtlich – an die Maßhaltung selbst.

405

F***k them.
Denken Sie daran,
das ist das kürzeste Gebet auf der Welt.
F***k them.
Gary Oldman (*1958),
britischer Schauspieler, der bekannt ist
für seine breite Auswahl an Rollen
wie *Beethoven, Sid Vicious* und *Dracula*

Wie man Fische motiviert und manipuliert

Ich weiß es nicht, es kümmert mich nicht,
und es macht keinen Unterschied.
Jack Kerouac (1922 – 1969),
amerikanischer Schriftsteller und einer der
führenden Köpfe der Beat-Generation

1 Akzeptieren Sie, dass Fische nicht irregeführt werden können, selbst wenn sie Sie das aus irgendeinem geheimen, gespenstischen Grund glauben lassen.

2 Schreiben Sie niemals einen Vertreter dieses Zeichens ab. Fische können noch aus der unglaublichsten Krise wunderbarer und gütiger als jemals zuvor auftauchen.

3 Seien Sie nicht neugierig. Fische geben gerne vor, oberflächlich zu sein, aber sie verfügen über ozeantiefe Persönlichkeiten, die unzählige Geheimnisse bergen.

4 Finden Sie sich damit ab, dass es keinen Sinn macht, die Fische-Persönlichkeit festmachen zu wollen. Fische müssen alles für alle sein können.

5 Um einen Fisch zu bezaubern, hören Sie genau hin, was er zu sagen hat; Fische sind es so gewöhnt, die Zuhörer zu sein, dass sie es über alles lieben, wenn man ihnen aufmerksam zuhört und sie versteht.

6 Sie möchten einen Fisch beschenken? Wenn es sich dabei um einen offiziellen Anlass handelt, vergessen Sie's. Fische schätzen nur spontane, aus dem Augenblick heraus entstehende Geschenke wirklich.

7 Denken Sie daran, dass ein Fisch Sie für einen Rohling halten wird, der keine Stütze darstellt, wenn Sie sich nicht seinem Duktus anschließen, wie beispielsweise an extravaganten Weinfesten oder Supergesundheitsfestivals mit optionaler Verdauungsstörung teilzunehmen.

8 Lassen Sie die Fische sich mit jedem (selbst mit Ihnen) um Kopf und Kragen flirten, ohne sie deswegen anzugreifen. Wie ihr Cousin, die Zwillinge, genießen die Fische die Schwärmerei, nicht unbedingt etwas Reales. Moralisieren hingegen bringt sie nur dazu, verrückt zu spielen oder gleich aus der Tür zu rennen.

9 Schicken Sie den Fischen angemessene Gedichte – Ihr selbstverfasstes Haiku, den Lieblingsdichter des Fisches oder unvergessene Gedichte von Tennyson. Fische lieben jegliche Dichtung.

Je nachdem, wie mutig ein Mensch ist,
expandiert oder schrumpft sein Leben.
Anaïs Nin (1903–1977),
in Paris geborene amerikanische Schriftstellerin,
bekannt für ihre offenherzigen und
kontroversen Tagebücher

Fische-Vorbilder

Imagination ist eine spirituelle Qualität, die,
wie die Erinnerung, trainiert und entwickelt werden kann.
Luis Buñuel (1900–1983),
surrealistischer spanischer Filmregisseur,
dessen Arbeiten das Establishment provozierten
und die Gesellschaft schockierten

Elizabeth Barrett Browning – glamouröse englische Dichterin des 19. Jahrhunderts. Sie schrieb ihr erstes Gedicht im Alter von vier Jahren und verfasste bücherweise epische Verse mit elf. Da ihr wahnsinnig besitzergreifender Vater ihr die Ehe verbot, heiratete sie den Dichter Robert Browning heimlich und floh mit ihm nach Italien. »Denn wann war Genie wohl jemals achtungswert?«

Aragorn – Held des Romans *Der Herr der Ringe*. Er ist ein begnadeter Kämpfer und Führer, der die Menschen gegen die dunklen Mächte anführt. Wie viele Fische ist auch er ein verwegener Dichter und großer Romantiker und extrem in seinem Streben nach Liebe. Aragorn liebt Arwen Evenstar, eine Elfin.

Anaïs Nin – französischstämmige, amerikanische Verfasserin erotischer Geschichten. Sie heiratete einen Bankier und führte ein unkonventionelles Leben voller Untreue mit Männern und Frauen – und hielt diese in ihrem Tagebuch fest. Das Wahre und das Imaginierte war in ihren Werken nie ganz getrennt, aber sie bekam den Spitznamen des weiblichen Casanovas.

Michelangelo – großartiger italienischer Bildhauer, Maler und Architekt. Er schuf 1504 die berühmte Statue von *David*. Der Charakter seiner Angestellten machte ihn wütend, aber er entließ sie nicht. Er war ein gesellschaftlicher Aufsteiger und unternehmerischer Eigentümer. Er hasste die Malerei, insbesondere die Neubemalung der Decke der schlecht isolierten Sixtinischen Kapelle im Vatikan: »Weder bin ich an einem guten Ort, noch bin ich ein Maler.«

Dr. Seuss (Theodore Seuss Geisel) – genialer Schöpfer von Kinderbüchern. Er war ursprünglich ein Zeitschriftenhumorist und erhielt später Oscars für Animationsprojekte und für das Drehbuch eines Dokumentarfilms. Er produzierte Kultbücher wie *Ein Kater macht Theater* und *Green Eggs and Ham*. Er behielt die Katze als sein Markenzeichen – ein passender Tribut an die Fischperspektive.

Elizabeth Taylor – wunderschöne, violettäugige Hollywooddiva. Der mehrfach verheiratete Star aus *Kleopatra* und *Wer hat Angst vor Virginia Woolf?* trieb die Männer mit ihren endlosen Anforderungen, Wutausbrüchen und ihrem Diamantenfetisch in den Wahnsinn. Der walisische Schauspieler Sir Richard Burton – den sie zweimal heiratete – nannte sie »Ozean«. Sie zählt den Superstar Michael Jackson zu ihren engsten Freunden. »Ich habe den Körper einer Frau und die Gefühle eines Kindes.«

Fische *en vogue*

Sei am besten du selbst:
erhaben, ehrlich und wahrhaftig.
Elizabeth Barrett Browning (1806–1861),
gefeierte englische Dichterin der Romantik

Wenn Elizabeth Taylor sich auf Vergnügungsreise begibt, wie ist ihr aus sechzehn Einzelteilen bestehendes Gepäckset etikettiert? »E. Taylor«? »Diva«? Nein, auf jedem Koffer steht in violetten Pailletten »Mein«. Das ist die endgültige Definition des Fischstils.

Fische stehen nicht so sehr auf Statussymbole, eher auf Statuserfahrungen. Sie würden zum Beispiel lieber ein beeindruckendes Spa-Hotel besuchen, als einen Designeranzug nur um seiner selbst willen besitzen.

Wie dem auch sei, Fische sind immer begierig danach, sich Gegenstände zu kaufen, die ihnen helfen, in einer oftmals nicht fischfreundlichen Welt zurechtzukommen. Riesige Sonnenbrillen sind beispielsweise ein persönlicher Favorit der Fisch-Leute. Sie mögen offensichtlich den Schutz vor der Sonne und der Zurschaustellung ihres Katers, aber sie stehen vor allem auf den Incognito-Berühmtheit-versucht-die-Paparazzi-zu-meiden-Look.

Doch der grundlegende Fischlook ist zerzaust. Denken Sie nur an das Enfant terrible Drew Barrymore auf einer Filmpremiere: strubbeliges Haar, herunterrutschende BH-Träger, kein Schmuck und ein kleines Schmetterlingstattoo. Oder an die Hollywood-Schauspieler Bruce Willis und Rob Lowe in Trikothemden. Fische sehen nicht richtig aus in allzu formellen Kleidern – der Bin-gerade-aus-dem-Bett-gestiegen-Modus steht ihnen am besten. Selbst der britische Schauspieler Michael Caine sieht im Morgenmantel besser aus als im Anzug. Das gilt für alle Fische.

Im Verführmodus werden die Fische sich in dasjenige Klischee werfen, das am meisten Erfolg verspricht: Fische sehen am besten aus, wenn sie sich bester Gesundheit erfreuen. Weil viele von ihnen bereits etwas Verderbtes an sich haben, lässt es sie extrem seltsam aussehen, wenn sie sich offiziell liederlich geben.

FABELHAFTE FISCHE: Ursula Andress, Drew Barrymore, Thora Birch, Jon Bon Jovi, Glenn Close, Cindy Crawford, Fabio, Andy Gibb, Jean Harlow, Elizabeth Jagger, Queen Latifah, Rob Lowe, Rudolph Nurejew, Bernadette Peters, Kurt Russell, Antonio Sabato Jr., Dominique Sanda, Sharon Stone, Elizabeth Taylor, James Van Der Beek, Vanessa Williams, Bruce Willis, Billy Zane.

Don't worry – be happy.
Meher Baba (1894–1969),
indischer spiritueller Führer,
der die letzten vierundvierzig
Jahre seines Lebens schwieg,
während er die Welt bereiste,
um mit Armen zu arbeiten
und seine Lehre zu teilen

Glänzende Karriere

Man kann sich nur bis in die Mitte hochschlafen.
Sharon Stone (*1958),
charismatische Hollywoodschauspielerin und kulturelle Ikone.
Unter ihren Filmen finden sich *Basic Instinct, Casino* und
The Third Identity – Im Bann der Macht.

Fische wissen, dass alles miteinander verbunden ist. Ein Schmetterling in Tahiti flattert mit den Flügeln, und der Fisch bekommt Spliss davon. Die Fische sind die Fachleute der Synchronizität und dazu in der Lage, zugleich das große Ganze aus Adlerperspektive zu sehen, wie auch den Fokus auf Kleinigkeiten in Mausmanier zu haben. Damit die Fische aber im Leben erfolgreich sein können, müssen sie das Zeit-Raum-Geld-Kontinuum meistern. Sie verbringen viel Zeit mit dem Versuch, diese drei Dinge in die perfekte Balance zu bringen.

Das Erste, womit sie konfrontiert werden, ist der Arbeitgeber, der den Fisch so gerne einstellen würde, der aber zugleich möchte, dass er mit ihm aufs Zimmer geht und ein paar Gläser trinkt und vielleicht ein bisschen kuschelt im gemieteten Hotelzimmer. Fische müssen sich wirklich in Acht nehmen vor diesen Dingen. Sie haben eine eigenartige sinnliche Ausstrahlung, die ihnen oftmals nicht bewusst ist.

Weil das Astromotto der Fische »Ich glaube« lautet, wollen sie den Leuten vertrauen und ihnen glauben. Sie wollen das Gefühl haben, dass ihr Agent mit dem Nacktauftritt im Einkaufszentrum das Richtige mit ihnen vorhat. Aber der Fisch wird diese Sachen in Ordnung bringen und zusehen, dass er seine Vision realisiert.

Fische kommen, wie wir wissen, in unterschiedlichen Geschmacksrichtungen. Es gibt Fisch-Leute, die sich immer auf der Suche nach dem fettverbrennenden Zaubertee, den sie dann erfolgreich verkaufen können, befinden, und es gibt Fische wie den Medientycoon Rupert Murdoch, der damit beschäftigt ist, Macht, Reichtum und Herrschaft anzusammeln. Es gibt Fische, die von Alfalfa-Sprossen und Galerieeröffnungs-Canapés leben, während sie auf ihren Durchbruch in der Sparte hoffen, der sie ihr kreatives Talent widmen. Und es gibt Fische, die ihren Wecker auf drei Uhr morgens stellen, damit sie dann aufwachen und ihre Träume nach Lottogewinnzahlenhinweisen durchforsten können.

Was auch immer sie sind – wenn die Fische auch nur annähernd erfolgreich sein wollen, werden sie lernen müssen, mit gelegentlichen Anfeindungen klarzukommen.

Warum hassen manche Leute die Fische auf den ersten Blick? Weil es den Fischen gelingt, ihren Erfolg mühelos aussehen zu lassen. Fische scheinen immer die am wenigsten ambitionierten Seelen der Welt zu sein. Sie sind zu unsicher, um mit jeder einzelnen kleinen Leistung zu prahlen, so dass andere dazu neigen, sie zu unterschätzen.

> *Die Leute hassen mich,*
> *weil ich ein vielschichtiges, talentiertes, gesundes,*
> *international anerkanntes Genie bin.*
> Jerry Lewis (*1926),
> legendärer amerikanischer Komiker und Schauspieler,
> der in *Der verrückte Professor* sowie in einer Reihe
> von Filmen mit dem Sänger Dean Martin spielte

Finanzielle Realität

Die Not hat das Antlitz eines Hundes.
Gabriel García Márquez (*1928),
kolumbianischer Schriftsteller des magischen Realismus,
der 1982 den Nobelpreis für Literatur erhielt

Pflicht ist ein beleidigendes Schimpfwort für die meisten Fische. Sie können zwar leicht die elegante Notwendigkeit hinter, sagen wir mal, einer übergroßen und überteuren Flasche französischen Parfüms sehen, und sie können sie angesichts ihres Feng Shui und ihres persönlichen Qi mit Sicherheit rechtfertigen.

Aber doofe Abrechnungen für Dinge wie Wasser? Wenn der Fisch seine Duschzeit bereits auf eine halbe Stunde zweimal täglich heruntergeschraubt hat? Lächerlich!

Man sagt Fischen oft nach, dass sie zu jenseitig seien, um sich über Geld Sorgen zu machen. Das ist nicht wahr. Sie erwecken nur den Eindruck, sich keine Sorgen darum zu machen, wenn sie ein kleines bisschen zu lange von dem eines anderen abhängen.

Aber sie stimmen in Bezug auf den schönen Mammon komplett mit New-Age-Ideen überein. Fische wissen, dass Geld eine Energieform darstellt. Und dass sein Verbrauch, wie bei jeder Energie, hilft, diese zu bewegen und mehr davon zu schaffen.

Sie können an jedem beliebigen Wochentag Fische dabei beobachten, wie sie »Energiearbeit« an den Tischen mit Luxusgütern der Einkaufszentren betreiben. Sie benötigen nicht den Guru des New Age, Deepak Chopra, damit er ihnen sagt, dass man Überfluss schaffen kann, indem man erster Klasse fliegt, so dass das Universum denkt, man sei reich und entsprechend darauf reagiert. Fische müssen in einem vernünftigen Alter lernen, dass der verantwortungsvolle Umgang mit Geld ihnen letztlich diejenige Freiheit bringen wird, nach der sie sich sehnen.

Wie die Waagen sind auch die Fische Vertreter jener Sorte von Leuten, die Bankangestellte immer ankreischen – »Hier liegt ein schrecklicher Fehler vor, für den Sie bezahlen werden …« –, nur um festzustellen, dass sie ihre eigenen Konten veruntreut haben.

Kein Wunder, wenn man bedenkt, dass die finanzielle Planung des Fisches oftmals darin besteht, eine Brotbackmaschine zu kaufen, um sich Ausgaben für Brot zu sparen, oder sich für einen Do-it-yourself-Schuhmacherkurs anzumelden. Fische werden alles tun, solange sie sich noch immer richtigen Champagner, die Feuchtigkeitscrème einer renommierten Marke und die Kosten des Satellitentelefons leisten können.

Beim Fisch zu Hause

Gute Dinge widerfahren denen, die drängen.
Anaïs Nin (1903 – 1977),
Schriftstellerin, deren Affären ebenso
bekannt waren wie ihre Werke

Fische sind das kosmischste Zeichen des Tierkreises, und natürlich ist ihr Zuhause der Ort, wo man eine komplette New-Age-Haushaltswirklichkeit antreffen kann. Die kleinen Töpfchen aus Stein, die die Toilette umgeben, sind nicht einfach da, weil sie cool aussehen – sie sind das Feng-Shui-Mittel, das den Fischwohlstand im Fluss hält. Und der Rosenquarz neben dem Bett? Nun, ohne ihn gäbe es eine baldige Scheidung. Dann ist da noch jene ganzheitliche, an den Badezimmerspiegel geheftete

»Jeden Tag werde ich selbstbewusster, mächtiger und sicherer«-Bekräftigung – was es halt bei der Konfrontation mit den Konsequenzen eines anspruchsvollen Lebensstils an Hilfsmitteln so braucht.

Wenn der Fisch sich nicht gerade im makrokosmischen Gurumodus befindet, vertreibt er sich den alltäglichen Ennui gerne mit Hilfe seines Zenschaumbades, einer Schachtel Pralinen aus Bio-Schokolade, einer Flasche gutem Champagner und einer Auswahl abgefahrener Musik.

Wenn Fische eines ihrer Möbelstücke wählen müssten, wäre es mit größter Wahrscheinlichkeit das Bett, das geheime Zentrum ihrer Existenz. Abgesehen von physischer Verbindung und wertvollem, zellerneuerndem Dösen pflegen die Fische auch im Bett zu arbeiten, zu essen und Traumdeutung zu betreiben. Das Designaccessoire, von dem sie fantasieren? Ein Dienstmädchen mit Shiatsu-Ausbildung. Das Haus eines Fisches ist zugleich auch sein Day-Spa, Sie verstehen.

Der verliebte Fisch

Der Zufall ist immer kraftvoll. Lass deinen Haken
immer ausgeworfen; im Teich werden dort Fische sein,
wo du sie am wenigsten erwartest.
Ovid (45 v. Chr. – 18 n. Chr.),
römischer Dichter. Er schrieb Gedichte über
erotische Liebe, Mythologie und das Exil.

Der Römer Publius Ovidius Naso war ein phantastischer Dichter, aber auch ein exzellentes Beispiel für den verliebten Fisch.

Manche Gelehrte haben Mühe damit, wie er sich abwechselnd als »ein treuer Liebhaber, ein promiskuitiver Casanova, der größte Hengst der Welt und ein impotenter Neurotiker« porträtierte.

Aber diese extreme Art von Stimmungsschwankung in der Selbstwahrnehmung ist eigentlich ziemlich normal für einen Fisch.

Fisch-Leute werden traditionellerweise für ihre universelle Liebe gepriesen. Das kann bedeuten, dass sie (a) unverschämt wahllos sind und über die sexuelle Moral einer Agakröte verfügen, oder (b) dazu fähig sind, selbst die flüchtigsten Freundschaften mit spirituellem Licht zu durchdringen. Oder beides.

Der klassische Fisch hält immer Ausschau nach, wie die Autoren Mills & Boon es ausgedrückt haben, »feinen Flammen, die in ihrem Bauch zum Leben erweckt werden«. Fische sind sehr wohl dazu in der Lage, eine schockierende Szene an den Tag zu legen, weil ihr/e Liebhaber/in sich weigert, das Entenkostüm im Bett zu tragen. Fische sind sehr gut darin, »Halt mich« zu murmeln, wenn sie einer unangenehmen Konfrontation mit ihrem Partner entgehen wollen.

Wenn sie ultramanipulativ sind, ist das nicht besonders erstaunlich. Die meisten Fische haben für ihr Liebesleben gebüffelt, seit sie zwölf waren. Sie haben alles gelesen, von *The Joy of Sex* und Verführungsratgebern bis hin zu den philosophischen Texten von Machiavelli bis zu Edward Albees *Wer hat Angst vor Virginia Woolf?* Albee war ein Fisch, er wusste also, worüber er schrieb, wenn er eine Szene verfasste. Fische glauben zutiefst an die Liebe. Wenn sie diese finden, haben sie sich normalerweise schon ausreichend die Hörner mit Abenteuern, die mehrere Bände füllen könnten, abgestoßen. Die Fische werden also damit einverstanden sein, den Tumult auf der Chaiselongue zugunsten des tiefen, tiefen Friedens im Doppelbett sein zu lassen.

Sobald sie ihren Seelenverwandten gefunden haben, stellen die Fische eine andauernde Ultraverabredung dar.

Der Fisch muss jemanden finden, der stark genug ist, um ihn von der Schlamperei abzuhalten, die er selbst zahmes Flirten nennt, und der doch sanft genug ist, um das Genie des Fisches zu respektieren. Der Fischepartner sollte sich bewusst sein, dass ein Fisch, dem nicht ausreichend Aufmerksamkeit gezollt wird, darüber nachdenken wird, es Anaïs Nin gleichzutun, das heißt, »künstlerisch inspirative« außereheliche Tändeleien einzugehen.

> *Die Musik spricht für mich, wenn ich meine Gefühle*
> *nicht in Worte fassen kann.*
> Fabio (*1961),
> blonder, muskulöser Italiener, der von der Zeitschrift
> *Cosmopolitan* einmal zum *sexiest man alive* gekürt wurde

FISCHE – WIDDER: Es trifft sich gut, dass Fische so geübt darin sind, entzückt auszusehen und vorzugeben, dass sie zuhören. Schafböcke reden und reden und reden – natürlich nur über sich selbst. Was tun? Wenn diese Beziehung über gute Grundvoraussetzungen verfügt, wird der Fisch bereits wissen, dass es sich lohnt, daran festzuhalten. Der Widder versteht die fischige Neustartmentalität bestens und ist begeistert von der Fähigkeit seines Partners, ein paar Freunde auszusieben und einfach weiterzugehen. Der Widder ist eines der wenigen Zeichen, das den wilderen oder ambitionierteren Plänen des Fisches nicht nur zuhören wird, sondern sie aktiv zu unterstützen bestrebt ist. Wenn die Widderhandlungslust auf das Fischgenie trifft, dann geraten Dinge in Bewegung. Da der Widder fanatisch in Bezug auf Loyalität ist, wird er auch das Bedürfnis des Fisches nach totalem Vertrauen stillen. Doch das Widdergeschwätz ist der zu zahlende Preis. Denken Sie daran, dass das klassische Widdermuster – nicht unähnlich demjenigen des Fisches – darin besteht, in früher Jugend wild von Bett zu Bett zu springen und dann zum Inbegriff des Verfechters einer festen, respektablen Beziehung zu werden. Hmm … es könnte funktionieren. Ein sehr wichtiger Hinweis: Fische sollten taktvoll sein im Umgang mit Widdertorheiten. Der Fisch sagt dazu »Kampf gegen die Windmühlen«, der Widder »Expedition«.

Angesagte Duos: Freddie Prinze Jr. & Sarah Michelle Gellar, Claire Booth Luce & Henry Luce, König Ferdinand & Königin Isabella.

FISCHE – STIER: Kann ein Fisch sicherstellen, dass er nicht diejenige Art von Stier angezogen hat, deren gesamter Modus operandi darin besteht, den Fisch dazu zu bringen, sich so schnell wie möglich zu verändern? Zum Beispiel: »Ich liebe dich für deine Kreativität und deinen Weitblick, aber wäre es nicht besser, wenn du diese feste Stelle beim Finanzamt annehmen würdest?« Stiere können wahnsinnig festgefahren sein, während Fische sich vom Strom des Lebens treiben lassen. Stiere flippen aus, wenn ihr Zahnputzbecher von der einen Seite des Badezimmerschranks zur anderen bewegt wird. »Da gehört er hin« ist eine häufig gehörte Antwort im Stierhaushalt. Der Fisch weiß, dass Gegenstände bewegt, ausgesondert und/oder neu erfunden werden müssen, damit das Leben und seine Möglichkeiten nicht stagnieren. Denken Sie daran, dass Stiere wahnsinnig unter Objektgier leiden. Zugleich können Kuhmenschen sich sehr anpassen, um ihre Lebensstrukturen kompatibler mit denen des Fisches zu machen. Diese Partnerschaft kann aus den kargsten Gegebenheiten Schönheit schaffen. Fische und Stiere sind in sinnlichen Belangen zutiefst kompatibel, obschon Budgetdiskussionen gelegentlich einer schlechten Komödie (mit Handgreiflichkeiten) gleichen. Zumindest wird es keine Probleme in Sachen Intimität geben.

Angesagte Duos: Barbie & Ken, Elizabeth Barrett Browning & Robert Browning, Edna St. Vincent Millay & Eugen Boissevain, Juliette Binoche & Benoît Magimel, Cindy Crawford & Rande Gerber.

FISCHE – ZWILLINGE: Dies wäre eine großartige Kombination für ein Gaunerpärchen. Sowohl Fische als auch Zwillinge sind erschreckend verführerische, charmante und unmoralische Leute, die gerne mit dem Verstand des anderen spielen. Beide sind von Natur aus zwiegespalten und flexibel; beide sind es gewöhnt, Aufmerksamkeit zu erregen und heftige Gefühle bei anderen auszulösen. Zwilling und Fisch sehen sich selbst als simple Wesen und können die Chaosspur, die sie hinterlassen, nicht verstehen. Unberechenbar? Überhaupt nicht. Sie sind wie das Wetter – wechselhaft mit gelegentlicher Kaltfront. Nun, wenn sie sich so ähnlich sind, wo liegt dann das Problem beim Anbandeln? Tatsächlich sind sie sich zu ähnlich, und der eine Unterschied erhöht die Kompatibilität nicht: Der Zwilling ist wie ein Fisch, nur ohne Gefühle. Fische aber stehen in Kontakt zu ihren Gefühlen. Versuchen Sie es einmal mit Gefühlen bei einem Zwilling, und er wird davonrennen. Wenn etwas nicht in einen Witz oder in Klatsch verwandelt werden kann, wollen Zwillinge es gar nicht wissen. Fische spielen zwar mit der Idee, sich einen Zwilling zu angeln, sie brauchen aber jemanden, der mit ihren Gefühlen klarkommt.

Angesagte Duos: Vita Sackville-West & Violet Trefusis, Lou Reed & Laurie Anderson.

FISCHE – KREBS: Dieses Paar erlebt oft die »Liebe auf das erste Wort«. Keiner von ihnen kann es glauben, dass jemand anderes so viel Weisheit und Mitgefühl ausstrahlen kann. All jene Gefühle, die der Fisch überwältigend findet, werden von der Krabbe geordnet und zum Ausdruck gebracht. Das gibt dem Fisch ein sicheres Gefühl, obschon Fische sehr versiert darin sind, das wilde Kind zu spielen. Dieses ist eins der kompatibelsten Duos des Tierkreises und eins, das über ein natürliches Potenzial zur Seelenverwandtschaft verfügt. Eine Warnung: Der Fisch könnte der Ansicht sein, dass die Krabbe ihren Reiz verliert. Fische sind geübt in der Kunst des Weitergehens des Verlassens von Freunden oder Situationen, die sie langweilen. Die Krabbe klammert und klammert. Nostalgie erfüllt den Fisch mit Schrecken, was Probleme bedeutet, wenn der Krebs sich in einem Anfall in alte Fotoalben vertieft oder, schlimmer noch, erwartet, dass der Fisch stillsitzt und sich sein Gerede über einen Vorfall aus der Vergangenheit anhört. Die Stimmung zwischen diesen beiden kann gut sein, solange die Krabbe nicht den Langeweileschalter des Fisches drückt. Die Krabbe sagt »Vergangenheit«, der Fisch »Langeweile«.

Angesagte Duos: Kurt Cobain & Courtney Love, David Thewlis & Anna Friel, Nancy Wilson & Cameron Crowe, Frédéric Chopin & George Sand.

FISCHE – LÖWE: Dies ist keine verheerende Anziehung, aber das Ganze kann ein bisschen allzu süßliche Züge annehmen. Fisch-Leute müssen achtgeben, dass sie sich selbst und ihre Bedürfnisse nicht stärkeren, größeren Egos opfern. Fische, die eine romantische Erfahrung mit einer Raubkatze erwägen, sollten zuerst das Superego des Löwen von Nahem betrachten. Löwen sind sehr gut dazu in der Lage, die brillante Idee eines Fisches zu nehmen und sie als ihre eigene Genialität auszugeben. Doch es kommt noch verrückter, denn der Löwe wird wirklich keine Ahnung haben, dass dem tatsächlich so ist. Aber dies kann auch eine wunderbare Liebesbeziehung sein. Beides sind Partyleute, geistreiche Köpfe und Kenner des schönen Lebens. Sie ergänzen sich als Team und schaffen gemeinsam eine Umgebung, an der andere zu gern teilhaben würden. Idealerweise überzeugt der Fisch den Löwen davon, dass das Fisch-Ego gehätschelt werden muss. Einmal aufgerüttelt, ist der König bzw. die Königin der Tiere standhaft, loyal und zu ewiger Partnerschaft bereit. Sein/ ihr Flirten ist auch nicht lächerlicher als die surrealen Annäherungsversuche des Fisches. Und wenn das Fischlein sich gelegentlich ein wenig wie ein Sklave oder Unterworfener fühlt ... – nun, ziemlich viele Fische mögen das irgendwie.

Angesagte Duos: Anaïs Nin & Hugo Guiler, Desi Arnaz & Lucille Ball, Courtney B. Vance & Angela Bassett, Steve Irwin & Terry Irwin, Téa Leoni & David Duchovny.

FISCHE – JUNGFRAU: Jungfrauen geben das nicht gleich zu, aber sie werfen einen Blick auf den Fisch und sehen einen Sünder, der der Besserung bedarf. Die von der Hl. Jungfrau auferlegte Beschränkung scheint manchmal ein wenig zu weit zu gehen, aber es ist der Fisch, der das in ihnen herausfordert. Was tun? Nun, es hängt ganz davon ab, ob der Fisch sich wirklich in das *Zentrum der Hl. Jungfrau für besondere Behandlung krimineller Kranker* begeben will. Fische können von einer Prise Jungfrau in ihrem Leben profitieren. Dies könnte sogar *die* Beziehung sein. Und tatsächlich ist die Jungfrau bereit, das überall verstreute Fischgenie und -potenzial zu nehmen, es zusammenzufügen und daraus einen Neofisch zu formen, der praktisch zu allem fähig ist. Im Gegenzug bezaubert der Fisch das Jungfrauen-leben, indem er sie von ihren zahlreichen, heimlichen Verletzlichkeiten heilt. Irgendwie ist Kreativität immer das Resultat dieser Paarung. Der eine oder der andere wird zu brillanter Dichtung oder Malerei getrieben. Wahre Liebe kann bei diesen beiden schnell entstehen – ob sie bleibt, hängt davon ab, wie sehr das Duo sich zusammen zu verändern bereit ist, um wirklich zu verschmelzen. Wenn beide polarisiert bleiben wollen, wird es nicht funktionieren.

Angesagte Duos: Matthew Vaughn & Claudia Schiffer, Emilio Estefan & Gloria Estefan.

FISCHE – WAAGE: Als vollendete Verführer fühlen diese beiden sich rasch voneinander angezogen. Fische genießen es, ihre Verführungstricks auf einen anerkennenden Experten anzuwenden, der die unterhaltsame Konversation, die Zweideutigkeiten und direkten Komplimente liebt. Die Fische lieben den Sex – so sehr, dass sie, wenn sie diese Beziehung als eine Art ewig während Hochzeitsreise führen könnten, es tun würden. Wenn jedoch die Fische-Waage-Beziehung wieder auf der Erde landet, gibt es einige Unterschiede zu bewältigen. Waagen sind sich ihrer Erscheinung äußerst bewußt, auf eine Art und Weise, die den schon von Natur aus hinreißenden und unprätentiösen Fisch befremdet. Fische sind zufrieden damit, mit ungeschminktem Gesicht und ungeföhntem Haar aus dem Haus zu gehen; Waagen hingegen stellen sich vor, dabei vor lauter Scham zu vergehen. Die Waage will eine Party schmeißen und nur die richtigen Leute einladen. Der Fisch sieht nicht ein, warum er nicht die gesamte Monstermischung aus Freunden, Familie und Bekannten einladen kann. Sie können einander auch durch passive Aggression ermüden. Dadurch, dass diese beiden eine Jungfrau als gesellschaftliche Sekretärin und Buchhalterin einstellen, wird diese Beziehung auch dadurch gestärkt, wenn beide sich die Kunst der Direktheit zu eigen machen.

Angesagte Duos: Jon Bon Jovi & Dorothea Hurley, Chris Martin & Gwyneth Paltrow.

FISCHE – SKORPION: Weil sowohl Fische wie auch Skorpione das Potenzial zu fröhlicher Lasterhaftigkeit besitzen, hängt an dieser Beziehung oftmals ein Hauch von Hinterhältigkeit. Zuschauer finden die angedeuteten Hinweise auf Handschellen und mitternächtlichen Ausflüge zu »Hotels« eher anrüchig. Tatsächlich besteht ein Element zwanghafter Besessenheit vom ersten Fisch-Skorpion-Treffen an. Doch sobald diese beiden häuslich werden und eine alltägliche Beziehung eingehen, kann dies eine der kompatibelsten Paarungen des Tierkreises sein. Da der Skorpion ein Wasserzeichen ist wie der Fisch, kann er die Myriaden von emotionalen Komplexitäten, die mit diesem Umstand einhergehen, bestens verstehen. Fische fühlen sich nicht ausgetrocknet oder unsicher mit dem Skorpion, wie es oft mit unruhigen Luftzeichen der Fall ist. Skorpione und Fische sind immer dazu bereit, gemeinsam die emotionale Arbeit einer Beziehung zu leisten. Konfliktpotenzial? Es könnte sich daraus ergeben, dass der Skorpion ein »fixes« Zeichen ist, das zu Wildheit und einer festgefahrenen Haltung neigt, während der Fisch beweglich ist und sich schnell an Wechsel gewöhnen kann. Fische werden den Skorpion zu Flexibilität überreden müssen, doch das fischige Aussieben von was auch immer macht den Skorpion nervös.

Angesagte Duos: Kurt Russell & Goldie Hawn, Elizabeth Taylor & Sir Richard Burton, Pamela Harriman & Averill Harriman, Eva Herzigova & Guy Oseary.

FISCHE – SCHÜTZE: Flirten mit dem Dickschädel? Fisch-Leute sind taktvolle Aristokraten und zutiefst empfänglich für jede Nuance der Natur und Gesellschaft. Schützen sind laute australische Kakadus, die sich keiner Sache außer ihrer eigenen Wirklichkeit bewusst sind. Bevor hier etwas passieren kann, könnte die Fischaura leicht vom Mangel an Taktgefühl des Schützen zerschlagen werden. Dem Schützenmensch könnte die Einsicht schwerfallen, dass ein Fisch, der um eine ehrliche Antwort auf, sagen wir, die Frage nach seiner Figur bittet, nicht nach der tatsächlichen Wahrheit verlangt, sondern eher nach schmeichelhafter Bestätigung. Selbst wenn der Fisch nicht die Wahrheit verlangt, wird der Schütze sie servieren – ohne Sauce. Was tun? Nun, der Fisch könnte es damit versuchen, den Schützen auf einen seiner endlosen Ausflüge zu begleiten. (Hmm, vielleicht auch nicht.) Aber dieses Paar kann über die gegenseitige Liebe zu Plaudereien und Philosophie zueinander finden – so lange jeder einsieht, dass der Schütze besser im Reden als im Zuhören ist. Zum Glück ist der Fisch geübt darin, den aufmerksamen Zuhörer zu mimen und gelegentlich »Du bist so weise« zu murmeln. Das – plus sexuelle Übereinstimmung – ist eigentlich alles, was die Beziehung zum Funktionieren braucht.

Angesagte Duos: Jacques Doillon & Jane Birkin.

FISCHE – STEINBOCK: Diese Liaison ist besonders erfolgversprechend, wenn der Fisch bereit ist, das unschuldige Objekt für den manipulativen Steinbock zu spielen. Ja, selbst wenn der Fisch der offiziell fähigere Teil des Paares ist, mögen die Ziegenleute es so. Aber es trifft ebenso zu, dass es viele Fische anmacht, sich schüchtern und unterwürfig zu geben, selbst wenn es nur ein verrücktes Schauspiel ist und sie ohnehin das tun, was sie wollen. Manche Fische sehen im Steinbock gerne denjenigen

Menschen, der sie auf die richtige Bahn lenken wird, und tatsächlich wird es äußerst schwierig sein, noch verschwenderisch und launisch zu sein, wenn die Ziege ihre Predigt beendet hat. Fische amüsieren und regen die Steinböcke an, im Gegenzug verpasst die Ziege dem Fischleben mehr Struktur. Fische werden sicherer und glücklich – Steinböcke bekommen neue Einblicke in das, was möglich ist. Die Dinge gehen nur dann schief, wenn der Fisch einen der miesen Steinbockvertreter an Land zieht – jemanden, dessen Modus operandi darin besteht, ein Parasit zu sein. Angesichts der zwanghaften Neigung des Fisches zu geben kann dies ein hässliches Szenario sein. Fische sollten sich fragen: Wie viel liegt der Ziege wirklich an meinen Träumen?

Angesagte Duos: Rudolph Sieber & Marlene Dietrich, Rachel Griffiths & Andrew Taylor, Albert Einstein & Elsa Einstein.

FISCHE – WASSERMANN: Fische und Wassermann fühlen sich oft durch ihre jeweiligen Exzentrizitäten voneinander angezogen. Sie sind beide seit frühester Kindheit daran gewöhnt, als verrückt zu gelten. Als die beiden letzten astrologischen Zeichen sind sie sich auch darin ähnlich, dass sie beide hoch entwickelte Wesen sind. Sie teilen das Interesse an Bereichen jenseits des Offensichtlichen und sind beide auf eine gewisse Art ihrer Zeit voraus. Ihnen ist ein surrealer Sinn für Humor gemein – wenn geistige Verbindung alles wäre, was es für eine Beziehung braucht, könnten diese beiden Seelenverwandte sein. Aber typische Fische brauchen extrem konzentrierte und liebevolle Aufmerksamkeit, allein schon, um morgens aus dem Bett zu kommen. Der Fokus des Wassermanns hingegen ist eher unscharf und nicht unbedingt immerzu auf den Fisch gerichtet. Tatsächlich könnte es sein, dass Wassermänner emotional nicht für die Treibhausatmosphäre bereit sind, die der Fisch bevorzugt. Fische müssen dem Wassermann möglicherweise Wärmetraining angedeihen lassen, damit sie sich nicht herumzappelnd und nach romantischer Aufmerksamkeit schnappend wiederfinden. Fische denken: »Ich brauche«, und Wassermänner denken: »Ich brauche Luft.«

Angesagte Duos: Joanne Woodward & Paul Newman, Stedman Graham & Oprah Winfrey, William Baldwin & Chynna Phillips, Giuletta Masina & Federico Fellini.

FISCHE – FISCHE: Die Fischleute sind die wahren Romantiker des Tierkreises. Gleichgültig, wie abfällig oder zynisch sie zu sein scheinen, sie sehnen sich nach ihrem Seelenverwandten. Was geschieht also, wenn zwei dieser wunderbaren Menschen zusammenkommen? Zuerst prüfen sie den anderen daraufhin, wie sehr sie mit seinem Verstand herumspielen können. Nein, das ist kein schöner Anblick. Ja, man könnte das tatsächlich als dysfunktionalen Konflikt bezeichnen. Das Problem mit den Fischen ist, dass sie alle schrecklich attraktiv sind. Schon ab einem jungen Alter haben sie Leute verführt, ohne sich überhaupt darum zu bemühen. Das führt zu jeder Menge schwieriger Situationen, und selten findet sich ein Fisch, der einen vagen Anschein von Reife erweckt, ohne zugleich jede Menge psychische Altlasten mit sich herumzutragen. Wenn zwei von ihnen zusammenfinden, können sie nicht anders, als die letzten zig Methoden der Partnerquälerei auszuprobieren, die sie in ihrer bewegten Vergangenheit gelernt haben. Der Schlüssel zum häuslichen Fische-Fische-Glück liegt darin, ein gesunder, gefestigter und nichteskapistischer Erwachsener zu sein. Wenn ein Fisch einen anderen zu einem Zeitpunkt angeln kann, an dem er die schlimmsten Lektionen des Lebens bereits gelernt hat, haben sie eine Chance auf eine gelassene und anhaltende Liebe.

Angesagte Duos: Sir Richard Burton & Isabel Arundell, Shakira & Michael Caine, Heather McComb & James Van Der Beek.

Sind Sie wirklich ein Fisch?

1 Während Sie über Straßenbeleuchtung sprechen, ergibt sich eine derartige Bindung zwischen Ihnen und Ihrem Nachbarn/Ihrer Nachbarin, dass Sie ihn/sie auf einen Drink einladen. Er/sie gesteht Ihnen ein heikles Detail seine Sexualität betreffend. Sie ...

(a) geben vor, nichts zu hören – das fällt völlig aus dem Rahmen.

(b) nehmen dies zum Anlass, um über die Politik in der Dritten Welt zu diskutieren.

(c) holen eine weitere Flasche Wein und übernehmen die Führung, indem Sie zu Schaurigerem und Tiefgründigerem übergehen.

2 Im Film *Der englische Patient* ging es um ...

(a) Liebe in Zeiten des Krieges.

(b) Leidenschaft und Verrat.

(c) irgendeinen Idioten, der seine Freundin in einer Höhle zurücklässt.

3 Der/die Angetraute Ihres besten Freundes bzw. Ihrer besten Freundin macht Ihnen gegenüber Annäherungsversuche. Sie ...

(a) finden das ein bisschen unheimlich.

(b) sind völlig entrüstet angesichts des Vertrauensbruchs.

(c) fühlen sich geschmeichelt.

4 Sie finden, neue Discoversionen von alten Liedern sind …

(a) okay – wenn sie in einem Nachtclub gespielt werden.

(b) abscheulich – es mangelt ihnen an der Echtheit des Originals.

(c) die einzige Version, die zählt.

5 Der eine unentbehrliche Einrichtungsgegenstand in Ihrer Wohnung ist …

(a) der Herd – ein Mensch muss essen.

(b) der Fernseher und DVD-Spieler.

(c) die Chaiselongue.

6 Wenn jemand Sie anlügt, dann …

(a) verlangen Sie eine Erklärung.

(b) schwören Sie, ihm nie mehr zu glauben.

(c) übertrumpfen Sie ihn mit einer Kostprobe Ihres eigenen Geflunkers.

Antworten: Wenn Sie mehrheitlich (c) angekreuzt haben, dann sind Sie offiziell ein Fisch – einfühlsam, lieblich und mächtig. Sollten Sie (a) und (b) angekreuzt haben, dann haben Sie noch andere Astro-Einflüsse, die mit Ihrer Fische-Sonne konkurrieren.

Dem Schicksal in die Karten schauen

R. L. Wing,   21668
Das Arbeitsbuch zum I Ging

Hajo Banzhaf,   12077
Schlüsselworte zum Tarot

Brigitte Hamann,   21756
Die Reise zum Lebensziel

Markus Jehle,   21679
Kreative Astrologie. Grundwissen

GOLDMANN
ARKANA

Die Botschaft der Krafttiere

ISBN 978-3-442-33775-0

80 prachtvolle Tierkarten und das Begleitbuch erlauben mit Hilfe schamanischer Weisheit den Blick auf verborgene Realitäten. Vergleichbar dem Tarot werden verschiedene Legesysteme beschrieben, die Hilfe bieten bei der Analyse von Situationen, bei schwierigen Entscheidungen und bei der Selbsterkenntnis.

GOLDMANN
ARKANA

**Wahre Geschichten,
die Herz und Verstand
ansprechen**

13209

**GOLDMANN
ARKANA**